U0942430

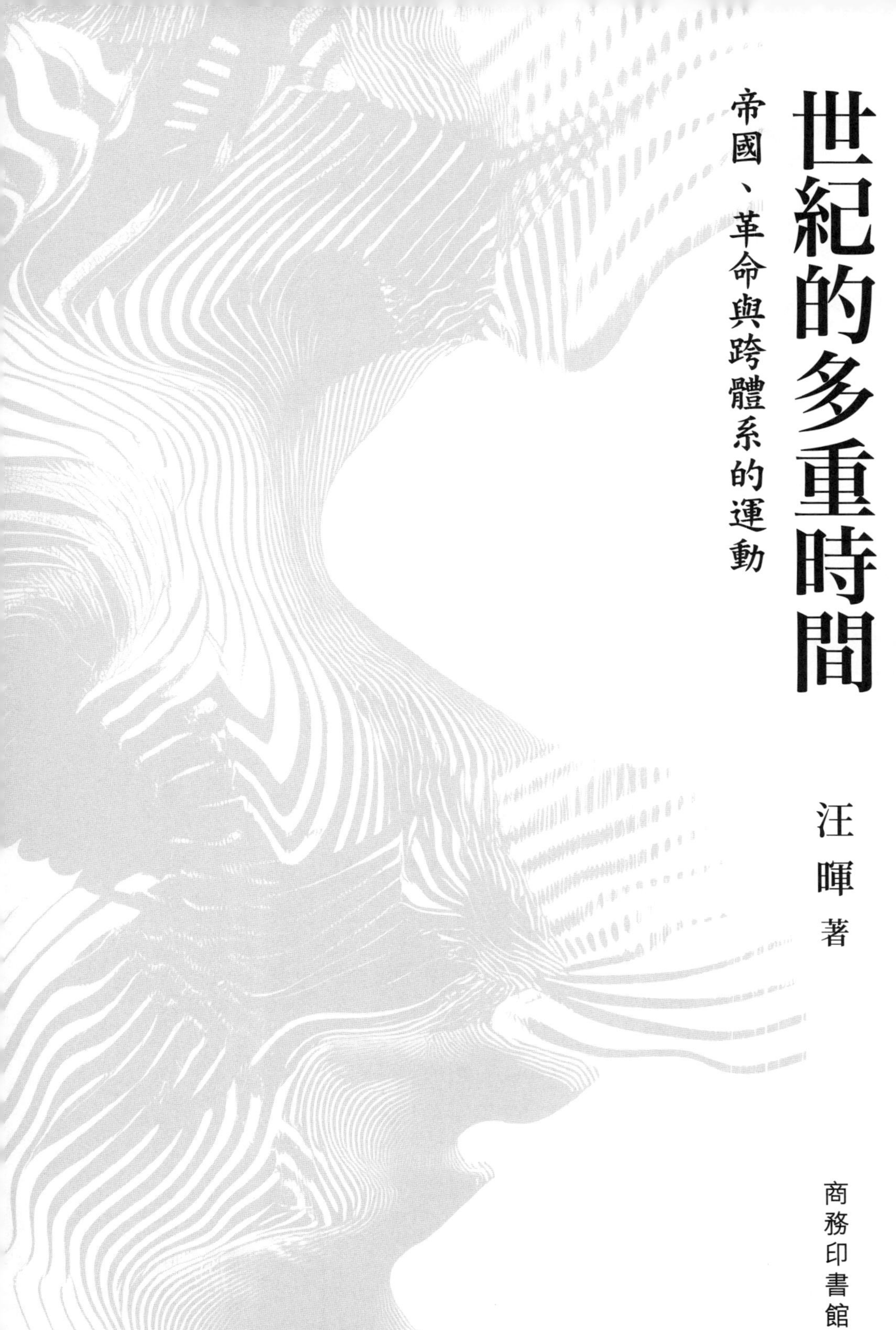

世紀的多重時間

帝國、革命與跨體系的運動

汪暉 著

商務印書館

責任編輯：　韓心雨
裝幀設計：　涂　慧
排　　版：　周　榮
印　　務：　龍寶祺

世紀的多重時間：帝國、革命與跨體系的運動

作　　者：　汪　暉
出　　版：　商務印書館（香港）有限公司
香港筲箕灣耀興道 3 號東匯廣場 8 樓
http://www.commercialpress.com.hk
發　　行：　香港聯合書刊物流有限公司
香港新界荃灣德士古道 220–248 號荃灣工業中心 16 樓
印　　刷：　寶華數碼印刷有限公司
香港柴灣吉勝街勝景工業大廈 4 樓 A 室
版　　次：　2025 年 7 月第 1 版第 1 次印刷
© 2025 商務印書館（香港）有限公司
ISBN 978 962 07 0676 9
Printed in Hong Kong

版權所有　不得翻印

序言一

《世紀的多重時間：帝國、革命與跨體系的運動》是我計劃中的「世紀三部曲」的第二部，第一部《世紀的誕生：中國革命與政治的邏輯》於 2020 年由北京三聯書店出版，第三部《世紀的綿延：重新政治化與齊物平等的哲學》部分內容已經成稿，但許多重要問題需要進一步研究和思考，至今尚未完成。2025 年 3 月，我在香港大學客座期間，幸會香港商務印書館韓心雨編輯，她本是為另一本書的出版約我見面，但晤談之中，我建議先出版「世紀三部曲」的第二部，以回應第一部的讀者對於後續研究的期待；如果沒有她的鼓勵和香港商務印書館的支持，此書何時面世依舊是一個問號，我在此深表感謝。在《世紀的誕生》一書的序言中，我向許多給我幫助和靈感的朋友和機構表示了感謝，茲再表謝忱，恕不一一。

「世紀的多重時間」這一命題蘊含着一種時空張力關係。「世紀」概念提示了一種全球共時關係的誕生，沒有任何地域和社會能夠真正外在於這一共時關係，因此，這一時間概念緊密地聯繫着馬克思、施米特等理論家從完全不同的角度所論述的「空間革命」。但伴隨全球共時性誕生的，是在普遍時間範疇內的多重時間關係，以及在多重時間關係之間發生的持續互動。在這個意義上，「多重時間」的概念也是與空間相關的，即在多重空間關係中存在着不同的時間 / 歷史脈絡，而這些不同的時間脈絡不是孤立的線索，它們之間存在着各不相同的糾纏、滲透、互動和相互生成的關係，我在《世紀的誕生》一書導言中稱之為「橫向時間」：橫向關係不僅是空間性的，也是時間性的，即將不同的時間軸線相互連接的進程。正是由於存在着這一進程，歷史的敘述不僅是從過去到現在的變遷，而且也是從那裏到這裏、從這裏到那裏，或多方之間的互動。「起源」關係很可能是橫向的，更接近於交換與流動，進而構成了「世紀」這一矛盾體的複雜運動。在《現代中國思想的興起》中，我主要從長時段視野觀察中國及其現代演變，例如在討論清代思想時，我從蒙元王朝、滿清王朝與宋、明王朝的區別出發，探討王朝國家形態的變化和錯綜糾葛的關係；現代中國的國家–社會形態、區域關係與王朝史之間存在着複雜承續關係，在「世紀」的共時關係中，西藏、西域、台灣、蒙古、朝鮮、越南、琉球、尼泊爾等內外區域的存在狀態與此前時代之間有明顯的變化脈絡，但規範內外關係的基本範疇已經不再是朝貢或藩屬關係，而是主權、邊界與公民權的範疇了。因此，世紀的誕生標誌着歷史的斷裂，即再也無法在舊的時間序列中理解自身了；這一概念的普遍化同時還意味着一種源自當下性的時勢觀將主導對於全部歷史的敘述。

這部著作不同章節的形成各有原因，但在「世紀的多重時間」的框架下編成此卷，也有四條思考脈絡。首先，關於二十世紀中國的研究通常以中心區域，如北京、上海、廣州、武漢等等都市為中心，或者以戰爭時期的大後方和根據地為對象，而較少以周邊區域為敘述的主要脈絡。但是，現代中國是在複雜的區域互動中變化和發展的，西藏、西域和其他民族區域不但有着自身的時間 / 歷史脈絡，而且也處於前所未有的世紀共時關係之中，離開所謂「世紀的多重時間」，或者複雜的中心 / 邊緣的區域互動，就難以全面解釋現代中國的歷史形成。因此，這一卷的中心內容聚焦於幅員遼闊、族羣關係較為複雜的邊疆區域。

其次，在回應「何為中國」這一問題時，我曾使用過「跨體系社會」、「跨文明的文明」等概念分析中國的複雜歷史構成，而與這一概念相互呼應的是「跨社會體系」的命題，後者意味着「跨體系社會」不是一個封閉的實體，構成這一社會及其變動的體系要素，如族羣、宗教、語言、地緣乃至經濟和政治關係，並未局限於主權範圍和國家疆域，而總是與其他國家 / 社會緊密相連。因此，我的討論並未囿限於現代主權及其規範下的疆域，除了西藏、西域、台灣等區域之外，我也將琉球、朝鮮半島和尼泊爾等國家和地區納入論述的範圍，並試圖在全球關係中討論亞洲問題。

再次，「世紀的多重時間」的最突出、最激烈的形態存在於一系列重大事件之中，例如在《世紀的誕生》中已經討論過的俄國十月革命與中國的關係。本卷各章不是在通常的時間軸線上展開面面俱到的歷史敘事，而是以琉球、台灣的多次變局、朝鮮戰爭、西藏「3.14 事件」、尼泊爾「毛派」的崛起等等事件為軸心，力圖在事件造成的複雜形勢和緊迫性中展開論述。事件的爆發勾連起縱橫交錯的時空關係，難以被納入縱向或橫向的單一關係之中，但事件本身卻能夠產生序列性的後果，甚至寫作者的寫作本身也可能參與這一過程。以事件為中心，不但可以呈現多重時間線索的糾纏和搏鬥，而且也一定程度地迴避了過於穩定的「中心–周邊」框架，因為在重大事件爆發的時刻，無論事件爆發的地點何在，均會產生全局性的影響，在這一時刻，不是地點本身，而是事件能夠創造出新的中心–周邊的輻射和互動關係。1888 年底，康有為《上清帝第一書》撰成，他的急切語調背後隱藏着一幅由外及內或由周邊及中心的地緣政治圖景：琉球滅，安南失，緬甸亡，羽翼盡失，將及腹心；日謀高麗，伺吉林於東；英啟藏衛，窺川、滇於西；俄築鐵路於北而迫盛京；法煽亂民於南以取滇、粵；教民、會黨徧江楚河隴間將亂於內。這是一種由外及內的敘述，危機的徵兆首先表現在朝貢體系的外層：琉球、安南、緬甸、高麗、西藏，而後是川、滇、粵等。在二十世紀，對於中心–周邊關係發生最為劇烈改變的，恰恰是國際和國內兩種薄弱環節的革命，以及在這一漫長革命進程中誕生的新的政治主體，後者整體性地改變了舊的地緣政治關係，同時也形塑了新的中心–周邊關係。這一以邊緣地區發生的事件驅動的變革進程證明：對於解釋現代中國及其世界秩序 / 失序的形成而言，結構主義史學所建立的相對穩定的中心–邊緣關係的解釋力有其限度。

最後，上述事件的爆發產生於中國的周邊，但這裏所謂周邊並不僅僅是中國的周邊，而是介於多個中心 —— 王朝、帝國、宗教中心、經濟中心等等 —— 之間的交接地帶。從大型政治共同體的角度觀察，這類周邊其實是互為周邊；而從周邊的角度觀察，它們很可能就是多種文明之間的中心地帶，也是多種勢力相互交往、競爭博弈的場域，其矛盾的錯綜糾葛和持續激盪不可避免地滲入、衝擊乃至改變多面的中心–邊緣關係。從交接地帶的角度觀察，周邊具有不同的含義，並伴隨各種勢力的消長而處於持續的變動之中。例如，無論在甚麼時代，內陸周邊與海洋周邊各自面向的外部截然不同，因而具有不同的含義；在殖民主義和帝國主義時代，傳統帝國或王朝的周邊早已以不同形式和程度脫離與傳統中心的關係，而蛻變為帝國主義宗主國的周邊，這些周邊區域的矛盾和衝突也是「世紀的共時關係」的有機環節。殖民主義擴張、革命與變革運動的發展形成了區域間的橫向互動和衝擊，這類橫向關係發生在不同區域的歷史脈絡之中和之間，我們不妨將橫向關係概括為「世紀」的共時性，而不同區域和人羣之間形成的不平衡關係即所謂「多重時間」。

這一卷的編成並不是系統設計的結果，而是伴隨不斷湧現的問題而展開的序列論述，故無論是對國內區域問題的論述，還是對域外發生的事件與中國的關係的分析，許多問題和環節未能完整呈現，例如在中國範圍內，香港、澳門問題，除了在《世紀的誕生》一書的導言中略有分析，並未形成專門的討論；在中國周邊關係中，越南的戰爭與革命、分裂與統一均與中國息息相關，但本書未能涉及。凡此種種，不一而足，遺憾尚多，只能有待來日盡力彌補，但我自知即便有所補充，也難以形成嚴整和周密的體系。編輯在填寫出版表格時徵求我的意見，問本書應該歸入哪個主題，我們一致確定可以放在中國近現代史的學科 / 主題範圍內，但她的提問也說明了為此書歸類的困難：中國近現代史，民族區域研究，亞洲研究或其他？這一歸類難題事實上也內在於「世紀的多重時間」的命題本身。

汪暉
2025 年 6 月 1 日於清華

序言二

大約一年前，我將有關二十世紀的文稿規劃成三卷，在案頭編輯第二卷時，我不由得問自己兩個問題：一、為甚麼本卷對於二十世紀中國的論述採取一種「迂迴」的策略，即不是沿着通常現代中國史或思想史的中心線索展開分析，而是將琉球，朝鮮半島，中國的西域、西藏、台灣地區，尼泊爾，全球「1968」，以及亞洲想像的政治，作為理解二十世紀中國的多重入口？二、為甚麼本卷不再採用思想史的通常路數，以思想人物、觀念和理論爭論為線索，而是以發生在上述區域的矛盾、衝突和危機為中心，綜合多重時間線索，聚焦於事件發生的當下時刻？前一個問題涉及空間：不是囿限於沿海和中原區域，甚至常常超出中國範圍，試圖從多重空間——常常是所謂周邊——的事件提供對二十世紀中國的再解釋；後一個問題涉及時間：不是沿着一個逐漸演進的時間線索，而是通過分析不同的「當下時刻」，並在其中研究多重時間的脈絡、矛盾和糾纏，探索這一時代的事件與政治。本書緒論研究了空間範疇及其流動性在歷史研究中的意義，這裏側重探討如何從時間範疇及其多重性切入對於「事件」的理解。

自二十世紀七十年代開始，歷史研究領域出現了一種可以稱為地方史或區域史轉向的新趨勢。在某些案例中，我們也可以稱之為歷史學的人類學轉向。區域史的取向強調每一地域都有自身的獨特性和時間脈絡，以此批判「西方衝擊–非西方回應」的模式，並在多元現代的框架下探索各自的現代脈絡；人類學轉向則深受格爾茨（Clifford Geetz）的《文化的闡釋》和《地方性知識》所代表的潮流影響，認為文化闡釋的前提是理解當地人的情感方式（native sensibilities），而這一理解又需要人類學家 / 歷史學家設身處地地獲得移情共感。這一轉向產生了一批典範性的作品和成果。地方史或區域史的時間範疇是以空間結構為前提的，如在地方史轉向的領軍人物施堅雅（G. William Skinner）的研究中，區域是一種由中心–邊緣關係構築起來的連續體，即它有一個最高的中心和廣闊的邊緣區域，而在相對於這個最高中心的邊緣區域，又在每一個層次上展開着以集鎮–村為單位的一系列中心–邊緣結構。[1] 在這個空間中，構成中心–邊緣關係的區域存在着相對穩定的時間關係，即表現為傳統、習俗和鄰里關係的時間軸。區域史家與人類學家一樣崇尚自然秩序，對「國家」或「行政規劃」抱有深刻的疑慮，他們相信區域體系「處在不斷的有規律的運動之中，包括商品、服務、貨幣、信貸、信息、象徵的流動，以及擔當多種角色和身份的人的活動。鎮和市處於一個體系的中心，起着連接和整合在時空中進行的人類活動的作用」。[2] 這樣一來，區域時間就從屬於空間結構，而前十九世紀的王朝變遷、國家規劃則被置於「非自然的」、「人為的」或導致紊亂的要素的範疇之內。這一論述方式有意無意地迴避了所有這些區域均在不同的脈絡下經歷了十九、二十世紀的殖民主義、帝國主義和社會革命等橫向運動的影響，其時間的軸線早已伴隨社會關係的轉變和普通人的人生軌跡而發生了變異。

---

1 見本書緒論第三節。

2 施堅雅主編：《中華帝國晚期的城市》「中文版前言」，北京：中華書局，2000，第 3 頁。

哈若圖寧（Harry Harootunian）將地方史轉向稱為「空間轉向」，即「將空間面向置於時間面向之上，將一個國家或文化置入一個地理位置之中，但甚少考慮到這個國家或文化與世界、與時間的關係。事實上，地區與區域被視為只有空間、沒有時間的實體，存在這個世界上卻不被認為屬於這個世界。這種不受時間影響的區域概念也常被歷史學家所強化，他們執着於傳統或延續性的概念，以致這也如同另一種將空間置於時間之上的做法」。[3] 他進而批評與這一空間轉向相關的主要範疇，如文化、文明、現代性、中心與邊陲、全球與帝國，以及第三世界等，「最後都落實於一種以整體概念處理一個區域（area）或地區（region）的研究方法」。[4]

區域不是固定不變的空間範疇，而是變化、融合、並存、介入、鬥爭、危機得以發生的空間，是持續生產並推動自身變化的範疇。哈若圖寧對於將空間總體化的學術話語的批評尖銳而富於啟發性，但由於他的批評聚焦於區域研究的空間轉向，並沒有展開討論他所說的空間範疇的時間性，也因此放棄了對這些範疇的歷史生成和政治性運用所包含的潛能的闡釋。正如柯澤勒克（Reinhart Koselleck）所說：「歷史運動總是發生在由多個活躍的介入者相互界定的地帶，就這些地帶而言，所有介入者同時作用於其概念環節。但無論是社會史還是政治史都不會認同其概念的自我表述。歷史只能在那些被概念所解釋的材料與實際的素材（從方法論的角度說，這些素材是從前者衍生出來的）

3　哈若圖寧：〈對可比較性與空間—時間問題的一些思考〉，《歷史的記憶與日常：資本主義與東亞批判研究——哈若圖寧選集》（*A Selection of Harry Harootunian's Essays*），新竹：交通大學出版社，2017，第 139 頁。這段話中的「不受時間影響的區域概念」原直譯為「無時間感」（timeless）。考慮到上下文的關係，我做了上述改動，特此説明。

4　同上。

相互一致時才能被寫出。」[5] 如果這些變動中的事物都有自己的時間尺度，任何空間的運動狀態或任何事件發生的時刻都勢必包含了多重的時間。「我們總是使用那些原先從空間範疇中構想出來的概念，但無論怎樣，這些概念都具有時間的意義。因此，我們可以討論那些作用於事件鏈條上的持久因素的折射、摩擦和碎裂，我們也可以參考那些事件對於各種長久預設的回溯性的作用。」[6] 在哈若圖寧的描述中，時間是一個能動者，而空間僅僅從屬於結構，他在巴赫金詩學的啟發下所闡述的重新結合時間與空間而達成的「時空體」概念遠不如「時勢」的範疇具有更廣闊的潛力。時勢不但綜合了時間和空間，而且將其解釋為一種不同力量之間角逐的、持續變動的進程，一切都是能動的，但一切的命運又都在時勢內部。例如許多學者批評廣泛流行的總體化的「西方」概念，並將這一概念歸結為一種純粹的虛構，卻忽略「西方」這一範疇所體現的時勢內涵，絲毫不願花精力分析那些運用這一範疇的人在「時間」的展開中力圖改變這一時勢格局的努力。從不平衡到薄弱環節，從薄弱環節到中間地帶，從中間地帶到第三世界，這些空間概念的序列正是時勢的產物，每一個命題的提出都包含了對於相應的整體局勢的判斷以及能動地改變這一局勢的動機。同樣，陸地與海洋也是一組空間範疇，但這對空間範疇是在時間中運動的矛盾體。殖民主義和資本主義伴隨着海洋時代的到來，從而「海洋」是一個壓抑、貶低其他一切形態及其規則的總體關係；然而，「海洋」從未徹底征服「陸地」，通過與海洋關係的互動，陸地成為薄弱環節、邊區、中間

5 Reinhart Koselleck, *Futures Past: On the Semantics of Historical Time*, trans. Keith Tribe (New York: Columbia University Press, 2004), p. 180.

6 Reinhart Koselleck, *The Practice of Conceptual History: Timing History, Spacing Concepts*, trans. Todd Samuel Presner et al. (Stanford, CA.: Stanford University Press, 2002) , pp. 6–7.

地帶、第三世界的生成之處，並以此為依託，成為海洋時代革命的和變革的力量。正是在這一時空運動中，海洋時代不再是一個能夠恰當地描述二十世紀的歷史概念。從這個角度說，哈若圖寧所批評的第三世界範疇更不只是一個空間概念，而是從資本主義發展不平衡的範疇中產生的政治概念，只是在第三世界政治逐漸蛻化並導致概念本身的去政治化的進程中，第三世界才會淪為一種單純的空間概念，先是被組織在全球區域研究的結構範疇內部，最後經歷被拋棄的命運。

歷史研究的空間轉向暗含了一種要求，即暫時懸置我們自身習慣的時間而進入另一個時間。在接近一個區域、一種狀態的時刻，暫時中止我們習慣的範疇，力圖重建對象的邏輯的確是進入歷史語境的方式，但其目的是為了將對象從對象的位置解放出來，進而形成對話，而不是通過對自我的暫時懸置將自己塑造為歷史的仲裁者。本書各章涉及中國內外不同區域，但既沒有像現代化論者那樣，遵循空間的時間化邏輯，將不同區域之間的差異排列為傳統—現代—後現代的序列，也沒有遵循時間的空間化邏輯（文化主義邏輯），將特定時刻的區域現象描述為該區域的本質特徵。如同標題所示，本書的中心主題是「多重時間」所構築的「同時代性」，由「同時代性」所生產的「多重時間」，而不是以多重空間為中心的、去除時間性的區域研究。對本書而言，無論是「同時代性」，還是「多重時間」，都聚焦於某些特定時刻，從而縱向的過去、橫向的聯繫和未來的可能性構成了一種運動着的矛盾體、一種獨特的時態。沒有這一多重時間的矛盾運動，我們也無法認知二十世紀中國及其在世界中的位置。正由於此，所謂「多重時間」不可能像施堅雅所描述的那樣，是由區域空間所劃定的秩序井然的多元時間，而是犬牙交錯地凝聚在某個特定時刻或多個特定時刻的對話關係之中的時間。

這是為二十世紀的「同時代性」所界定的區域故事，每一區域的複雜時間脈絡與其他多重脈絡之間相互糾纏，並驅動時勢的轉變。作為一種矛盾現象的「多重時間」既是「同時代性」的產物，又推動着作為一種時勢的「同時代性」的演化。如果要探討這一時代政治生成的秘密，就無法離開多重時間與同時代性之間的矛盾運動和辯證關係，而同時代性與多重時間的並置意味着某種「時空錯置」，從而無法按照單線時間和編年時間來描述事件的性質。朗西埃的如下表述對於許多堅信線性歷史的人而言是不可接受的，卻更為接近「真相」：「『時代錯亂』（anachronism）的概念是反歷史的，因為它模糊了所有歷史性的條件。歷史之所以存在，恰恰由於人們不『類同』（resemble）於他們的時代，由於他們違反『他們的』時代、拒絕按照時間性為其安排的特定位置而行動，在這個位置上，他們有義務以這樣或那樣的方式『運用』他們的時代。但這個斷裂本身所以可能，是因為存在着將這一時間線索與其他線索相連接的可能，也因為在任何『一個』時間中都同時存在着多重的時間。」[7] 正是由於「時空錯置」，一系列的事件才得以發生：清朝與日本圍繞琉球、台灣的矛盾代表了兩種不同的時空秩序之間的衝突，圍繞西藏的衝突糾纏着多重時間線索，尼泊爾和印度的「毛主義運動」貌似對於1930–1949年中國革命的「重複」，但並不是時間錯亂的產物……

這裏以本書第四章談及的高句麗問題為例。2004年7月1日，在蘇州召開的第28屆世界遺產委員會會議決定將中國和朝鮮境內的高句麗遺址同時列入「世界文化遺產」，卻出乎意料地引發了韓國媒

7 Jacques Ranciere, "The Concept of Anachronism and the Historian' s Truth", trans. Noel Fitzpatrick and Tim Stott, *InPrint,* Vol. 3, No. 1 (2015) : 46.

體和社會的激烈反應，已經消失了一千多年的高句麗王朝成為中韓兩國之間矛盾和妥協的焦點。那年夏秋之間，韓國聖公會大學白元淡教授來電話，以十分急迫和焦慮的語氣談及中韓之間圍繞高句麗問題發生的爭議。在電話這一邊的我雖然從新聞中略知有關事情，卻像大多數中國公眾一樣對此反應緩慢，難以理解一千多年前消亡的王朝為甚麼突然越過層疊的時間屏障突顯於我們面前。我們顯然處於「同時代」的不同時空之中，但我還是被她的緊迫感所感動，終於與崔之元、孫歌兩位同事一道前往首爾參加《黃海評論》組織的一個座談會。朝鮮、韓國、中國和聯合國教科文組織構成了這一事件的四個直接參與方，但圍繞高句麗的矛盾同時包含了多重歷史魅影之間的對立和衝突，尤其是「申遺」過程所傳遞的主權概念與無法用這一概念衡量和規範的古代王朝歷史之間的矛盾。對參與《黃海評論》座談會的韓國知識分子而言，除了為這一事件所激發的民族情感，緊迫感還來源於「當下時刻」的政治鬥爭：韓國社會的左右矛盾緊密聯繫着對於中國和美國的情感態度，從而由高句麗問題所激發的情緒既牽動着韓國社會對於中國和美國的態度，也介入了韓國社會的左右鬥爭。在這一時刻，高句麗是一個本雅明所說的「被現代的時間充滿的過去」。[8] 因此，需要探究的是所謂「同時代的非同時代性」（contemporaneous non-contemporaneity）和「非共時的時間」（non-synchronous time）[9] 持續再生的邏輯。

這是一個持續變動、不斷再生、時而貌似錯亂的時勢，一組無法

8 本雅明著，漢娜・阿倫特編，張旭東、王斑譯：〈歷史哲學論綱〉，《啟迪：本雅明文選》（*Illuminations: Essays and Reflections*），北京：生活・讀書・新知三聯書店，2008，第 273 頁。

9 Ernst Bloch, "Nonsynchronism and the Obligation to Its Dialectics" , trans. Mark Ritter, *New German Critique* 11 (1977): 22–38.

被平滑地納入空洞、均質的時間軸線的事件。由於書中的每個章節都曾作為獨立文章發表，故以地域為中心結構各章是一個自然結果，但以「世紀的多重時間」為標題組合這些章節卻包含了對於歷史尤其是二十世紀歷史的重新理解。「沒有甚麼時代錯亂。但存在着連接的多種模式，在肯定的意義上，我們可以稱之為時間錯置：事件、觀念、意義等，它們與時間性相對立，通過逃離任何在『其本身』中的同時性和時間的同一性而產生其含義。」[10] 在本書涉及的琉球、朝鮮半島，以及中國的西域、西藏、台灣等地區，歷史的幽靈常常在當代的社會矛盾和衝突中閃現，其中十七世紀在歐洲產生、十九世紀遍佈世界、二十世紀得以在全球鞏固的規則逐漸擺脱了其殘酷的歷史面目而成為「普遍規範」或「統治規範」，並與在各種時刻持續呈現的歷史記憶相互衝突。逝者以幽靈的形式追逐着生者，並頑強地將自己呈現為「現實」，因此，對於歷史及其規則性衝突的反思從一開始就是對「現實」的追究，也是對於可能的未來的守望或展望。

儘管我不是一位人類學者，但這部書的寫作卻是一系列伴隨行走、訪問和密集閱讀的產物。這些行走、訪問和密集閱讀並不完全是日常研究的直接延伸，除了偶然的機緣，也是由一系列事件促成的。對於思想的展開而言，這些事件關聯起多重時刻，使得那些在所謂常態下難以發覺的矛盾、緊張、危機、希望和各種可能性以密集而迫切的形式突顯於前，從而在思想與行動之間造成了一種態勢；但對於歷史寫作而言，要想把握事件的多重線索，進入矛盾和鬥爭的核心，就不得不面對知識的匱乏、路徑的未知、時間的窘迫和對話能力的微

10 Jacques Ranciere, “The Concept of Anachronism and the Historian' s Truth”, trans. Noel Fitzpatrick and Tim Stott, *InPrint,* Vol. 3, No. 1 (2015): 47.

弱。也許正是事件的緊迫性讓我找不到放棄探索的理由。當我重新翻閱這些文稿時，我才驚訝地發現，在過去三十年中，我彷彿處於一系列的需要迫切回應的事態之中：有關西藏的思考產生於 2008 年危機之後的內外挑戰之中；有關西域的思考產生於 2009 年之後對於這一區域的一系列訪問與追蹤；有關台灣的思考是對「太陽花運動」和分離主義危機的回應；有關朝鮮危機和抗美援朝戰爭的思考因應着半島危機的深化和國內歷史敘述的轉變；有關琉球的研究呼應了處於激烈鬥爭中的琉球反基地運動，也是對於這一時代圍繞海洋權利和主權的矛盾的回應；有關尼泊爾和印度的「毛主義運動」的討論是對南亞鄰邦「毛派」的鬥爭以及從武裝鬥爭轉向議會道路的歷史轉折的探究；有關全球 1968 的分析也是在五十週年之際對於以沉默形態出現的中心狀態的思考，即便是「亞洲想像的政治」也是在 1997 年亞洲金融風暴和 2008 年全球危機之間產生的有關區域 / 全球政治的追問……而所有這一切追問與探尋在此同時匯聚為重新理解二十世紀的中國與世界的努力。對我而言，所謂「世紀的多重時間」也正是通過觀察這些時刻與狀態來理解過去、現在與未來的方法。我試圖在不同時刻的狀態之間構成對話。

危機的常態化是資本主義時代的特徵，人們一次又一次被拋入本雅明和施米特在不同意義上所界定的「緊急狀態」。「我們生活在其中的所謂『緊急狀態』並非甚麼例外，而是一種常規。我們必須具有一個同這一觀察相一致的歷史概念。」[11] 歷史寫作的目的不只是在歷史之外重新敘述歷史，毋寧是在其中創造一種「真正的緊急狀態」，[12]

11 本雅明著，漢娜・阿倫特編，張旭東、王斑譯：〈歷史哲學論綱〉，《啟迪：本雅明文選》，第 269 頁。
12 同上書。

不但改進我們在其中的位置，也促成時勢的轉折。但這又何止是現代人的使命？司馬遷〈太史公自序〉云：

> 上大夫壺遂曰：「昔孔子何為而作《春秋》哉？」太史公曰：「余聞董生曰：『周道衰廢，孔子為魯司寇，諸侯害之，大夫壅之。孔子知言之不用，道之不行也，是非二百四十二年之中，以為天下儀表，貶天子，退諸侯，討大夫，以達王事而已矣。』子曰：『我欲載之空言，不如見之於行事之深切著明也。』夫《春秋》，上明三王之道，下辨人事之紀，別嫌疑，明是非，定猶豫，善善惡惡，賢賢賤不肖，存亡國，繼絕世，補敝起廢，王道之大者也。……[13]

《報任安書》所謂「文王拘而演《周易》，仲尼厄而作《春秋》」側重於個人際遇與經典誕生之關係，而〈太史公自序〉對孔子的表述卻點出了孔子作《春秋》正是因應禮崩樂壞而祖述王制、為天下立法的行動。[14] 如果禮崩樂壞構成了孔子思想的歷史前提，並內在於整個中國思想的歷史思考，那麼，在漢、宋、明、清等轉折時代發生的儒學形態的變化不正是因應各自時代的「緊急狀態」而產生的思想嗎？

然而，現代社會一面處於持續的「緊急狀態」之中，另一面又通過學術制度形成了嚴密的知識分工。這一嚴密分工的功能之一就是摒除「緊急狀態」的影響，讓科學研究「不受影響地」再生產，而「不受

---

13 司馬遷：《史記》第十冊，北京：中華書局，2014，第 4003 頁。

14 本雅明描述過重述歷史的某種情境：「過去的意象也總是出乎意料地呈現在那個在危險的關頭被歷史選中的人的面前。這種危險既影響了傳統的內容，也影響了傳統的接受者。……同這種威脅所做的鬥爭在每個時代都必須賦予新的內容，這樣方能從佔絕對優勢的隨波逐流習性中強行奪取傳統。」（本雅明：〈歷史哲學論綱〉，《啟迪：本雅明文選》，第 267 頁）孔子作《春秋》為後來立法，其動機自然不同於本雅明為擺脱「淪為統治階級的工具」而奪取傳統，但孔子的確是在禮崩樂壞的歷史語境中擺脱隨波逐流的習性而重新祖述傳統，其創造性的能量是不能用其「述而不作」的方式加以掩藏的。

影響地」再生產的前提就是將研究者的當前狀態徹底隱去，要求「那些要重新體驗一個時代的歷史學家把自己關於後來的歷史過程的知識統統抹殺掉」。[15]「同情之理解」是歷史學者和人類學者進入情境的第一步，而不應是掩飾喪失把握獨特歷史時刻的能力的「移情過程」。對我而言，擺脫這一思想惰怠的唯一方法就是將對象從對象的位置上解放出來，持續地在多重時刻之間進行對話，通過逼近每一時刻的當下性以理解真實而短暫的歷史形象，並以這一歷史理解介入我們置身的時代及其矛盾運動。

2019 年 7 月 21 日於哥廷根

15 本雅明著，漢娜．阿倫特編，張旭東、王斑譯：〈歷史哲學論綱〉，《啟迪：本雅明文選》，第 268 頁。

緒論

跨體系社會與區域作為方法

在 1989 年之後，中國幾乎是當代世界上唯一一個在人口構成和地域範圍上大致保持着前二十世紀帝國格局的政治共同體。在各種有關中國具體問題的討論中，「何為中國？」這一問題始終是一個核心的但常常被掩蓋了的問題。通過對中國歷史研究中有關「區域」的論述和「區域主義」方法的分析和總結，我試圖在跨體系社會（a trans-systemic society）這一概念下，提出一種不同於民族主義知識框架下的中國觀。[1]「跨體系社會」是指包含着不同文明、宗教、族羣和其他體系的人類共同體，或者說，是指包含着不同文明、族羣、宗教、語言和其他體系的社會網絡。它可以是一個家庭，一個村莊，一個區域或一個國家。在歐洲民族主義的時代，康德曾斷言：「國家是一個人

1 本文提綱曾在由中國文化論壇與中央民族大學聯合舉辦的「區域、民族與中國歷史的敍述」（2008 年 12 月 6–7 日，北京）學術討論會上作為開場發言宣讀。2009 年 5 月 20 日至 23 日，作為前一次會議的延續，中央民族大學與中國文化論壇聯合舉辦了「跨社會體系 —— 歷史與社會科學中的區域、民族與文明」學術討論會，王銘銘教授根據馬塞爾．莫斯（Marcel Mauss）的「超社會體系」（supra-societal systems）概念擬定了會議宗旨，根據他的解釋，「超社會體系」（supra-societal systems）是指超越我們通常定義的「民族體」的區域性物質與精神關係的體系，既有「物質文化」「地理」「經濟」的表達方式，亦有宗教、儀式、象徵、法權、倫理的表達方式，既可以是現世的，也可以是宇宙論與道德–法權方面的。我在會議發言中將這一概念倒轉為「跨體系社會」，主要是為了強調物質文化、地理、經濟、宗教、儀式、象徵、法權和倫理表述的多樣性共存於一個社會體之中，從而為觀察一個社會的政治文化提供新的視野。本文初稿使用的是「複合社會」這一概念，而在會議之後，我決定用「跨體系社會」取代「複合社會」的概念，以與「跨社會體系」這一概念相互呼應。

類的社會，除了它自己本身而外沒有任何別人可以對它發號施令或加以處置。它本身像是樹幹一樣有它自己的根莖。」[2] 如果不是僅僅着眼於民族國家與社會的關係，而是着眼於社會形態與政治結構的關係而言，這一判斷仍然有着合理性：作為一個人類社會的國家涉及物質文化、地理、宗教、儀式、政治結構、倫理和宇宙觀及想像性世界等各種要素，而不是一個簡單的人造物。「跨體系社會」不但不同於從「民族體」的角度提出的各種社會敘述，也不同於多元社會的概念，它更強調一種各體系相互滲透並構成社會網絡的特徵。例如，中國西南民族混居地區的家庭和村莊常常包含着不同的社會體系（族羣的、宗教的、語言的，等等），並與這些「體系」之間存在着複雜聯繫，但同時，這些社會體系又內在於一個家庭和村莊、一個社會。將跨體系社會與區域範疇相關聯，是因為「區域」既不同於民族–國家，也不同於族羣，在特殊的人文地理和物質文明的基礎上，這一範疇包含着獨特的混雜性、流動性和整合性，可以幫助我們超越民族主義的知識框架，重新理解中國及其歷史演變。另一方面，跨體系社會同時也與跨社會體系（trans-societal system）相互纏繞。例如，中國歷史中的朝貢體系不但是跨體系社會的聯繫方式，而且也是跨社會體系的連接網絡，它將更廣闊區域內的各政治共同體連接在一起。因此，在跨體系社會和跨社會體系的視野中，重新檢討區域尤其是民族區域的概念，對於回答「如何理解中國」或「何為中國」這樣的問題而言，是至關重要的。

2　康德著，何兆武譯：〈永久和平論〉，《歷史理性批判文集》，北京：商務印書館，1991，第 99 頁。

兩種區域主義敘述

過去二三十年來，區域研究興起，無論在國家史內部，還是在世界史的範圍內，逐漸成為主流的歷史研究方法。本文不擬直接進入對於具體研究成果及其結論的評判，而是以方法論問題為中心，結合各種研究路徑，對「區域作為方法」這一問題做一點分析。這也給了我一點自由，即跨越不同的研究領域，觀察「區域」在經濟史、人類學和民族史等領域的不同運用及其相關性。

七十年代以降，所謂地方史取向在美國的中國研究中產生了一系列成果，在社會史、革命史、城市史和經濟史的研究中，這一方法改變了中國研究的整體框架。由於人類學和文化研究的引入，地方史研究的方法發生了一系列變化，性別、族羣等話題也在區域史的範圍內展開了。與此相聯繫但有所區別的，是在世界史範圍內觀察區域聯繫的努力，其關注的重心是那些跨越民族國家邊界的區域聯繫和認同關係。布羅代爾（Fernand Braudel）的《地中海》可以算作這一潮流的先驅，它綜合了長時段（地理時間）、中時段（社會時間）和短時段（事件史）三個時間層次，用以研究總體史。這類研究一方面超越民族國家的框架，在不同區域之間構成了比較性的關係，另一方面又將區域設定為一種新的、形態不同的主體，如亞太、歐洲、東亞和東南亞等，並在不同的時間層次中對區域進行觀察。[3] 我將前一種區域主義方法稱為「針對國家及其行政區劃而產生的區域主義敘述」，將後一種區域主義方法稱為「針對民族國家和全球主義而產生的跨國性區域主義敘述」。這兩種方法並無明顯的隔絕，圍繞民族起源、朝貢–外交關係、

3 布羅代爾著，唐家龍、曾培耿等譯，吳模信校：《菲利普二世時代的地中海和地中海世界》（兩卷本），北京：商務印書館，1996。

經濟圈或文明圈等框架，它們相互支撐和滲透。我們的討論以「民族區域」為中心，但上述兩種區域主義方法並不是與此無關的。

施堅雅主編的《中華帝國晚期的城市》(*The City in Late Imperial China*)出版於 1977 年，是美國中國研究中的區域史轉向的奠基性作品，對其後美國的中國研究中的地方史取向有重大的影響。[4] 施堅雅將集市體系與區域體系綜合在他的研究模式中，對中國市場史、人口史和城市史的研究提供了新的視野。在解釋他的研究動機時，施堅雅說：

> 大部分中國人想到中國的疆域時，是從省、府和縣這一行政等級區劃出發的。根據行政區域來認知空間在明清時甚至更為明顯。
>
> 這種把中國疆域概念化為行政區劃的特點，阻礙了我們對另一種空間層次的認識。這種空間層次的結構與前者相當不同，我們稱之為由經濟中心地及其從屬地區構成的社會經濟層級。就一般情況而言，在明清時期，一個地方的社會經濟現象更主要地是受制於它在本地以及所屬區域經濟層級中的位置，而不是政府的安排。本書的貢獻之一，在於它討論了社會經濟層級作為一種理論構架對於分析明清時期中國的社會進程、經濟交流和文化變遷的重要意義。[5]

在施堅雅看來，省、府、州、縣等行政區劃也構築了區域的範疇，但與「由經濟中心地及其從屬地區構成的社會經濟層級」相比，前者更

4　孔飛力(Philip Kuhn)對太平天國與清代地方軍事化的分析、黃宗智(Philip Huang)對華北和江南的小農經濟的研究、周錫瑞(Joseph W. Esherick)對山東義和團運動的討論、艾爾曼(Benjamin Elman)關於常州學派的研究，以及革命史和社會史中有關浙江會黨、漢口等地方的研究，也都可以視為美國的中國研究中地方史轉向的代表性作品。

5　施堅雅主編：《中華帝國晚期的城市》「中文版前言」，北京：中華書局，2000，第 1 頁。

像是一種由上而下的人為秩序，而後者「不是政府的安排」，而是漫長歷史進化的更為自然的結果。因此，這一區域主義方法隱含着一種自然演化的秩序觀，它將由政府所確定的、作為行政單位的區域視為一種不能真實反映區域關係的安排和規劃。

從大的方面看，針對國家行政區劃而產生的區域主義並未直接挑戰民族國家史的框架，但它將國家做了區域性的解釋。如果我們超出經濟史的範疇，就會發現這種區域主義方法在早期中國的民族史研究中並不陌生。例如，李濟在1928年完成的博士論文〈中國民族的形成〉中就提出過「一種不同於省份區劃的地理單位」。按照他的觀察，各個朝代出於行政管理的目的而用不同的方式劃分中國的政治單位，中國的地區劃分是隨着政治的演進而不斷變化的。值得注意的是，國家或王朝對區域的劃分並不是簡單自上而下的行為，它也綜合了各種歷史演化的要素，比如，「各地區的面積主要是隨着人口聚集的程度而異，而聚集的地望又多半取決於移民遷徙的路線。因此，政治單位的數量和面積的變動在某種程度上可以顯示出我羣聚集地望的變動」。但是，由於政治單位是根據地望變動而形成的，「找尋出某些決定着地望變動而不是為地望變動所決定的地理劃分，對於用比較的方法來研究這些變動是大有必要的。河流和山脈是人口流向的自然決定因素。其中，河流的影響尤其重要」。[6] 不是地理劃分，而是地望變動及其動力才是劃分區域的真正根據。李濟就是據此區分出他的「五大區域」，即東北區（黃河東段以北地區，相當於今之直隸和山西）、中部東區（黃河東段以南及長江東段以北地區，相當於今之山東、河南，及湖北、安徽和江蘇的絕大部分）、中部西北區（中部東區以西、

---

6 李濟：《中國民族的形成》，南京：江蘇教育出版社，2005，第247–248頁。

黃河以南和長江以北地區，相當於今之陝西、四川，以及甘肅的一大部分）、西北區（甘肅省內的一小部分，處在黃河以北地區）、南方區（長江以南的所有地區，包括浙江、福建、江西、湖南、貴州、廣東、廣西，還有江蘇、安徽、湖北的一部分，以及雲南）。

民族史研究以追溯中國民族的形成為中心，它所使用的資料大體包括中國人人體測量數據、史書裏有關城邑建築的資料、姓氏起源資料、人口資料和其他歷史文獻資料。從方法論的角度看，這些資料的使用——如張光直在概括李濟的工作時所說——綜合了考古調查、民族志調查、人體測量調查和中國語言研究等四種方法。正是根據這些文獻和方法，李濟分析出中國民族的五個源頭：黃帝子孫、通古斯人、孟-高棉人、撣人和藏緬人。他的區域劃分以追溯民族形成為目的，儘管十分注重中國民族形成的混雜性，但關注的空間範圍主要局限於中國本部，滿洲、西藏等後來成為中國行政統屬範圍的地區就不在他研究的「區域」範圍之內。

費孝通將中華民族聚居地區歸納為六大板塊和三大走廊的格局，顯然考慮到了中華民族形成的漫長過程，尤其是各少數民族在民族形成與區域關係中的角色。這個看法與李濟早期的觀察不同。費孝通所說的「六大板塊」是指北部草原區、東北部高山森林區、西南部青藏高原區、雲貴高原區、沿海區和中原區，三大走廊則是指藏彝走廊、南嶺走廊和西北走廊，其中藏彝走廊包括從甘肅到喜馬拉雅山南坡的珞瑜地區，這一走廊是漢藏、藏彝接觸的邊界，包含着許多其他族羣。[7]

---

7 「六大板塊和三大走廊」的說法是李紹明根據費孝通的〈民族社會學調查的嘗試〉〈談深入開展民族調查問題〉兩篇文章中的有關論述總結而成，二文分別出自費孝通：《民族研究文集》，北京：民族出版社，1988，第 268–285、295–305 頁。參見李紹明：〈藏彝走廊研究中的幾個問題〉，《中華文化論壇》2005 年第 4 期，第 5–8 頁。關於藏彝走廊的論述，參見李紹明：〈費孝通論藏彝走廊〉，《西南民族學院學報》第 27 卷第 1 期，2006 年 1 月，第 1–6 頁。

較之單純的族裔民族主義的觀點，這種以區域為中心形成的獨特的中國觀是對中國各族人民多元並存的格局的理解。蘇秉琦等考古學者在考古學領域中所提的中國文明的「滿天星斗說」也可以與此說相互參照，兩者的共同意趣是顯而易見的 —— 不是黃河中心說，而是滿天星斗說，為中國文明的源頭提供了不同的圖景，雖則那個時候還沒有「中國」這一說。

同樣以地望和遷徙為槓桿，早期民族史研究以民族形成為中心，而當代考古學和人類學卻以跨民族區域及其經濟發展為中心，兩者觀察區域的立意已經有所區別。但這種區別是相對的。無論在中國的民族史研究中，還是在中國人類學研究中，都存在着一種我稱之為「民族史內部的超民族敍述」。李濟後來感歎說：

> 兩千年來中國的史學家，上了秦始皇一個大當，以為中國的文化及民族都是長城以南的事情。這是一件大大的錯誤，我們應該覺悟了！我們更老的老家 —— 民族的兼文化的 —— 除了中國本土以外，並在滿洲、內蒙古、外蒙古以及西伯利亞一帶：這些都是中華民族的列祖列宗棲息坐臥的地方。到了秦始皇築長城，才把這些地方永遠斷送給「異族」了。
>
> 我們以研究古史學為職業的人們，應該有一句新的口號，即打倒以長城自封的中國文化觀，用我們的眼睛，用我們的腿，到長城以北去找中國古代史的資料。那裏有我們更老的老家。[8]

秦始皇築長城是一種「政府安排」，它割斷了中國民族形成的廣闊空間，而到長城以北去找中國古代史的材料當然也意味着打破這種人

8　李濟：《中國民族的形成》，第 1 頁。

為的歷史割裂。但是，隨着時間的推移，長城已經成為一種地域性的界標，對其後邊疆區域的形成影響深遠。李濟在這裏將民族形成推廣至滿洲、蒙古及西伯利亞一帶，除了往上追溯的線索外，不是也回應了其後中國歷史的區域演化嗎？關於這一點，稍後在討論拉鐵摩爾（Owen Lattimore）的工作時，我會進一步討論。

為甚麼民族史內部會出現這些超民族敘述？我認為動力存在於兩個方面：第一，民族形成本身的多元性和混雜性迫使以追溯民族起源為己任的民族學、考古學向超越單一起源論方向發展；第二，由於中國歷史的獨特性，歷史學者自覺和不自覺地將中國作為一個自然演化過程的動態存在，而不是某個強力由上至下進行規劃的產物。從這個角度，我們也看到了施堅雅在政府安排與社會演化的二元論中所展開的中國敘述的局限。將區域視為自然的，而將國家及其規劃視為人為的，這一對區域與國家的界定沒有考慮到兩者之間的相互轉化。從長時段歷史的角度看，國家與區域的區別不是絕對的，將它們視為相互對立的範疇，而不是相互參照和相互滲透的範疇，有時反而會模糊了區域形成的多重動力。

以灌溉工程與地域形成的關係為例，作為一個古老的農業文明，中國最好的土地即灌溉的土地，而「建立並維持灌溉制度所必需的水利工程，要想完全由私人完成是不可能的」。「水利工程必定要由國家經營。這樣，國家從事這類活動的能力，就比土地所有權更進一步地成為政治力量的基礎。國家也要有大量的存糧，因為田賦的一部分是徵收實物。這種存糧需要有一個社會中心，一個便於保護的中心 —— 城池。這就造成了每一區域的結構單元，即都有一個城池和足夠的土地，構成貿易與行政的單位。每一區域存糧的一部分，又集中在某些重要的倉庫裏，由政府支配，充作各地方的代表中央政權的駐軍的糧餉。」[9] 由這類大型工程所形成的區域與行政區劃有關係，但又未必是完全重疊的關係。

與上述針對國家行政區劃的區域主義方法不同，針對民族國家和全球主義而產生的跨國性區域主義敘述力圖超越的是跨越國家邊界的區域構成。地望、遷徙、敬香和貿易活動同樣是區域形成的基本要素，但這一區域主義產生於後民族國家與全球化的問題意識。區域整合、文明圈、地緣政治聯盟、經濟一體化等問題包含着對兩個不同的力量的回應，即一方面超越民族主義和民族國家，另一方面又對新自由主義的全球主義進行限制。彭慕蘭（Kenneth Pomeranz）的《大分流》與濱下武志的《近代中國的國際契機——朝貢貿易體系與近代亞洲經濟圈》可以作為跨國性區域主義的代表性著作。彭慕蘭的作品是在美國的中國研究的地方史傳統中形成的，他以江南及其從屬區域為描述單位，但不同的地方在於，他將這一區域作為一個相對自主的經濟中心從「中國」的整體範疇中抽出，並與英國北方資本主義興起的動力進行比較，他所回答的仍然是為甚麼資本主義恰好從英國產生這一問題，但不同之處在於這是從區域主義的方法中產生的一種改寫現代世界歷史的努力。關於這一著作的爭論仍然在延續之中，這裏不做評論。從方法論的角度看，彭慕蘭的不同之處在於將區域從國家範疇中解放出來，直接作為世界史敘述中的比較單位。不過，江南地區既非跨國界區域，又不涉及民族問題，這一描述與那種以跨國活動和多族羣關係作為區域概念的構成要素的方法有所不同。

濱下武志的《近代中國的國際契機——朝貢貿易體系與近代亞洲經濟圈》在經濟史領域重新建立了一個以朝貢體系為紐帶、以中國為

9　拉鐵摩爾著，唐曉峯譯：《中國的亞洲內陸邊疆》，南京：江蘇人民出版社，2005，第 27 頁。

中心的東亞世界體系，並以此確認亞洲內部 —— 包括日本與中國之間 —— 存在着一種區域性的「連帶關係」。我認為這種連帶關係構成了一種「跨社會體系」。這部著作的方法論意義遠遠超越了經濟史領域，對從其他角度思考亞洲區域問題產生了影響。在他的敍述中，朝貢網絡是區域整體性的歷史根據。按照他的研究，亞洲區域有下述三個特徵：一、不僅在文化上而且在經濟和政治關係上構成了一個整體；二、這個整體是以中華文明為中心、以超國家的朝貢網絡為紐帶的；三、與這一朝貢網絡相匹配的是與歐洲「國家」關係不同的「中心–周邊」及其相應的「朝貢–冊封」關係。即便在近代，亞洲地區的朝貢網絡也沒有被西方資本主義的擴張徹底擊毀，「作為一個世界體系的亞洲」至今仍然存在。濱下武志將朝貢關係中的宗屬關係區分為六種類型，即：一、土司、土官的朝貢；二、羈縻關係下的朝貢；三、關係最近的朝貢國；四、兩重關係的朝貢國；五、位於外緣部位的朝貢國；六、可以看成朝貢國，實際上卻屬於互市國之一類。[10] 但構成區域整體性的基本依據的，並不是這些不同的朝貢類型，而是由這些朝貢關係所形成的相對穩定的「中心–周邊」的框架，即一種在原理上與以主權為單位的民族國家關係極其不同的區域關係。濱下武志將網絡性關係作為描述區域整體性的途徑，而這一區域整體性的觀念又以某種不同於民族國家的政治文化為根據，因此有可能與一種政治共同體的構想發生關係。例如，人們已經在問：亞洲地區 —— 或者更具體地說 —— 東北亞地區能夠形成一種歐洲聯盟式的政治主體嗎？

10 濱下武志著，朱蔭貴、歐陽菲譯：《近代中國的國際契機 —— 朝貢貿易體系與近代亞洲經濟圈》，北京：中國社會科學出版社，1999，第 35–36 頁。

很明顯，無論從民族志的角度，還是從交通史的角度，區域研究從兩個不同的方向上致力於打破行政區劃與民族國家的雙重邊界。但問題是：區域整體性與政治主體性之間是甚麼關係？區域與人格性主體的關係究竟如何？

地方的非地方性：穩定與流動的辯證

將區域作為一個整體加以敍述，必然會強調區域的穩定性。無論內部存在多少動態關係，如果沒有穩定性也就不能構成區域。布羅代爾的「長時段」概念就是與穩定和緩慢的變遷相聯繫的。上文引及的各個例子取向不同，但在強調區域具有某種穩定性方面沒有明顯的差別。事實上，這些區域概念既是對特定歷史關係的綜述和描繪，也是以概念化的方式對這些流動性關係進行穩定化的努力。費孝通所說的六大區域、三大走廊一旦轉化為國家經濟發展的戰略，原有的區域關係也就會轉化為一種更為自覺的和行政性的關係。當國家的「西部大開發」政策出台的時候，雲、貴、川等西南省份，甘、陝、晉、青海等西北省份，以及新疆、內蒙古、西藏等自治區忽然意識到了一種以「西部」為區域範圍的聯繫，而國家的政策也以這樣的區域概念為框架，重新構思國民經濟的戰略規劃。

在歷史研究中，對區域穩定性的描述也經常以政治組織的形成（亦即某種人格性的單位的產生）為前提。傅斯年 1933 年發表的〈夷夏東西說〉是一篇著名的論文，它以東 / 西、南 / 北關係的消長起伏作為描述中國歷史變遷的槓桿，認為商代文化由西部夏族羣和東部夷族開闢。傅斯年的具體結論已經為五十年代以後的考古研究所質疑，比如考古學家在中原的二里崗文化中發現了殷墟文化，此後發掘的二里頭遺址又被視為在龍山文化之後、二里崗文化之前的文化（有學者認為是夏文化遺址），而 1983 年發現的新的二里崗遺址也證明二里頭文化與二里崗文化是兩種不同的文化。考古學家認為，公元前 2000 年左右，龍山文化被另一文化取代，顯示二里崗文化從中原向東發展。由此，商是否起源於東就成了一個問題。這些學術史上的新發現值得我們思考，但我不打算只是在起源論的意義上討論區域問題。區域很難用單一起源加以說明。正是在這個意義上，傅斯年對區域的敘述仍然具有某種方法論上的意義。在這篇長文中，他描述中國政治大勢的方式不是從政治中心出發的，而是從區域關係的變動中展開的。傅斯年說：

> 自東漢末以來的中國史，常常分南北，或者是政治的分裂，或者由於北方為外族所統制。但這個現象不能倒安在古代史上。到東漢，長江流域才大發達。到孫吳時，長江流域才有獨立的大政治組織。在三代時及三代以前，政治的演進，由部落到帝國，是以河、濟、淮流域為地盤的。在這片大地中，地理的形勢只有東西之分，並無南北之限。歷史憑藉地理而生，這兩千年的對峙，是東西而不是南北。現在以考察古地理為研究古史的一個道路，似足以證明三代及近於三代之前期，大體上有東西不同的兩個系統。這兩個系統，因對峙而生爭鬥，因爭鬥而起混合，因混合而文化進展。夷與商屬於東系，夏與周屬於西系。[11]

三代時及三代以前，區域（河、濟、淮流域）的形成是與政治的演進密切相關的，否則中國古代史中的東西問題不能成立。同樣，若沒有

11 傅斯年：〈夷夏東西說〉，《傅斯年全集》第三卷，長沙：湖南教育出版社，2003，第 181 頁。

東漢及此後長江流域的大型政治組織的發展，中國歷史中的所謂南北問題也不能產生。區域在這個意義上並不是一個自然的範疇，它和政治變遷密切相關。這並不是說區域本身完全依附於政治變遷，因為一旦區域形成，它也有着某種非人格性的自主性或穩定性。在這個意義上，傅斯年發現區域常常能夠超越王朝和其他政治變遷，成為某種穩定性的存在。

就此而言，他的區域觀與濱下武志的跨民族區域的穩定性描述是相似的，即區域是歷史形成的，從而是動態的，但區域一旦形成卻有着某種自主的穩定性。傅斯年因此又說：

> 東方與西土之地理重心，在東平原區中以南之空桑為主，以北之有鄣為次；在西高地系中，以外之洛陽為主，內之安邑為次，似皆是憑藉地形，自然長成，所以其地重要，大半不因朝代改變而改變。此四地之在中國三代及三代以前史中，恰如長安洛邑建康汴梁燕山之在秦漢以來史。秦漢以前，因部落及王國之勢力消長，有本文所說。四個地理重心雖時隆時降，其為重心卻是超於朝代的。認識此四地在中國古代史上的意義，或者是一件可以幫助了解中國古代史「全形」的事。[12]

中國古代史的「全形」只有通過超越王朝變遷的視野才能獲得，那麼，這一超越王朝變遷的視野又如何獲得呢？傅斯年將區域，即他所說的以城邑和政治為中心的、「憑藉地形，自然長成」的「地理重心」或「地系」及其相互關係，作為把握中國古代史之「全形」的根據。在這個

12 同上書，第 232 頁。

意義上，過於強烈地將區域與行政區劃相對立，在方法論上也易於陷入另一種陷阱，即將區域的穩定性誤解為一種純粹非政治性的自然存在。區域的穩定性本身常常與政治安排有關，這一點並不因其與行政區劃（及國家邊界）的差異而改變。

區域的穩定性是相對的，而流動性是絕對的，兩者有着辯證的關係。區域的形成除了地理條件之外，更重要的是人類的活動，其中遷徙、戰爭、和親、貿易、敬香、朝貢等就是最為重要的區域形成條件，即便是自然生態的變遷最終也要通過人類活動才能轉化為區域的變遷。至少在人類歷史中，區域雖然以地理為條件，但並不是一個自然的概念。也正由於此，區域的穩定性必然以流動性為前提，而流動性又是區域形成的動力。傅斯年從流動中尋求古史中東西區域關係的穩定性，而桑原騭藏則將南北區域的形成放置在「事件」中加以敍述，即以動態關係描述靜態區域。在發表於 1925 年的〈歷史上所見的南北中國〉這篇名文中，桑原騭藏以兩大「事件」—— 晉室南渡與宋室南遷 —— 作為結構中國歷史中南北變遷的中軸。「這宗重大事變，歷史上稱為永嘉之亂或晉室南渡，是中國社會狀態的一大改變，在各方面均引起重大影響。在南北中國文化分野的區劃上，此次事變是產生轉變的一大原因。」中國歷史中的南北問題歷來討論極多，但無論討論環境、風俗、民情和其他問題，大多均以南北作為穩定的、相互區別的區域為前提。但桑原騭藏將南北問題放在「事件」創造的新關係之中，提供了隱含在區域靜態關係中的動態關係。他說：

> 南方開發的端緒始於秦漢，因晉室南渡進度加速，唐、宋、元、明繼其步伐，南方遂在文化、户口、物力等所有方面，凌駕於北方之上。清初顧炎武以「天運循環，地脈移動，彼此乘除之

理」解釋南北盛衰優劣交替的原因，自然並不徹底。清末劉光漢將原因歸為五胡南北朝時代北狄的侵入和漢族的南下，以及南北水利的便利與否，則較為中肯。不過即使南方的水利在主張當地的開發中發揮作用是事實，也只是副因而非主因，是助因而非正因。主要的原因，不得不歸於北狄的入侵和漢族的南下。這個華夷的移轉，如劉光漢所言，並不限於五胡南北朝的三百年。唐、宋、元、明間北狄的入侵和漢族的南下，與五胡南北朝相比雖有大小之差，但亦同樣不能不加以考慮。要之，過去一千六百年間，北方野蠻夷狄和南方優秀漢族的移住這兩個事實，是解釋南北盛衰原因的必要的和最重要的關鍵。[13]

與傅斯年一樣，桑原騭藏的描述也是長時段的。如果參照他的《蒲壽庚考》《中國阿剌伯海上交通史》及有關西域和蒙古的研究，他的區域視野不但越出了「中國」的範疇，而且總是在流動的關係之中觀察一個具體區域的特徵。南北區域的差異在這一長時段的交流和碰撞中顯現出根本的動態性。從這一動態的關係觀察，南方之為南方的那些特徵（族羣、風俗和生活方式等）均需要從由事件凝聚起來的南北關係中加以解釋，諸如水利開發的便利與否等自然性條件在形成南北區域關係中反而是次要的。區域的動態性也可以解釋為地方的非地方性，它提示了一種觀察地方性的視角，即流動性的視角。例如，儺戲在貴州是活的文化，並被廣泛地視為貴州地區的文化特徵，但其根源卻在江淮之間；今天江淮地區儺戲依舊存在，但很少被視為區域特徵。我

13 桑原騭藏：〈歷史上所見的南北中國〉，《日本學者研究中國史論著選譯》（一），北京：中華書局，1992，第33–34頁。

們可以從地域性的視野觀察它，也可以從流動的角度理解它，或者從重疊、流動的關係中解釋這一文化的衍生和發展。

流動性並不僅僅指區域間的流動（如從中心到邊緣的流動），就文化和習俗而言，流動性也體現在社會層級或階級關係之中。例如，由於王朝南遷，一些宮廷文化流落民間，如今在鄉村或下層社會流行的文化未必是「下層的」「本土的」；而另一些民間習俗和文化也可能在流動中轉化為上層的或精英的文化。因此，精英與大眾、中心與邊緣的關係都不是絕對的。穩定性和流動性共同構成了觀察此類現象的視角。從事件的角度觀察區域的形成，亦即將區域理解為動態的存在，但這並不構成對漫長的歷史演化在區域形成中的意義的消解。事件與區域的關係提示人們：區域常常是某種突變的產物，構成區域特徵的那些風俗、文化、習慣、認同，乃至語言等，都不是區域的本質性特徵，而是其歷史性特徵。這裏所說的突變，與桑原騭藏對事件的關注是一致的，它並不否定地望和其他更為穩定的條件在形成區域關係中的作用。

區域的中心–邊緣及其相對化

區域的穩定性與流動性也決定了區域研究中結構性要素與歷史性要素之間的辯證關係。強調穩定性，也就會強調結構性及結構的內部互動和彈性。施堅雅將區域作為一種穩定的、相對自然的體系，他的方法傾向於區域內部的結構關係便是自然的。區域結構這一概念預設了區域作為整體與其各個部分之間的關係，也預設了區域構造中不同層次的中心–邊緣關係及其互動。在這裏，用於描述區域結構內部關係的，是多層次的中心–邊緣關係。施堅雅在描述中國的市鎮體系與區域時使用了大區的概念，以說明區域結構內的多層構造。他說：

> 區域結構……包含着以鎮和市為連接點的本地和區域體系的層級。就中國的情形而言，作為大區域經濟的頂級城市的大都市，處在不同程度上整合成一體的中心地層級的最高層。這個層級向下則延伸到農村的集鎮。集市體系以這些集鎮為中心，一般包括十五至二十個村莊，組成了構築經濟層級的基本單位。由此而上，層次愈高，社會經濟體系愈趨廣大和複雜，中心地在其中起着連接點的作用。[14]

按照這個結構性的區域關係，區域是一種由中心–邊緣關係構築起來的連續體，即它有一個最高的中心和廣闊的邊緣區域，而在相對於這個最高中心的邊緣區域，又在每一個層次上展開着以集鎮–村為單位的一系列中心–邊緣結構。「區域體系理論的中心觀點是，不僅大區域經濟具有核心–邊緣結構，它的每一層次上的區域系統均呈現和大區的核心–邊緣結構類似的內部差別。因此，每一個本地和區域體系均是一個有連接點的、有地區範圍的，而又有內部差異的人類相互作用的體制。最後一個體系處在不斷的有規律的運動之中，包括商品、服務、貨幣、信貸、信息、象徵的流動，以及擔當多種角色和身份的人的活動。鎮和市處於一個體系的中心，起着連接和整合在時空中進行的人類活動的作用。」[15]

14 施堅雅主編：《中華帝國晚期的城市》「中文版前言」，第 2 頁。

15 同上書，第 3 頁。

結構性的區域概念注重於中心–邊緣的空間關係，無論其層次多麼複雜，中心–邊緣之間的關係是穩定和清晰的。例如，在這個結構中，城鄉之間的中心–邊緣關係不可能逆轉。但是，如果以過去一二十年當代中國珠江三角洲地區的城鎮化發展來看，經濟區域是成片地展開，一個又一個小城鎮蔓延伸展，形成了一個廣闊的經濟區，我們很難用過於清晰的中心–邊緣關係對之加以界定。如果將這一結構關係放置於長時段歷史或事件中觀察，那麼即便在古代歷史中，中心與邊緣的關係也可能發生變異，城市的絕對中心地位本身就是歷史的產物。在出版於 1940 年的《中國的亞洲內陸邊疆》一書中，拉鐵摩爾以長城為「中心」描述一個超越政治和民族疆域的「亞洲大陸」，為我們理解歷史中的中心與邊緣關係提供了極為不同的視野。按照他的「中心」概念，遊牧和農耕兩大社會實體在長城沿線形成了持久的互動和相互影響，並將這種影響反射或滲透到各自的社會生活方式之中。這個作為「互為邊疆」的「長城中心說」不但糾正了中國歷史敘事中的那種以農耕為中心的片面敘述，進而與黃河中心的中國敘述，以及宋代以後的運河–江南中心的中國敘述形成了鮮明對照。這個「互為邊疆」的概念與施堅雅描述的那個以城市–鄉村關係為中軸的相對穩定的中心–邊緣關係完全不同。我所說的「完全不同」，並不是說兩者是對立的，而只是說由於關注的中心點不一樣，在前者那裏相對穩定的中心–邊緣關係就變成了不穩定的、相對化的關係。在這裏，長城內外的邊疆區域轉化為中心，它既非城鎮，也非鄉村，而是綿延不絕的、連接兩種生產方式的紐帶。「中國與草原之間的經濟差異並沒有形成政治上的隔絕。雖然費了很大的力氣將長城造起來，邊疆卻從來沒有一條絕對的界線。就地理、經濟、政治等方面而言，它是一個過渡地帶，廣狹不一。因為不論是在中國還是在草原上，精耕及粗放的平均水平及程度指標並不一樣。兩邊的社會沒有一個是永遠統一的。」[16]

歷史敘述的中心轉移除了與各時代的中心地位的移動有關，也還與觀察歷史變化的視野，尤其是觀察歷史變化的動力的視野相關。例如，一些民族不能適應關內的農耕方式，轉而專力發展畜牧資源，當他們從「半草原」社會發展到徹底草原化的階段，他們脫離了農耕社會的邊緣地位，變成草原社會的中心區域。[17]「在中國強盛而使草原遊牧民族稱臣納貢時，財富對移動性的統治最強。但是，這種統治也會因為移動性而妨害於財富。被委任統治邊疆的官吏們，逐漸脫離漢族財富的根源，而取得草原權力的根源。」[18] 桑原騭藏將南方區域的形成與北方民族南下關聯起來，而拉鐵摩爾則在一個特定時刻看到了另一個方向相反的運動，即在歐洲殖民主義和工業化的壓力之下，中國歷史內部的由北向南的運動路線終於轉向由南向北的運動路線。他用「前西方」與「後西方」的概念來描述中國區域關係的這一逆轉。

兩種或多種新勢力

區域關係的逆轉意味着某些區域的形成是由一種外來力量推動的。這種外來力量曾經被一些研究跨國性區域主義的學者稱為「介入性力量」(intrusive system)，[19] 即一種改變了舊有關係的、由區域外進

16 拉鐵摩爾：《中國的亞洲內陸邊疆》，第 45 頁。

17 同上書，第 40 頁。

18 同上書，第 50 頁。

19 L. J. Cantori and S. L. Spiegel, *The International Politics of Regions: A Comprehensive Approach*, Englewood Cliffs: Prentice-Hall, 1970. 肖歡容：《地區主義：理論的歷史演進》，北京：北京廣播學院出版社，2003，第 7 頁。

入的「新勢力」。拉鐵摩爾說：「如果我們不區分新勢力與舊勢力，就不能看到中國移民地區 —— 從東三省到西藏 —— 近代史的特徵。新勢力中最重要的是鐵路及近代軍備。每一條鐵路對開發一個移民地區的重要性，隨着經由該路而來的直接或間接的外來壓力而有所不同。」[20] 他在這裏所談及的「新勢力」就是西方及其工業化的力量。「新勢力」的介入創造了完全不同的情境。拉鐵摩爾說：

> 現代歷史中，中國或其他國家不再由於大陸或海洋的阻隔而孤立。新興勢力對舊歷史的影響來自兩個方面：一方面，中國的疆域和它的邊疆地區都清晰地表現出來；另一方面，新的普遍力量超越了遠東及世界其他各地的地理的、民族的及文化的孤立性。[21]

介入性力量打破了區域結構內部的中心–邊緣關係的運動模式，它也可以區分為具體的介入性力量和「新的普遍力量」。例如，近代的西方影響是一種「新的普遍力量」，即它不僅影響某個區域，而且也滲透在全局關係中；與之相比，某個遊牧民族的南下是一個具體的介入性力量，它可能改變某個區域的平衡，但並未根本改變整個世界格局。晚清以降，西方勢力的介入與其說是一種「外來力量」，毋寧說是一種決定性的形勢。在這個形勢下，中國與內陸邊疆的關係不再由這個區域的中心–邊緣關係決定，作為外來力量的西方已經是一種區域內力量並創造了新的中心–邊緣關係。長城內外的區域關係已經是資本主義「海洋時代」總體關係的一個部分。隨着十九世紀海洋時代

20 拉鐵摩爾：《中國的亞洲內陸邊疆》，第 9 頁。

21 同上書，第 2 頁。

的到來，「從海上湧進中國的勢力」橫掃亞洲大陸，它徹底終結了那種由北向南的區域運動路線。即便是日本的侵略也服從於這一更為廣闊的形勢 —— 日本對「中國滿洲及征服整個中國的企圖，在某種意義上，表現了海上勢力與陸上勢力的直接衝突。毫無疑義，那是一個使中國亞洲內陸邊疆受海上勢力支配的企圖」。[22]

現代資本主義的重要特點是「中心–邊緣」關係的不斷滑動。正由於此，傳統的中心–周邊關係很難描述現代區域關係。濱下武志在〈資本主義殖民地體制的形成與亞洲 —— 十九世紀五十年代英國銀行資本對華滲入的過程〉一文中指出：資本主義列強向亞洲特別是向中國金融滲透的深化，是與美國、澳洲的黃金發現所導致的國際金融市場的擴大過程密切相關的。從金融的角度觀察，中國近代經濟史可以被看作中國經濟被編織在以倫敦為中心的整個世界一元化國際結算構造之中的過程。亞洲的「近代」是在經濟上逐漸被包容進以歐洲為中心的世界近代歷史的過程，其特徵就是金融性統治–從屬的關係。[23] 從區域的角度看，這種新型的中心–邊緣關係並不穩定，它隨着資本的移動而移動。但是，這一中心–邊緣的滑動關係只是從一個層面敘述的，它並不意味着其他要素 —— 如人口和區域內的其他關係 —— 也同樣不穩定。那麼，在描述中心–邊緣的滑動時，還要考慮這種滑動是在甚麼層面上展開的，否則也會將某個方面的轉變描述為整體性的轉變。在這個意義上，無論是對於區域形成的介入性力量的重視，還是對於中心–邊緣的相對性的闡述，並沒有取消對於相對穩定的結構及其中心–邊緣關係進行探索的意義。

---

22 同上書，第 3–5 頁。

23 濱下武志：〈資本主義殖民地體制的形成與亞洲 —— 十九世紀五十年代英國銀行資本對華滲入的過程〉，《日本中青年學者論中國史．宋元明清卷》，上海：上海古籍出版社，1995，第 612–650 頁。

將區域內部的變動歸結為不同的「新勢力」的互動、角逐、衝突和融合，並沒有取消新舊勢力之間的對比，但這一對比不是在一個本土與外來的二元關係中展開的。「本土」只能在某一「新勢力」的地方化或本土化的過程中理解，或者在「新勢力」蛻變為「舊勢力」的過程中理解。當地的勢力並不等同於本土的勢力。這一觀點並沒有取消當地勢力與外來勢力的交往、衝突和鬥爭中的歷史判斷問題（如對帝國主義和殖民主義的批判和反思），而是將這一歷史評判放置在歷史關係的具體形態之中，不是單純的本土–外來的簡單模式之中。

時空結構的差異性

由於區域構成的兩個基本要素是地理條件和人的活動，空間與時間的多元性問題也因此產生。空間的多元性是一望而知的。由於存在中心–邊緣的構造，如城市與鄉村的關係，區域空間內部是多元性的。從更為廣闊的範圍看，無論是李濟、費孝通對中國民族區域的觀察，還是拉鐵摩爾、濱下武志對於內陸邊疆和海洋邊疆的分析，他們在解釋區域間的相互滲透關係的同時，也清晰地說明了各大區域間由地理、文化、族羣、政治和經濟等要素的差異而構成的多元性空間關係。這一空間差異性一旦與人類生活聯繫起來，也就轉化為一種時間的差異性，即携帶着自己的歷史、認同和傳統的不同社會羣體（民族、族羣、階級或其他）的共存關係。施堅雅從經濟史的角度這樣表述「空間結構上的差異性」與「時間結構上的差異性」關係：

> 歷史盛衰變化的「長波」在大區域之間經常是不同步的。區域發展週期不僅關係到經濟的繁榮與蕭條，也關係到人口的增長

與停滯、社會的發展與倒退、組織的擴展與收縮以及社會秩序的和平與混亂。此外，由最底層的集市系統而上，每一層次中的體系均有其獨特的運作模式和歷史。它可以被視作人類相互作用的時空體系。在此時空體系中，與空間結構上的差異性一樣，時間結構上的差異性也顯示了一個體系的特徵。……對於有層級結構和地域特點的歷史學來説，基本的時間單位是那些內在於一個特定區域體系的、週期性的、富於動態的事件。這種方法與通常的分期法不同，它強調中國歷史中區域之間的差異性，而不是使之模糊。無論是籠統的概括，還是僅着眼於各不同區域體系的發展的平均水準，都會減弱或模糊地域間的差異，從而不利於研究整合為一的中國歷史。相反，如果要獲得對一個文明的歷史的整體認識，我們必須全面理解它的各組成部分的獨特而又相互作用的歷史。[24]

儘管基本的描述單位是結構，但這個結構本身卻是一個無論在空間還是在時間上都呈現出多元性和差異性的統一體。施堅雅將差異性的時間單位定位為「內在於一個特定區域體系的、週期性的、富於動態的事件」。例如，「由最底層的集市系統而上，每一層次中的體系均有其獨特的運作模式和歷史。它可以被視作人類相互作用的時空體系。在此時空體系中，與空間結構上的差異性一樣，時間結構上的差異性也顯示了一個體系的特徵。……」[25] 時間的差異性顯示出的是區域之間的、相對穩定的差異性和獨特性，它提示人們不但在研究諸如中國

24 施堅雅主編：《中華帝國晚期的城市》「中文版前言」，第 3–4 頁。

25 同上。

或東亞這樣的對象時不能用同一時間框架去描述其不同的區域，而且在研究一個小的區域時也應該注意內部的時空差異性。

縱向的時間概念與主體性的建立之間有着密切的關係，將區域與縱向的時間相關聯，最易產生的結果是一種人格性的區域概念的產生，即將區域視為一種相對自主的代理人體系。沒有這一縱向的時間概念，就不能將區域與行政規劃區分開來，因為前者包含了自律性，而後者卻完全是他律的。如果非人格性的經濟區域也需要放置在縱向時間的差異性概念下觀察，那麼人格性的民族、族羣、社羣就更不可能離開這一「時間結構上的差異性」了。從方法論的角度說，無論是民族史（national history），還是族羣史（ethnic history）、地方史（local history）都不可能離開這一縱向的和差異的時間概念。這一「時間結構上的差異性」意義上的時間是抽象的、空洞的，但不是勻質的。勻質的時間只是塑造一個主體，即民族–國家史中的「民族主體」，或現代化理論框架下的「世界歷史」，異質但同樣縱向的時間概念提供的是多元主體的歷史 —— 無論這一多元性體現為地方性差異還是民族性差異。在民族史研究中，民族國家通常希望按照行政區劃書寫「地方史」，而民族或地方卻希望將自己的歷史置於縱向綿延的關係之中，不願接受這一區劃的限制 —— 這是主體的歷史，而不是地方的歷史。

用神學的概念來表述，空洞、勻質的時間是一神教的，而差異、多元的時間是多神教的。在民族學、人類學和宗教學研究中，這種多元時間觀提供了認同政治（差異政治）的認識論框架。在中國研究中，少數民族研究、地方史研究正是以一種多元時間的框架塑造新的主體，以抗衡或平衡單一主體（民族–國家歷史）的時間觀（或歷史觀）。因此，儘管存在着結構的概念，多元時間概念所召喚的區域主體性

（以差異性為名）與結構之間的關係究竟如何處理，並不是一個在中心邊緣框架下就可以解決的問題。一旦民族、區域、地方被建構為一個人格性的認同主體，它與「結構」的關係，以及它與其他認同主體的關係，就不再是中心–邊緣模式可以籠罩的了。統一與分裂、認同與差異、集權與分權、統屬與自治等政治性議題全部可以在這一勻質時間與多元時間概念的對立中找到自身的認識論根據。正由於此，歷史研究到底以族羣為中心，還是以國家規劃下的區域為中心，常常成為政治爭議的焦點。這種焦點也可以解釋為一元時間與多元時間之間或多神論時間與一神論時間之間的鬥爭。當代西方的中國研究越來越傾向於以多神的時間概念對抗一神的時間概念，這不但與多元主義理論的興盛密切相關，而且也與解構民族主義神話、批判民族國家的壓迫性的潮流有關。

如同上文所說，民族國家史內部包含着超越單一民族框架的趨勢，這個趨勢表現為三個有所不同（有時候極為不同）的方向。第一個方向是趨同論的方向，民族主義史學大多與此有關。除了訴諸單一起源之外，大多數以民族國家為單位的民族主義史觀並不否定族源的多樣性。顧頡剛在〈編中國歷史之中心問題〉中說：「中國無所謂漢族，漢族只是用了一種文化統一的許多小民族」；[26] 傅斯年在論述中國歷史中的「諸夷姓」時則說：「與之（指諸夏）對峙之諸夷，乃並不如諸夏之簡單，所謂『夷』之一號，實包括若干族類，其中是否為一族之各宗，或是不同之族，今已不可詳考，然各夷姓有一相同之處，即皆在東方，淮濟下流一帶。」他的根據即古書所載之「夷者惡各族」

26 顧頡剛：〈編中國歷史之中心問題〉，載顧洪編：《顧頡剛學術文化隨筆》，北京：中國青年出版社，1998，第3頁。

「其地望正所謂夷地者」等說法。[27] 這些從多元中統整的觀念典型地體現於從「五族共和」發展為「中華民族只是一個」的民族史觀。

另一個方向也在民族史觀的大框架中，但更強調一體內部的多元性——不但承認民族的多元起源，也承認民族的多元發展和多元空間的必要性，亦即承認每一個民族和地域有其自身發展的規律性。較之早期中華民國的民族史觀，中國革命的民族史觀更強調少數民族的權利及其文化多樣性。費孝通在人類學領域提出的「中華民族多元一體格局」的命題，蘇秉琦在考古學領域提出的中國文明起源上的「滿天星斗」說，都反映了這一歷史觀的特點。費孝通對於民族形成的如下描述是經典性的：

> 它（中華民族）的主流是由許許多多分散孤立存在的民族單位，經過接觸、混雜、聯結和融合，同時也有分裂和消亡，形成一個你來我去、我來你去，我中有你、你中有我，而又各具個性的多元統一體。這也許是世界各地民族形成的共同過程。[28]

在「一體」格局中力圖發掘多元並存的格局，這與中國革命對於少數民族權利的重視、社會主義中國對於民族區域自治的構想有着明顯的重疊關係。如果用施堅雅的時間結構與空間結構的概念來表述，這一民族歷史的敘述同時包容着空間結構上的多元性和時間結構上的多元性，但多元性依存於結構的多樣統一則是清晰的。值得注意的是，許多對於中國的民族識別和少數民族政策（其實民族識別是世界性的

---

27 傅斯年：〈夷夏東西説〉，《傅斯年全集》第三卷，第 213 頁。

28 費孝通：〈中華民族的多元一體格局〉，《中華民族多元一體格局》，北京：中央民族學院出版社，1989，第 1 頁。

現象，而不是單純的中國現象）提出批評的人類學家、歷史學家和民族學家，既沒有意識到這一政策本身的認識論是和這些對之持批評態度的多元主義者相差不遠的，也沒有意識到民族區域自治概念既非單純地強調民族自治，也非強調區域自治，而是將民族區域作為一個獨特的單位。

第三個方向是對一體性的解構。我們可以從三個不同的取向來理解這一對於「一體」的解構：首先是用「多元歷史」解構民族主義的認識論，如後殖民主義提出的「複線歷史」概念就是例證。解構主義文化研究大多遵循這一邏輯。其次是以族羣、區域或其他單位為中心，重新複製民族主義的邏輯。通過分解結構的統一性，這一方法將多元性發展為新的主體論，從而為分裂型民族主義提供基礎。從認識論上說，這是以多元時間為框架「想像」或建構新的民族體的努力，一旦民族體建構完成，多元時間也就轉化為一元時間。最後是將民族概念轉化為階級概念或更為廣泛的人類概念，進而塑造超越族裔性的主體性，以全球史取代一切以民族、地域為中心的普遍歷史。國際主義與世界主義是這一普遍歷史的兩個不同的政治版本。在這種全球史中，以超越民族國家為中軸，區域與全球構成了新的聯盟。

根據上述分類，一元時間與多元時間之間同樣是可以相互轉化的，兩者均以縱向的時間概念為基礎，從而為不同的主體性（民族國家的或族羣的、國家的或地方的，等等）的生成提供認識論框架。由於時間概念在縱向軸上滑動，無論強調其一元還是多元，就主體構成來看，它們天然地具有綜合、統整和排斥差異的傾向。與此相比，空間概念保留了更多的差異及並存的可能性，正由於此，大部分承認差異但同時重視「一體性」的敘述都訴諸空間的概念。傅斯年的「東西」、桑原騭藏的「南北」、拉鐵摩爾的「互為邊疆」、施堅雅的「結構」、費孝通的「多元一體」等，均包含了將多元性、複合性、重疊性、流動性、差異性融合在區域概念之中的努力。空間概念既能夠包容多樣性，也能夠提供統整性，但空間不可能離開時間的軸線，一旦後者仍然在「時間結構上的統一性或差異性」上滑動，區域這一概念到底有甚麼新的意義就仍然是不清晰的——如前所述，民族主義史學（無論是統一型民族主義還是分離型民族主義）不但沒有否定區域，而且高度重視區域，沒有區域的概念也就不能產生疆域和邊界的概念，而民族主體一旦脫離空間範疇也會變得日益模糊。

在這個意義上，僅僅用空間性的區域概念替換時間多元性，並不能有效地解決民族史研究中的那種中心化和排他性敘述的傾向。如前所述，在民族區域的研究中，以行政區為單位與以族羣為單位書寫歷史具有截然不同的政治意涵——以民族為單位書寫歷史，意味着將區域的擴展置於縱向的差異性時間的軸線上，而以行政區劃為單位書寫地方史，則通過空間的規劃將縱向的差異性時間置於統一的時間框架（民族國家的時間框架）之下。前者以民族認同切割區域內部的混雜性，通過對抗統整性敘述，重構另一層次的統整性邏輯；而後者將區域關係整合在全局關係之中，雖然不否認區域的內部差異性，但力圖按照行政區劃方式將這些關係的有機性置入一種自上而下的權力結構之中。

橫向時間與政治文化的非人格化

如果將拉鐵摩爾關於「長城走廊」（我將拉鐵摩爾的「長城」與費孝通的「走廊」拼合起來，產生了這個說法）的描述與費孝通提出的「藏彝走廊」概念相對照，前者強調的是兩種生產方式之間的中間地帶，而後者則是指兩個文化和文明區域之間的中間地帶。「長城走廊」是國家行為的產物轉化為自然地理的概念的典型，而「藏彝走廊」則訴諸自然區劃以為國家的發展提供戰略視野。在這裏，人為與自然的分界是移動的。作為中間地帶，「長城走廊」與「藏彝走廊」不但是對一切形式的「絕對的界線」的模糊化、混雜化和流動化，而且也是對從單一方向尤其是單一的人格性主體如民族的角度描述這類區域的否定。例如，「藏彝走廊」的形成與西藏東擴的歷史有着密切的關係，也與唐帝國以及此後蒙元、明清王朝往西延伸的歷史相關，但那些消失了的民族（如土谷渾）或混雜其間卻沒有形成大型政治體的民族難道沒有對這個區域及其文化的形成產生作用嗎？很明顯，中間地帶最為清楚地解釋了區域的重疊性、混合性、模糊性與流動性的特點。但是，我們還應該追問：這種重疊性、混合性、模糊性與流動性僅僅是這類中間地帶的特徵，還是區域社會的普遍性特徵？這一追問的真正含義在於拒絕那種將某一區域社會描述成單一社會的習慣，而將社會的複合性或跨體系性視為一個普遍的特徵。

在回答這一問題之前，有必要重新思考區域研究中對於區域空間的多元性與時間的多元性的討論。區域的構成包含着自然地理的要素（以及某些已經自然化了的人為要素，如前述的長城和水利工程等）；文化的要素（如語言、文學藝術、民族或宗教等）；羣體生活方式和生產方式的要素（如遊牧、農耕、漁獵、商業、工業等）；經濟和政治關係的相互依賴性（如城鄉等中心–邊緣結構）；遷徙和流動（如由貿易、災荒、戰爭、走私和其他事件帶動的變遷等）；國內–國際體系中的位置（如國內的中心–邊疆關係、國際的三個世界劃分或南北劃分等）；國家規劃的行政區域；世界承認的跨行政區域或跨國聯盟，等等。無論從哪一個層次、哪一個角度看，中心–邊緣及其互動是所有區域的特徵。如前所述，互動並不完全是結構性的，源自區域外的力量常常是導致區域的中心–邊緣關係發生逆轉的動因。

時間結構的差異性以某個區域、體系和社會羣體的自律性為中心，它所批評的是那種以國家行政的統一力量抹殺族羣、地方和區域多樣性的傾向。就對結構性霸權的批評而言，這一思考是十分自然的。但是，對於結構多樣性的描述趨向於從縱向起源上描述區域的自主性，其論述的邏輯難以清晰地說明區域形成的多重動力、區域內的社會羣體構成的橫向聯繫。區域概念的模糊性和重疊性決定了一個雙重事實，即一個地區（甚至國家）可能同時屬於多個地區，一個地區可能包含多重社會關係（天下、一統、民族、主權、網絡、宗教、貿易和其他社會活動等）。區域的概念與行政區劃未必一致，也未必不一致，真正的區別在於行政區劃按照自上而下的軸線將區域組織在一個結構之中，而人類學、社會學意義上的區域卻包含對各種歷史偶然性、事件和其他形態的交往而形成的橫向聯繫。區域的構成不能從一個單一的方向上加以界定，即既拒絕籠統地按照行政區劃在區域間關係中進行人為劃分，又不是將族羣、宗教等關係作為本源性關係而否定這些關係本身是多重條件和歷史互動的產物。從認識論的角度說，只有將時間從縱向的關係中解放出來，置於一種多重橫向的運動中，才有可能找到區域這一空間概念的時間維度，其目的是將重疊性、模糊性、流動性與並置性置於歷史思考的中心。

那麼，能否設想超越時間結構上的統一性–差異性的邏輯，構想一種能夠與區域的這種重疊性、模糊性、流動性、穩定性同時並存的時間概念呢？我把這個時間維度稱為「橫向時間」，它與一切神學（無論是一神論還是多神論）的時間沒有關係，多少接近於中國古典的「時勢」概念。布羅代爾的「長時段歷史」和「中時段歷史」在橫向時間的框架下是「時勢」的有機內容和「事件」的構成要素——時間只有與人的活動相關聯的時候才有意義，而人的活動總是處於一定的互動關係之中。橫向時間的概念或多或少與歐洲現代思想對於世俗化（以及市場活動）的描寫有幾分相近。查爾斯·泰勒（Charles Taylor）在談論約翰·洛克（John Locke）、亞當·斯密（Adam Smith）等人創造的政治、經濟想像時，特別提及了「世俗時間」（secular time）的觀念，以與宗教時代的高級時間（higher time）相區別。[29] 高級時間將各種日常時間加以集中、重組，以形成一種神聖的、永恆的秩序，而世俗時間卻將我們想像為處於一個橫向的世界之中，新的集體機制和共同行動只是在這一橫向時間的軸線上發生。在這一歐洲近代的世俗時間框架下，社會成為一種自我活動的舞台：社會活動與超越的或高級的時間徹底分離。如果說高級時間將社會活動臣服於國王、古代法、上帝等更高的邏輯或規範，而世俗時間卻把社會活動看作完全自主的、獨立的、在相互關聯中展開的活動。從經濟領域看，這一世俗時間與市場交換活動有着密切關係。在宗教時代，高級時間傾向於將各種世俗的時間收編在一種目的論的秩序之中，而在現代社會，世俗時間則試圖將高級時間放置在橫向關係的軸線上。但是，泰勒沒有追問如下問題：資本主義的「世俗時間」中包含着「高級時間」嗎？如果把金錢拜物教置於這一問題之中，金錢作為橫向活動的統攝力量恐怕不可忽視。

我在這裏提出的是另一問題：橫向時間並不僅僅是「世俗時代」的現象。中國的儒家傳統很難在神聖與世俗的二元框架中說明，但其政治文化所體現出的橫向性——將各種宗教置於橫向關係中的方

29 Charles Taylor, *A Secular Age*, Cambridge: Harvard University Press, 2007, pp. 54–61.

式——尤其值得我們注意。無論是朝貢體系所內含的多樣性和靈活性，還是普遍王權的多重面向，都體現着這一政治文化力圖將各種縱向關係編織進橫向聯繫之中的邏輯。我們不妨從另一個角度思考這一問題：將神聖時間放置在歷史敘述之中，各種社會活動必然被置於國家、民族、宗教等縱向關係（將社會活動置於某種代理人視野內）之中，歷史因而成為認同政治和相互對抗的戰場。就此而言，即便強調多元時間、複線歷史，歷史研究也無法改變按照某種人格性主體（民族國家的、族類的，等等）的縱向軸線組織社會活動。將某個社羣建構為獨立自存的主體並不符合歷史的實際關係，它不過是民族主義知識在不同層次的複製。如果按照橫向時間的軸線敘述社會活動及其複雜互動關係，就有可能將區域概念所蘊含的重疊性、模糊性、流動性等放置於時間概念之下。橫向時間的概念並不否認不同主體的活動，它只是要求將主體的活動——無論是宗教的還是世俗的，文化的還是政治的，經濟的還是禮儀交換的，等等——放置在接觸、交往、碰撞、融合、對立等關係之中解析其意義。因此，所謂從橫向時間的角度觀察一個社會，也就是將接觸、混雜、聯結、融合、分離、消亡等過程置於描述中心，不是通過縱向時間軸上的主體化，而是通過橫向關係，理解一個社會的形成——由於將橫向關係置於中心，這個社會形成的模糊性、流動性、重疊性等要素不但不會被取消，反而能夠被突顯為社會構成的基本要素。社會差異在這裏被轉化為一種彌散性的關係，而不是一組並置但相互隔絕的主體。如同一個多族羣的家庭，並置強調的是其多族羣性，而彌散性重視的是關係自身的混雜性、重疊性。在這種混雜性、重疊性基礎上形成的「社會」的肌理不能化約為個別的元素，每一個「社會」成員可以從這個橫向關係中建立自己的認同，但這個認同絕不是對這些實際的關係的排斥和遮蔽。

換句話說，橫向關係沒有取消縱向的歷史聯繫，但這個聯繫是橫向時間軸線上的差異性要素，而不是獨立自存的主體歷史。

區域主義方法的兩個主要動機是超越行政區劃和超越民族國家邊界，這一點已如前述。但區域概念的另一個，也許更為根本的含義是將縱向時間軸線上的主體概念轉化為一種橫向的關係，進而將混雜、並置、接觸、衝突、融合、轉型、重疊等過程置於歷史思考和描述的中心。這是一種不斷衍生的關係，一種從混雜性轉向另一種混雜性的過程，民族、族羣、階級、宗教和其他歷史主體必須而且也只能在混雜性和重疊性的意義上加以界定。前面提及的若干歷史研究的成果已經提供了不同的方法論啟示。例如，拉鐵摩爾將遊牧和農耕這兩個衝突的主體放置在長城內外的區域中觀察，不但發現了邊疆區域的「互為邊疆」的性質，而且揭示了遊牧和農耕的主體性本身是重疊、混雜、並置、接觸的產物。如果沒有非自身的要素，如相對於遊牧的農耕的要素，草原社會無法形成，反之亦然。與此相似，在〈隋唐制度淵源略論稿〉中，陳寅恪對隋唐制度的論述及於（北）魏、（北）齊，梁、陳和（西）魏、周等三大淵源，並指出隋唐「文物制度流傳廣播，北逾大漠，南暨交趾，東至日本，西極中亞，而迄鮮通論其淵源流變之專書，則吾國史學之缺憾也」。[30] 這個描述不是單向的。在〈唐代政治史述論稿〉〈論唐代之蕃將與府兵〉等研究中，陳寅恪又論述了隋唐以來的中國制度、人口和文化已經是歐亞大陸的多重文化淵源和制度淵源的產物，我們很難用純粹的「中國性」對這些制度和文化加以表述。

濱下武志以朝貢網絡批判民族國家及其主權概念，這裏所謂朝貢體系很可能不是一個體系，而是一組混雜的關係。在十九世紀初期，

30　陳寅恪：〈隋唐制度淵源略論稿〉，《陳寅恪史學論文選集》，上海：上海古籍出版社，1992，第515頁。

中國的海外私人貿易網絡成功地將官方的朝貢體系轉化為私人貿易體系，這是長期歷史互動的結果。但是，「當歐洲人在十六世紀初來到東亞的時候曾試圖與官方的朝貢體系聯繫起來促進貿易的發展，但他們發現他們日漸依賴於廣大的中國海外貿易網絡，因而有意識地鼓勵這種網絡的發展。特別是在十九世紀初期以降，面對着帝國主義列強的不斷增長的霸權和侵略，以中國為中心的官方朝貢體系僅僅是一個從未真正實現的有關控制的官方幻想，因此，在很大程度上，不是官方朝貢體系，而是私人的中國海外貿易網絡把東亞地區整合到內在相關的歷史體系之中」。[31] 從這個角度看，不是朝貢貿易，而是私人海外貿易（包括走私活動），構築了連接東亞和東南亞的貿易網絡的更為重要的紐帶。在十九世紀歐洲殖民主義的條件下，東南亞的市場發展與其說是朝貢貿易的結果，毋寧說是打破朝貢體制的結果，走私、武裝販運和歐洲國家的貿易壟斷構成了十八至十九世紀東南亞貿易形式的重要特點。[32] 在這裏，網絡的歷史演變正是「中心–邊緣」的權力關係發生變異的產物。

無論多麼強調其多樣性和流動性，沒有穩定性的前提，區域概念不可能構成；無論如何重視混雜性和重疊性，包括民族、族羣在內的社羣關係是區域的重要特徵。但是，穩定性不是取消混雜性和重疊性的穩定性，民族區域不能取消區域本身的混雜性。穩定性和認同都必須建立在混雜性和重疊性的態勢之上。施堅雅將穩定性描述為「結構」——不管今天有無必要繼續使用這一概念，我們關心的是：這一「結構」不是一般功能主義的結構，它是有機的、歷史地形成的關係。

31　以上所引是許寶強的博士論文中的話，該書尚未出版。感謝許寶強先生寄賜他的手稿供我參考。

32　本文涉及亞洲問題的討論，參見本書第十一章，另可參見拙著：《去政治化的政治：短 20 世紀的終結與 90 年代》，北京：生活・讀書・新知三聯書店，2008。

沒有一定的政治文化，區域也是難以成形的。從歷史的角度看，封建、郡縣、朝貢和皇權等政治文化既相互區別，又能夠以一定的形式生成一種混合體制，它們能夠適應歷史的變化而互相取捨和滲透。因此，討論區域關係，不可能繞過制約這一關係的政治傳統。

傳統中國的政治文化經歷了巨大的變動，即便同樣稱之為皇權，內容也不是完全一樣的。皇帝不僅是以血統關係為基礎的分封體制的產物，也是有關皇權這一位次的政治文化的產物，沒有一種高於皇權本身的政治文化作為根據，皇帝的合法性就不能成立。皇帝越過其位次而行事的方式經常被解釋為天下動盪或天下無道的根源。皇權的含義隨時勢變遷而產生變異，例如，明朝皇帝與清朝皇帝在職能上有所不同，後者除了在中原地區繼承了皇統外，也在蒙古和西北地區承續了汗統。清朝皇帝有人格性身份，他是滿洲的族長，但一旦將其置於皇帝的位次之上，這個身份就必須被小心地掩蓋起來。皇權的非人格性是「普遍統治」的根據，儒學就是賦予皇權以普遍合法性的理論，其功能如同統合各種社會要素並加以合法化的憲法。如果皇權本身包含着多重特性，作為合法性根據的政治文化也必定包含多面性，其內涵遠遠超越了儒學一家的範疇。例如，清朝皇帝對喇嘛教的信奉是其統治蒙古、西藏的合法性論證；再如，地方性的宗族關係、家族倫理等以宋明理學為中心，但王朝間的繼承關係卻必須訴諸經學、禮樂實踐及其他方法；在中央與邊疆、中央王朝與其他政治體的關係方面，朝貢關係構築了一個象徵性與實質性相互補充的網絡，並為其他形態的交往提供了空間。

在民族–國家體制條件下，以皇權為中心的政治文化被徹底重組。幾乎在普遍王權衰落和共和國誕生的同時，主權範疇內的統一與分裂就構成了中國政治危機的核心問題之一。重新討論中國的政治文化及其內涵的多樣性，不是為了追溯那些逝去的圖景，而是為了探究哪些政治文化的要素更能夠為上述橫向運動提供空間。普遍王權的衰落是一個歷史性現象，新的政治價值和社會關係阻止了通過復辟而形成普遍性帝國的可能性，但這並不意味着傳統政治形態中沒有值得我們借鑒的東西。在「五四」東西文明論戰的始作俑者杜亞泉看來，中國的區域和行政體制最為深刻的特徵是其非人格性。正由於這種非人格性的政治文化，各不相同的要素能夠被組織在一種相對穩定的關係之中。早在1916年，杜亞泉說：

> 我國社會內，無所謂團體。城、鎮、鄉者，地理上之名稱，省、道、縣者，行政上之區劃，本無人格的觀念存於其間。國家之名稱，則為封建時代之遺物，系指公侯之封域而言，自國家以上，則謂之天下，無近世所謂國家之意義。王者無外，無復有相對之關係，其不認為人格可知。至民族觀念，亦為我國所未有。[33]

這段話出自〈靜的文明與動的文明〉這篇著名的論文，發表於他本人主編的《東方雜誌》上。文章發表之時正值第一次世界大戰，杜亞泉在靜與動之間概括中西政治文化上的差異未免過於簡單，但他將天下與國家的對立置於有無人格性這一點上仍然有啟發性。

歐洲現代國家理論的一個普遍傾向是要求主權的非人格化，即將國家從一切人格性因素中解放出來，使國家形式從主觀的形態轉向一種客觀的形態。現代政治理論的一個核心論點是：國家是作為一種秩序的權力和全民生活的形式，而不是某個權威的獨裁勢力，在國家領

33 傖父：〈靜的文明與動的文明〉，《東方雜誌》第13卷第10號，1916年10月。

域中，任何趨向於人格性的因素都是與支配性的因素、專斷的形式聯繫在一起的。但是，作為世俗化歷史的產物，西方現代國家理論中的秩序觀是從神學理論中脱胎而來，不僅在個別的概念上，而且在其基本的結構上，兩者之間仍然藕斷絲連。因此，問題存在於兩個方面，一方面，民族主義將各種關係——血緣、宗教、地域等——建構為一種人格性關係，國家主權的抽象性不正是通過這些人格化要素而正當化的嗎？就如霍布斯（Thomas Hobbes）的《利維坦》所顯示的那樣，現代國家的秩序（尤其是主權觀念）與人格主義其實很難真正區分開來。另一方面，如果現代歐洲國家理論的所有重要概念都是從世俗化的歷史中產生，從而與基督教神學世界之間存在着結構性的聯繫，那麼，那些並非產生於這個基督教神學世界及其世俗化的國家傳統和國家理論又如何呢？在上引杜亞泉的那段話中，「王者無外」，傳統「天下」文化中的政治單位從一開始就不是人格性的單位，從這樣的政治文化中產生的政治概念，也就不能用「世俗化了的神學概念」來加以比附。杜亞泉迴避了對於皇權的人格性與他所謂中國國家形式中的非人格性之間的關係的緊張，但可以設想：「天」從人格性的概念向非人格性概念的演化為這一非人格性的天下概念提供了可能，因為天下概念的非人格性正是起源於「天」概念的非人格化過程。非人格性的行政和國家概念與近代民族國家或主權國家概念截然不同，反而與我們在這裏討論的區域有幾分相近，它能夠提供國家和區域內部各種自主性力量交互活動的空間——區域不能用一種人格性的方法（如民族）加以界定；區域不同於「相對關係」中的地方性，後者可能按照縱向時間框架建立一種排他性認同。區域是混雜性、流動性和重疊性的世界。杜亞泉不是將某個以經濟和其他人類活動為中心形成的地區，而是將中國及其政治文化本身，作為一種超越族裔民族主義的範疇。

所謂「靜的文明」並非取消了混雜、重疊、接觸、衝突等動態因素，而是將這些關係置於一種非人格性的關係之中——這是一種承認民族、宗教和其他認同但同時將其置於橫向關係之中的政治文化。如果古典時代存在將縱向關係與橫向關係相互關聯的政治文化，那麼，在今天一種新型的政治文化究竟應該具有怎樣的特徵呢？如果說統一與分裂的邏輯乃是民族主義政治的基本特徵，那麼，新的政治文化應該致力的，是克服現代社會的平等實踐與文化多樣性的矛盾——這正是章太炎在他的《〈齊物論〉釋》所提出的建立在多樣性前提下的平等觀所致力的目標。但他的「齊物平等」的概念還只是一個抽象的範疇，我們今天需要沿着這一線索思考一種政治文化的形成及其具體的制度性實踐。

歷史可以提供我們理解現實、構思未來的靈感，但歷史同時也會限制我們對問題的思考。當我們運用傳統概念表述區域等關係時，不能遺忘這類概念所負載的歷史負擔——就區域問題而言，最為需要的不是統整的政治觀念，而是想像不同的人羣在相互交往中形成的關係及其演化——區域關係的流動、混雜和融合早已不是過去的政治文化能夠涵蓋。因此，為了理解區域的形成和變遷，從歷史和現實中學習是必要的；重新構思新的概念，以描述和呈現那些經常突破既定框架的現象，也同樣是必要的。這樣的努力蘊含着超越民族主義知識並重新回答「何為中國」這一問題的可能性。

2008 年 12 月 6 日上午，友誼賓館
2009 年 2 月 15 日第一修訂稿
2009 年 6 月 7 日第二修訂稿

第一章

琉球與區域秩序的兩次巨變

在有關東北亞地區的戰爭與和平的討論中，琉球佔據着一個特殊的但常常為人忽視的地位。美國的軍事佔領仍然存在，它既是冷戰的構造，又是全球化的軍事結構的體現。1972年5月15日，琉球被美國「歸還」給日本，但矛盾隨之而來：首先，日本並不能主宰「回歸後的」琉球事務，太平洋戰爭的權力關係仍然凝聚在琉球的上空；其次，琉球與日本的歷史不可能妥帖地放在「回歸」這個概念之下。如果「回歸」是對近代日本擴張歷史的承認，那麼，「回歸」也意味着琉球的反佔領運動將發展為與日本政府的矛盾。即便繞過這個「回歸」概念，從冷戰時代至今，日本的主權不得不受制於冷戰時代的政治格局；在這樣的條件下，從民族國家邏輯的角度說，琉球不能不遊移於認同日本與獨立於日本這兩個選擇之間。（在戰後最初的年代，琉球甚至被迫考慮成為美國的一部分的可能性。）因此，在日本本土，有關琉球問題的討論圍繞着美軍對琉球的佔領而展開；而在琉球，這一討論又涉及琉球是不是日本的一部分、琉球是不是應該獨立這樣的問題。由於軍事霸權與當地勞動關係、土地關係相互滲透，並與日美關係、安保條約和日美軍事同盟問題糾纏在一起，任何對琉球問題的討論都不可避免地與美國、日本、俄羅斯、中國、周邊區域及後冷戰時代的霸權構造密切相關。未來日本在這個區域的角色也取決於這個構造的變化。在這個意義上，琉球問題甚至不僅是東亞的問題，它是整個世界資本主義發展、帝國主義發展在這個區域的一個集中展現。

伴隨美國全球霸權的漸趨衰落，東北亞地區的和平應該如何維繫？在第二次世界大戰和冷戰時期形成的區域國際秩序正在和即將發生哪些變化？能否在這個區域的傳統中找到一種維繫和平的機制？除了直接的反戰運動和反（軍事）基地的運動之外，琉球也在認識論上或者說歷史認識上提出了上述問題。本文以琉球在十九世紀七十年代和二十世紀四十年代的命運為例，分析東亞地區國際秩序的兩次大轉變。通過檔案文獻的細讀和分析，我試圖說明圍繞琉球問題在中國與日本、美國與日本、美國與中國，以及其他力量之間的博弈同時也是兩種秩序觀之間的衝突、妥協與協調，即由西方國際法為規範的民族國家關係與以所謂朝貢關係為框架的傳統區域秩序之間的衝突、妥協與協調。討論這一區域的和平和衝突，不可能迴避如何確定區域的新秩序這一關鍵問題；討論亞洲區域的整合或形成共同體的可能性，也不可避免地涉及美國及其軍事存在在亞洲的含義。

「琉球問題」、區域關係與十九至二十世紀國際規則的巨變

十九世紀中期以降，西方民族主義通過帝國主義擴張而對亞洲區域發生了巨大的影響。儘管一些學者認為在區域內部或亞洲社會內部也產生了相應的民族主義動力，但這種新型的主權國家類型是在歐洲的影響下誕生的。亞洲區域的一些新的主題或者新的角色就是這一新的權力關係和新的合法性知識的產物。琉球是一個特殊的王朝，始終保持着與中國的朝貢–藩屬關係，為了維持其地位，也在中國和日本

之間形成雙重朝貢模式。無論當時的地緣政治和文化關係的具體狀況如何，在亞洲區域的歷史關係中，琉球的地位是由一個完全不同於主權國家和民族國家的模式維繫着的。這是完全不同的關係。這套關係，我們姑且用朝貢這一未必貼切的概念來表述，通常來說不構成近代民族主義的關係。無論怎樣敍述，民族主義關係是把過去的這套傳統關係徹底打破之後才能形成的關係。因此，日本對它的控制不是在原有的關係模式之中，而是在新的關係之中，是在帝國主義–民族主義的關係之中了。

我的一個基本觀點是：十九世紀以來發生的變化不僅來自中國與日本在這個區域的霸權地位的消長，而且是一個普遍性規則的突變。這個規則性的突變不能一般地用一個國家和另一個國家的關係來描述，因為它指的是構成這些地區政治實體和社羣關係的基本原理發生了斷裂和轉變——沒有這個斷裂和轉變，我們就不能理解琉球的近代歷史、不能理解甲午戰爭和台灣的割讓、不能理解朝鮮半島的殖民化、不能理解「偽滿洲國」的建立與垮台，不能理解「大東亞共榮圈」的政治–軍事邏輯。這個新規則是以歐洲國際法作為基本概念和框架的，但又是不斷地破壞國際法及其規則的。1871 年 12 月 23 日，明治政府派遣以右大臣岩倉具視為正使，參議木戶孝允、大藏卿大久保利通、工部大輔伊藤博文等為副使的政府代表團，歷時一年零十個月，歷訪美國、英國、法國、德國、俄國、意大利和奧匈帝國等十二個國家，據說使團耗費達一百萬日元（佔明治政府 1872 年財政總收入的 2% 以上）。[1] 在〈派遣特命全權大使事由書〉中，明治政府規定岩

---

1 煙山專太郎：《征韓論實相》，楚南拾遺社，1909 年譯印，第 231 頁。這裏關於岩倉使節團的出訪，均參見和引自解曉東：〈岩倉使節團及其對日本現代化的意義〉，《渤海大學學報》（哲學社會科學版）第 28 卷第 2 期，2006 年 3 月，第 68–71 頁。

倉使節團的任務之一，便是「向各國政府闡明並洽商我國政府之目的與希望」，以便「依據萬國公法」，「修改過去條約，制定獨立不羈之體制」。[2]1873 年 3 月 15 日，岩倉使團拜會德國首相俾斯麥，這位鐵血宰相對近代日本思想的影響不容小視，大久保利通就對他佩服得五體投地。俾斯麥以弱小的普魯士向大德意志帝國的轉變為例，對使節團說：「方今世界各國，皆以親睦禮儀交往，然此皆屬表面現象，實際乃強弱相凌，大小相侮」，「彼之所謂公法，謂之保全列國權利之準則，然大國爭奪利益之時，若於己有利，則依據公法，毫不更動，若於己不利，則翻然訴諸武力，固無常守之事」。[3] 大久保利通給西鄉隆盛寫信說：「聽了俾斯麥的一席話，開始感到日本的前途大有希望了。」[4]

這件事對日本影響至深，並不限於日本自身的富國強兵，因為明治政府利用西方國際法規則爭取生存空間的努力在亞洲地區一變而為帝國主義和擴張主義的邏輯。太平洋戰爭正是這一擴張邏輯與美國在這一地區的同一擴張邏輯發生正面衝突的結果。明治初期，日本多次遣使來華要求仿照西方各國的條約與清朝簽訂通商條約，這一簽約訴求背後隱含着對朝鮮、琉球等地的擴張慾望。明治初期的「主政者岩倉具視、木戶孝允等的一個政策，就是向中國和朝鮮發動侵略，特別要用倒幕後的軍隊去遠征朝鮮，藉以鞏固中央政權。當時朝鮮在名義上稱為中國的『屬邦』，日本政府派代表到朝鮮要求開港通商，朝鮮方面要日本先與中國締結條約，然後再和朝鮮訂約。日本政府在這時積極進行中日通商條約的締結，一面是為了緩和國

2　大久保利謙：《岩倉使節的研究》，宗高書房，1976，第 161–162 頁。

3　久米邦武：《美歐回覽實記》第三卷，岩波書店，1981，第 329 頁。

4　信夫清三郎編，天津社會科學院日本問題研究所譯：《日本外交史》上卷，北京：商務印書館，1980，第 143 頁。

的矛盾，同時也為了由此取得進入朝鮮的一種資格」。[5] 從這個邏輯看，那種將太平洋戰爭（「爭取生存空間」）與「大東亞戰爭」（帝國主義的擴張、侵略和殖民）作為兩個截然不同的戰爭的敘述邏輯是不成立的。

在尋求適應國際規則變化的過程中，日本自身的變化是根本性的。日本在明治維新以後需要建立自己新的地基，它的擴張性越來越強，而利用當時的區域關係，逐漸把琉球變成自己的一部分，是這一擴張性的具體體現。日本的擴張並不始於明治時代，例如，豐臣秀吉對朝鮮的征戰並欲藉勢席捲大明和印度的對外軍事行動，都是早期擴張的明確例證。明治之前，日本沒有吞併琉球，也主要出於德川家康對大明的恐懼和經貿利益考慮，而鄭經派手下蕭啟幫助日本襲擊琉球赴清國朝貢船，也是在這一狀態下發生的現象。這也意味着在日本歷史內部存在着與中國爭奪勢力範圍的動因。但是，這些擴張行動與亞洲地區各王朝歷史中的擴張和征戰的形態相差不遠，不能用於說明十九和二十世紀的現象。因此，除了這類內發的擴張動力之外，我們其實還需要問一問：明治日本是用甚麼樣的原理來統攝這些地區的？在這一時期，日本的擴張主義有了哪些不同以往的特點？我認為自覺地利用新型的國際規則就是最為重要的特點之一。美國傳教士丁韙良翻譯的《萬國公法》依據的是英國惠頓的國際法原理，首版於 1864 年，很快傳播到日本。這是西方民族國家的邏輯進入這個區域在知識上的表現 —— 中國人、日本人被教導說，中國、日本與西方的矛盾和衝突來源於自身對國際法缺乏了解與知識，而新的變革需要在這個方向上逐漸地展開，將自身確立為一種新的時代精神的體現者，即奉

5　王芸生編著：《六十年來中國與日本》第一卷，北京：生活・讀書・新知三聯書店，2005，第 38 頁。

行國際法的民族國家。值得注意的是，明治初期的日本同樣受到西方國家的不平等條約的束縛，卻力圖通過不平等條約向中國、朝鮮等地擴張。其實，在岩倉使節團訪問歐美之前，日本就已經在努力模仿西方列強的模式，並在周邊關係中加以運用。例如，就在1871年《中日修好條規》談判過程中，日方力爭的已經是「約同西例」，而中方拒絕的是利益「一體均沾」的字樣。清朝開始希望維持原有的區域關係模式，但奈何「各使動稱萬國公法，我即以公法治之」，[6] 歐洲帝國主義的國際法遂逐漸成為主導東北亞區域關係的基本框架。岩倉使團回國後，一度抑制「征韓論」，除了出於「內政優先」的考慮外，恐怕也與在新規則下重新規劃對朝鮮等周邊地區的擴張策略有關。

日本在佔領琉球的歷史過程當中，兩者的關係到底發生了何種變化？琉球羣島由大隅諸島、吐噶喇列島、奄美羣島、沖繩諸島和先島諸島組成，面積不大，約4500平方公里。琉球向中國王朝朝貢的時間可以追溯至1372年（明洪武五年）的「三山」時期，這個羣島上的中山率先向明朝貢，山南、山北隨後跟進，這三個小王國分別受到明朝冊封。十五世紀初，統一的琉球王國形成，繼續向中國朝貢。十七世紀初，即1609年，日本薩摩藩（島津氏）武力征服琉球，琉球王被迫向日本暗中稱臣，並在奉中國正朔的狀況下，向日本交付沉重賦稅達二百七十餘年。琉球王國與明朝和薩摩藩（乃至江戶幕府）的雙重朝貢關係形成，但琉球國王仍受中國王朝冊封，直至清代。我在琉球王宮訪問時，見到明清兩代回賜的物品，尤其是船隻，琉球王宮中也陳列了接待中國欽差的儀式的畫面。日本明治政府先是在1872年10月廢琉球國為琉球藩，繼而在1879年3月派兵入侵琉球，設置沖繩

---

6 同上書，第57–58頁。

縣，琉球從此淪為日本「本土」的一部分。[7] 琉球很弱小，就跟不丹、錫金等喜馬拉雅山麓的王朝一樣，這些很小的政治體，為甚麼從來都能夠存在於幾個大的政治體之間而不必一定要變成一個大的政治體的一部分呢？為甚麼在進入民族國家的時代，這些小型王朝就逐漸地轉變為民族國家的一個特定區域呢？是甚麼樣的文化、政治和制度的靈活性能夠提供小的政治共同體的相對獨立，又是甚麼樣的文化、政治和形式化的制度最終以主權的名義將這些共同體收編在一個形式主義的主權概念之內呢？這些問題並不是日本一個國家的問題，包括中國在內的許多國家沒有發生近代日本帝國主義的問題，但都處於同一個轉變之中，在其複雜的內外關係中，不可能自外於這些危機和挑戰。

在亞洲地區，尤其是中國周邊，如今常常被歸納在朝貢體系範疇的政治體之間的相互關係與民族國家間的關係完全不一樣。朝貢關係中也有內外，但與主權概念下的、由邊界及邊界內的行政管轄權等概念所劃定的內外關係不同，前者的親疏遠近與後者的內外二分遵循着不同的邏輯。在前者的親疏遠近關係中，內外之間有相當的模糊性和彈性，而後者的區分更為剛性。按照主權原則，內外的嚴格分界產生了獨立與統一的絕對對立，其間沒有模糊地帶；而朝貢關係更像是一種親疏遠近的關係、一種由參與者的實踐相對彈性地展開的關係，因此，朝貢關係並不等同於一種主權國家意義上的內外關係。當然，朝貢關係與條約關係的差別是一種規範性的差別，在實際的歷史關係中，兩者之間也存在着重疊之處。我曾經將這種重疊關係歸納為王朝

7 攻佔琉球與侵略台灣存在着連帶關係。其實早在鴉片戰爭後，薩摩藩諸侯島津齊彬就建議說：「英法既得志於清，勢將轉而向東。……故我之入手第一着，當以防外夷為上策；或助明末之遺臣，先取台灣福州兩地，以去日本之外患。雖取此二地，即我薩隅之兵已足；惟無軍艦，則不足以爭長海上。故當今之計，又以充實軍備為急圖。」王芸生編著：《六十年來中國與日本》第一卷，第63–64頁。

歷史中帝國建設與國家建設的雙重過程，即王朝的內外關係包含着多重的模式，往往因具體事例而定，同樣被歸納在朝貢關係的範疇之下，實質的內涵並不相同。[8] 例如蒙古、西藏與中央王朝的關係不同於清朝與俄羅斯及其他歐洲國家的關係，後者與近代外交關係相仿，而前者則不能用外交關係加以比附。王朝體制內的蒙古八旗制、西藏噶廈制、西南各土司制均各有不同，即便是藩屬關係，也往往因各種歷史條件的差異而並不一致——朝貢體制不是一種規範式的、整齊劃一的制度，而是一種較為靈活的聯繫模式。

在民族主義的時代，某個區域或者是某一政治體的一部分，或者是主權獨立的，不存在既不是一部分又不是獨立的這樣一種特殊的聯繫或模式，這也就意味着傳統聯繫模式的瓦解。日本對琉球的殖民以及 1874 年第一次對台灣的攻擊就意味着亞洲地區長期行之有效的一套聯繫和互動的法則發生了重大的變化。這個變化不僅是一個王朝吞併另外一個王朝的過程，也不僅是中國與日本兩國之間力量消長的產物，而且也是一種普遍規則的突變。日本對朝鮮的入侵、中日甲午戰爭、日俄戰爭以及「大東亞戰爭」和太平洋戰爭正是這一普遍規則突變的序列性的呈現。早期歐洲的國際法其實就是帝國主義的國際法，日本正在力圖運用這個規則躋身於歐洲帝國主義的行列。在這個新時代，一個政治體對另外一個政治體的佔領和攻擊，其合理性和合法性訴諸一個全新的法則，舊有的規則不再起作用了。這是世界史上的大事件。琉球問題就其根源而言是日本內發的擴張主義與（帝國主義的）民族主義法則的普遍化這一雙重過程交互重疊的產物。

8　參見拙著：《現代中國思想的興起》上卷第一部〈導論〉、上卷第二部〈帝國與國家〉，北京：生活・讀書・新知三聯書店，2004。

帝國主義國際法的最初運用

中日第一個修好條約批准交換後一年，1874 年，日本以 1871 年 11 月間遭遇颶風的琉球漁民和台灣山地民的衝突（死 54 人）為由，發起對台灣的攻擊。日本先是用琉球事務來跟清政府打交道，而後又試圖以此為跳板對台灣進行攻擊和擴張。在發動戰爭前，1873 年 5 月，日本外務卿副島種臣抵達北京請求覲見，並遣副使柳原前光就此責問總理衙門大臣毛昶熙、董恂等，要求清政府處理、懲罰這些跟琉球漁民發生衝突的台灣山地人。毛昶熙答云：「『蕃』民之殺琉民，既聞其事，害貴國人則未之聞，夫二島俱屬我土，屬土之人相殺，裁決固在於我。我恤琉人，自有措置，何預貴國事，而煩為過問？」顯然不承認日本對琉球的統治權。他同時又指出：「殺人者皆屬『生番』，故且置之化外，未便窮治。日本之『蝦夷』（指北海道的阿伊努人。——筆者註），美國之『紅藩』（指印第安人。——筆者註），皆不服王化，此亦萬國之所時有。」[9] 清代中國有多重的法律關係，比如說有大清律、蒙古律，在西南有土司制度，在西藏有噶廈制度，在台灣，生番和熟番是區別對待的。這一獨特的王朝制度產生於所謂「從俗從宜」的治理策略和各個地區長期的政治–文化關係，並與王朝政治的「對外關係」相互連帶。1874 年戰爭爆發後，總理衙門於 5 月 11 日照會日本外務省云：「查台灣一隅，僻處海島，其中生番人等，向未繩以法律，故未設郡縣；即《禮記》所云『不易其俗，不易其宜』之意，而地土實系中國所屬。中國邊界地方，似此生番種類者，他省

9 王芸生編著：《六十年來中國與日本》第一卷，第 64–65 頁。

亦有，均在版圖之內，中國亦聽其從俗從宜而已。」[10] 我們可以說這是一種沒有嚴格的內外分野但同時又包含着多重差異的制度形態和關係模式。這個多元性的法律政治制度仍然是一種統治和支配制度，在這一多元政治條件下，也產生過各種各樣的支配和戰爭，但就其多樣性和統一性的靈活關係而言，值得我們重新思考 —— 不是將這一制度理想化，而是從一個歷史的視野反思現代政治制度在保持多樣性方面的缺失，追問為甚麼這樣的政治聯繫的模式在民族主義時代難以為繼，為甚麼民族主義的模式如此強烈地要求內部的統一性、單一性和清晰的內外關係。

總理衙門大臣在清朝視野中所說的這個內外的問題到了明治日本的台灣敘述中就發生了質的變化。總理衙門大臣所謂「生番」不在大清律治內，指的是清代非常獨特的法律制度，就好像說內地的法律與香港特區的法律有差別，但這個差別並不構成香港的主權地位的根據。然而，日本將大清律與當地習慣法的關係解釋成主權意義上的內外關係。1874 年 2 月 6 日擬定的〈台灣「蕃」地征伐要略〉稱：「台灣『土蕃』部落，為清國政府政權所不及之地。……是以報復殺害我藩屬琉球人民之罪，為日本帝國政府之義務，而征『蕃』之公理，亦可於此中獲得主要根據。」「清國如以琉球曾對該國遣使納貢為由，發揮兩屬之說，以遑顧不理，不應酬其議論為佳。蓋控制琉球之實權在我帝國，阻止琉球遣使納貢之非禮，可列為征伐台灣以後之任務，目前不可與清政府徒事辯論。」[11]

日本的策略是將進攻的地方與台灣分開，藉口「土蕃」為無主的

10 《同治朝籌辦夷務始末》卷九三，第 29–30 頁。轉引自同上書，第 72 頁。

11 〈台灣「蕃」地征伐要略〉，《對支回顧錄》，轉引自《六十年來中國與日本》第一卷，第 65–66 頁。

「化外之民」，以此論證對於台灣山地人的攻擊不是對大清的攻擊。這個說法與清朝的立場完全對立。這裏不妨引述李鴻章與新任日本駐華公使柳原前光的對話說明各自的立場：

> ……問：你們如何説台灣生番不是中國地方？答：糸中國政教不到之地，此次發兵前去，也有憑據。問：你有甚麼憑據？未答。……答：台灣生番如無主之人一樣，不與中國相干。問：生番豈算得一國麼？答：算不得一國，只是野蠻。問：在我台灣一方島，怎不是我地方？答：貴國既知生番歷年殺了許多人，為何不辦？問：查辦兇首，有難易遲早，你怎知道我不辦？且生番所殺是琉球人，不是日本人，何須日本多事？答：琉球國王曾有人到日本訴冤。問：琉球是我屬國，為何不到中國告訴？答：當初未換和約時，本國薩（山司）馬諸侯就打算動兵的。[12]

中日之間圍繞琉球和台灣的地位問題發生的爭論是以西方勢力武力介入這一區域並試圖推廣其規則為背景的。日本入侵台灣的藉口其實是對美國入侵者的抄襲。1853 年，美國海軍副將佩里（Mathew C. Perry）的軍艦打開了日本國門，強迫日本簽訂了《日美神奈川條約》；又於次年侵入台灣。他曾向美國政府建議佔領台灣：「台灣的地理位置，使其非常適合於作為美國商業的集散點，從那裏，我們可以建立對中國、日本、琉球、交趾支那、柬埔寨、暹羅、菲律賓以及一切位於附近海面的島嶼的交通線。」[13]1867 年，美國政府派遣兩艘艦艇進

12 《李文忠公全書・譯署函稿》卷二，轉引自同上書，第 78–79 頁。

13 P. J. Treat, *Diplomatic Relations Between the United States and Japan, 1853–1905*, Gloucester Mass.: Peter Smith, 1963, pp. 476–477. 轉引自同上書，第 105 頁。

攻台灣，但遭到當地居民堅強抵抗，大敗而歸；其後更採取「用亞洲人打亞洲人」的策略在中、日、朝鮮之間實施分化瓦解。美國駐日公使德朗（C. E. Delong）於1872年10月向美國國務院報告說：

> 西方國家的外交代表們的真實政策，應當是鼓勵日本採取一種行動路線，使日本政府徹底反對這種主義（指閉關自守與中朝聯盟），使日本朝廷與中國及朝鮮政府相疏隔，使它成為西方列強的一個同盟者。[14]

日本對台灣的第一次攻擊不但採用美國入侵台灣的同樣藉口，而且曾在美國入侵台灣時到台灣做過調查的美國駐廈門領事李仙得直接向日方提供了地圖和建議。日本以「番地」為中國政教禁令所不及為理由攻擊台灣，這一策略直接來自美國人的建議。

由於美國和日本對台灣的入侵與西方國際法的運用範圍的擴張相並行，而後者又被看作一種先進的知識，侵略者因此能夠用後者作為戰爭的合法根據。宮崎滔天[15]的哥哥宮崎八郎參加了1877年的西南戰爭。這場戰爭在日本近代歷史上非常重要，是日本近代英雄主義的一個事件。上野公園中至今矗立着西鄉隆盛的銅像，他不但是西南戰爭的將軍和早期「征韓論」倡導者，也是進攻台灣的主將西鄉從道的族兄。那麼，這場戰爭與1874年的戰爭有甚麼精神上的聯繫嗎？野村浩一教授評論宮崎八郎說：「在八郎的身上，毫無疑問，明治初

---

14 轉引自同上書，第106頁。

15 宮崎寅藏號滔天，孫文的堅定支持者，曾幫助在日避難的孫文聯絡在日華僑。1902年，發表自傳《三十三年之夢》，詳述與孫文的革命歷程，成為研究孫文、辛亥革命和中日關係史的重要資料。後又為中國同盟會的建立而奔走，是同盟會最早的外籍會員之一。

年最進步的要素與支撐着他的豪傑的要素，兩者交雜混合在一起，而且，這種最進步的要素，在不同的形勢下，會突然之間轉化成完全相反的東西，這種危險性，也展示在我們的面前。亦即，自由民權與征韓論，或者反政府運動與台灣征討戰。」[16] 在征討台灣的問題上，他給父親寫信說：

> 日本尚少懸軍事，故人人陷於因襲，以致綱紀不振。此節出兵事成，乃尤可賀事也。去年琉球王子亦來朝皇國，彼為日本藩屬已定，琉球王受日本藩王之禮，參列華族。台灣人殺害琉球人，乃與殺日本人無異，我國責其罪，乃萬國公法也。[17]

西南戰爭時期的英雄主義與攻擊台灣時所使用的「萬國公法」的精神恐怕是有內在聯繫的。宮崎八郎還曾給時在中國負有重任的曾根俊虎寫信說：「先前所報一羣馬賊蜂起之事，爾後狀況如何，請望一報，此處可依事斟酌，放棄萬事，直奔大陸。至於島國之事，無甚可言者。可告者，唯樂在整裝，欲早日呼吸大陸之空氣也。」[18] 從這個角度說，攻擊台灣與進軍亞洲大陸（中國）也是相互關聯的，而其理據就是所謂萬國公法，即國際法。

這是以民族國家及其內外關係為前提的新的時代精神。宮崎八郎在說這些話時洋溢着的英雄主義氣息意味着近代民族主義的知識作為新的政治正當性的基礎完全建立了。正是這種新的知識賦予了日本

16 野村浩一著，張學鋒譯：《近代日本的中國認識》，北京：中央編譯出版社，1999，第 119 頁。

17 荒木精之：〈宮崎八郎〉，《祖國》1954 年 5 月號，第 182 頁，轉引自《六十年中國與日本》第一卷，第 120 頁。

18 《宮崎滔天全集》第一卷，平凡社，1971–1976，第 109 頁。引自同上書，第 120 頁。

帝國征服琉球、征服台灣，繼而征服大陸的正當性。這個知識不是日本自己的產物，而是伴隨西方列強相互競爭勢力範圍而來的。宮崎八郎言語中的「萬國公法」所本的大概就是丁韙良翻譯的《萬國公法》。這也意味着作為被侵略國的清朝也正在西方勢力的誘導下接受這種知識——據說，鴉片戰爭以來的中國與西方的衝突都是因為清朝不懂「萬國公法」的緣故。

也就是說，在這個地區，琉球的問題、台灣的問題、朝鮮的問題，以及對大陸的征服的問題，是與近代民族主義的正當化和傳統聯繫模式及其價值的衰落相伴隨的。這就是民族主義知識與帝國主義之間的一個內在的關係，正是這個內在的關係能夠賦予西鄉隆盛、宮崎八郎等從上到下的將士以英雄主義。英雄主義的前提是一種將自我及其行動正當化和崇高化的價值。如果只是赤裸裸的入侵，怎麼就是一個英雄呢？因此，這些早期帝國的英雄主義建立在新的知識基礎、新的正當性法則之上。日本對朝鮮的入侵也遵循着同一邏輯，它逼迫朝鮮跟清朝建立條約，通過貶低朝貢關係，一種形式平等的主權觀念為帝國主義擴張和新的殖民統治提供了前提。這一規則性轉換將侵略敘述為解放，將傳統的爭奪勢力範圍的擴張邏輯解釋成新的時代精神。

當代琉球的社會運動批判早期日本現代化的思想，因為現代化觀念也是將日本的殖民統治正當化的理論根據。現代化的正當性在今天仍然是一種合法化的觀點，比如說形式平等的觀點、機會均等的觀點在內外關係中都可以成為將現實的不平等關係合法化的前提。在十九世紀，簽訂條約的前提是存在着形式平等的主體，而形式平等的主體之間簽訂的條約卻是不平等的。其實，帝國主義這個概念最初產生於歐洲列強在爭奪資源和殖民地時的相互競爭關係，形式平等也只適用於帝國主義宗主國之間。當條約關係轉向帝國主義國家與其他被殖民和被壓迫地區之間的關係時，形式平等的主體就只能通過不平等條約而被確立。在十九世紀晚期的東北亞地區，通過這一新的關係及其標準，琉球、朝鮮、越南和中國王朝之間的冊封關係被看成不正當的關係，即形式上等級性的關係。在這一雙重關係裏面，帝國主義的入侵被看成解放，因為條約關係被解釋成平等主體間的關係。

明治時代的許多進步人士真誠地相信對琉球的領屬關係的確立、對台灣的攻擊體現着新的時代精神，這與西方帝國主義的赤裸裸的霸權狀態在邏輯上有明顯的連續性。美國入侵伊拉克造成了極大的平民傷亡，遭到全世界輿論的批評，但它的自我辯解是：這不但是反恐戰爭，而且也是幫助伊拉克人民打倒獨裁者、建立民主體制的人權戰爭。由於這場新戰爭已經發生在民族國家體制的框架下，問題似乎只能在暴政與民主之間加以解釋。十九世紀的不同之處在於：民族主義只是一種新的關係和尺度，在亞洲地區存在着多少世紀以來長期有效的另一種知識、另一種支撐政治體之間關係的制度和禮儀系統。因此，它直接地顯現着兩種不同的世界關係及其對抗性。而在今天，在一個民族國家體制早已經確立的時代，美國的入侵恰恰表現為對國際法的破壞。

冷戰的預兆：開羅會議與琉球的戰後地位

因此，國際法與帝國主義之間的歷史關係並不意味着對國際法的簡單否定態度。早期的國際法只是帝國主義國家之間的法則，但隨着民族解放運動和解殖民化運動的發展，許多被壓迫民族成為新興的主權國家，他們利用國際法的主權學說為自己提供合法性。萬隆會議以和平共處五項原則為基礎的處理國家間關係的十項原則就綜合了國際法的一些原則和成果。當國際法不再只是（雖然仍然經常是）超級大國用以操控的工具的時候，超級大國就不斷地破壞國際法。南斯拉夫危機、科索沃戰爭、伊拉克戰爭等全都是對國際法的破壞。在這個意義上，對國際法的歷史批評又不能等同於對國際法的否定。也在同一個意義上，對於傳統政治關係和聯繫模式的重新追溯並不等同於要重構這種政治關係。所有這些工作的意義在於建立一種反思的和批判的視野，構思新的區域–全球關係及其規則。

討論琉球在冷戰中的地位不可避免地涉及 1943 年開羅會議。當代琉球問題的核心是美軍的佔領和由此造成的傷害，但軍事佔領問題涉及整個區域的冷戰構造，我們需要了解這一構造形成的政治背景，並將國際關係的演變置於這一背景中加以分析。2009 年冬季學期，我在斯坦福大學客座，趁便往胡佛研究所查閱所存蔣介石日記，並與美國外交檔案和中華民國檔案等資料相互參證，以弄清這次會議中有關琉球地位的討論。胡佛研究所所存蔣介石日記始於 1917 年，終於 1955 年，係蔣氏家屬託存於該所。七十年代部分尚未開放，故無從了解 1972 年 5 月 15 日美國將琉球交還給日本前與蔣介石交涉的情況，但從中美關係其時正在發生的巨變（1971 年 7 月 9 日基辛格秘密訪華；1972 年 2 月 21 日尼克松正式訪問中國）推測，所謂美國曾計劃將琉球交給台灣的傳言是不大可信的。

開羅會議召開於 1943 年 11 月 22 日至 26 日間，羅斯福、丘吉爾、蔣介石三位大國領袖及其隨行軍政首腦舉行多次會談。對於蔣介石而言，此次會議至關重要。首先，中國是一個弱國，在經歷了多年抗戰之後，與英、美兩大國共同開會討論戰後安排，對於中國而言，意義相當特殊；其次，蔣介石與羅斯福、丘吉爾作為三大國領導人共同協商、討論，在其個人生涯中，這一事件也相當特別。在整個戰爭期間，在德、意、日同盟的對立面，一向只有三大國（美、蘇、英）之說，沒有「四強」的概念。在開羅會議之前的卡薩布蘭卡會議，蔣介石沒有受邀參加；[19] 在開羅會議期間，羅斯福會見到訪的蘇聯人民委員會副主席兼外交人民委員會第一副人民委員維辛斯基（Andrey Vyshinsky, 1883–1954）[20] 時仍然只提「三強」（three powers）；開羅會議後，羅、丘二人前往德黑蘭與斯大林見面，蔣介石卻獨自回中國了，會談框架仍為「三強」。但開羅會議奠定的基本框架在這時已經確立了。

美、蘇、英、中四國框架並非始於開羅會議。1943 年 10 月 31 日，中國駐蘇大使傅秉常在莫斯科與蘇聯外長莫洛托夫、美國國務卿赫爾、英國外相艾登簽訂《四國宣言》，為四強「格局」做了鋪墊。[21] 但就是在簽訂這個《四國宣言》時，蘇聯還曾以中國政府未派代表出席莫斯科會議為由反對中國加入這一「四國俱樂部」，英國的態度也相當曖昧。只是由於美方的堅持，這一宣言才得以在四國名義下發表。[22] 羅斯福原先準備在開羅召開四強會議，但蔣介石「以日蘇尚未宣戰，頗疑中蘇同席有所不便」為由，令宋子文與羅斯福磋商。[23] 通過開羅會議，在羅斯福的協助和中國方面的努力之下，「四強」格局得以形成，這對戰後國際秩序有重要影響。1943 年 11 月 24 日，蔣介石指示王寵惠（時任國防最高委員會秘書長）將中國政府備忘錄（經

---

19 《魏德邁回憶錄》第十三章說：「蔣委員長並未被邀請來卡薩布蘭卡開會，中國的要求，也未給予認真的考慮。……中國要求在盟國會議佔有一席發言地位的呼聲，也被棄之不顧。這都是英國作祟，它影響了我們的思想與戰略。」陳納德在《我與中國》第十章中也談到「蔣委員長和蔣夫人對英國政府封鎖滇緬以免獲罪日本人的決策……大感憤怒」等。《中華民國外交史料彙編》（十二），「國立編譯館」主編，渤海堂文化公司印行，1996，第 5768–5769 頁。

20 維辛斯基於 1946 年起擔任蘇聯外交部副部長，1949 年起擔任外交部部長。1950 年 2 月 14 日在莫斯科簽署的《中蘇友好同盟互助條約》及協定即由他與中國政務院總理兼外交部長周恩來共同簽字。

21 《四國宣言》全文見《中華民國外交史料彙編》（十二），第 5931–5932 頁。

22 同上書，第 5934–5935 頁。

23 同上書，第 6007 頁。

Hopkins）轉交羅斯福，其第一部分四條全部有關聯合國理事會的構成。中方建議發表「四強」聲明，形成以「四強」為中心的常任理事會。[24]1943 年戰局正在發生轉化，美國和英國開始考慮納粹德國垮台後戰爭重心向東南亞和東亞轉移的問題，中國的重要性空前地突顯出來。除此之外，羅斯福邀請中國加入「四強」俱樂部的長遠目的，也在考慮如何在戰後利用中國以牽制蘇聯和制衡日本。開羅會議除了討論軍事問題外，反覆討論戰後安全問題和美國在太平洋的軍事存在問題，顯示出美國和英國對於未來世界秩序的深謀遠慮，[25] 而這也正好與蔣介石力爭中國國際地位的努力相互一致。

先前流傳的一些說法是：琉球問題不在蔣介石所擬開羅會議的預案之中，是羅斯福首先提及，而蔣介石被動回應；蔣介石懼怕美、日而「兩拒琉球」。[26] 查日記，此說不確，蔣介石其實有備而來，他對羅斯福的回應是經過深思熟慮的。11 月 3 日星期六，蔣介石在日記中提及與羅斯福、丘吉爾會談的一些準備工作，他做了兩個提示。第一，「此次與羅、丘會談，本無所求無所事之精神，與之開誠交換軍事、政治、經濟之各種意見，而勿存一毫得失之見則幾矣」。第二，「與羅會商三件。甲、日本應將軍艦若干噸、商船若干噸交與中國；二、日本在華（自九・一八以來所侵佔之地區）所有之公私產業，應完全由中國政府接收；三、戰爭停止後，日本殘存之軍械、軍艦、商

24 Memoranda by the Chinese Government (Cairo, November 24, 1943), *United States Department of State/Foreign relations of the United States diplomatic papers, The Conferences at Cairo and Tehran, 1943* (1943), (DC: Government Printing Office, 1961) p. 387.

25 美國外交檔案「開羅會議」卷收錄的 Hopkins Paper 在 11 月 23 日條下記載提到了蔣對蘇聯對華態度十分關心，其中特別提及中共問題、新疆問題、外蒙獨立問題等。*United States Department of State/Foreign relations of the United States diplomatic papers, The Conferences at Cairo and Tehran, 1943* (1943), (DC: Government Printing Office, 1961) p. 376.

26 如《解放軍報》2007 年 12 月 24 日刊登題為〈蔣介石兩次拒接收琉球〉的文章；《環球時報》2009 年 3 月 1 日還刊登了在網上廣泛流傳的題為〈釣魚島禍根：「二戰」後蔣介石兩拒琉球回歸〉的文章，等等。

船與飛機應以大部分移交中國；四、港九問題歸還中國為自由港；五、四國政治機構與遠東委員會二種機構利害之比較；六、四國軍事技術委員會以研究國際武力之組織；七、中美英聯合參謀團之組織」。[27] 這段話中的第二項提及日本必須歸還的在華利益以「九・一八以來」為時限，也就從時間上將琉球問題排除出去了。

但是，隨着開羅會議準備工作的深入，琉球、台灣等「九・一八」事變前的問題不可避免地進入了議事日程。在《軍事委員會參事室呈蔣委員長關於開羅會議中我方應提出之問題草案》的第六條有下列條文：「六、日本應將以下所列歸還中國：甲、旅順、大連（兩地公有財產及建設一併無償交與中國）；乙、南滿鐵路與中東鐵路（無償交還中國）；丙、台灣及澎湖列島（兩處一切公有財產及建設一併無償交與中國）；丁、琉球羣島（或劃歸國際管理或劃為非武裝區域）。」[28] 這一草案原件日期不詳，但肯定是在 1943 年 11 月開羅會議之前。1943 年 11 月 15 日（星期一），蔣介石日記中首次提及琉球問題，很有可能與軍事委員會參事室的這份草案有關。日記云：

> 琉球與台灣在我國歷史地位不同，以琉球為一王國，其地位與朝鮮相等，故此次提案對於琉球問題決定不提，而暹羅獨立問題乃應由我提出也。注意一，對丘吉爾談話除與中美英有共同關係之問題外，皆以不談為宜。如美國從中談及港九問題、西藏問題，與洋華僑待遇問題等，則照既定原則應之，但不與之爭執。[29]

---

27 *CHIANG KAI-SHEK, An Inventory of His Diaries in the Hoover Institution Archives*, 43–10 (November，1943), November 3.

28 台灣「國立編譯館」（主編）：《中華民國外交史料彙編》（十二），第 6015 頁。

29 *CHIANG KAI-SHEK, An Inventory of His Diaries in the Hoover Institution Archives*, 43–10 (November, 1943), November 15.

這裏值得注意的是：一、確認琉球與台灣、西藏、港九在中國歷史中的不同地位；第二、強調琉球與朝鮮地位相似；第三、指出暹羅問題也「應由我提出」；第四、對琉球與朝鮮的地位「相同」、琉球與台灣的地位「不同」都是從確定其在民族–國家體系中的地位的角度展開的，並不涉及這些「相同」之中的不同及「不同」之中的相同。以第一點為據，11 月 17 日，當蔣介石再度考慮他的會談方案時，未再列入琉球問題；與第二、三點相關，堅持由中國提出朝鮮（及暹羅）獨立問題。這幾點都與蔣介石對中國歷史中的世界秩序的理解有着密切的關係，但這些理解最終必須服務於一種新的歷史形勢，即戰後國際秩序。11 月 17 日的日記這樣記載：「此次與羅、丘會談，應注重於最大之問題。甲、國際政治組織；乙、遠東委員會組織；丙、中英美聯合參謀團之組織；丁、佔領地管理方案；戊、反攻緬甸之總計劃；己、朝鮮獨立；庚、東北與台灣應歸還我國。」[30]1943 年 11 月 24 日由王寵惠轉交的中國政府備忘錄中談到日本佔領領土的歸還等問題，三國「共同聲明」草案中提到了朝鮮獨立問題，但沒有談及琉球。

但是，會談開始後，琉球問題還是被提出了。《蔣介石日記》1943 年 11 月 23 日有如下記載：

> 七時半應羅總統之宴，直談到深夜十一時後告辭，尚未談完，相約明日續談，而今晚所談之要旨，一、日本未來之國體問題；二、共產主義與帝國主義問題為重心，余甚讚羅對俄國共產主義之政策，亦能運用成功以解放世界被壓迫之人類，方能報酬於美國此次對世界戰爭之貢獻也；三、談領土問題、東北四省與台灣、

30 Ibid., 43–10 (November 17).

澎湖羣島應皆歸還中國。惟琉球可由國際機構委託中美共管。此由余提議，一以安美國之心；二以琉球在甲午以前已屬日本；三以此區由美國共管比為我專有為妥也；四、日本對華賠償問題；五、新疆及其投資問題；六、俄國對倭參戰問題；七、朝鮮獨立問題。余特別注重引起羅之重視，要求其贊助余之主張。八、中美聯合參謀會議；九、安南問題。余極端主張戰後由中美扶助其獨立並要求英國贊成；十、日本投降後，對其三島聯軍監視問題。余首言此應由美國主持，如需要中國派兵協助亦可，但他堅主由中國為主體，此其有深意存也。余亦未明白表示可否也。今晚所談者盡此而已。[31]

11 月 25 日（星期日）下午 5 點，羅斯福與蔣介石再度會面。據羅斯福總統的兒子 Elliott Roosevelt 的說法，蔣、羅談到中國的統一問題，「特別提及中國的共產黨人」。他們還討論了在緬甸和孟加拉灣的作戰行動。[32] 這次見面中可能提及琉球問題，但美國外交檔案開羅會議部分 11 月 25 日的記載中並無記錄，蔣介石日記該日條下涉及與羅斯福照相、會談的部分也沒有相關說明。11 月 26 日下午，蔣、羅、丘正式會談，除了討論中緬印區域的戰爭方案外，也涉及前幾天提及的一些問題，如中國的經濟形勢（尤其是貨幣穩定）、中美經濟委員會的建立、駐華美軍的費用、日據太平洋島嶼的部署、戰後西太平洋的安全維護、大連港的國際化、莫斯科外長會議的成果、戰後國際組織的總綱、成都機場建設費用的支付、九十個師的裝備等。美國外交檔案沒

31　同上，下劃線為引者所加。

32　*United States Department of State/Foreign relations of the United States diplomatic papers, The Conferences at Cairo and Tehran, 1943* (1943), (DC: Government Printing Office, 1961) pp. 349–350.

有 11 月 26 日晚蔣–羅談話記錄，但「編輯說明」中說，蔣曾在會談中提及外蒙歸還問題，[33] 但這一問題關涉蘇聯的態度，後來的三國「共同聲明」沒有談及。從會談議題來看，這次會見很可能討論過琉球問題，但檔案中沒有記載。因此，我們的討論只能集中於對《蔣介石日記》中 11 月 23 日的記載和開羅會議檔案中 11 月 23 日檔案的分析。

在上引 11 月 23 日日記中，蔣介石重申了中美共管琉球的方案，未談琉球在中國歷史上的地位問題，但提及了另外三個理由，即「一以安美國之心；二以琉球在甲午以前已屬日本；三以此區由美國共管比為我專有為妥也」。[34] 從上述各條尤其是第一條推測，蔣介石或者擔心提出將琉球與台灣、澎湖列島一併交還中國，會引起美國的不安；或者認為美國正在猜忌中國對琉球的態度。如前所述，蔣介石從一開始就對琉球地位做了不同於台灣、澎湖列島和東北四省的界定，這裏說「安美國之心」顯然是針對美國的動機而言的。因此，所謂中美共管「比為我專有為妥」，並非因為「琉球在甲午以前已屬日本」，而是考慮美國的實際用心。如果蔣介石在開羅會議上並在戰爭結束後，始終堅持琉球的國際託管或劃為非軍事區，而不是讓美國軍事佔領，琉球的命運也許會有所不同，但他顯然沒有抗拒美國的力量和意志。這一點也可以與後面談及的戰後日本的佔領問題相互參照：羅斯福提出以中國為主派兵佔領日本，而蔣介石說「此其有深意存也」，顯然有相互摸底的意思。大概也正由於此，11 月 25 日（星期日）的日記中說，「昨二十五日在羅寓照相完畢，客散後，余留羅寓與羅約

---

33 Ibid., pp. 366–367.

34 在《國防最高委員會秘書廳呈蔣委員長關於準備在開羅會議中提出之戰時軍事合作、戰時政治合作及戰後中美經濟合作等三種方案》（民國三十二年十一月，原件日期不詳）中，在「關於休戰及議和條款」下的丙條也明確説「收復一八九四年以來日本所取得及侵佔之領土」。《中華民國外交史料彙編》（十二），第 6022 頁。

談半小時，說明余昨天所提關於政治方案，乃為個人之意見」云云。[35] 這則日記未必專對某條方案而言，但前述問題是肯定在其提出的政治方案中的。蔣、羅會談氣氛很好，但美國方面承諾多為口惠，實際支持很少；羅斯福甚至對於斯大林對日參戰的承諾、丘吉爾定期進攻安德曼島的計劃，以及中太平洋被選為攻日主要戰場（從而緬甸戰場的重要性已經降低到第二位）等事關中國抗戰大局的事情，也沒有向蔣通報。[36] 因此，良好的氣氛與相互試探是並行不悖的。

按照 11 月 15 日日記，蔣介石將琉球與朝鮮相提並論，但為甚麼他在會談中先後提及朝鮮、暹羅和安南的獨立問題，但始終沒有提及琉球的獨立問題？這很可能與「安美國之心」的考慮有關，即蔣介石已經從地緣戰略上看到了美國在戰後不會願意放棄對琉球的軍事佔領，也未必真心想將琉球交給中國獨立管轄。如同晚清李鴻章無力介入琉球問題一樣，蔣介石並無抵抗美國意志的實力。但這只是問題的一方面。從蔣介石對琉球與西藏等中國屬地的區分來看，他的立場也與中國的政治傳統有關。按照這種世界觀，它並不將傳統朝貢關係（包括宗主關係）等同於主權關係。琉球與中國王朝的宗屬關係長達五百年，但中國王朝很少干預琉球內政，這與薩摩藩武力入侵後即在那霸設立「在藩奉行」直接干涉琉球內政很不相同。[37] 在蔣介石的視野中，台灣、澎湖列島與琉球有所區別，前者屬於中國的直接行政管轄範圍；後者與中國的朝貢或宗主關係並不同於前一種關係。因此，

---

35 *CHIANG KAI-SHEK, An Inventory of His Diaries in the Hoover Institution Archives*, 43–10 (November, 1943), Prepared by Lisa H. Nguyen, Hoover Institution, Stanford University, 2006, updated 2007, 2008, 43–10 (November 25).

36 《中華民國外交史料彙編》（十二），第 6072 頁。

37 據歷史學家的研究，1624 年後，「在藩奉行」並未獲得在琉球的決策權，其功能僅限於監督琉球王府繳納年貢等。因此，日本以此證明自己早就獲得了對琉球的統治權也沒有根據。

前者必須收回，後者只能託管 —— 他排除了日本對琉球的控制權，即表示不承認明治以降日本對琉球的統治權；但又沒有用「收回」的模式規範中國與琉球的關係，所謂美國與中國共同託管是從戰後國際關係和區域內部的力量平衡着眼的。蔣介石的這個選擇與戰爭 / 冷戰的格局有着密切的關係，它從一個側面提示了台灣在冷戰格局中與琉球的不同位置。朝鮮、暹羅、安南、琉球以及緬甸境內的王國與所謂以中國為中心的朝貢體繫有着密切關係，蔣介石將這種關係視為一種為其爭取獨立和自由的道德義務，而沒有將這種關係視為主權關係；他的思考力求將中國歷史所提供的世界圖景與中國民族革命所提供的價值做某種結合，以適應新的世界秩序。就此而言，蔣介石的立場與英國力圖維護其在亞洲地區的殖民主義體制的態度形成鮮明對比。

關於 11 月 23 日羅斯福與蔣介石的會談，美國外交檔案中也有記載，但這份記載是從中文記錄翻譯為英文的。美國外交檔案的「編者按語」(Editorial Note) 云 :「沒有發現有關這次會談的美國官方記錄，顯然雙方均未準備。1956 年，在回應編者的詢問時，中國駐華盛頓大使董顯光 (Hollington Tong) 博士確認……檔案中有一份有關這次會談的中文摘要記錄稿。」美國外交檔案中的這份資料及其英文譯文都是由台灣當局提供的。「編者按語」同時指出：這份中文記錄稿與 Elliot Roosevelt 的回憶有些出入，其中若干內容記錄中沒有涉及，比如中國聯合政府的結構；英國在上海和廣東的利益；美國而不是英國軍艦以中國港口為基地的未來行動；馬來國家、緬甸和印度的未來狀況等。[38] 這裏提到馬來國家、緬甸和印度的未來地位，

38 *United States Department of State/Foreign relations of the United States diplomatic papers, The Conferences at Cairo and Tehran, 1943* (1943),(DC: Government Printing Office, 1961) pp. 322–323.

都涉及英國殖民地問題，後來的三國「共同聲明」中沒有相關內容。事實上，1943 年，圍繞中國中央政府與西藏的矛盾，英國打算放棄對中國宗主權的承認，而公開支持西藏獨立。英國外交部的一份題為《西藏與中國宗主權問題》的檔案明確宣稱：「中國為了求得遠東戰後的安寧，其計劃與宣傳的目的在於，使英國所統治的印度、緬甸和馬來亞等地獲得獨立。就這後兩者而論，真正的動機無疑是為中國的政治經濟統治掃清障礙」；「為了對西藏要求徹底獨立的主張給予有效的支持，我認為，我們應當放棄我們從前承認中國的宗主權的意願」。[39]

值得注意的是：蔣介石在 11 月 15 日日記中提及應由中國提出暹羅獨立問題，但三國「共同聲明」中只是將朝鮮獨立問題單獨列出，這應與英國的態度有關。開羅會議期間，中美談得比較深入，態度上也比較「誠摯」（蔣介石語），而英國由於不願放棄在亞洲的殖民地，屢屢與中方發生爭執。在《軍事委員會參事室呈蔣委員長關於開羅會議中我方應提出之問題草案》的「英方可能提出之問題」條下亦曾列出「西藏問題」和「九龍、香港問題」。在「西藏問題」條下列有如下註文：「本年八月間，宋部長與英外相艾登曾在倫敦談及此問題，雙方意見相去甚遠，似以留待日後解決為宜」；在「九龍、香港問題」條下又有如下說明：「九龍為租借地，歸還中國固屬毫無疑義，惟在英方視之，九龍與香港屬一問題，而香港為割讓地，其法律地位與九龍不同，似以留待日後解決為宜。」[40] 在王寵惠與艾登的會談中，圍繞西藏問題，中英無法達成一致意見。在亞洲殖民地問題上，英美的態度

39 英國外交部檔案，371/35755，《西藏與中國的宗主權問題》，1943 年 4 月 10 日，轉引自梅・戈爾斯坦著，杜永彬譯：《喇嘛王國的覆滅》，北京：中國藏學出版社，2005，第 324 頁。

40 《中華民國外交史料彙編》（十二），第 6016–6017 頁。

很不相同：美國希望英、法、荷等歐洲宗主國能夠效法其在菲律賓的做法，允許殖民地獲得獨立，從而在很大程度上與中國的主張相互一致，而英國則力圖維持其帝國統治，並拒絕承認中國的大國地位。[41] 事實上，《開羅宣言》最終能夠將朝鮮獨立問題列出並非易事，在國防最高委員會秘書廳為蔣介石準備的開羅會議預案中特別將朝鮮獨立問題列為單獨一條，並做了詳細「說明」：對於朝鮮獨立問題，「蘇聯目下因對日關係，大概不願有所表示；英國因影響印度問題，恐亦未必首肯，英、美如不統一，美國勢將躊躇。在此種情形之下，中國如單獨承認，將與世人以同盟國家發生裂痕之惡劣印象……」[42] 會談期間，圍繞「滿洲」、台灣和澎湖列島歸還中國的條文及朝鮮獨立的條文及其修辭，中英雙方均有不同的意見及討論，[43] 英國外交次長賈德幹甚至以英國內閣此前沒有討論這一問題及需要顧及蘇聯對此問題的態度為由，建議刪去有關朝鮮獨立的一段。在中、美雙方的堅持之下，這段文字始獲通過，成為共同聲明的一部分。[44] 開羅會議後，蔣介石在其日記的「上週反省錄」（蔣每週、每月、每年在日記中插入反省錄）中說：「東三省與台灣、澎湖島已經失去五十年或十二年以上之領土，而能獲得美英共同聲明歸還我國，而且承認朝鮮於戰後獨立自由，此何等大事，此何等提案，何等希望，而今竟能發表於三國共同聲明之中，實為中外古今所未曾有之外交成功也。然今後若不自我

41 羅伯特・達萊克著，陳啟迪等譯：《羅斯福與美國對外政策》，北京：商務印書館，1984，第 612、474、556 頁。關於美國與英國在對華關係及亞洲殖民地問題上的差異，參見王建朗：〈從蔣介石日記看抗戰後期的中英美關係〉，《民國檔案》2008 年第 4 期，第 107–115 頁。

42 《中華民國外交史料彙編》（十二），第 6021–6022 頁。

43 例如，英國曾對於「東北四省、台灣等歸還中國」以及「使朝鮮獨立」等措辭表示反對，主張改為「當然必須由日本放棄」及「脫離日本之統治」就可以，原因是英國擔心這些提法會引起其亞洲殖民地的聯想。同上書，第 6064 頁。

44 同上書，第 6035 頁。

努力奮勉，則一紙空文，仍未足憑爾。」[45] 興奮之情溢於字裏行間。如果參照談判過程中的上述爭執和曲折，蔣介石日記將《開羅宣言》列入朝鮮獨立問題視為重大成果之一，是很可理解的。

蔣介石在琉球問題上的態度需要參照整個會談涉及的問題給予分析。在這裏，我根據美國外交檔案英文本和《中華民國外交史料彙編》中所收開羅會議中文檔案對蔣–羅會談再做一介紹，以與蔣介石日記中所記各項對照。為了準確起見，涉及琉球及相關問題部分，我在用中文介紹美國外交檔案所載內容的同時，在註釋中抄錄關鍵部分的英文原文記錄備考，同時插入中文檔案有關文字。會談記錄涉及如下各項：一、羅斯福總統提出中國未來應該作為四大國（美、蘇、英、中）之一參與這一機制的一切決定；二、關於未來日本的國體，蔣介石提出應由日本人民決定，在這一問題上不能留下影響國際關係的持久後患；（中文檔案原文：「至於他國體如何，最好待日本新進的覺悟分子自己來解決。」「因為戰爭勝利，便去過問一個國家的國體，實在並非上策。而且，日本的天皇制在其民族的精神構造上自有地位，西方人未必會有認識，而同為東方人的中國人則是比較了解的。」[46]）三、羅斯福總統提出中國應該在軍事佔領日本問題上扮演主要角色，蔣介石表示中國沒有足夠的能力承擔此一責任，中國願意在美國的領導下參與行動；四、關於戰後賠償問題，蔣介石表示可以用實物賠償，將日本在華物資歸還中國，羅斯福表示同意；五、「蔣介石與羅斯福一

45 *CHIANG KAI-SHEK, An Inventory of His Diaries in the Hoover Institution Archives*, 43–10 (November, 1943). 此條記在開羅會議（1943 年 11 月 22 日—26 日）之後的反省錄中。Prepared by Lisa H. Nguyen, Hoover Institution, Stanford University, 2006, updated 2007, 2008.

46 《中華民國外交史料彙編》（十二），第 6060 頁。這裏提及國體與「民族的精神構造」的關係，又比較「同為東方人的中國人」在國體問題上與「西方人」的差異，證明不同的世界秩序觀在對待戰後秩序的安排上起着一定的作用，值得注意。

致同意，戰後東北四省、台灣和澎湖列島必須歸還中國；遼東半島及其兩個港口旅順和大連也必須包括在內；羅斯福總統隨即提及琉球問題，不止一次問及中國是否要求得到琉球，委員長回答說，中國將同意中美共同佔領琉球，最終參與由一個國際組織委託的兩國聯合行政機構。」[47] 羅斯福又提及香港問題，蔣介石建議在進一步討論之前，先與英國當局談。六、「與軍事合作相關的問題。羅斯福總統建議，中美戰後應該形成一定的安排，保障兩國在遭遇外國入侵時能夠相互支持，美國必須在太平洋各基地保持適當的軍事力量，以確保其能夠有效地分擔阻止侵略的責任。委員長表示同意這兩個建議。委員長希望美國能夠提供必要援助，用以武裝中國陸、海、空三軍，以加強中國的國防，並能夠承擔國際義務。蔣委員長也提出，為了獲得相互安全，兩國應該安排陸軍與海軍基地以便雙方使用，中國並承諾將旅順作為中美聯合基地。羅斯福從他的角度建議，在有關亞洲事務中，中美應在做出任何決定前相互協商。委員長表示同意。」[48] 七、羅斯福

47 英文原文：「The president then referred to the question of Ryukyu islands and enquired more than once whether China want the Ryukyu. The Generalissimo replied that China would be agreeable to joint occupation of the Ryukyu by China and America and, eventually, joint administration by the two countries under the trusteeship of an international organization.」*United States Department of State/Foreign relations of the United States diplomatic papers, The Conferences at Cairo and Tehran, 1943* (1943), (DC: Government Printing Office, 1961), p. 324.

48 英文原文：「President Roosevelt proposed that, after the war, China and the United States should effect certain arrangement under which two countries could come to each other' s assistance in the event of foreign aggression and that the United States should maintain adequate military forces on various bases in the Pacific in order that it could effectively share the responsibility of preventing aggression. Generalissimo expressed his agreement to both proposals. The Generalissimo expressed his hope that the United States would be in a position to extend a necessary aid to China for equip its land, naval and air forces for the purpose of strengthening its national defense and enabling its performance of international obligations. Generalissimo Chiang also proposed that, to achieve mutual security, the two countries should arrange for army and naval bases of each to be available for use by the other and stated that China would be prepared to place Lushun (port of Arthur) at the joint disposal of China and the United States. President Roosevelt, on his part, proposed that China and the United States should consult each other before any decision was to be reached on the matter concerning Asia. The Generalissimo indicated agreement.」Ibid., p. 324.

提出美中應就朝鮮、印度支那和泰國的未來狀態達成諒解。蔣提出給予朝鮮獨立的必要性及兩國共同支持印度支那和泰國爭取獨立；八、蔣提出戰後經濟援助問題，羅斯福表示將認真考慮；九、關於蒙古和唐奴–圖瓦問題。羅斯福問及唐奴–圖瓦的現狀及其與周邊的關係，蔣回答說該地在被俄國強奪和分割之前為中國外蒙古之一部分。他提出唐奴圖瓦和外蒙問題必須設定一個時間與蘇聯談判。[49] 十、聯合參謀部問題。蔣提出建立中美聯合參謀部；作為一個替代方案，中國也可以參加英美聯合參謀部。羅斯福答應與美國參謀長聯席會議主席商量此事。[50]

對照蔣介石 11 月 23 日日記的內容，這個摘要記錄稿顯然更為詳備。這裏對比一下蔣日記與備忘錄中可以相互補充的內容。除了外蒙問題及唐奴–圖瓦問題在蔣介石日記中未載外，最為重要的出入是如下幾條：第一，蔣日記中提到了共產主義及羅斯福對蘇聯的態度，而摘要記錄稿中沒有提及；第二，記錄稿中提及戰後中美兩國在亞太地區的軍事合作，其中羅斯福提出美國將在太平洋保留適當軍事基地和軍事存在的問題，中美互用軍事基地及相互馳援的問題，以及蔣介石承諾將旅順作為聯合基地的問題，都是關鍵性的內容，但日記中沒有記載。美國在太平洋保持軍事力量以防外敵入侵的說法明顯是針對蘇聯的。從這幾條內容來看，除了蔣早就認識到琉球地位與台灣不同外，他在會談中也意識到了美國對於這一區域的戰後安排，

49 圖瓦人居住在薩彥嶺和唐努山之間的區域，清代稱為「唐努烏梁海」，係烏里雅蘇台將軍下轄的專區，地位與同屬的科布多和喀爾喀蒙古四部相並列。1914 年被俄國武力侵佔，十月革命後，1921 年 8 月中旬，圖瓦呼拉爾（All-Tuva Constituent Khural）宣佈建立唐努–圖瓦共和國（Tannu-Tuva Ulus Republic），並通過第一部憲法。開羅會議後一年，即 1944 年，唐奴–圖瓦被蘇聯單方面吞併。

50 *United States Department of State/Foreign relations of the United States diplomatic papers, The Conferences at Cairo and Tehran, 1943* (1943), (DC: Government Printing Office, 1961), pp. 324–325.

尤其是在太平洋上的軍事存在有着長遠的規劃。從蔣對共產主義和蘇聯的態度看，他顯然準備積極配合美國的安排。[51] 如果將這一問題與蔣介石日記在記錄羅斯福以中國為主軍事佔領日本的建議後面所加的評論——即「此其有深意焉，余亦未明白表示可否也」——綜合起來分析，蔣可能意識到了羅斯福正在試探中國對於戰後地位的設想。如果參照蔣介石要求將日本國體問題交給日本國內進步力量決定的態度，中美兩國在戰後日本的政治安排方面，也有不同的出發點。從摘要記錄稿的英譯看，羅斯福並未提及要將琉球交給中國，英文原文「The president then referred to the question of Ryukyu islands and enquired more than once whether China want the Ryukyu」表達的是一種探詢（enquired more than once whether...），而且不止一次之多。羅斯福表示在太平洋保持軍事基地和軍事存在的想法，是否已經在暗示美國對於琉球的興趣？如果不是這樣的話，為甚麼蔣介石要在羅斯福問他是否願意要琉球時不但表示了不願「專有」，而且還說中美共管的建議是為了「安美國之心」，又一再表示願意在美國領導下協助美國對日本的佔領呢？

開羅會議發表的三國「共同聲明」沒有涉及琉球問題。美國外交檔案中保留的「共同聲明」的美方草稿（初稿與修訂稿）和英方草稿中也都沒有提及琉球。這三份文件都提到必須從日本手中將其在太

51 盧溝橋事件前，中蘇已經簽訂互不侵犯協定及交換意見，並於「八一三」戰爭後簽訂了《中蘇互不侵犯條約》。但 1940 年蘇方認為中國「在國際聯盟會上對於削除蘇聯會籍一案，未嘗積極相助」而冷淡；1941 年因皖南事變蘇聯對蔣施加壓力；同年，蘇聯與日本簽訂中立條約，表示尊重「滿洲國」「外蒙人民共和國」等。在新疆問題上，蘇聯早期（1933–1934）入侵哈密，擁盛世才而逐馬仲英，但至四十年代，盛世才與蘇聯產生矛盾；就在開羅會議前五個月蘇聯撤回其在新疆的飛行隊、地質考察團，拆毀飛機製造廠，調回技工人員，等等。因此，開羅會議之前，中蘇關係處於挫折期。見《中華民國外交史料彙編》（十二），第 5818 頁。

平洋地區佔有的島嶼（許多是強大的軍事基地）永久剝奪，及歸還台灣、「滿洲」等地給中國。在美方修訂稿的第三、四節，有如下文字：「我們確定，被日本佔領的太平洋諸島 —— 其中許多違背日本的特殊而確定的非軍事化承諾，已經成為強大的軍事基地 —— 必須從日本手中永久剝奪」，「日本背信棄義地從中國盜走的領土，如滿洲和台灣，當然應該歸還中華民國。所有被日本用暴力和貪婪攫取的土地必須被解放」。[52] 英國的備忘錄打印稿上則用鋼筆在台灣（福摩薩）後面加上了澎湖列島的字樣。兩份草稿和最終的《開羅宣言》都提到了朝鮮的解放和獨立問題，而在蔣介石日記中被視為與朝鮮歷史地位相似的琉球（以及暹羅）並不在「共同聲明」涉及問題之列。《開羅宣言》的正文說：「三國之宗旨，在剝奪日本自從一九一四年第一次世界大戰開始後在太平洋上所奪得或佔領之一切島嶼。在使日本所竊取於中國之領土，例如東北四省、台灣、澎湖列島等，歸還中華民國。其他日本以武力或貪慾所攫取之土地，亦務將日本驅逐出境。我三大盟國稔知朝鮮人民所受之奴隸待遇，決定在相當時期，使朝鮮自由與獨立。」[53]

在「二戰」期間，外蒙古、暹羅、安南、朝鮮、琉球的歷史淵源和現實處境各不相同，但它們的戰後命運均必須置於整個殖民歷史與

---

52 英文原文：「We are determined that the islands in the Pacific which have been occupied by the Japanese, many of them made powerful bases contrary to Japan's specific and definite pledge not to militarize them, will be taken from Japan forever. The territory that Japan has so treacherously stolen from the Chinese, such as Manchuria and Formosa, will of course be returned to the Republic of China. All of the conquered territory taken by violence and greed by the Japanese will be freed from their clutches」. *United States Department of State /Foreign relations of the United States diplomatic papers, The Conferences at Cairo and Tehran, 1943* (1943), (DC: Government Printing Office, 1961), p. 403. 下面提及的英方草案打印稿見同上文件第 404 頁。

53 《中華民國外交史料彙編》（十二），第 6004–6005 頁。

戰爭形勢、大國勢力的消長尤其是美國對於戰後亞太地區的戰略和霸權謀劃中觀察。換句話說，琉球問題是在殖民主義歷史、太平洋戰爭和冷戰的複雜關係中形成的，也是在近代世界秩序的形成中產生的。根據上文的分析和推斷，琉球在冷戰中的地位早在 1943 年就已經確定，那時戰爭尚未結束，但戰後安排問題已經提上了大國的議事日程。如今，蘇聯不復存在，美國在亞洲的軍事基地的存在理由也相應發生了重大變化，冷戰的格局已經重組。琉球社會運動提出的問題不僅關涉琉球的命運和亞太區域的持久和平，而且也關涉對於現代世界秩序及其未來演變的重新理解。

中國與英美之間在琉球、暹羅、朝鮮等問題上的討論也顯示了傳統內外觀與由主權概念所規範的民族國家的內外觀之間的區別和聯繫。在現實政治中，這兩種世界觀產生了重疊關係，但兩者之間並不能夠互相界定。在中國民族主義的敍述中，西方列強的侵略、日本的崛起、中國的衰落，以及中國社會–政治體制的腐敗、中國在技術和軍事上的無能，是描述中國危機的基本尺度。這個描述客觀地呈現了民族主義時代不同力量之間的較量及其後果，至今仍有相當的說服力。但它沒能真正揭示出的是一種世界性的關係和規則發生的巨變。除了在民族主義框架下構思崛起之道外，民族主義敍述的真正問題是不能產生一種有關世界關係的新的規則和圖景 —— 西方中心論的核心就在於它根據西方的利益要求確立了新的規則並將這一規則普遍化，對西方中心論的批判不能不觸及規則本身的重構。因此，在討論冷戰和民族主義問題的時候，還需要追問我們是在哪一種世界觀的視野內討論 —— 是民族主義的框架，還是前或後民族主義框架？沒有這一自我追問，也就沒有對於十九世紀以降形成的這個所謂「普遍規則」的突破。

琉球的政治選擇

美國對琉球的佔領和駐軍也包含着對某種歷史關係的確認：在日本本土駐軍和在琉球駐軍是存在差異的——戰後美國在日本有大量的駐軍，隨着日本在戰後的恢復，它對自己的主權的追求日漸強烈，美國面臨來自日本社會的巨大壓力，它不得不將主要的軍隊駐紮在琉球。現在 75% 的美國駐軍駐在琉球。其實，美國並未弱化在日本的軍事存在，不但其指揮系統大大強化了，而且 2005 年 10 月 29 日日美就防衛問題達成和約，其主要內容就是進一步強化自衛隊及日美軍隊之間的一體化。2008 年，在常規動力航母小鷹號（駐紮在神奈川縣橫須賀港）退役後，取而代之的卻是尼米茲核動力航母，原先的所謂日本本土的「無核化」神話也就不存在了。核動力航母的配置顯示了美軍在全球戰略中對橫須賀港的高度重視。根據日美協商，2014 年美國將琉球的普天間機場歸還日本，在此之前，美軍約 8000 人及其家屬 9000 人遷往關島，日本政府承擔 102.7 億美元建設費中的 60.9 億美元。其實，在軍事技術高速發展的條件下，即便有一天美國將駐軍大部撤往關島，也並不減弱美國在這一地區的軍事存在和軍事控制。因此，對美國霸權的批評若僅限於本土或本地的範疇，就不可能觸及美國霸權的根本；最為有力的批判來自將本地的鬥爭與全球關係進行綜合的能力。

在戰後日本的恢復階段，美國可以把琉球看成自己的基地，而不是在日本的基地；即便琉球已經劃歸日本管轄，但在心理上，日本本土與琉球的差異是存在的。美國人帶着西方的眼光進入這個區域，卻很清楚這個區域內部的差異是存在的——它利用日本近代的殖民主義歷史，將自身插入由這個殖民主義歷史造成的差異之中。如果更深入地去追究這個問題的話，在前一個世紀發生的基本規則的大轉變就會呈現出來。十九世紀以前的模式不復存在了，琉球王國消失了，朝貢關係瓦解了，但它的歷史–地理位置及其特殊的佔領機制，構成了亞洲區域特殊的歷史問題。因此，琉球問題提供了思考近代民族主義歷史、帝國主義知識的一個非常獨特的視角。在冷戰構造裏面到底它的含義是甚麼，在後冷戰的時代，為甚麼亞洲地區的冷戰並未徹底終結？從琉球的角度追問也提供了理解冷戰和後冷戰格局的獨特視角。

琉球的非軍事化有利於區域的和平，但究竟怎樣定位琉球在未來區域秩序中的位置，琉球社會運動一直存在着討論和分歧。我認為這類討論的模糊性源自我們所處的世界關係之中，這個世界關係並不提供另外一種有關世界關係的想像空間。主權關係不是一種孤立的關係，不可能由單一民族主體加以實施，在這個意義上，琉球問題的模糊性是不可避免的。我在上文中曾涉及兩種不同的對於中國的理解，一種產生於革命、社會主義和國際主義的脈絡，另一種產生於前民族國家時代的政治–文化關係，這兩種視野在今天都消退了。即便偶爾被記起，也已經成為民族主義想像的一部分。二十世紀的民族解放運動有着清晰的政治目標，這就是「國家要獨立、民族要解放、人民要革命」，這三個方面是一個相互關聯的歷史進程。如果離開了其他兩個條件，其中任一目標都可能走向自身的反面。比如，為了爭得自己國家的獨立或生存空間，不顧及其他民族——尤其弱小民族——的解放，這個國家要獨立就可能演化為近代日本式的帝國主義。如果只是將民族目標放置在中心，而忽視人民的需求和地位，民族–國家現代化就只能轉化為強國主義並掩蓋內部的不平等；如果沒有普通人民要求變革現實關係、建立新的秩序的努力，有關國家、民族的想像就常常為少數統治者所利用。因此，這三個方面是相互內在關聯的政治目標和政治進程，它不能簡單地等同於對國家、民族或階級等範疇的本質性規定。在今天，二十世紀政治的上述三大目標沒有一個可以簡單地適用於今天琉球的社會運動和政治目標。任何社會鬥爭都不可能離開特定的社會身份，但如果將身份政治僅僅局限於民族主義身份政治，又會產生新的扭曲 —— 台灣的身份政治所產生的社會分裂就是一個鮮明的例證。因此，琉球的政治主體性到底是甚麼這個問題需要認真思考 —— 這個思考不僅迫使我們重溫歷史的遺產，而且也會引導我們對二十一世紀的政治給出全新的回答。

2008 年 10 月 22 日—2009 年 3 月 12 日

第二章

兩洋之間的文明：「西域」的近代位置[1]

根據語言學家的研究，維吾爾語的喀什噶爾是融合了突厥語、古伊斯蘭語和波斯語的語源而成的名詞，漢語中的古稱為疏勒。如今按照維語發音成為喀什，而疏勒的舊稱只是附近一個縣的名稱了。喀什地處歐亞的中心，西連塔吉克斯坦，西南部則與阿富汗、巴基斯坦接壤，與吉爾吉斯斯坦、烏兹別克斯坦和印度也十分鄰近。在它的東面是塔克拉瑪干沙漠，東北、西北和東南分別連接着阿克蘇地區、克孜勒蘇柯爾克孜自治州和和田。從秦漢之際匈奴僮僕都尉的轄區，到漢代西域都護府的行政範圍，從唐朝的安西四鎮之一，到五代至宋時期的葉爾羌汗國的首府和西遼的管轄地，從蒙古時期的察合台封地，到清朝「總理南八城事宜」的喀什噶爾參贊大臣的駐地，這個地區的政治統屬關係經歷了巨大的變遷，但從未改變的是多族羣混雜和聚居的狀態。昨天一位朋友告訴我，喀什地區生活着 31 個民族，維吾爾族佔據人口的大多數。

1 本文是 2015 年 6 月 29 日在喀什大學的演講，感謝庫爾班・吾斯曼校長的介紹和姑麗娜爾・吾甫力教授和羅浩波院長的邀請。發表於《經濟導刊》，2015 年第 8–9 期。

與地理、族羣和統屬關係的複雜、重疊和變化相對應的，是喀什在文化上的錯綜交織。這是誕生過《福樂智慧》的作者、偉大的維吾爾詩人和思想家玉素甫・哈斯・哈吉甫（約 1010–1092）的地方，也是里程碑式的著作《突厥語大辭典》的作者、維吾爾族伊斯蘭學者麻赫穆德・喀什噶里（1008–1105）的故鄉。他們的著作中留下了突厥、阿拉伯、波斯和漢文化並存、交流、重疊、融合的痕跡。他們生活的年代也正是宋代理學形成的時期，一個中國儒者重新認識自己是誰的時代。在此之前，大約公元 642 年的夏天，返程途中的玄奘從瓦罕經大帕米爾到達塔格都木巴什帕米爾，然後輾轉抵達薩里庫勒的首府地塔什庫爾幹，那兒的高原風光和人情風俗令人神往。抵達喀什的第一天，我便前往疏勒訪問，晚上回來的時候，路過班超路，也讓我想起這是漢代班超長期駐守的地方，傳說他從疏勒回洛陽時，難捨的百姓甚至以拔劍自刎相留。在《福樂智慧》中，偉大的詩人這樣說到絲綢之路上的交往：「他們從東到西經商，給你運來需要之物；……假若中國商隊之旗被人砍倒，你從哪裏得到千萬種珍寶！」他還寫道：「東方之國，突厥人和秦人，沒有一部書可與之匹配。」我相信，喀什大學的使命便是賡續偉大的傳統，在大地的中心地帶，為跨體系社會搭建文化的平台，為跨社會體系創造文明的紐帶，為跨文明的文明培養一代又一代傳承者和創造者。

甚麼是「跨體系社會」？甚麼又是「跨社會體系」？又為甚麼說「跨文明的文明」？這些是我在思考中國歷史問題時提出的或涉及的一些概念、範疇和命題。在這個獨特的地點，我重新想到了這些概念可能的意義，不免想看看它們在這個地區、在現在的語境中，是否還有一點意義。

時代與重新界定中國

對歷史變遷的理解和再解釋，通常也都發生在一些特定的歷史時刻，也就是人們觀察自己的社會、觀察歷史的方式上發生一些重要變化的時刻。在這些時刻，一些地域和一些文化跟其他地區的相互關係突然變得特別重要，而另一些地域和文化卻相對地不那麼引人注目，這些變化也因此改變了人們觀察歷史的重心和視角。我先從一個簡單的例子開始：兩百年前，1821 年，當時並不很出名但後來大名鼎鼎的思想家、文學家龔自珍給道光皇帝上了一道奏議。這個奏議後來很有名，叫作〈西域置行省議〉。奏議的直接動機就是在新疆設置行省，促進內地往新疆移民，增強西北地區的納稅能力，一方面減緩內地因為水災等造成的災民安置的壓力，另一方面穩定新疆內外的反抗和顛覆，對抗沙俄的威脅，尋找通往西海，也就是我們現在所說的印度洋的道路。在 1758 至 1759 年間，乾隆平定大小和卓叛亂，通過軍事控制和對新疆各部的瓦解，清廷在地方精英中尋找合作者，允許當地按照伊斯蘭法進行統治，並採取輕傜薄賦的富民政策。但至 1820 年前後，內外關係都在發生變化。在內部，白蓮教起義、苗民起義、天理教起義等先後爆發；在外部，俄羅斯的西部逐漸穩定，重新東擴，清俄邊界隨即陷入危機。在新疆發生了甚麼事情呢？就在這一年，大和卓之次子張格爾起兵反叛，在英國和浩罕勢力支持下攻擊喀什噶爾邊境，雖然攻擊受挫，但幾年之後，1826 年，終於藉浩罕國之兵攻克喀什噶爾、英吉沙爾、葉爾羌和和田等地，幾乎控制了新疆的一半土地，直到 1827 年為清軍擊敗。在這些動盪之中，我們也不難看到官員腐敗顢頇、政策進退失據，以致民怨沸騰的側面。

〈西域置行省議〉有清晰的地理學背景。嘉慶、道光之前，西北地理研究不很發達，有限的一些著作主要集中在清俄邊境的描述。嘉慶中期，由於恰克圖貿易爭端迭起，刺激了一些清朝士大夫對西北地理的研究，例如俞正燮、張穆等人關於俄羅斯問題的研究。嘉慶末年，龔自珍和程同文輯錄的《平定羅刹方略》也是這個潮流的產物。這些作品在描述清俄邊疆危機的同時，也對這個地區的民族、民俗、語言、宗教和各種文化進行調查，大大擴展了顧炎武開創的輿地學和風俗論的傳統，有點民族志的味道了。1820 年，在伊犁將軍松筠幕前謝罪的前湖南學政徐松經過實地考證，纂成《伊犁總統事略》，並由松筠進呈道光帝，道光皇帝作序並賜名《新疆事略》。這本書中的〈新疆水道總序〉和〈新疆水道表〉對新疆的十二條河流和湖泊做了記載。徐松，還有祁韵士，都是清代中期對新疆地理、民情做了深入調查的人物。徐松於 1820 年回到北京，在他的周圍，形成了一個研究輿地學的圈子，張穆、龔自珍、魏源等就是這個圈子中的人，他們地位不高，但心懷天下，關心朝政和社稷命運。龔自珍的著作中也有大量關於蒙古和回部的研究文章。參照龔自珍的其他奏議書疏，如〈擬進上蒙古圖志文〉〈上鎮守吐魯番領隊大臣寶公書〉〈上國史館總裁提調總纂書〉〈擬上今方言表〉〈北路安插議〉〈御試安邊綏遠疏〉，等等，可以清晰地觀察到一個幅員遼闊、層次複雜、無分內外卻又文化多樣的中華帝國的政治藍圖。龔自珍將他的輿地學觀察納入「天下」觀察，形成了一個完全不同於理學的夷夏之辨、不同於郡縣制國家的內外差異、當然也不同於內部同質化的歐洲民族–國家的政治視野。在這個視野中，「中國」只有組織在一種由近及遠的禮序關係中才能構成內外呼應的政治秩序，它是歷史漸變的產物，也是不斷變遷的歷史本身。因此，所謂地理學視野可不只是地理問題，背後是如何在空間上和內涵上界定「中國」和「天下」的問題。

話雖如此，在1820年，中國絕大部分的士大夫，尤其是在北京的士大夫，對這塊土地是相當不了解的，他們還守着宋明理學的夷夏之辨來理解「中國」。因此，他的這些研究一方面是對中國的重新界定，例如他在〈御試安邊綏遠疏〉中說：「國朝邊情邊勢，與前史異。拓地二萬里，而不得以為鑿空；台堡相望，而無九邊之名。疆其土，子其民，以遂將千萬年而無尺寸可議棄之地，所由中外一家，與前史迴異也。」[2] 另一方面又是對宋明理學的中國觀的針砭和批判，他自問自答：「太平大一統，何謂也？答：宋明山林偏僻士多言夷夏之防，比附春秋，不知春秋者也。」[3] 這是〈五經大義終始問答〉中的話。龔自珍、魏源等少數知識分子對這個地區有了真實的興趣，但他們並沒有做過實地調查，只是通過大量的閱讀，感覺到這個地域的豐富和廣大。這不是一種一般的區域性的關注，而是對「中國」的再定義。用龔自珍自己的話說，他所做的是「天地東南西北之學」。

開宗明義，龔自珍奏議的標題就說明是建議在西域——也就是如今的新疆地區——設置行省。清代在西域設行省是1884年，那是在阿古柏之亂後的事情了。阿古柏本名穆罕默德・雅霍甫（Mohammad Yaqub Beg, 1820–1877），龔自珍上奏的時候，他才出生，是浩罕汗國阿克麥吉特（白色清真寺）伯克。在沙俄和英國的支持下，他在1865至1877年成立哲德沙爾汗國，終被左宗棠軍隊擊敗。我們算一下，從1821年至1884年，前後六十三年，如果當時統治者認真閱讀他的奏議——據說是因為嫌龔自珍楷法不中式而棄閱——甚而採納他的方略，新疆地區的歷史或許會有所不同吧？雖然人們通常會說

2　龔自珍：〈御試安邊綏遠疏〉，《龔定庵全集類編》，北京：中國書店，1991，第187頁。

3　龔自珍：〈五經大義終始問答〉，《龔定庵全集類編》，第82頁。

歷史不能假設，但做一點反事實的猜想，也有助於對歷史的理解。就是因為這個原因，曾經主張「捐西守東」的李鴻章稱讚龔自珍說：「定公經世之學，此犖犖大者。」這份奏議中的一些具體建議在半個多世紀之後的光緒朝始得設施。朝廷鼠目寸光、缺乏遠見，甚至遠見就在手邊也無法辨識，是常常發生的、可悲可歎的故事。龔自珍後來在詩歌中高呼「我勸天公重抖擻，不拘一格降人才」自是有感而發。他是當時第一個系統提出關於新疆問題的行政設置及其意義的人，也是內地士大夫中將新疆問題納入中國問題中思考的少數先驅者之一。

龔自珍的這篇奏議還應該與他在同一年寫作但已亡佚的〈東南罷番舶議〉及後來給林則徐往廣東赴任時的信結合起來讀，也就是將西北問題與東南沿海問題聯繫起來讀。我手頭沒有原文，但開頭幾句記得很清楚：「天下有大物，渾圓曰海。四海之國無算數，莫大於我大清。大清國，堯以來所謂中國也。」[4] 龔自珍要描述的是西北，而西北的特點，用他的話說，就是「西北不臨海」。[5] 換句話說，雖然西北是地球上距離海洋最遙遠的地方，卻必須從海的角度加以界定。我們將這個視野與過去的史書、輿地學或士大夫的描述做個對比就知其新意了。過去用山川、大漠、水地、草原、邊界和邊界內的族羣、邊界外的王朝界定西域，現在卻從最遙遠的海洋的角度界定這個廣闊的大陸了。所謂「天下有大物」甚至也不是指沿海，而是指大洋。龔自珍說：「今西極僥，至愛烏罕而止；北極僥，至烏梁海總管治而止。若干路，若水路，若大山小山、大川小川，若平地，皆非盛京、山東、閩、粵

4　龔自珍：〈西域置行省議〉，《龔定庵全集類編》，第 164 頁。

5　同上書。

版圖盡處即是海比。西域者，釋典以為地中央，而古近謂之為西域矣。……世祖入關，盡有唐、堯以來南海，東南西北，設行省者十有八，方計二萬里，積二百萬里。古之有天下者，號稱有天下，尚不能以有一海，……今聖朝既全有東南二海，又控制蒙古喀爾喀部落，於北不可謂隃。高宗皇帝又應天運而生，應天運而用武，則遂能以承祖宗之兵力，兼用東南北之眾，開拓西邊。遠者距京師一萬七千里，西藩屬國尚不預，則是天遂將通西海乎？未可測矣。」[6] 龔自珍比較西北與東南之不同，東面的遼東和南面的閩粵，均臨大海，而最西端至愛烏罕，最北端則是烏梁海，陸地的那邊還是陸地。但高宗皇帝，也就是乾隆，用兵西征，鋒芒所至，竟距北京一萬七千里之遙，或許就要打通抵達西海的道路了。這個西海是哪裏呢？經由哪條具體的路線可以通達西海呢？龔自珍並沒有具體描述。但從今天的視角看，西海就是印度洋和阿拉伯海。如今中國已經與阿富汗、塔吉克斯坦、哈薩克斯坦、伊朗五國簽署協議，將建設一條連接多國的鐵路網絡，而喀什也正是通往瓜達爾港的這條中巴走廊的樞紐。這麼說自然是今天的引申發揮，但我們現在把新疆作為「絲綢之路經濟帶」的「核心區」，不就是因為龔自珍曾經描述的這個從海洋視野中展開的內陸地區的地緣重要性嗎？在這個意義上，說他的這篇奏議是「一帶一路」（內陸與海洋）設想的前奏或許也有一點道理吧？

意識到內陸與海洋關係正在發生逆轉的當然不止龔自珍一人。林則徐、魏源都有深刻的洞察。為甚麼呢？因為到了這個時代，海洋對於中國來說變得極端的重要了。恰恰是因為海洋變得特別的重要了，內陸的重要性發生了一種質的變化，即不能只在防禦遊牧部落對於農

6 同上書。

耕部落的衝擊，或者穩定清俄邊境的意義上談論內陸了，而且必須從大一統王朝與海洋時代的關係中思考這片距離海洋最遠的地域。即便是清俄關係，也必須置於新的關係中考察。這是一個變動的視野。放在歷史變遷中，他的這個觀察的新意在甚麼地方呢？我以為這個新意就在於龔自珍清楚地意識到對於中國的主要威脅，不再來自內陸，而是來自海洋，對於海洋的威脅不能只是停留在陸地的思維之中，而必須從海洋的視角出發重新理解兩者之間的關係。這是兩千多年來歷史動力的逆轉，也與之前單純考慮俄羅斯東擴問題有所不同了。除了前面提到的各種內外動盪之外，1820年鴉片進口量躍升至5000箱，是鴉片貿易的一個轉折關頭。白銀外流達到了很嚴重的程度。河水泛濫、安置移民、平定動亂消耗了國力，而鴉片貿易又導致大量白銀流失，反過來使得邊疆和社會秩序更加不穩定。這是國家財政困難、治理能力越來越力不從心的時代，也是海洋壓力對中國變得如此地緊迫的時代。因此，在思考內陸問題時，意識到海洋是非常非常重要的。

但為甚麼龔自珍意識到海洋的重要性，卻不是直接去討論廣州或者是沿海呢？我前面說過了，他當然也討論過廣州，但在這個時期的著述中，更大量的文字留給了青海、西藏、蒙古和回部。他當時就意識到在這一輪的競爭裏面，也就是在海洋時代的競爭裏面，中國已經處在弱勢地位。將近二十年之後，他給赴命廣東的林則徐的信中談及中英軍事鬥爭，已經包含了以內陸抗衡海洋的思想，而在魏源的《海國圖志》中，以陸戰對抗海戰已經是基本的戰略。這也是林則徐長期思考的結果。我曾經在《現代中國思想的興起》中對龔自珍的西北論與哥倫布對美洲的發現做過一個比較，或者說，試圖在兩者之間建立一種聯繫。美國歷史學家拉鐵摩爾評論說：哥倫布時代並不是天然的海洋時代，在開始的時候，它以海洋時代的面目出現，部分的原因就是，它是對於以「大陸」的權力分佈和結構為基礎的利益關係的反應。[7] 從這個角度看，龔自珍的西北論既是對清朝社會危機的反應，也是對所謂「海洋時代」—— 以軍事、工業、城市化和政治制度的擴張為實質內容的時代 —— 的反應。如果說海洋時代以民族國家體系的擴張為標誌，試圖通過賦予中國北方少數民族地區以民族國家的性質來瓦解原有的朝貢關係和多元性的禮儀制度，那麼，清帝國出於內部動員和免於分裂的局面，就不得不相應地改變內部的政治結構，通過加強內部的統一性，把自身從一種「無外」的多元性帝國轉化為內外分明的「民族–國家」。但由於這個「民族–國家」所內含的「帝國性」，它又不可能不是一個「跨體系社會」。這個地區的獨特性、內在張力和矛盾全部植根於這一轉變之中。我在這裏所說的獨特性、內在張力和矛盾並不僅僅指族羣、宗教信仰、語言和人口的混雜性，而是這一混雜性所居於其中的新的政治形式、社會組織及其規範下的內外關係和日常運作的動力。不用說，這個新的政治形式就是在歐洲國際法規範下形成的民族–國家。

正是因為理解了海洋時代的重要性，懂得這個時代的真實挑戰，龔自珍才更加深刻地認識到了新疆的重要性。所謂海洋時代，其實也正是海洋失去其先前的無限性的時代，失去其未知意義的時代，即海洋從黑格爾筆下的無限範疇轉變為西方的「內海」。我們今天看到，包括中國、印度等在內的曾經的殖民地、半殖民地國家，即當年只能依託陸地的國家，正在試圖將這個「西方的內海」變成「互為內海」。

7 Owen Lattimore, *Asia in a New World Order*, New York: Foreign Policy Association, Incorporated, 1942, p. 8.

全球化將二十世紀之前的海洋統統變成了「內海」，也就開始了「全球律則」（the Nomos of the Earth）[8] 的時代。因此，歐洲資本主義所確定的各種政治規則和經濟規則的「普世性」不過是在海洋內海化的過程中產生的，從方法論上說，所謂「普世性」是通過對「無限性」的消解與所謂「祛魅」，以理性建構的方式，運用於或強加於世界的一套規則體系。在晚清時代，寫出了《大同書》的康有為，實際上就是綜合大同理念與科學方法為全球治理訂立規則。這個過程將來還涉及太空，事實上，康有為在《大同書》之外，還出版了《諸天講》，前者是大同學說的外篇，後者才是大同學說的內篇，也可以理解為他為大同宇宙建立律則的嘗試。《大同書》書寫的世界是一個沒有外部的世界，一個只有內陸和內海的、可以用經緯線加以衡量和治理的世界，那麼，其原理既源自宇宙自然，也必然可以運用於宇宙自然——這是人類試圖將外太空內在化的想像，雖然這個過程還看不到盡頭。但是，與私有產權普遍化的全球性規劃不同，康有為的大同構想產生於古典理念與社會主義和共產主義思想的綜合，它所致力的恰恰是通過靈活的勞動分工，取消對於地球的私人的、領主制式的佔有，改變由此而形成的一整套社會關係。在這個意義上，《大同書》所描述的就是一套反對資本主義全球律則的全球律則，它與如今大小國家間圍繞「全球律則」而展開的地緣利益博弈在價值方向上是完全不同的。康有為想到了地球、海洋和太空，但沒有預料到網絡時代的降臨。在全球化的時代，網絡就如十六至十九世紀的海洋一樣，正在經歷一個相互連接和重新劃界的過程；也正如航海技術、測量技術等科技發展對於海洋法

8　該詞出自德國法學家卡爾・施米特，中文譯本將其譯為「大地的法」，參見施米特著，劉毅、張陳果譯：《大地的法》，上海：上海人民出版社，2017。

和國際法的形成有着重要作用一樣，網絡技術以及與網絡技術密切相關的各種技術也勢必在這個時代的規則塑造中起着重要作用。如果海洋時代的規則塑造者是海盜和國家，網絡時代的規則塑造者勢必包括了黑客、大公司與國家，而金融化將取代工業化成為這一新規則的動力。在這個意義上，我們也面臨着康有為在一百多年前面對的局勢：如何在網絡時代形成一套反全球律則的全球律則？一種人民能夠獲得真正的自治，同時能夠避免由金融化資本主義及其規則（或「不規則」）所推動的衝突？與康有為的情境不同的是：我們是在二十世紀社會主義遭遇挫折的地基之上思考這一問題，從而對於全球資本主義的再思考不可能不包含對於二十世紀社會主義運動及其危機的反思。

在龔自珍給林則徐的信裏，提了許多具體的建議，從禁絕鴉片、整肅吏治、打擊腐敗，到如何與外商打交道，甚至海防等軍事部署和武器的配置，他都有很精確的建議。林則徐很驚訝於他對廣東的了解，知道他不是那些書齋中論兵的士大夫可比。我們反過來說，他的敏感還由於在思考這些問題之前，已經思考了西域問題。他思考海洋問題，包含着內陸的視野；而他思考這個內陸的重要性時，恰恰是從海洋的視野出發的。海洋成為了西方的內海，西域就必須被納入清朝的行省，這兩者之間有呼應的關係。也正由於此，我們才會讀到〈西域置行省議〉中那段如今聽起來有些突兀和奇特的句子，即「天下有大物，渾圓曰海」或者「西北不臨海」。魏源後來也曾感歎，原來從新疆到印度洋的距離比從新疆到北京的距離還要近。中國人想像天下的時候，常常局限在一個王朝的範圍內，所謂「外面」總顯得更加遙遠，可是當魏源、龔自珍有了新的地緣視野的時候，中國的「四海」意識發生了質變。中國現在進入了兩洋的時代，即太平洋和印度洋的時代了。換句話說，當歐洲列強從東南方向迫近中國沿海之時，印度洋也成為界定中國的潛在視角了。新疆的重要性在哪兒呢？就在這兒：東南沿海面臨着西方列強的壓迫，但對出海口的需求已經不可避免，這是一個時代的主題。因此，一定要找到內陸跟海洋的關聯，找到太平洋與印度洋的關聯 —— 如果太平洋成了西方的內海，印度洋那邊還有一點可能性嗎？其實兩邊都在內海化，但無論如何，當東南沿海面臨問題的時候，恰恰要從另外一個部分去思考我們這個大陸跟海洋的關係。事實上，龔自珍提出的是將古代界定中國的作為「渾圓大物」的「四海」變成中國能夠抵達並自由通航的四海。這是對於殖民主義世界秩序的突破，但這個突破同時採用重回古典道路 —— 亦即因海洋時代的到來而被廢棄、貶低的絲綢之路、香料之路、玉石之路、茶鹽之路 —— 的形式。但對他而言，這一次「重回」有了不同以往的政治含義，也有了不同以往的制度構想。

在 1821 年，這不過是一個身處京師、地位不高的士大夫對世界的思考。這個思考有一個特殊的意義，與今天的發展有關。這個關係在哪裏呢？今天中國倡導「一帶一路」，並推動了亞投行的建立，新疆再一次地變成了真正的戰略中心，新疆是「一帶一路」的重中之重，最切近的着力點。如果把這個思考的根源連下去的話，我們可以說從 1821 年到今天，有一個思想的線索是前後相連的。這個思想的線索就在這兒。龔自珍意識到當內陸−沿海之間的關係發生變化並引發劇烈的挑戰時，中國內部的政治結構和社會關係也不可避免地要發生轉變，例如內部行政體制需要變化，所以他提出置行省；其他的財政關係、人口結構也會發生變化，以儒家為中心的世界觀也要發生變化。這就是為甚麼他同時寫了一些對內地儒學學者的批評，說你們到今天還以長城為邊界，守過時的夷夏之辨，其天下觀是如此的狹窄。這樣的一個知識分子，他其實也是一個儒者，但他的遠見卓識會把他孤立於他的同僚們。那些人根本不知道這個地區的地緣重要性及未來潛力，卻自以為高明，抱殘守缺。當龔自珍批評他自己的同僚和朋友之時，就是在批評他自己曾經習慣的那個世界觀，一個自我中心的、以內地為中心的、以京師為中心的世界觀。在這個意義上，他對西域的探討不僅僅是對這個地區的探討，也是一個世界觀的修正，或者說，他要重新結構自己的世界觀。所謂重構世界觀的意思，就是不僅在地域的意義上，而且在自我理解的意義上，重新界定中國與世界、重新界定「我們」的含義。因此，我說它是世界觀的修正。把原來以某一個地域為中心的看法，偏移到另外一面，就是他突然有了一個從太平洋沿岸到印度洋沿岸，即兩洋之間來觀察這個大陸的視角。他的觀察仍然是若隱若現的，但並不僅僅是「視角」而已。因為在這個視角裏面，這個長期在我們傳統世界觀中處在邊緣和邊疆地位的地區，突然地成了觀察中國的中心之一了。這是一個轉變：不再以唐和唐以前的長安和中原，不再以宋以降的運河流域，也不再以明清之際的江南，而是以西域為出發點，觀察時代的變遷，構思未來的方略。與近代日本提出的以海洋為中心——實質是以日本為中心——的東洋相比，這是一個同樣以海洋時代為參照但視角截然不同的世界觀。這兩種不同的世界觀對於塑造二十世紀的中日關係也有重要影響，這一點我們稍後再談。沒有西域的視野，一個新的、完整的中國就無法界定。這個重心的偏移當然是相對的，卻絕對不是可以省略的。

歷史敘述中的中心與邊緣

龔自珍上書建議設置行省之後的一百年，也就是二十世紀二十年代，美國的一位歷史學家，其實當時還說不上是歷史學家，也就是我前面提及的拉鐵摩爾來到中國。研究蒙古史、滿洲史的人更多地知道他，他也涉獵過內亞洲的部分伊斯蘭區域。二十年代，他先是作為一家美國公司的僱員來華工作，勘探一些地方，後來又在哈佛大學人類學系、美國地理學會即《太平洋事務》雜誌的支持下再度來華，沿長城進入中國的西北和華北地區。他意識到這個區域的重要性。他跟傅作義等人有很多交往。他出版了許多書，最出名的一本，就叫作《中國的亞洲內陸邊疆》（*Inner Asia Frontiers of China*）。中國的亞洲內陸邊疆這個概念在我看來和龔自珍的說法略有相近之處。龔自珍講西域，特別是如今稱之為新疆的這個地區，拉鐵摩爾側重談長城沿線。在我們中國人的眼睛裏，在關內很多人的眼睛裏，長城已經是邊疆了，一個邊緣的地區了。在歷史的敘述當中，從哪兒出發來觀察歷史，表現的是你整個的世界觀。如果把龔自珍、魏源的西北論放在中國歷史的南北關係中考察，那麼，這是一次歷史的掉轉：傳統由北往南的遷徙、擴張、征服和貿易路線，現在開始轉向了一個相反的方向，即由南往北運動。我們應該如何理解這一轉向？在分析長城沿線的歷史互動時，拉鐵摩爾明確地區分出「前西方」（pre-Western）與「後西方」（post-Western）兩種不同因素，並把這兩種因素的交互作用看作塑造新的邊疆關係的基本動力。[9]

在這一新視野的觀照之下，以往中國社會的持續變動——族羣關係、國家制度、經濟制度、風俗文化和移民結構等因素的變動——主要不是遠洋貿易或跨海征服，而是一種「亞洲內陸」的運動，一種大陸內部由北向南的運動。與此相反，「海洋時代」卻是歐洲資本主

9 Owen Lattimore, *Inner Asian Frontiers of China*, New York: American Geographical Society, 1940, p. 15.

義及其海外擴張的代名詞：在西方和日本的侵略、佔領和擴張之下，鐵路、工業、金融等來自海洋的新因素把舊有的邊疆關係擴展到更廣闊的範圍，以致如果不能找到新的範疇就無法描述這種既新又舊的歷史關係。拉鐵摩爾敏銳地觀察到：「中國現代的邊疆擴張事實上意味着在早期歷史中形成的人口和權力的運動路線的明顯轉向。導致這一轉向的最為重要的動力，始終是工業化的力量，這一力量是從外部、從西方和日本的工業、商業、金融以及政治和軍事的活動中發展出來的，也是從海上強加到中國的身上，並在沿海區域發生作用。」[10] 如果說由北往南的運動以戰爭、朝貢、貿易、移民、法和禮儀的重構為主要特徵，那麼，從沿海向內陸擴張的運動路線則伴隨着下列概念的頻繁出現：貿易、條約、邊界、主權、殖民、工業、金融、城市化、民族–國家。在拉鐵摩爾看來，十七世紀的滿族入關是長城沿線的邊疆力量向內衝擊的最後一波，從此之後，大陸內部的運動必須以新的時代即所謂「海洋時代」來加以界定。

龔自珍和拉鐵摩爾之間有呼應，但更有不同。那是位置決定的。龔自珍的西北論是在清代經世傳統與新的歷史變動的互動中產生的。他有自己的政治觀念，他不僅要探討中國面臨的挑戰在哪兒，也要尋找中國的機會在哪兒。他不僅意識到海洋的重要性，意識到這個重要性還在上升，而且還意識到海洋的重要性是通過貶低內陸的重要性而產生的。他寫奏議，突出的就是內陸的重要性，同時指出了內陸與海洋在新的環境中的關係正在發生變化。我們現在說起來很容易解釋清楚，放在十九世紀二十年代，這實在是了不起的洞見。同時期沒有哪個儒家士大夫，提出過這樣的建議，這是一個深遠的世界觀轉變

---

10 Ibid.

的開端，又是十七世紀以降清朝確立其統治疆域並形成了不同於前朝的內外關係的產物。與之相對照，拉鐵摩爾的到來本身就是海洋時代的產物，沒有歐美的海洋時代，他不會進入這個區域。他的獨特之處是：當大部分人注目於沿海之時，他把目光投向了長城內外，因為他發現中國歷史有自己的獨特動力和運動邏輯。他的書從上古寫起，一直寫到近代，這是一部經典的綜合性著作，將天文地理、自然生態與歷史變遷結合起來。他的一些具體的數據和結論，在今天不一定都成立了，根據考古和其他的一些研究，人們可以而且已經在修正他的說法。但他的整個思考，到今天仍然是經典性的。為甚麼？

首先，他敘述的不是運河中心論、海洋中心論，而是長城中心論。他強調的是甚麼呢？我們歷來認為秦代以來反覆修築的長城，起初的動機是一個軍事的工事，防禦的工事，可換了一個世界觀，在拉鐵摩爾看來，長城沿線實際上是兩大文明或者生產體系交互運動的結果，也就是農耕文明和遊牧文明相互運動、相互交流的走廊，很多的關係，貿易、遷徙、交往、戰爭和宗教活動，就發生在沿長城兩側。所以，在他的視野中，邊疆，frontiers，成了「互為邊疆」。邊疆是一個交往地帶，互為邊疆，犬牙交錯，相互滲透，來來往往。他甚至研究了蒙古的一些定居和遊牧的情況，認為早期遊牧部落的形成很可能是從關內、從農耕文明分離出去，最後逐漸成為穩定下來的遊牧部落。這是他的一個很重要的觀點，也是此後遭到歷史學家們修正的觀點。

與之相反，遊牧部落又對內地有持久的衝擊，一代又一代由關外向關內的衝擊，導致了中國歷史幾次重大的變化，從匈奴到突厥，從契丹到女真，從女真到蒙古，都是持續衝擊中國王朝的遊牧（及農耕）部落。所謂晉室南渡，所謂宋室南遷，這些衝擊導致了中國人口和文化的大遷徙，今天南方的方言，常常包含了更多的古代中原音韵，就是其後果。廣東話、福建話、吳語，我聽起來也很困難，其語音要比我們通常說的北方方言更接近於中國的古音。如今，中國文明起源地的發音，更多的是北方方音，像西安話裏頭有大量蒙古發音的遺存，其他地方有各種各樣的北方的語音。從語言學的角度來看，所謂近代音的形成，比我們從政治學、社會學的角度理解的近代要早得多，主要是北方進入這個區域而產生的變化。北方音晚，南方音早。學習中國文學時，老師常常會說，念唐詩的時候，最好說上海話、蘇州話，用揚州話念，也比用普通話念更容易把握平上去入，尤其是入聲。原因就是中國古代歷史的動力是以北方遊牧民族南侵為中軸的，但也是在這個過程中，中原文明又反過來影響了北方和南方的廣闊地域。

近代以來，由於民族主義知識的影響，語言——尤其是口語和語音——成為界定民族的主要尺度之一。但民族的構成，即便從語音上說，也是混雜的。在中國歷史上，經過拓跋魏的改姓，中原民族與北方民族之間的混雜已經難以釐清了。雜種在漢人的傳統中不是好話，但英文裏的 hybridity 是文化研究裏頭最常用的褒義詞。晚清的時候，中國的民族主義者有點自卑，覺得日本人萬世一系（其實也是神話），而中國人實在是譜牒散亂，難以整理，即便是家藏的族譜，宋以前的也幾乎沒有多少是真的。清初的大學者顧炎武是考據學的宗師，他考據學的典範作品是研究《詩經》的《音學五書》。顧炎武說：「讀九經自考文始，考文自知音始，以至諸子百家之書，亦莫不然。」[11] 考音的出發點是追尋原初的禮樂制度的本意，即正音或正聲所代表的禮樂宗旨，其前提不正是考索為難的音變嗎？所以要考音是因為一方

11 顧炎武：《亭林文集》卷四〈答李子德書〉，《顧亭林詩文集》，北京：中華書局，1983，第 73 頁。

面，音及其與文字的關係不斷地經歷傳播、混雜、流變的自然過程，從古代而至秦漢，從秦漢而至隋唐，聲音的竄改與文字的穩定性構成了經學研究中最大的困難，後代學者往往對此不察，以後人的音韵釋讀古代的文字，從而喪失了古人的精義。另一方面，後代的音又往往提供了了解古代音的某些因素或線索，從而考證方法的途徑之一是逐層遞進地發現轉變的環節，最終恢復古代的音。所謂「考文知音」是穿越歷史迷津的通道，但「穿越迷津」本身也即意味着「正音」的求得不可能離開變化的歷史過程（迷津）而憑空建構。

《詩》為古人的音書，但秦漢時代之音逐漸背離古代，至魏晉以降由於辭賦的發展而轉化為韵；後人的聲學以漢魏時代的賦和詩所用之音為標準，導致古音衰亡和今音流行的格局。唐代之後詩賦取士，以陸法言的切韵為準，此後宋元之際又有新的變化，導致唐韵衰亡、宋韵流行的局面。顧炎武斷言：由於時間的久遠而聲音訛傳，古人之道衰亡已經有兩千餘年。從這一歷史逐層演化的視野出發，顧炎武確立了一種方法論的原則，即以唐人正宋人之失，以古經正沈約和唐人之失，從而逐漸恢復古音之秩序。他特別提及聲音的變化與制度之間的關係（如唐代以詩賦取士），從而考文知音離不開對社會流動、制度改革與風俗演變的考察。這個話題說遠了，簡單地說：語音流變是歷史變遷的產物，北方方言易懂，恰好是因為北方方言受北方民族語音影響大一些，而南方音與古代中原音韵更為接近，語法也更接近古代語言。

我們再來看看拉鐵摩爾所說的前西方與後西方的區分。十九世紀前，可以稱為前西方的時代。在前西方時代，中國歷史的動力都是由北方向南推動的，它來自遊牧民族對於關內的多次入侵和各種各樣的交往關係，幾次大變遷，尤其是蒙古勢力和滿洲勢力建立了元朝和清朝，對於中國地域和人口的穩定、對於中國文明內部構成的影響，都是極為深遠的。到十九世紀，西方時代來了，這個海洋時代帶來的是機器，交通運輸的擴張，城市和貿易的大規模擴展。從這個時候開始，主要的動力都來自海上，遷徙和文化變遷的動力突然有個逆轉，海洋而不是內陸的驅動力大大上升。這正是整個資本主義時代到來的一個主要的標誌。資本主義是與海洋的動力同步發展的，背後則有機器製造技術的推動、信息技術的擴張和城鄉關係的變更，其中軍事能力是上述各種技術大致綜合水平的最重要的標誌。伴隨作為工業中心的城市的擴張，移民的方向開始變遷。即便在今天，無論在一個統一的主權國家內部，還是在跨國的區域關係中，變化的動力也還在這個脈絡裏，即主要動力源自沿海，雖然人口流動的脈絡並不是單向的，從內陸向沿海的移民遠遠大於從沿海向內陸的移民，但基本動力的方向與「後西方」的狀況也還是大致相似的。

拉鐵摩爾的觀察雖然敏銳，但還是難脫海洋史觀的影響。拉鐵摩爾的局限性就在於，他主要地着眼於時代的差異，而忽略這些變遷時代的內部的複雜性。在清代歷史中，由南往北的遷徙運動並不始於歐洲的入侵或遠洋貿易的發展，而是清兵入關、建立統一王朝的必然產物。中國南北關係的複雜互動有着較之拉鐵摩爾的描述更為複雜、多樣、長遠和內在的動因。綜合地看，導致這一歷史運動路線轉向的基本條件包含了三個方面：

第一，清王朝是從北方入主中原的帝國，它在一統全國、定都北京、平定三北之後，勢必將內地的經濟和文化關係帶入它的發源地東北和西北地區；隨着長城的邊疆含義的消失和內地人口日孳，長城兩側的邊疆區域成為清王朝的腹地。清初開始的沿着關內向關外發展的運動——移民、通婚、相互同化，以及相應的法律調整——都證明由南往北的運動源自清王朝的一統之勢。隨着邊界的北移，清代士大夫勢必把西北視為王朝國家的內部事務。其實，由於蒙元王朝、清朝這些大規模王朝的形成，雖然是通過北方入主中原的形式確立的，但由於它們變成統一的王朝，並試圖繼承中國王朝的法統，內部更多的混雜變得不可避免。所以，它們的第一波動力雖然是由北往南，但在統一王朝內，從南往北的移民路線也是不可避免的。這是統一的共同體的必然後果。

例如，清代最初有封禁的政策，東北是滿族起源地，不允許漢人進入。西北蒙古地區，開始也實行封禁，但到十八世紀，漢人進入蒙古地區的情況已經很多了，到十九世紀的時候就更多了。這個移民的過程，實際上是隨着政治的變遷，隨着新的共同體的邊界的形成和穩定化，而逐漸展開的。正是由於遷徙，每一個地區的文化也都變得複雜多樣，區域文化是混雜的，即便有某個族羣起着主導的作用。貿易、戰爭、交往、朝貢和進香，是造成混雜性的多重動力，而統一的政治共同體的形成，也是促成更大規模內部混雜的歷史條件之一。這個要素並不只是從二十世紀開始，其起源非常早，我們可以推下去，漢、唐、元、清這些大王朝的複雜局面十分明顯，即便是宋、明時代，也同樣包含着混雜的趨勢，只是程度和規模不同而已。值得注意的是：伴隨着大一統王朝的形成和再形成，人口、民族、宗教和文化的混雜不可避免，但在中國的西北和西南地區，混雜性內部同時包含了新的多元性制度的建立和擴張，朝貢、土司、互市、藩屬、番地、羈縻和郡縣等各種制度視彼時彼地情況而確立，從而構成了一種混雜性、趨同性與多樣性、統一性之間的錯綜關係。

第二，清朝的帝國擴張和建設同時伴隨着俄羅斯帝國的擴張，維護東北和西北中俄邊疆區域的安定成為清朝政治和經濟的重要內容。

圍繞這一關係而產生的劃界條約、貿易條約同時還聯繫着新疆特別是準噶爾地區的戰爭和征服活動。隨着外部邊界的確定、跨國貿易和軍事衝突的發展，不但清代士大夫對西北邊疆的關注和研究日益發展，而且中央對這一區域進行有效控制的需求也日益強烈。清代對於西北和新疆的所謂「回亂」的鎮壓密切地聯繫着帝國邊界的內外壓力和聯繫。

第三，清代後期開發西北的動議是在人口與土地的矛盾加劇、東南地區面臨鴉片貿易和軍事壓力、白銀外流和清政府財政入不敷出的背景下提出的。它既是清代初期開始的歷史運動的延續，也是對於來自「海洋」的壓力的回應。那種將清代南北關係的轉折單純視為海洋壓力和工業化的結果——西方影響——的看法也還需要修正。

拉鐵摩爾提出了以長城為中心來觀察中國的一個世界觀，不僅是中國而且是整個亞洲區域，所以他把這本書叫作《中國的亞洲內陸邊疆》，這就把整個區域關聯在一起了。他的這個描寫一定程度上也修正了過去的黃河中心觀、運河中心觀、江南中心觀。關於明清時期，一般研究經濟的都是以江南為中心，但拉鐵摩爾拉長歷史視野，提出了一個長城中心觀。其實，他的這個立足於長時段的歷史觀也是由海洋的新角色激發出來的。說到黃河中心、運河中心等，免不了提及另一批歷史學家，比如宮崎市定，還有其前輩內藤湖南，就是日本京都學派的代表人物。

在二十世紀二十年代到四十年代帝國主義時期的日本，有一批歷史學家做東洋史、東亞歷史，要把中國放到東洋這個範疇內部去。日本一直處於中國王朝的邊緣，現在要把中國放到東洋範疇裏，其實是要重新尋找自己的位置，或者說重新界定日本與亞洲，尤其是日本與中國的關係。東洋史就是為了逆轉中國中心、日本邊緣的傳統位置而發明出來的。這些歷史學家身處帝國主義時代，其歷史觀也難免受到帝國主義意識形態的影響和滲透。但處於日本上升的時代，藉助於歐洲的世界歷史視野，他們的一些觀點是有洞察力的，至今仍有啟發性。我們討論了長城中心，也不妨看看他們的觀點。他們提出東洋的近代或者近世的問題，追問東亞到底有沒有自己的現代起源和歷史脈絡。[12] 東亞的現代是從甚麼時候開始的呢？東亞到底有沒有自己的現代呢？從明治維新到二十世紀前期，日本都在跟西方的列強競爭，不但要在軍事上工業上競爭，而且在歷史觀上競爭，強調東亞有個平行的現代過程，不僅是史學上的發現，而且也是政治上的論述：日本的明治維新不只是學了西方的船堅炮利，而是有着內在於東亞歷史的現代化脈絡。如果現代都是從西方開始，還怎麼論述自己的主體位置呢？但單說日本無法成立，因為古代日本處於中國文明圈的邊緣。因此，京都學派的歷史學者提出中國有一個早期近代的開端，這個開端就是宋朝。東洋的近世從十世紀的北宋開始，到十四世紀的時候，李氏朝鮮也進入了這個早期現代的過程，最後是德川日本，十七世紀的時候進入了現代過程。從空間上說，東洋的近世就是從中國到朝鮮半島到日本。

這個敘述背後隱含的意思是甚麼呢？看起來這只是一個地域的變化，但背後的意思宮崎市定說得也很清楚。他說中國歷史的第一個階段是黃河中心的時代，是一個以長安和黃河為它的文明起點、它的中心地帶的時期。在這個時期，黃土高原和內陸文明，整個中原區域成為它的一個主要活動和傳播的範圍，既往西也往東擴散。為甚麼到十

---

12 宮崎市定：〈東洋的近世〉，《日本學者研究中國史論著選譯》(一)，北京：中華書局，1992，第 153–242 頁。

世紀的時候，宋朝成為一個新開端呢？他們列出了很多很多的標準，在這些標準裏面，一個很重要的動力是宋朝的時候，中國進入了運河中心的時代。運河到宋代成了實質性的一個交通大樞紐，連接了沿海和內地，使得沿海的貿易和內陸聯繫，一直到近代，沿海和內地發生了新的特殊的關聯。這個關聯有很多後果，因為到了十七世紀時，世界歷史已經進入了海洋中心的時代，日本自然而然地就成為東洋的中心，也就是「脫亞入歐」的時代了。「脫亞」除了與中國的斷裂，恐怕也是取消內陸性聯繫而走向「入歐」即海洋時代的步驟。這是一個目的論敘述，有點像黑格爾最終以日耳曼為目標的歷史進化論。從中國的長安，然後開封、洛陽，繞道朝鮮半島，最後抵達東京。日本成為海洋時代的東洋中心。德川時代就是跟西方的哥倫布時代相對應的一個亞洲版的海洋時代。這個海洋時代是通過甚麼到來的呢？是通過運河把海洋跟內地連接起來，建立了一個他們稱之為儒教文明圈的這樣一個文明。

這裏的概括恐怕有些簡化，不過我在這裏不是做一個歷史學的說明。這一套敘述有一定的道理，在今天的歷史學裏面也還是被很多人引用，例如所謂的唐宋轉變，被看成中國歷史的一個大轉折，或者早期近代的開始。為甚麼呢，因為唐代主要是貴族制，唐代的宰相，除了極個別的，如張九齡，都是有門第的；到宋代科舉正規化，文官制度也正規化了，大官，特別是宰相，都是考試考出來的。一個平民的時代出現了。同時，理學，一個復古的運動，成為新的政治認同的一個主要根據，在他們眼裏好像是準民族主義的一種意識形態，我們都知道民族，民族國家，是歐洲近代性的一個標誌。另外呢，就因為宋代周邊有很多很多的王朝，大大小小不同的南北王朝，相互之間競爭、盟約等，促進了民族之間通過貿易和戰爭形成的交往。在貿易上有了以銅錢為中心的市場經濟，外貿開始使用白銀，也就是說有硬通貨，好像有一個國際性的市場的交往體系，在這個時候出現了，南宋時代海洋的貿易發達起來了。在這個「東洋的近世」的論述中，有關國際、國家的論述明顯是從歐洲民族主義的理論視野中展開的，伴隨這一論述而形成的有關儒教文明圈、漢字文化圈的概念對於描述中國沿海及關內地區、日本、朝鮮半島、越南等東亞區域頗有解釋力，但難以用於描述中國的西域地區及其區域關係。這或許是因為這一區域複雜的地緣和文化關係難以放置在一種較為單純的、更加要求內部同質性的文明論或民族–國家的理想模型中加以觀察。談及沿海和內地的關係，我也不由得想到二十世紀的戰爭以及戰爭各方對於中國的不同理解。早在「盧溝橋事變」前一年，「西安事變」前五個月，1936年7月16日，毛澤東在延安與美國記者埃德加・斯諾談論中日戰爭的形勢及爭取勝利的各種方針。這段談話後來被收錄在著名的〈論持久戰〉一文中。毛澤東在這段談話中，將日本的大陸政策中的「大陸」與中國遼闊的西部腹地之間的對立從一種戰略的角度做過論述。他批評那些悲觀主義的戰略家的觀點，認為他們對中國的理解僅僅集中於沿海和大城市，其歷史觀其實與日本的大陸政策的制定者十分相似。日本的「大陸政策」中的大陸，也就是歐洲人所說的 China Proper。他們都不了解中國的多元一體性，而狹隘地以歐洲和近代日本的民族主義知識來框定中國。毛澤東說：「……我們確切地知道，就是揚子江下游和南方各港口，都已經包括在日本帝國主義的大陸政策之內。並且日本還想佔領菲律賓、暹羅、越南、馬來半島和荷屬東印度，把外國和中國切開，獨佔西南太平洋。這又是日本的海洋政策。在這樣的時期，中國無疑地要處於極端困難的地位。……中國是一個龐大的國家，就是日本能佔領中國一萬萬至二萬萬人口的區域，我們離戰敗還很遠呢。……中國經濟的不統一、不平衡，對於抗日戰爭反為有利。例如將上海和中國其他地方割斷，對於中國的損害，絕沒有將紐約和美國其他地方割斷對於美國的損害那樣嚴重。日本就是把中國沿海封鎖，中國的西北、西南和西部，它是無法封鎖的。」[13] 毛澤東在戰爭條件下提及的是中國經濟的不統一、不平衡其實也是與人口、民族、地理和文化的多樣性密切相關的。對於二十世紀中國而言，沿海經濟和城市已經是國家的命脈之一，但不是中國的全部。至少在那個時代，日本的大陸政策的制定者們恐怕沒有預見到從純粹經濟的觀點相對落後、從民族主義的觀點相對鬆散的亞洲內陸實際上奠定了中國的未來。在金融危機的時代，中國經濟的不平衡和中國政治的統一同樣是許多國家不具備的條件，這一點我們從 2008 年以來沿海經濟危機及產業轉移的過程中已經可以窺見其特點了 —— 每一次人們從沿海和都市經濟的危機斷言中國未來的嘗試都被內陸地區和廣闊鄉村的潛力所證偽。

海洋內海化與「路、帶、廊、橋」的文明史觀

由此看來，二十世紀西方和日本的學者所描述的中國史觀，或多或少都有海洋中心論的因素。八十年代中國流行的電視政論片《河殤》其實是這一海洋史觀最直接也最粗陋的運用。京都學派講宋朝的「近世」或早期資本主義，說到最後就是因為運河連接了海洋，實際上是將海洋史觀投射在中國歷史上，重新敘述這個歷史的結果。從哥倫布

13 毛澤東：〈論持久戰〉，《毛澤東選集》第二卷，北京：人民出版社，1991，第 444 頁。為方便讀者核查，本書將書中使用的《毛選》版本統一修改為 1991 年版，並重新核查了引文與頁碼。

時代以來，就是要提高海洋的地位，貶低內陸的地位，所以過去這幾百年西域的邊緣區域，部分地是由海洋歷史觀主導的歷史敘述加以界定的。當然，這不僅是歷史敘述，而是現代資本主義和殖民主義所塑造的世界關係在歷史觀上的表達。在這一語境中，絲綢之路不僅作為貿易路線衰落了，而且作為一個理念也只是古代的遺存。在這個意義上，我們知道「一帶一路」所帶動的歷史想像其實包含了一種歷史觀上的轉變，即對近代海洋史觀的逆轉 —— 這個逆轉不是對於海洋時代的否定，而是對於海洋時代的完成，即海洋徹底內陸化了，陸地與海洋的分界消失了，內陸才以另一重面貌展現出其意義。關於陸地與海洋的分界的消失，即海洋的內海化，曾經在戰後引起過兩位歐洲哲學家（科耶夫 / 施米特）的關注，[14] 但他們一定不會想到這一變遷對於遙遠的歐亞大陸的真實意義，他們對於內海的想像就是以地中海為模板的。除了信息技術、交通網絡、生產和流通的跨區域化，陸地與海洋的分界的消失也是在中國革命所創造的新的政治關係中完成的，否則我們就無法理解這裏所謂陸地與海洋的分界的消失所伴隨的地緣政治關係的重大變化，也難以理解圍繞這一變化而產生的區域關係的融合、接近、緊張和矛盾。在新疆地區，我們或許感受更為深刻：還有甚麼地區比這兒更能感受融合、接近、緊張和矛盾呢？

這些變異都不是絕對對立的，是互相交錯的。可是每一次世界觀的偏移都補充了我們很多的歷史認識，糾正了很多過去歷史認識上的不足，使得我們有更加豐富的圖景，同時又產生了新的偏見和新的中心論。總之，檢討的工作是持續不斷的。也就是在這樣的一個歷史背

14 施米特、科耶夫著，羅衛平譯：〈科耶夫與施米特的書信往來〉，載劉小楓選編，魏朝勇等譯：《施米特與政治的現代性》，上海：華東師範大學出版社，2007，第 49–105 頁。

景下，我曾經提出過一個概念，就是「跨體系社會」。「跨體系社會」是甚麼意思呢？實際上是指我們的社會內部包含了多個體系，相互糾纏，但社會恰恰就是由這些相互纏結的體系構成。體系是甚麼意思呢？可以是語言、宗教、族羣，甚至文明，比如伊斯蘭文明、西藏文明等，我們也可以把它叫作「跨文明的文明」。中國文明的一個獨特性恰恰在於，它能夠包含不同的文化和文明，是內在地包含，不是外在地綜合。我說「內在地包含」，即不是只倚靠一個外在的結構把它強加在一起，它是經由長期交往、互相滲透而逐漸形成為一體而又未取消其各自特徵的存在、一個將融合與差異性同時作為其內在要素的社會關係。

2004 年，我參與了反對在金沙江虎跳峽建立大型水壩的運動，多次去金沙江流域調查。有一次我到了雲南的村莊，本來是去看一個藏族的村莊，訪問了好多人家，結果發現有些人家說是某個民族，如藏族或納西族，但其實同一家族中就包含了四五個民族，還橫跨了不同的宗教信仰，父母分屬藏族、納西族，孩子結婚又跟白族、回族混在一起。所以我說「跨體系社會」的時候也不僅僅是說整個的中國文明，某種程度上，可以說一個村莊、一個家庭都可能是一個「跨體系社會」。只要有兩個人就構成社會了。甚至我們一個人身上，也是跨體系的，因為個體也是社會性的存在，只能從關係中加以界定。我們學習不同的語言，理解別的文明、別的文化，在交往中，我們確立自己的主體性，但這個主體性不可避免地包含了他人的要素。從理論的角度說，任何一種主體性的建立都不可避免地包含了他人的痕跡。我們自身就是由他人的痕跡構成的新的主體。他者的痕跡是我們內在的東西，不是外在的。所以，正因為如此，如果我們一個人的自我認同里面能夠意識到自己內部也包含了他人的痕跡的話，他認同的範圍就寬廣了很多。一個社會，一個好的社會，是能夠容納多種認同的社會，一個好的社會，不會強制性地將多重認同單一化，無論這個單一化是以民族的名義還是宗教的名義，還是其他的名義。我是國家的公民，也是某個族羣的成員；我信奉某一種宗教，也承擔其他社會名分和責任。我在家庭中是甚麼位置，我在單位中是甚麼位置，這些不同的位置、不同的身份，構成了我們交往關係中的複雜要素……在我們現在置身的這個大教室裏面，有不同的同學，大家來自不同的家庭、不同的社會、不同的背景。這些交往關係都變成內在於我們的很多要素，因此任何一個認同都是包含着多樣性的。任何一個認同都內在地包含了它的多樣性和混雜性，但這個混雜性和多樣性不是以否定共同性來表達自身的。這個意思就凝聚在「跨體系社會」這個概念上，即這是一個社會，但這個社會是跨體系的，這不僅意味着內部的多樣性，也意味着社會的開放性，因為一個跨體系社會同時也是與「跨社會體系」相關連的。但既然談論一個社會，就不能否定其某種不僅多樣而且動態變化的同一性。「跨體系社會」對於政治體制而言要求更多的靈活性，這也是我們可以從傳統習俗和政治關係中汲取有益養分的地方。

歷史的敍述大多從過去到現在，沿時間的軸線縱向地向前推進，但歷史可以並且也應當橫向地加以敍述，我們的歷史並不是單一地域、單一族羣、單一宗教、單一語言的歷史，我們的歷史是相互交往、滲透、糾纏、衝突、同一的歷史。就因為如此，我曾經提出過一個有點抽象的概念，叫作橫向的時間。我們該如何敍述喀什或喀什噶爾的歷史？這個地區的歷史中一直存在着兩種或多種敍述系統，漢文文獻的系統、突厥語文獻的系統（也包括維吾爾文獻的系統）、波斯語文獻的系統，當然還有其他文獻的系統，稱謂的差異顯示它們之間相互重疊，而不是相互隔絕的。塑造我們的不僅是我們的祖先，也包括我們的朋友，偶然的相遇，比如愛情和婚姻、友誼和衝突，可以改變生活的軌跡。在今天的世界上，很多的衝突和矛盾就來源於壓抑認同的內在多樣性，或者以某種認同的單一性撕裂由多樣性構成的社會，從而破壞了社會的共同性基礎。在這裏，我們需要區分共同性與單一性。共同性不是與獨特性相矛盾的，而認同只向單一方向發展卻是危險的，在二十世紀，最極端的表現是單一性民族主義與國家的結合，即法西斯主義；在全球化的今天，它又以單一性的民族和宗教攻擊各種容忍或承載混雜性和多樣性的容器，並在一種二元對立和自我確證的邏輯中發明一系列貶義的概念指稱這個曾經承載了各種混雜性的容器，比如帝國、東方專制主義、民族的牢籠等。在這種條件下，在跨體系社會內以不同形式迫使社會羣體向認同的單一性轉化的時候，衝突和壓迫就是內在的——內在於我們的社會、內在於我們自身、內在於不同成員之間，也內在於被認為同一羣體的社羣內部。多樣性植根於我們自身，強制的單一化不但形成無法化解的自我矛盾，更轉化為以強烈地投身於單一認同為動力的暴力行動和激情。這是殘害他人與自我戕害的重疊過程。如果強烈地只讓自己認同一樣東西，而不能認識到自我內在的多樣性，認同的政治就常常變成了衝突的根源和攻擊性的武器。認同是人之為人的理由之一，但認同的單一化，或認同的單一化政治，卻是取消人的存在理由和意義、取消人的內在的社會性的工具或通道。事實上，每個人都是有認同的，不是所有認同的政治都應該產生衝突的，只有將包含了內在多樣性的認同強制性地引向單一方向的模式，才是所謂衝突性的認同政治發生的根源。在世界範圍內，這樣的情況不斷地出現。為甚麼要提出「跨體系社會」這個範疇？就是因為需要認識我們內在的多樣性，理解中國文明內涵的多樣性、我們每一個人的內在多樣性，並在此基礎上創造新的主體性。

我提出這個「跨體系社會」的範疇，其實是與我在更早時期的思想史研究中重新思考帝國與國家問題一脈相承的，也是與後來談及的「區域作為方法」相互勾連的。法國人類學家馬塞爾・莫斯（Marcel Mauss）提出過超社會體系（supra-societal systems）這個概念。[15] 這個概念是在十九世紀實證主義社會觀的背景下提出來的。社會是可以用實證方法研究的，但超社會體系卻強調我們不僅生活在社會中，而且還生活在超社會，即無法用實證方法確證的體系之中，這個體系不僅是物質性的，還包含了精神性的、世界觀性質的內容，舉凡法律、權力、習俗、信仰、世界觀等，共同構成了一個超社會體系。我們也可以模仿說，不僅社會社羣，而且我們每一個人也都是一個超社會的體系，因為我們不僅是公民、學生、父親、母親、兒女或幹部，我們也是帶着自己的價值體系、信仰和世界觀的人。這個體系性意味着我們既是一個個生活着的個人，可是實際上每個個人都不只是一個物質性的個人，因為我們各有自己的信念和世界觀。這些東西內在地包含在我們的個體裏面，我們跟一個人打交道，就不僅是跟他或她的社會身份打交道，還在跟他或她的超社會性打交道。比如，在喀什這樣一個社會裏，在我們的教室裏，我們相互交流的不僅基於日常生活裏看得見的、可以實證的身份和位置，還包含許多看不見的、相互不同又相互重疊的價值和信仰。

「跨體系社會」的意思就是這種交往的混雜性本身構成了一個社會的內在要素。我說一個社會，強調其共同性，但既然是跨體系的，就不可避免地與其他社會相互關聯，從而具有內在的開放性。在跨

15 馬塞爾・莫斯、愛彌爾・涂爾幹、亨利・于貝爾著，蒙養山人譯：《論技術、技藝與文明》，北京：世界圖書出版公司，2010，第 63 頁。也可參考王銘銘：《超社會體系：文明與中國》，北京：生活・讀書・新知三聯書店，2015，第 3–70 頁。

體系社會裏，人們不但可能共享一系列價值和信念，也分享着（未必以贊同的方式）不同的價值和信念。這是同一個社會。這是一個多少有點複雜的概念，一個將多樣性和平等綜合在一起才能產生的概念。你見到一個人，你看到他是一個個體，但也知道他不僅是一個個體，他背後還攜帶着一整套文化信仰。你跟他交往的時候，你其實還在跟一些看不見的東西交往。交往包含了認同，也包含着矛盾和衝突，這是跨體系社會的內在要素。跨體系社會多少有點像文明的概念，因為文明總是包含了多重要素，但同時又有自身的連貫性和基本價值。那麼，為甚麼要費事地提出「跨體系社會」的範疇？或多或少，這是因為文明的範疇原來是很豐富的一個概念，但在十九世紀，由於歐洲的殖民主義、民族主義和帝國主義知識，文明範疇也經歷了種族化的過程。它把文明與種族、宗教或語言等構成民族的基本要素相關聯。比如，明治維新之後，參照基督教文明、伊斯蘭文明的概念，提出了儒教文明、儒教文明圈、漢字文化圈等概念。這些概念有概括性，也並非不可用，但我們也要問，基督教文明只是基督教的嗎？中國文明只是儒家文明嗎？如果存在着漢字文化圈的話，那麼中國的範疇與漢字文化圈是甚麼關係？如果中國文明是一個可以成立的範疇，那麼，儒教至多只是某種主導性的力量之一，不然我們如何描述西藏文明、伊斯蘭文明在中國文明中的內在位置呢？如何描述這些文化要素之間的相互滲透或以其他要素作為自身主體性的要素呢？文明不僅總是包含着他者，而且就是以他者的痕跡作為內在要素的動態過程。

十五年前，我在德國做訪問研究，與一些伊斯蘭學者朝夕相處。圍繞伊斯蘭世界這個範疇，他們之間發生了很多爭論。許多伊斯蘭學者用伊斯蘭世界這個概念來批評民族國家的概念，因為他們說民族國家是西方來的一個東西，是殖民主義強加給伊斯蘭的。伊斯蘭是一個世界。但後來也有伊斯蘭學者說，伊斯蘭世界內在地包含了不同的世界，並不存在單一的伊斯蘭世界。我們仔細地去觀察這個體系，它是相互關聯的。「跨體系社會」和「跨社會體系」是相關聯的。跨社會體系，一個個不同的社會體相互關聯在一起，中國今天提出的「一帶一路」，就像一線串珠，以一種更為堅實而富於彈性的方式，互聯互通。

在這個意義上，「一帶一路」是甚麼呢，在我看來，就是一個跨社會體系。現在談論「一帶一路」的多是經濟學家和國際關係學者，他們關心的是金融、投資，解決生產過剩、尋找市場擴張的新機遇，當然還有國家間關係的博弈、合縱連橫，等等。從近代世界歷程來看，這些東西並不新鮮。在我看來，如果「一帶一路」的意義僅僅是物質的，而不是精神的，不帶有文明的意義，或誇張一點說，再造文明的意義，也就是這一構想或計劃如果不能展開新的價值方向，那麼，「一帶一路」即便獲得了短期的經濟成功，到底具有甚麼世界歷史的意義，是難以說清楚的。「一帶一路」，「一帶」是指絲綢之路經濟帶，「一路」是指二十一世紀海上絲綢之路，其實兩者還交織着中印中巴兩走廊，以及從連雲港到鹿特丹的歐亞大陸橋。路、帶、廊、橋這四個範疇對我們來說特別有意義，因為從歷史上看，過往的帝國擴張都是通過對領土的不斷佔有來完成的，但路、帶、廊、橋是甚麼呢？是四個概念，是四個表達互聯互通的方式，是勾連起不同文化、社會、語言、文明、宗教、習俗的紐帶，是通過經濟與文化的綜合讓不同的人相互交流的計劃。路、帶、廊、橋意味着經濟過程必須鑲嵌在文化、社會、習俗、信仰和日常生活世界的各種形式之中，而不是讓經濟範疇成為凌駕一切的主宰者。正因為如此，它不是領土擴張的計劃，而是一個互聯互通、相互交往的計劃。它也不應是一個歷史資本主義的計劃，而是一個超越歷史資本主義的文明再造的計劃。路、帶、廊、橋應該成為我們理解世界的一個基礎性的概念，而絕不應該僅僅是一個經濟計劃。如果將路、帶、廊、橋的概念與伴隨海洋內海化而產生的全球律則加以對比，它們所蘊含的規則是極為不同的。

在前西方世界，「天下有大物，渾圓曰海」，所謂四海既是界定中國或天下的範疇，也是神秘的未知和無限，而非內海。在這個未知和無限的視野中，中國的天下觀包含了對於尚未掌握的他者的預設，這是包括朝貢體系在內的秩序預設彈性安排和多重參與的動態過程的前提。在海洋內海化的今天，路、帶、廊、橋等概念預設的跨社會體系及其相互關係的多樣性仍然保留了早期秩序中的彈性安排和多重參與的特徵，這意味着互聯互通概念是以他者的無限可能性為前提的。在前西方時代，無限性是「渾圓曰海」的特徵，那麼，在互為內海的時代，無限性卻預設着每一個文明的無限可能性，從而路、帶、廊、橋代表了一種不同於海洋中心論的全球律則的彈性世界觀和秩序觀。

其實，這一構想也並不是一個計劃。如果是計劃的話，也是多個計劃或多重計劃，一個通過由不同的社會、不同的文明、不同的世界觀共同參與、相互塑造並最終改變全球關係的動態過程。說這話帶有應然的意思，也就是重新確定價值方向的意思，因為沒有人能夠否認，「一帶一路」的現實性和迫切性是在全球資本主義經濟危機中產生的，它也不可避免地攜帶着市場擴張的邏輯，即海洋內海化、邊疆內地化的邏輯。如果我們只是關心金融擴張，為解決生產過剩的問題而尋找新的機遇，不去理解路、帶、廊、橋所涉及的是不同文明的關聯——這意味着你需要去理解、研究、認識每一個它所經過的社會，它所經過的文化和它的獨特性——你如果不理解這個東西，只用現代資本主義的一般邏輯去推動這個計劃，就有可能對這個廣闊區域的複雜的文化和生態造成破壞，倒過來引發新的矛盾和衝突，那是要遭致報復的。我們時刻都要提醒自己，路、帶、廊、橋所連接的世界像「天下有大物，渾圓曰海」一般，是具有無限可能性的、能動地參與的、包含着「未知」亦即「無限」的、持續變動的一組 / 一個世界。因此，我要在一個文明和文化的意義上重新提出路、帶、廊、橋的意義，將其理解為一個跟近代任何擴張性的帝國主義模式完全不一樣的互聯互通計劃、再造新的跨體系社會的計劃，只有這樣，「一帶一路」的實踐才能在運動過程中，重建相互尊重的社會關係，構造一個「跨體系社會」與「跨社會體系」相互連接的世界。

我曾說過這是一個綜合了歷史文明和社會主義的計劃，一個將獨特性和普遍性、多樣性與平等結合起來的計劃，一個不同於資本主義的「內海化」的大同計劃。大同的意義在於其對無限性的承諾，而不是對於所謂「全球律則」及其普世性的臣服，其哲學基礎就是「生生之謂易」的那個有關「生生」的宇宙論和歷史觀。這個計劃，更準確說，它不是一個計劃 —— 英文詞叫作「initiative」—— 而是一個動議或倡議，一個倡導大家來共同參與、平等交往的動議。無論在國家的範圍內，還是在跨越國境的框架下，這個倡議都是對不同人羣主動參與的召喚。既然如此，我在這裏也就可以從我的角度對「一帶一路」做出解釋。如果它是一個計劃的話，也必然是一個複數的計劃。在這個過程中，發展才不致單一地被解釋為增長，進步才不是破壞性的，建設才等同於探索發展的多樣性或者多樣性的發展。

在喀什訪問期間，我去疏附縣的南達農場訪問，那是一個由在戈壁上建起的現代養殖場和大片的果園構成的綜合農場。從碩果累累的桃園望過去，一邊是寸草不生的砂岩山，據說是天山的餘脈；另一側則是彼此相望的喀喇崑崙山和崑崙山。蔥嶺和帕米爾高原，兩種表述，一個地方，相互重疊。兩側的山巒隔着戈壁與綠洲遙遙相望，一邊如火，一邊積雪。三座大山，時時在地底運動，相互擠壓，震撼大地。「而今我謂崑崙，不要這高，不要這多雪」—— 整整八十年前，毛澤東在長征之後來到黃河岸邊，他想像着「飛起玉龍三百萬，攪得周天寒徹」的莽莽崑崙，心裏惦記的卻是「太平世界，寰球同此涼熱！」遙望砂岩山下雨水衝擊形成的荒漠，站在我身邊的朋友對我說：只要有水，戈壁也會長出綠草的。

第三章

東西之間的「西藏問題」：東方主義、民族區域自治與尊嚴政治[1]

2008 年 3 月 10–14 日及稍後一段時間，在拉薩、四川阿壩、青海藏區和甘肅藏區相繼發生了針對政府的抗議示威活動，並演變為以攻擊當地商舖（主要是漢人和回民）的騷亂，西方輿論隨即將焦點對準拉薩和達賴喇嘛及西藏流亡集團，而中國官方媒體則對西方輿論展開反擊，兩者都將焦點集中於暴力和海外「藏獨」運動。幾乎與此同時，奧運火炬在全球的傳遞剛剛展開，就在巴黎、倫敦、舊金山等西方城市遭到流亡的藏人集團和西方「藏獨」運動的嚴重阻撓，西方政治家和主流媒體以一邊倒的方式對中國進行批評。在這一形勢的激發之下，海外中國學生和海外華人展開了保護奧運火炬、反對西方媒體的歧視性言論和抵制「藏獨」運動的聲勢浩大的抗議遊行。年輕一代利用網絡對西方輿論展開反擊，形成了一波網絡抵抗運動，這是前所未有的現象。所有這一切形成了一個戲劇性的局面，一個孕育着各種

1 本文產生於 2008 年 4 月 19 日《21 世紀經濟報道》記者吳銘對筆者的一次訪談，後經一個多月的反覆修訂和整理，形成獨立的論文，並以〈東方主義、民族區域自治與尊嚴政治〉為題發表於《天涯》雜誌 2008 年第 4 期。文章發表後，得到許多讀者和朋友的反饋。經過一年多的研究和思考，我於 2009 年 6–7 月間對文稿做了大規模的增補和修訂。

變化的可能性的事件。如何理解西方社會對於「西藏問題」的態度？如何解釋在中國市場化改革中的「西藏危機」？如何看待海內外新一代人對於這一問題的介入？值得注意的是：上述兩種對立的反應方式都將焦點集中於民族主義，而對「西藏危機」得以產生的社會條件缺乏深入分析。這些都是擺在當代中國和當代世界面前的重大問題。我自己並非研究「西藏問題」的專家，但鑒於這一問題的嚴峻性和迫切性，也願意不揣淺陋，將自己的一點不成熟的看法提出來，以引起批評和討論。

兩種東方主義的幻影

基督徒的另一個故鄉

拉薩「3•14」事件爆發後，最為引人注目的現象之一，是整個西方媒體和西方社會在這個問題上的激烈態度和遍及全球各地的華人運動。關於當代中國的民族問題的根源，我在文章的後半部分會做分析。這裏首先討論西方社會對這一問題的反應。事實上，支持「藏獨」的人各有不同，除了從民主、人權的角度對中國政治展開批評之外，從歷史的角度看，也有三個不同的方面值得注意。首先是西方有關西藏的知識深深地植根於他們的東方主義知識之中，儘管已經有學者對此做出分析，但並未對西方社會的西藏觀產生根本性的影響。[2] 相較

2　例如，Thierry Dodin 和 Heinz Räther 於 1997 年編輯出版的會議論文集 *Mythos Tibet: Wahrnehmungen, Projektionen, Phantasien* (Köln: DuMont, 1997)；該書英文版更名為 *Imaging Tibet: Realities, Projections, and Fantasies* 在美國出版（Boston: Wisdom Pub., 2001），以及影響更大的唐納德・洛佩茲（Donald Lopez Jr.）的《香格里拉的囚徒們》（*Prisoners of Shangri-La: Tibetan Buddhism and the West*, Chicago: University of Chicago Press, 1999）一書。

而言，這一點對於歐洲人影響最大。其次是特定政治力量對於輿論的操縱和政治行動的組織。這一點美國關係最深。第三是對於西藏的同情混雜着對中國，尤其是經濟上迅速崛起而政治制度極為不同的中國的顧慮、恐懼、排斥和反感。這一點除了許多第三世界國家之外，全世界都受到感染。這三個方面不僅與民族主義相關，而且更與殖民主義、帝國主義、冷戰的歷史和全球化的不平等狀態相關。這三個方面的問題並不是相互隔離的，但需要分開來加以分析。這裏先談第一個方面，即東方主義問題及其對冷戰文化政治的影響。

2001 年，我在瑞士訪問時曾經參觀過一個叫作「作為夢幻世界的西藏 —— 西方與中國的幻影」(Dreamworld Tibet-Western and Chinese Phantoms) 的博物館。博物館的策展人是人類學家馬丁・布拉文 (Martin Brauen) 博士，他從年輕時代起就迷戀西藏文化和藏傳佛教，崇拜達賴喇嘛，但在經歷了許多事情之後，他開始問自己到底是為了甚麼迷戀藏傳佛教和西藏文化？正是這個自省使他決定用展覽的方式描述在西方世界裏西藏、藏傳佛教和達賴喇嘛的形象。布拉文博士策劃的這個展覽，以及美國中央情報局剛剛解密的二十世紀五十年代有關「西藏問題」的檔案，為我思考「西藏問題」提供了重要的線索。這裏不妨綜合我在那個博物館收集的材料和此後的一些閱讀做一點分析。

薩義德曾以伊斯蘭研究為中心分析過歐洲的東方學，他把這種學問視為一種根據東方在歐洲西方經驗中的位置而處理、協調東方的方式，在這種方式中，東方成為了歐洲物質文明和文化的內在組成部分，是歐洲自我得以建立的他者。對於歐洲而言，東方既不是歐洲的純粹虛構或奇想，也不是一種自然的存在，而是一種被人為創造出來的理論和實踐體系，蘊含着漫長歷史積累下來的物質層面的內容。

藏學在東方學中一直佔據重要地位，但至今沒有得到認真清理。在西方，藏學研究從來不在中國研究的範疇之內，從東方學形成的時代至今都是如此。從這種知識體制本身，也可以看到在西方的想像中，中國與西藏地區關係的一些模式。這些模式，從根本上說，正像薩義德描述的那樣，與其說是一種自然的存在，毋寧說是一種人為創造的體系。瑞士學者米歇爾・泰勒（Michael Taylor）的《發現西藏》（*Mythos Tibet: Entdeckungsreisen von Marco Polo bis Alexandra David-Neel*）描述從 1245 年聖方濟各本人的弟子方濟各會士柏朗嘉賓（Jean du Plan Carpin）到二十世紀初期歐洲人對西藏的探險和侵略，為我們提供了早期藏學的豐富素材。[3] 早期傳教士去西藏的目的是尋找失落的基督徒，他們認為西藏人就是十二世紀傳說中的，曾經戰勝了異教徒、波斯人和米迪亞人的約翰王的後裔。據說，約翰王曾經住在中亞的甚麼地方。總之，在他們的心目中，藏人就是那些在中世紀早期橫跨小亞細亞、中亞和中國的傳播福音的基督徒的弟子或門徒。當然，也不是所有傳教士對西藏人的看法都是如此，嘉布遣會修士的看法就和耶穌會士的觀點不同，他們認為佛教是撒旦的作品，因為只有撒旦的狡猾才能創造這種與天主教明顯相似的宗教。這兩種關於西藏及藏傳佛教的截然對立的看法其實從未消失，在所謂啟蒙和世俗化的時代，它們以不同的方式或隱或現。無論將西藏視為基督徒的另一個故鄉，還是以「撒旦的狡猾」創造了與「天主教明顯相似的宗教」的世界，它們都是「根據東方在歐洲西方經驗中的位置而處理、協調東方的方式」，我把它們稱為兩種東方主義的幻影。

3　這本書的中譯本標題為《發現西藏》，似與原題 *Mythos Tibet* 有點出入。該書由耿升先生翻譯，北京：中國藏學出版社，2006。

歐洲藏學的創始者之一依波利多・德斯德里（Ippolito Desideri, 1684–1733, Rome, Italy）是繼葡萄牙傳教士安東尼奧・德・安德萊德（Fr. Antonio de Andrade）於 1623 年探訪西藏之後的又一位羅馬傳教士。他於 1712 年 9 月 27 日離開羅馬前往里斯本，從那裏上船遠航，於 1713 年 9 月 23 日到達果阿（Goa），在印度旅行之後他和同伴從德里抵達克什米爾的斯里那加（Srinagar），最終於 1716 年 3 月 17 日輾轉到達拉薩。他在西藏生活了五年，經歷了準噶爾蒙古的入侵和戰爭，詳盡地研究西藏的文化，為傳教而用藏語編寫了五本著作。他在西藏問題上與嘉布遣會的修士發生過衝突，也曾批評西方傳教士有關西藏的偏見和許多誤導的看法，比如他報告了西藏的戰爭和藏人的鬥爭性格等。但最終這位羅馬傳教士還是得出了一個固定的也是對西方的西藏形象影響最大的觀點，即西藏是和平的「國度」。[4]

赫爾德、康德、黑格爾的西藏觀

十八和十九世紀的歐洲哲學家如盧梭、康德、黑格爾曾對藏傳佛教給予批評，而赫爾德等人又從藏傳佛教與天主教的聯繫出發，對之持有更為微妙的看法。無論對藏傳佛教持怎樣的立場，歐洲的這些近代思想人物對於西藏的看法不但可以追溯到這些傳教士的敍述，而且也植根於他們對於天主教的不同態度和立場。先看赫爾德對於藏傳佛教的肯定性看法。「在亞洲廣闊的羣山與荒漠之間建有一個堪稱世上獨一無二的宗教王國，那是喇嘛們的天下。儘管小規模的革命曾將宗

4 依波利多・德斯德里的主要著作包括：*Opere Tibetane di Ippolito Desideri S. J.* (4 vols), ed. by Giseppe Toscano. S. X. (Rome, ISMEO, 1981–1989); "Letters, the 'Relation' (or 'Detailed Accout of Tibet, My Journeys, and the Mission Founded There') and other Italian works of Desideri", in Luciano Petech, *I Missionari Italiani nel Tibet e nel Nepal* (Rome, Libreria dello Stato, 1954–57).

教和世俗權力多次分離，但是兩者最後還是一次次地重新結合。沒有哪個地方像那裏一樣，國家整個憲法都基於掌握皇權的高級僧侶集團之上。依照釋迦牟尼或佛陀的靈魂轉世說，大喇嘛能死後轉世成為新的喇嘛，並尊為神聖的體現。在神聖的明確秩序中，從大喇嘛往下構成了喇嘛的層層鏈條。在這個地球屋脊之上各個教義、教規和設施中規定着僧侶統治，如此牢固，鮮有出其右者。」[5]

這個描述已經隱約地透露出那個有關失落在西藏的基督徒的傳說的影子。佛教起源於溫暖的南方，在暹羅、印度等地方也顯示出慈悲、厭戰、隱忍、柔和與滯怠的特徵，但藏傳佛教卻由於自然條件的嚴苛而形成了一種與天主教相似的特徵。赫爾德說：

> 如果說有哪個宗教把塵世顯得可惡可怖，那麼它就是喇嘛教，彷彿——似乎也不能完全否定——基督教最為嚴苛的教義和儀軌被移植到此地一般，而它在藏區高原上顯示出別處沒有的怒金剛相。值得慶幸的是，嚴苛的喇嘛教沒能改變民族精神，就如同它無法改變他們的需求和氣候一樣。[6]

在另一個段落中，赫爾德更是直截了當地將達賴–班禪制度與天主教的教皇制度相比較，認為藏傳佛教是一種「教皇宗教」：

> 西藏的宗教是一種教皇宗教，如同歐洲在黑暗的中世紀所有的一樣，後者甚至還不具備西藏人和蒙古人身上被稱道的秩序和

5 赫爾德（Johann Gottfried Herder）：《人類歷史哲學的理念》（*Ideen zur Philosophie der Geschichte der Menschheit*, Bd. 1 und 2. Herausgeben von Heinz Stolpe），柏林、魏瑪（Berlin und Weimar）：建設出版社，1965，第二卷，第 24 頁以下（Aufbau, 1965, Bd. 2, S. 24ff.）。

6 同上書，第 24 頁以下。

道德。喇嘛教在山野之民中，甚至在蒙古人那裏，傳播的某種博學和書面語言是對人類的貢獻，可能也是讓這些區域成熟的準備性的文化輔助手段。[7]

赫爾德對西藏的關心完全集中在宗教領域，這一方式直到今天仍然相當流行。

與赫爾德從天主教神學世界觀中觀察藏傳佛教不同，康德的觀點是人種學和語言學的。他的論述為黑格爾重建「世界歷史」提供了脈絡。在〈永久和平論〉（1795）的「永久和平第三項條款（世界公民權利將限於以普遍的友好為其條件）」一節中，康德首先將「友好」視為一個「權利問題」，並將這一權利界定為不同於所謂「做客權利」的「訪問權利」。「這種權利是屬於人人都有的，即由於共同佔有地球表面的權利人可以參加社會，地球表面作為一個球面是不可能無限地驅散他們的，而是終於必須使他們彼此互相容忍；而且本來就沒有任何人比別人有更多的權利可以在地球上的一塊地方生存。」當人們行使這種「友好權利」的時候，「相聚遙遠的世界各部分就可以以這種方式彼此進入和平的關係，最後這將成為公開合法的，於是就終於可能把人類引向不斷地接近於一種世界公民體制」。[8] 但是，西方的「訪問者」在「從事貿易」的名義下征服異國異族，超越了「陌生的外來者的權限」。

「美洲、黑人大陸、香料羣島、好望角等，自從一經發現就被他們認為是不屬於任何別人的地方，因為他們把這裏的居民當作是

7 同上。

8 康德著，何兆武譯：〈永久和平論〉，《歷史理性批判文集》，第 115、116 頁。

無物。在東印度（印度斯坦），他們以純擬建立貿易站為藉口帶進來外國軍隊，卻用於進一步造成對土著居民的壓迫，對這裏各個國家燎原戰爭的挑撥、饑饉、暴亂、背叛以及像一串禱告文一樣的各式各樣壓榨着人類的罪惡。」[9] 緊接着這段話，康德提到歐洲與中國、日本的往來。他說：「中國與日本（Nipon）已經領教過這些客人們的訪問，因而很聰明的中國是雖允許他們到來但不允許入內，日本則只允許一種歐洲民族即荷蘭人進來，卻像對待俘虜一樣禁止他們與土著居民交往。」[10] 在討論中國的時候，康德以註釋的方式談及中國及西藏地區，顯示了一種從西藏的角度界定中國的取向。他說：

> 為了把這個大國寫成它所自稱的那個名字（即 China，而不是 Sina 或者其他類似的稱呼），我們只需翻閱一下格奧爾吉的《藏語拼音》（指意大利奧古斯丁派傳教士格奧爾吉［Antonio Agostino Georgi，即 Antonius Georgius，1711–1797］所著《藏語拼音》，羅馬，1762。——譯註）一書，第 651–654 頁，特別是註 b。——據彼得堡的費舍爾教授（Johann Eberhard Fischer，1697–1771，聖彼得堡教授，曾參加遠東探險。此處稱引，見所著《彼得堡問題》［哥廷根，1770］第 2 節「中華帝國的各種名稱」，第 81 頁。——譯註）的說法，它本來並沒有它所用以自稱的固定名稱；最常用的是 Kin 這個字，即黃金（西藏人叫作 Ser），因此皇帝就被稱為黃金國王（全世界最輝煌的［國王］）。這個字在該國國內

9 同上書，第 116 頁。

10 同上書，第 116–117 頁。

> 發音很像是 Chin，但是意大利傳教士（由於喉音拼法的緣故）則可以發音像是 Kin。—— 由此可見，羅馬人所稱的 Seres（絲綢）之國就是中國；然而絲綢是經由大西藏（推測是通過小西藏與布哈拉，經由波斯，等等）而供應歐洲的；這就提示那個可驚異的國家之於西藏並且從而與日本的聯繫從許多方面來考察，其古老性都可與印度斯坦相比；同時他的鄰人所給予這個國土的 Sina 或 Tschina 的名字卻沒有提出來任何東西。[11]

康德對於中國的興趣源自以絲綢之路作為連接東西方的世界史興趣，但他沒有弄清這條通道的真正脈絡。康德的這段話中有三點值得注意：首先，他是從歐洲傳教士的西藏知識中理解中國的；其次，他強調中國沒有「可以自稱的固定名稱」，因此從西藏語音來界定中國就是自然的；第三，他區分了大西藏與小西藏，以說明將中國與歐洲聯繫起來的絲綢之路是以西藏為中介的。

歐洲與西藏之間存在神秘而古老的聯繫這一信念其實是康德的西藏觀的核心。在接下來的段落中，康德不是從歐洲宗教與藏傳佛教的關係的角度談論西藏，而是從希臘與西藏的關係出發論述兩者的關聯，語文學在此提供了最為重要的脈絡。他說：

> 也許歐洲與西藏的古老的但從不曾為人正確認識的交往，可以從赫西奇烏斯（Hesychius，公元五或六世紀希臘文法學家。—— 譯註）的主張，即伊留西斯神秘儀式（指古希臘伊留西斯[Eleusis]祭祀穀神 Demeter 的神秘儀式。—— 譯註）中祭司

11 同上書，第 116–117 頁腳註。

們 Κονξ'Ομπαξ（Konx Ompax）的呼聲之中得到闡明。（見《少年阿那卡西斯遊記》[指法國考古學家巴泰勒米〈Abbé Jean Jacques Barthélemy〉所著《少年阿那卡西斯〈Anacharsis〉希臘遊記》一書〈德譯本，1792〉。—— 譯註]第五部，第 447 頁以下。）——因為根據格奧爾吉《藏語拼音》，concioa 這個字的意思是上帝，此字和 Konx 有着驚人的相似性；Pahcio（同書，第 520 頁）這個字希臘人發起音來很容易像是 pax，它的意思是 promulgator legis（法律的頒佈者），即遍佈於整個自然界的神性（也叫作 cencresi，第 177 頁）。然而 Om 這個字，拉・克羅澤（M. V. La Croze，1661–1739，法國本篤派教士，普魯士科學院會員）則翻譯為 benedictus，即賜福，這個字用於神性是很可能並不是指甚麼別的，只不過是受福者而已（頁 507）。法蘭茨・荷拉提烏斯（Franz Horatius 或 Franciscus Orazio della Penna，意大利傳教士，1735–1747 年曾去拉薩居住。—— 譯註）神父常常問西藏的喇嘛們，他們理解的上帝（conciva）是甚麼，而每次得到的回答都是：「那是全部聖者的匯合」。（也就是說，聖者經歷過各式各樣的肉體之後終於通過喇嘛的再生而回到神性中來，即回到 Burchane 中來，也就是受崇拜的存在者、輪迴的靈魂，第 223 頁。）所以 Konx Ompax 這些神秘字樣的意思很可能是指聖者（Konx）、福者（Om）和智者（Pax），即[全世界到處流行的]最高存在者（人格化了的自然）；它們在希臘的神秘儀式中使用起來很可能是指與民眾的多神教相對的那種守護祭司們（守護祭司[Epopt]，古希臘伊留西斯神秘教中最高級的祭司。—— 譯註）的一神教，雖說荷拉提烏斯神父在其中嗅出了一種無神論。—— 這些神秘的字樣是怎樣經由西藏到達希臘人那裏的，或許可以由上述方式加以闡明，而反過來早期歐洲經由西藏與中國相交通（或許更早於與印度斯坦相交通）也因此看來像是很可能的事。[12]

在十九世紀歐洲的歷史語言學對印歐語系的確證之前，許多歐洲人相信藏語與歐洲語言同屬一個語系。康德的觀點正是這一歐洲人的普遍信念的表達。參照康德在「前批判時期」有關種族問題的論文，我們還可以發現他的西藏認識中的種族要素。在發表於 1775 年的〈論人的不同種族〉一文中，康德按照動物學和植物學的分類方法將人類分為四個種族，即白種、黑種、匈奴（蒙古或卡爾梅克）及印度或印度斯坦。西藏人隸屬古老的塞西亞（亦譯斯基泰）人，包括印度、日本和中國的人種都是塞西亞人與匈奴及印度混種的產物。[13] 在十八世紀的歐洲思想氛圍中，關於種族根源的討論與民族性及時代精神的討論有着密切的關係。康德用崇高來頌揚古代的精神，而以怪誕貶低其當代演變，例如十字軍東征及古代的騎士精神是「冒險性的」，但作為這一精神的殘餘的決鬥卻是「怪誕」；用原則戰勝自己的激情是「崇高的」，但崇奉聖骨、聖木和西藏大喇嘛的聖便卻是「怪誕」。[14]

很難判斷康德對西藏的看法是否影響了黑格爾。黑格爾曾為印歐語系的發現而振奮，但從未談到過藏語，他對東方宗教的批判態度與康德的啟蒙觀點一脈相承，顯示出某種在古代（崇高）與現代（怪誕）的對比中界定西藏的特點。黑格爾從根本上不承認中國存在宗教，偶

12 同上書，第 117 頁腳註。

13 康德著，李秋零主編並翻譯：〈論人的不同種族〉，《康德著作全集》第二卷，前批判時期著作 II（1757–1777），北京：中國人民大學出版社，2004，第 445 頁。

14 康德著，李秋零主編並翻譯：〈關於美感和崇高感的考察〉，《康德著作全集》第二卷，第 215–216 頁。（德文原著：*Beobachtungen er das Gefl des Schen und Erhabenen* [1764], in Akademie-Ausgabe, Bd. II, *Vorkritische Schriften II. 1757–1777*, 1905, 2. Aufl. 1912, Nachdruck 1969, S. 215f.）

然幾次提及達賴喇嘛時，都將後者與初級的神物崇拜並列。這一在哲學與宗教間建立的對比，顯示的是一種真正的啟蒙態度。在《精神哲學》中，黑格爾說：

> 以泛神論代替無神論來指責哲學主要屬於近代的教育（原譯教養），即新虔敬派（原譯新虔誠）和新神學，在他們（原譯它們）看來哲學有太多上帝，多到按照他們的保證來說上帝甚至應是一切，而一切都應是上帝。因為這種新神學使宗教僅僅成為一種主觀的感情，並否認對上帝本性的認識，因而它保留下來的無非是一個沒有客觀規定的一般上帝（上帝這裏是可數名詞單數）。它對具體的充實的上帝概念沒有自己的興趣，而把這個概念看作是其他人們曾經有過興趣的，並因而把凡屬於上帝具體本性學說的東西當作某種歷史的東西來處理。未被規定（原譯不確定）的上帝在一切宗教中都能找到；任何一種虔誠的方式——印度人對於猴、牛等的虔誠或者對達賴喇嘛的虔誠；埃及人對公牛的虔誠等等，——都是對一個對象的崇拜，這個對象不管其種種荒誕的規定，還是包含着類、一般上帝的抽象。[15]

在對西藏的認識中，「把凡屬於上帝具體本性學說的東西當作某種歷史的東西來處理」是一個普遍的現象，有關西藏的知識，幾乎等同於對藏傳佛教的認識。這一知識狀態不只產生於對西藏作為一個宗教社

15 黑格爾著，楊祖陶譯：《精神哲學》，《哲學科學百科全書綱要》（簡稱《哲學全書》）第三部分，北京：人民出版社，2006，第 385–386 頁。（德文原著：Georg Wilhelm Friedrich Hegel, *Enzyklopädie der philosophischen Wissenschaften im Grundriss*, Werke. Auf der Grundlage der Werke von 1832–1845 neu edierte Ausgabe. Redaktion Eva Moldenhauer und Karl Markus Michel, Frankfurt a. M.: Suhrkamp, 1979, Bd. 10, S. 381–382.）

會的理解，而且也來源於一種啟蒙運動決心加以拋棄而從未真正拋棄的認識方式。黑格爾又說：

> ……直接的知識應當成為真理的標準，由此可以得出第二條，所有迷信和偶像崇拜都被宣稱為真理，最為不公和不道德的意志內容被看成正當。印度人並非通過所謂的間接認識、思考和推理而認為牛、猴或者婆羅門、喇嘛是神，而是信仰它們。[16]

真理與迷信、認識與信仰的對立是啟蒙的最重要的原理之一，黑格爾正是據此將藏傳佛教與其他各種在他看來的低級迷信和偶像崇拜歸為一類。但即便在黑格爾生活的年代，宗教力量也並未徹底消退，在黑格爾有關世界歷史的敍述中，神秘主義的東方正好藉助於普遍歷史的敍述而被凝固在歷史的深處了。

神智論與西藏形象

隨着工業化、城市化和世俗化的浪潮，一種針對啟蒙理性主義的新神秘主義在社會生活和文化領域滲透和蔓延。與早期的宗教信仰不同，這種新型的神秘主義由於產生於對現代的懷疑而獲得了新的活力，它與赫爾德對現代的疑慮更為心靈相通。歐洲的西藏觀與現代神秘主義的關聯就發生在這一語境之中。在十九至二十世紀，有關西藏的知識與神智論（Theosophy）—— 一種認為由直覺或默示可以與神鬼交通的學術 —— 發生了聯繫。赫列娜・皮特羅維娜・布拉瓦

16 黑格爾著，賀麟譯：《小邏輯》，《哲學全書》第一部分，北京：商務印書館，1980，第 166 頁。譯文有改動。（德文原著：同上，Bd. 8，S. 162。）

斯基（Helena Petrovna Blavatsky, 1831–1891）出生於俄國（烏克蘭），死於英格蘭，以神智論的創始者著稱。她從孩提時代就有歇斯底里症和癲癇病，經常陷於怪異和恐怖的想像。從 17 歲第一次婚姻起，她先後有過幾次婚戀，但始終自稱是處女。她還對自己的傳記作者說：她在 1848–1858 年間漫遊世界，先後訪問了埃及、法國、英格蘭、加拿大、南美、德國、墨西哥、希臘，最重要的是曾在西藏度過兩年，後在斯里蘭卡正式成為佛教徒。1873 年，布拉瓦斯基移民美國，在那裏向人們展示其超凡的、半宗教的招魂術和靈媒能力，比如浮游（levitation）、透視（clairvoyance）、氣功（out-of-body projection）、心靈感應（telepathy）和超聽能力（clairaudience）等。1875 年，她與亨利・斯鎟爾・奧爾考特（Henry Steel Olcott）等創立了神智學會（Theosophical Society）。[17] 布拉瓦斯基聲稱自己與藏族上師通過心靈感應交流，發表神秘的西藏通信。事實上，這些所謂西藏來信也並非來自西藏的喇嘛，而是來自雅利安的超人（Aryan mahatmas）。這些西藏通信不但對藏學有重要的影響，而且對於神智論的形成也是決定性的。布拉瓦斯基和神智論的後繼者散佈了種族主義的觀點，他們說人類的大多數屬於第四個根源性的種族，其中就包括藏族。據說在大西島和利莫里亞沉沒之前的時代，有一些倖存者居住在靠近戈壁的叫作香巴拉的地方，這是第五個根源性種族的原型。布拉瓦斯基認為香巴拉是最高貴的人類血統的母國，是由印度雅利安和白種人構成的。根據斯皮爾福格爾（Jackson Spielvogel）和里德爾（David Redles）的說法，<u>布拉瓦斯基有關根源種族的教義，再加上她的德國追隨者的演</u>

17 *Helena Blavatsky*. Edited and introduced by Nicholas Goodrick-Clarke, *Western Esoteric Masters Series*, Berkeley: North Atlantic Books, 2006.

繹，對於希特勒的心靈發展的影響是「決定性的」。[18]

神智論創造了一種理想的、超現實的西藏形象，一片未受文明污染的、帶着精神性的、神秘主義的，沒有饑餓、犯罪和濫飲的、與世隔絕的國度，一羣仍然擁有古老的智慧的人羣。這個西藏形象與農奴制時代的西藏現實相差很遙遠，卻從不同的方向塑造了西方人對東方、尤其是西藏的理解。這個理解的核心就是超現實的精神性。在受到布拉瓦斯基及其神智論影響的名人中，除了希特勒之外，不乏大名鼎鼎、影響深遠的人物。我這裏先列上幾位著名人物的名字：愛德溫・阿諾德（Sir Edwin Arnold, 1832–1904），英國詩人和記者，《亞洲之光》（*The Light of Asia*）的作者；斯瓦米・斯萬南達・薩拉斯瓦提（Swami Sivananda Saraswati, 1887–1963），印度瑜伽和吠檀多的著名精神導師；聖雄甘地（Mohandas Karamchand Gandhi, 1869–1948）；圭多・卡爾・安東・李斯特（Guido Karl Anton List，即 Guido von List，1848–1919），奧地利 / 德國詩人、登山家，日耳曼復興運動、日耳曼神秘主義、古代北歐文字復興運動的最重要成員；亞里山大・尼柯拉耶維奇・薩克里亞賓（Alexander Nikolayevich Scriabin, 1872–1915），俄國作曲家、鋼琴家，俄國象徵主義音樂的主要代表；詹姆士・喬伊斯（James Augustine Aloysius Joyce, 1882–1941），愛爾蘭流亡作家，《尤利西斯》的作者；瓦西里・康定斯基（Wassily Kandinsky, 1866–1944），俄國現代主義繪畫的奠基人和藝術理論家；阿爾弗萊德・查爾斯・金賽（Alfred Charles Kinsey, 1894–1956），美國生物學家、昆蟲學家、動物學家，著名的性學家；威廉・巴特

18 Jackson Spielvogel & David Redles (1986), "Hitler's Racial Ideology: Content and Occult Sources", *Simon Wiesenthal Center Annual 3*, chapter 9.

勒・葉芝（William Butler Yeats, 1865–1939），愛爾蘭詩人和劇作家，等等。二十世紀的這些影響深遠的浪漫主義者、現代主義者和民族主義者與神智論的聯繫無一例外地產生於對現代的焦慮，他們以各種形式急切地尋找「另一個」世界。我在這裏提到這些人名不是說他們對於西藏有甚麼特別看法，而是為了說明現代西方的文化想像、社會心理和政治運動中始終有着神秘主義的極深根源，而西藏在當代西方精神世界中的位置正植根於同一神秘主義的脈絡之中。

種族主義及納粹意識形態中的西藏

在二十世紀，這種與神智論有關的西藏形象也披上了現代科學的外衣，人種學、考古學和語言學等現代學科都曾為之作出努力。納粹認為西藏是雅利安祖先和神秘智慧的故土。1962 年，法國學者路易士・鮑維爾（Louis Pauwels）和雅克・博基爾（Jacques Bergier）出版了一本十分暢銷的書，叫作《巫師的早晨》（*The morning of the magicians*），對煉金術、政治、歷史、超自然現象、納粹神秘主義、魔術和人類在宇宙中的位置給予闡釋，其中也詳細地整理了這個故事：[19] 大洪水後一些倖存的智者定居於喜馬拉雅山麓，他們分為兩支：一支由右路到了阿嘉西；另一支從左路到了香巴拉。這個故事據說曾給納粹很大的影響。很顯然，這與西藏無關，完全是歐洲人的創造。在西藏存在着雅利安種族的後裔的想法，實際上也得到了著名的瑞典考古學家、納粹的同情者斯文・赫定的支持。希特勒對赫定評價很高，曾經請他到柏林奧運會發表講話。1935 年納粹德國建立了古代

19 Louis Pauwels & Jacques Bergier, *The morning of the magicians*, May Flower Books, 1972.（原著為法文，出版於 1962 年，這裏引用的是美國版的英文本，出版於 1972 年。）

遺產研究和教學學會（Forschungs-und Lehrgemeinschaft das Ahnenerbe e.V.），目的是為種族主義教義提供科學的、人類學的和考古學的證據，確定雅利安人種族的起源。在黨衛軍負責人希姆萊（Heinrich Himmler）的支持下，恩斯特・舍費爾（Ernst Schäfer, 1910–1992）於 1938 年帶領一支遠征隊前往西藏。舍費爾曾在 1931 年、1934–35 年、1938–39 年三次遠征西藏，並於 1934 年在杭州見到過流亡中的班禪喇嘛。伊斯侖・英格爾哈特（Isrun Engelhardt）的《1938–1939 年的西藏：來自恩斯特・舍費爾遠征西藏的照片》說的就是這個事。[20] 舍費爾本人後來發表了《白哈達的節日：一個穿越西藏抵達上帝的聖域拉薩的研究之旅》。[21] 克勞斯（Robin Cross）對納粹的這次遠征做了討論，他說：納粹的信仰是古代條頓神話、東方神秘主義和十九世紀晚期人類學的混合物。[22] 希姆萊本人是圖利協會（Die Thule-Gesellschaft）的成員。Thule 本來指皮西亞斯（Pyseas，古希臘航海家、地理學家）在公元前四世紀發現的最北部的島嶼或海岸，從大不列顛到這個地方需要向北航行六天的航程，後轉喻存在於世界北端的國家。圖利協會始創於 1910 年，是一個德國的極端民族主義團體，而黨衛軍是納粹的種族主義原則的主要實施者。新納粹主義者說這支探險隊的目的是尋找阿嘉西和香巴拉的穴居族羣，為納粹服務。納粹意識形態在這個問題上其實也是自相矛盾的，有些人將藏傳佛教視為北方種族精神的頹廢階段，認為藏傳佛教與天主教、猶太教一樣都構成了

20 Isrun Engelhardt, *Tibet in 1938–1939: Photographs from the Ernst Schafer Expedition to Tibet*, Chicago: Serindia Publications, 2007.

21 Ernst Schafer, *Festival of the White Gauze Scarves: A Research Expedition through Tibet to Lhasa, the holy city of the god realm*, 1950.

22 Robin Cross, "The Nazi Expedition" , http: //www.channel4.com/history/microsites/H/history/n-s/nazimyths.html.

對歐洲人的威脅，而另一些人則將西藏視為供奉納粹德國的神龕。我們不難從十九世紀歐洲思想的脈絡中發現這兩個相互矛盾的取向的根源。

二十世紀六十年代的苦悶與西方大眾文化中的喇嘛形象

戰後西方藏學有了很大的發展，也產生了許多傑出的學者和重要的成果。但是，與詹姆士・希爾頓（James Hilton）的《消失的地平線》、阿爾諾・戴雅爾丹（Arnaud Desjardins）攝製的有關西藏精神大師的隱秘生活的電影，如《西藏人的使命》（*Le Message des Tibétains: Le Bouddhisme [première partie]*, 1966[I]; *Le Message des Tibétains: Le Tantrisme [deuxième partie]*, 1966[II]）、《安詳之地喜馬拉雅山》（*Himalaya, Terre de Sérénité: Le Lac des Yogis [première partie]*, 1968; *Himalaya, Terre de Sérénité: Les Enfants de la Sagesse [deuxième partie]*, 1968），以及其他的大眾性作品相比而言，學術研究的影響很小，而即便在學術領域內，東方主義的陰影也從未消失。希爾頓創造的香格里拉如今已經變成了中甸的名字了。香格里拉的故事其實就是從布拉瓦斯基的神話中衍生出來的：一羣生活在香格里拉這個佛教社會的白種人的故事。在這個故事中，西藏是背景，而作者和演員都是夢想着香巴拉和香格里拉的西方人。好萊塢的電影和各種大眾文化不停地在複製這個有關香巴拉或香格里拉的故事，他們表述的不過是他們在西方世界中的夢想而已。在戰爭、工業化和各種災難之後，西藏——更準確地說是香巴拉、香格里拉——成為許多西方人的夢幻世界：神秘的、精神性的、充滿啟示的、非技術的、熱愛和平的、道德的、能夠通靈的世界。《和尚與哲學家》（*Le Moine et le Philosophe*）的作者之一馬蒂厄・里卡爾（Matthieu Ricard）描述說：「在人類歷史上也許從無先例的事實是，西藏有 20% 的人口是在修會裏，他們是和尚、尼姑、洞穴中的隱修士、在寺院裏教學的學者。精神實踐在那裏無可爭議地是存在的首要目的，就是世俗的人自己也認為他們的日常活動，不論多麼不可缺少，與精神生活相比，都是次要的。整個文化就這樣被集中在精神生活中。」「最使我震動的，是他們符合我們理想的聖者、完人、哲人；而這樣一類人，人們在西方顯然已幾乎再找不到了。這是我想像出的阿西玆的聖弗朗索瓦（註：即聖弗朗切斯戈，舊譯聖方濟各，意大利教士，天主教聖方濟各會的創立者。於 1181 年或 1182 年生於意大利的阿西玆城，1226 年卒。被後人尊為意大利的主保聖人），或是古代偉大哲人的圖像。這幅圖像在當時對我來說已變成了一紙空文；我不能去與蘇格拉底相會，去聽柏拉圖的一番談話，去坐在阿西玆的聖弗朗索瓦腳下！而這時候，突然出現了一些人，他們彷彿是智慧的活的榜樣。於是我對自己說：『如果有可能在人類方面達到完善，那一定就應該是這樣的。』」[23]

隨着時代的變化，雅利安喇嘛和白種人在這個神話中的角色逐漸地消失了，代之而起的是西藏喇嘛的角色——與其說他們是宗喀巴的後人，不如說他們是西方人的創造物。我這裏說的還不是五十年代末期以降美國對於西藏流亡政治的直接操縱，而是說有些喇嘛已經成為西方精英與大眾文化中的角色。這個角色凝聚了西方現代社會的複雜的自我理解。讓–弗朗索瓦・勒維爾（Jean-Francois Revel）描述說，西藏人代表着一種與古代西方哲學起源相似的方法論特徵，即理論與實踐的一致，「這就是曾經存在於西方的一種態度：不滿足

23 讓–弗朗索瓦・勒維爾（Jean-Francois Revel）、馬蒂厄・里卡爾（Matthieu Ricard）著，陸元昶譯：《和尚與哲學家》（*Le Moine et le Philosophe*, published by arrangement with Nil editions, 1998），南京：江蘇人民出版社，2005，第 4 頁。

於傳授，而是通過自己生存的方式本身，自己成為所傳授的事物的反映」。「在古代哲學的階段，並不存在一種相比於東方來說根本性的差異。」[24] 在西方流行的西藏形象針對着現代社會的種種異化，如知識上的創新和完善與道德生活的脫節，顯示了一種精神性生活的榜樣。「許多西方人轉向他們宗教之外的宗教，如伊斯蘭或佛教，是因為他們對自己傳統的信仰感到絕望。而你，總之，你則是從一種宗教的無所謂或者說是失重的狀態，過渡到了佛教……」[25] 在這個意義上，正是西方現代社會的危機造就了西藏大師在西方的命運。1968 年 5 月之前，在西方青年精神鬱悶達到頂點並即將爆發之際，許多人將目光投向了兩個不同的東方：一個是孕育着文化革命的激越的中國，而另一個則是安詳寧靜的、居住着西藏大師的印度，兩者的共同之處是重視精神實踐和內心生活的改造。「這是 1968 年 5 月之前的一年。所有這些年輕人都在找尋某種不同的東西，吸食大麻……一些人追逐精神研究，拜訪印度教徒的隱修地（ashrams）；另一些人勘探喜馬拉雅山。所有的人都在向左、向右地找。」「那是這樣一個時代，人們懷疑一切事物，人們通過前去會見大師，通過在整整一兩年時間裏學習印度的古典音樂和舞蹈，而探測 —— 不僅是在書本中，而且是在現實中 —— 在印度、在喜馬拉雅山向人們提供的一切……」[26]1971 年，第一批西藏師傅到法國、美國等西方國家旅行，他們的追隨者逐漸從數百人發展為數千人、上萬人，乃至更多。他們中的許多人在喜馬拉雅山地區與這些西藏大師共同生活，「『將自己的精神與師傅的精神相混合』；因為師傅的精神就是『認識』，從混

24 同上書，第 5 頁。

25 同上書，第 20 頁。

26 同上書，第 8–9 頁。

亂過渡到認識。這一純粹沉思的過程構成了西藏佛教實踐的關鍵點之一」。[27]

從六十年代西方青年的兩種相似又方向相反的精神流向中，我們已經可以看到這股通過西藏精神回到古代哲學的潮流，事實上是與冷戰時代的政治意識形態密切相關的。如果說那些前往中國尋求社會主義理想的青年沿着啟蒙傳統走向馬克思主義，相信「幸福與正義的聯合已不再是通過個體對智慧的追求，而是通過對社會的整體重建來實現，而要想建立一個新社會，必須預先徹底摧毀舊社會」，進而在「革命」的概念中找到了理論與實踐統一的可能性，那麼，「自由主義革命」拒絕的是個人得救從屬於集體得救的觀念，認為這個觀念將導致政治極權主義。[28] 西藏在啟蒙的傳統之外提供了思考現代社會——尤其是作為科技社會及其政治統治模式——的途徑。讓–弗朗索瓦・勒維爾將他的政治觀念概括為「對政治極權主義的拒絕和對宗教極權主義的拒絕」。「就是這個問題將我們帶回所謂的『初始的』哲學上，即以個人對遠見和智慧的獲得為目的的哲學上……」[29] 從這個角度看，對精神性的追求及其對現代社會的批判，與「開放社會」的觀念互通生息，它們與社會主義體制（它在自由主義傳統中被稱為極權主義）及其意識形態處於對立兩極。

伴隨着六十年代的衰落，那個時代的精神氣質逐漸滲透到大眾文化之中；反叛的精神性失去了內在的緊張，卻轉化為更為普及的精神–商業產品，並在有意無意之間將冷戰的、甚至種族主義的意識形態滲透其間。各種各樣與西藏相關的電影、商品、藝術作品和飾

27 同上書，第9頁。
28 同上書，第16頁。
29 同上書，第16–18頁。

物遍佈了各大商店、影院和畫廊。「夢幻世界的西藏」展出了許多這樣的東西，策展者問道：「為甚麼人們連想也沒有想過在 T 恤衫上印上這些神聖的標記是一種褻瀆？」藏傳佛教鼓勵無私的奉獻，而這些商品只能服務於個人自私的佔有欲。那些對基督失去信仰的人，現在轉向了精神性的西藏 —— 但這個西藏其實更像是時尚，而不是精神的故鄉。許多好萊塢的明星和名人 —— 他們很可能對西藏一無所知 —— 成為藏傳佛教的信徒和敵視中國的人物，這件事情發生在西方時尚世界的中心，倒也並不奇怪。我們至少應該了解這個氛圍，這裏不妨略舉兩例。1997 年法國導演讓–雅克・阿諾（Jean-Jacques Annaud）根據海因里希・哈勒（Heinrich Harrer）的《西藏七年》（*Seven Years in Tibet*, 1953）拍攝了同名電影，由布拉德・皮特（Brad Pitt）和大衛・休利斯（David Thewlis）主演。這部電影在西方影響很大，但很少人了解哈勒曾經在舍費爾的研究所工作，他本人就是納粹分子，他在西藏時與達賴和其他西藏的領導人有交往。即便在達賴流亡之後，他們的交往仍然很密切。1943 年，哈勒在印度時因為納粹身份曾被英國人逮捕，後從英國的戰俘營中逃走。好萊塢電影不但掩蓋了作者的納粹身份，而且添加了許多書中沒有的情節，以適應西方觀眾的口味。阿沛・阿旺晉美（1911–2010）時任西藏地方政府噶倫、昌都總管，與哈勒有過交往。1998 年 3 月 23 日，他接受《南華早報》（*South China Morning Post*）的訪談，以當事人的身份駁斥電影中捏造的情節。[30] 另一部由理查・基爾（Richard Gere）主演的《紅色角落》（*Red Corner*）將東方主義的西藏形象與冷戰式的反華、反共的價值糅

30 "Interview with Ngapoi Ngawang Jigme", *South China Morning Post*, April 4, 1998.

合在一起，是一部藝術上粗製濫造但意識形態上卻十分明確的電影。基爾本人現在是「自由西藏運動」的核心人物之一。這次在西方國家搶奪奧運火炬當然是有組織的行動，但那些西方志願者中至少有很多正是這些受了東方主義想像、冷戰意識形態和好萊塢電影影響的人。關於《西藏七年》這部電影的問題，加州大學伯克利分校新聞學院前任院長奧維爾・謝爾（Orville Schell）在他的《影像中的西藏》（*Virtual Tibet: Searching for Shangri-La from the Himalayas to Hollywood*）中有過詳細的論述。[31]

西藏文明是偉大的文明，藏傳佛教有悠久的傳統，但它們的意義並不存在於東方主義的幻覺中。西方人的想像和香格里拉的神話並不會給西藏帶來真正的進步。東方主義賦予西藏文化的那種普遍表像不過是西方自我的投射。薩義德在討論東方學時曾經引用葛蘭西的文化霸權這一概念，他說：「要理解工業化西方的文化生活，霸權這一概念是必不可少的。正是霸權，或者說文化霸權，賦予東方學以我一直在談論的那種持久的耐力和力量。……歐洲文化的核心正是那種使這一文化在歐洲內和歐洲外都獲得霸權地位的東西——認為歐洲民族和文化優越於所有非歐洲的民族和文化。」「東方學的策略積久成習地依賴於這一富於彈性的位置的優越，它將西方人置於與東方所可能發生的關係的整體系列之中，使其永遠不會失去相對優勢的地位。」[32] 西方社會至今並沒有擺脫這樣的東方主義知識，那些對自己的社會和現代世界感到絕望的人們，很快就在西藏的想像中找到

31 Orvile Schell, *Virtual Tibet: Searching for Shangri-La from the Himalayas to Hollywood*, New York: Metropolitan Books, 2000, pp. 283–294.

32 薩義德著，王宇根譯：《東方學》，北京：生活・讀書・新知三聯書店，1999，第 10 頁。

了靈魂的安慰，他們從未想過，他們的「神智論」或通靈術不但扭曲了西藏的歷史和現實，也傷害了那些正在張開雙臂迎接他們的中國人。中國人並不知道自己面對的，是一羣滲透着幾個世紀的東方學知識的西方人，而西藏正是一個內在於他們的或者說作為他們自身的「他者」而存在的人為創造物。當他們意識到現實的西藏與他們的創造物之間的巨大差異時，怨恨油然而生 —— 東方 / 西藏是他們構築自我的必要前提，這個「他者」一旦脫離西方的「自我」而去，西方的「自我」又要到哪裏去安置呢？的確，在這個全球化的世界上早已經沒有 —— 事實上也從未有過 —— 他們想像中的香巴拉；如果他們不甘於在自己的世界裏失去信仰，那麼，他們只能在另一個世界裏重構它。

東方主義的幻影並不僅僅屬於西方，如今它正在成為我們自己的創造物。雲南藏區的中甸現在已經被當地政府正式改名為香格里拉，這個生活着包括藏族人民在內的各族人民的地方被冠以西方人想像的名號，目的不過是招徠遊客。2004 年，我在中甸一帶訪問時，曾經到過一個藏族文化的「樣板村」，這個小小村落竟然網羅了幾乎所有藏族文化的建築和擺設。在迅速變遷的世界裏，保護和珍藏民族文化是必要的，但這樣一個藏族的文化村並不能夠反映藏族生活的日常狀態。關於西藏的神秘主義想像現在變成了商品拜物教的標誌，那些從全世界和全中國奔赴藏區的旅遊大軍，那些以迎合西方想像而創造的各種「本土的」「民族的」文化展品，究竟在創造怎樣的新東方主義「神智論」和通靈術？又在怎樣將活生生的民族文化變成遊客眼中的「他者」？在批評西方的東方想像時，我們需要批判地審視中國社會對於東方主義的再生產。說到底，東方主義不是一個單純的西方問題。

殖民主義與民族主義的變奏

宗主權概念與國際關係中的「承認的政治」

「西藏獨立」問題是和西方將自己的帝國主義的承認政治——一種以民族國家為主權單位的承認體系——擴張到亞洲地區時同時發生的。當西方的文明觀、民族觀和主權觀改變了這一區域的歷史關係，成為主導整個世界的規則之時，那些在許多世紀中在這個區域行之有效的政治聯繫的模式不再有效了。「西藏問題」的一個特點是：包括美國、英國在內所有西方國家均承認西藏地區是中國的一部分，是中國的自治區之一；沒有任何一個國家公開否認中國對西藏地區擁有主權。甚至在晚清和民初的諸種不平等的國際條約中，除了個別的例外，中國對西藏地區的主權也受到西方國家的承認。在國際法的意義上，西藏地位是清晰的。但是，對於這一問題有必要提出一點說明，以免被這一「承認的政治」模糊了視線：

第一，在這個世界的許多地區曾經存在着各種各樣的複雜的聯繫模式，比如西藏與明朝、西藏與清朝的臣屬或朝貢模式，但這一臣屬或朝貢模式與歐洲民族國家的模式並不一致，一旦將這些傳統的關聯模式納入歐洲主權體系內，麻煩就會隨之而來。在十九至二十世紀亞洲的殖民歷史中，英國和其他列強通過締結各種不同的條約，用 suzerainty（宗主權）翻譯和界定亞洲區域複雜的朝貢 / 宗主 / 藩屬關係，並迫使清王朝放棄對於周邊王朝的宗主 / 藩屬關係，進而將這些王朝納入列強控制的範圍之內。這是殖民主義時代的宗主權的轉移。在歐洲民族主義的話語中，suzerainty 概念最初用於描述奧斯曼帝國與周邊地區的關係，而在十九世紀對亞洲地區的殖民過程中，又被移用於清朝及其與周邊地區的關係。最為關鍵的是：宗主關係包含着不同的歷史形態或者說存在着不同性質的宗主關係。在十九至二十世紀，帝國主義國家與殖民地的宗主關係主要發生在工業化的宗主國與農業的、欠發達的地區之間，兩者之間存在着密切的經濟依附關係。通過帝國主義的宗主關係的確立，殖民地的經濟結構不但從屬於宗主國的工業體系，而且從屬國的社會關係和政治結構也由此發生巨大的轉變。與此相對照，亞洲地區的朝貢網絡通常並不要求這一強制性的勞動分工，宗主國的經濟也並不依賴於藩屬或藩地的貢品。

帝國主義的宗主關係與亞洲地區的朝貢 / 藩屬網絡有着重要的差別，兩者之間並不是同質的。當帝國主義宗主國用宗主權概念描述歐洲殖民歷史並將其等同於亞洲區域的冊封、朝貢和藩屬關係時，也隨即在中國語境中產生了「suzerainty 宗主權」與「朝貢–冊封–藩屬–藩地」之間的對譯性，不但取消了兩者之間的重要的歷史差異，而且也忽略了西藏與中原王朝關係的複雜演變。朝貢是一個模糊的概念，包含着不同的歷史形態。元、明、清歷代王朝和西藏的關係常常被放置在朝貢 / 宗藩概念下描述，但性質上卻有重要的差異。例如，元朝將西藏納入行政治理範圍，藏人成為元朝的編戶齊民，西藏與元朝的關係可以界定為統一王朝的中央–地方關係。但這一中央–地方關係與其他中央–地方關係同樣不是同質的：元朝在中央專設宣政院以管理西藏和釋教事務，並將藏區劃分為三道宣慰司。明朝承襲了元朝對西藏的統治，將元朝的三道宣慰司改變為三個都指揮使司，但在「夷夏之辨」的觀念影響下，明王朝與西藏的關係逐漸從中央–地方關係轉化為較為典型的朝貢關係。清朝皇權綜合了蒙古汗統、中原皇帝、滿洲族長和藏人信仰的文殊菩薩等多重角色。駐藏大臣及軍隊駐紮顯示了中央政府與西藏之間的直接統屬關係，但這一統屬關係也並不同於內地各省，這一點可以從清代理藩院的設立清楚看出。理藩院的前身是崇德元年（1636）設立的蒙古衙門，崇德三年六月改為理藩院，屬禮部。作為中央政府機構，理藩院除了掌管蒙古、西藏、新疆等邊疆區域事務外，在咸豐十年十二月（1861 年 1 月）設立總理各國事務衙門之前，它還兼管俄羅斯事務。理藩院六司分掌爵祿、朝貢、定界、官制、兵刑、戶口、耕牧、賦稅、驛站、貿易、宗教等事務，另設有內館、外館、蒙古學、唐古特學、托特學、俄羅斯學、木蘭圍場、喇嘛印務處、則例館等機構。由於朝貢關係沒有嚴格的內外區分，這一概念既可以描述王朝與其屬地（如西藏、蒙古）的關係，也可以描述王朝與其藩屬的關係（如緬甸、尼泊爾、琉球等），甚至還可用於中國王朝與俄羅斯和西方國家之間的關係，因此，在現代國際關係規範的參照下，將這一概念與 suzerainty（宗主權）或 sovereignty（主權）等概念相關聯時，很容易造成歷史理解上的扭曲。

伴隨着殖民地民族解放運動的發展，拒絕這一宗主關係及其經濟依附、尋求民族自決和解放成為一種時代訴求；在這一條件下，宗主權概念也極易在民族主義知識的框架下被用於描述亞洲區域的傳統關係。在涉及中國問題時，宗主權概念通常包含了雙重意義結構：一方面，它與傳統中國的皇權–諸侯的分封關係相對照，將蒙古、新疆、西藏、滿洲等「外中國」（Outer China）與所謂「中國本部」（China Proper）或「內中國」（Inner China）區分開來；另一方面，宗主權概念與主權構成了一種對比關係，前者描述帝國（如奧斯曼、中國等）與其周邊地區的關係，將周邊地區界定為外交上從屬於宗主國而內部又包含自治權的政治體，而後者則描述平等國家間的關係。綜合兩個方面，宗主權概念建立了對內外中國的區分，而這一內外區分是通過歐洲主權國家間關係的透視鏡而界定的：這是一種介於主權與從屬之間的曖昧的自治領域。實際上，這一曖昧的自治概念是從「suzerainty 宗主權」與「朝貢–藩屬–藩地」之間的翻譯性關係中衍生出來的，它貫穿了英美等西方國家的西藏政策。很明顯，在這一對譯關係中，宗主權概念已經被形式化了，它並不包含歐洲歷史中的宗主關係與朝貢–藩屬關係之間的重要的歷史差別。

例如，在 1913 年 10 月—1914 年 7 月由英國主導的西姆拉會議上，英國的立場是：西藏應該成為在英國監護之下的、只是名義上屬於中國的高度自治地區 —— 這裏所謂「高度自治」並不意味着西藏的真正自治，而只意味着英國監護權的權威性。1943 年，圍繞中國中央政府與西藏地區的矛盾，英國打算放棄對中國宗主權的承認，而公開支持「西藏獨立」。英國外交部的一份題為「西藏與中國的宗主權問題」的檔案明確宣稱：「中國為了求得遠東戰後的安寧，其計劃與宣傳的目的在於，使英國所統治的印度、緬甸和馬來亞等地獲得獨立。就這後兩者而論，真正的動機無疑是為中國的政治經濟統治掃清障礙」；「為了對西藏要求徹底獨立的主張給予有效的支持，我認為，我們應當放棄我們從前承認中國的宗主權的意願。」[33]1950 年 11 月 15 日，薩爾瓦多代表團團長赫克托・戴維・卡斯特羅（Hector David Castro）在美國的指使下，要求聯合國大會上討論中國「入侵西藏問題」，英國外交部再次對宗主權（suzerainty）概念加以澄清，以證明西藏不是中國的一部分，而是一個「獨立」的國家。在英國外交部致英國駐印度專員的電報中有如下表述：「由於中國對西藏行使宗主權的實際控制程度是隨時代的變化而變化的，因此西藏在 1911 年便擺脫了中國人的控制並且把中國人的軍隊驅逐出了西藏的領土。到

33 英國外交部檔案，371/35755，「西藏與中國的宗主權問題」，1943 年 4 月 10 日，轉引自梅・戈爾斯坦著，杜永彬譯：《喇嘛王國的覆滅》，北京：中國藏學出版社，2005，第 325 頁。

1913年，它已脫離中國而獨立，並且於1914年自主地出席了西姆拉三方會議。會議導致了英國、中國和西藏的代表起草了一項條約，承認西藏在中國宗主權下的自治，但是明確地表示防止中國把西藏合併為其一個行省，……雖然中國沒有正式在《西姆拉條約》上簽字，但是西藏只是在相信條約將生效的基礎上才同意再次接受中國的宗主權的。」「我們承認中國在1914年之後對西藏享有宗主權是以中國承認西藏自治為前提的；換句話說，我們所承認的這種宗主權是《西姆拉條約》中所規定的那種主權，從1914年起我們就已經接受了西藏直接同別的國家交往的權利。」[34] 這一立場也為印度所繼承。1950年9月，尼赫魯對西藏代表團說：「印度政府將延續英國人統治時的對藏政策，即表面上把西藏視為中國的一部分而內部卻認為西藏是獨立的，可是，假如西藏代表聲稱西藏是完全獨立的，那就很難達成協議。」「我們將要求中國人不要派軍隊入藏。」[35] 因此，西方國家承認中國對西藏地區擁有主權並不妨礙它們從別的方面支持在自治名義下的西藏分離主義，這一看似矛盾的現象來源於歐洲殖民主義時代的「suzerainty 宗主權」的翻譯政治及其對內外中國的區分。

第二，主權承認的政治從來不是穩定不變的政治，以南斯拉夫解體為例，西方國家起先也按照國際法承認南斯拉夫的主權，但伴隨形勢的發展，他們很快打破國際法的規則，例如德國就對克羅地亞、斯洛文尼亞獨立採取單邊承認，它不但違背了國際法，甚至也違背了戰後的國內憲法。最近的科索沃獨立是又一次既違背國際法也違背西方

34 英國外交部檔案，371/84454，「英國外交部致英國駐印度高級專員的電報」，1950年11月5日，轉引自同上書，第622–623頁。

35 夏格巴・旺秋德丹：《西藏史》（*Bod kyi srid don rgyal rabs : an advanced political history of Tibet*）第二卷，噶倫堡，1976，第417–418頁；梅・戈爾斯坦著，杜永彬譯：《喇嘛王國的覆滅》，第581頁。

國家承諾的例證，這一點當年葉利欽大概已經預見到了，但他無力回天。「3·14」西藏騷亂發生後，弗瑞德・哈里代（Fred Halliday）在《開放民主》（*Open Democracy*）上發表文章，將「西藏問題」與巴勒斯坦問題相提並論，認為它們都屬於「後殖民羈押綜合症」（the syndrome of post-colonial sequestration）。作者認為：將所有的主權爭論集中在歷史定位問題上是錯誤的，因為獨立問題並不是由歷史決定的，而是由國際性的承認關係決定的。他舉例說，科威特完全是一個「人造的」國家，但由於得到國際承認，在1990年伊拉克入侵時得到了整個國際社會的聲援；而巴勒斯坦和西藏地區則由於在一些關鍵時期在國際上沒有獲得重視和承認，從而錯失了「獨立」的機會。因此，「即使西藏在若干世紀中一直是中國的一部分，這也並不能否定它宣佈獨立的當代權利——這是一片語言和文化截然不同、在1950年之前擁有數十年現代主權的領土。畢竟，長期受英格蘭統治的愛爾蘭、受瑞典統治的挪威、受俄國統治的芬蘭、烏克蘭和波羅的海國家，並沒有因此就沒有在二十世紀宣告獨立」。[36] 哈里代將西藏與他所列舉的國家及其他殖民地狀況相提並論，將清朝與西藏的關係等同於歐洲國家間的佔領或殖民關係，在歷史研究上是錯誤的。但他認為主權國家的形成並不完全取決於歷史，而是更多地取決於國際承認的狀況，這一點並不錯。如果沒有西方帝國主義的策動，二十世紀前期的西藏不可能出現「獨立」運動；[37] 沒有西方輿論的支持，當代西藏也不會產生以謀求「獨立」為取向的運動。

---

36 Fred Halliday, "Tibet, Palestine and the politics of failure", in *Open Democracy*, see http://www.opendemocracy.net.

37 1942年，西藏「外交局」秘書索康對美國使者明確地說：「西藏現在之所以具有獨立地位，完全歸功於英國。」印度事務部檔案，L/PS/12/4299，1943年3月14日駐拉薩的英國代表致錫金政治專員的信。轉引自梅・戈爾斯坦著，杜永彬譯：《喇嘛王國的覆滅》，第321頁。

民族–國家視野中的中國觀與西藏觀

在有關「西藏問題」的討論中，我們必須追問如下問題：在西方國家普遍承認中國對西藏地區的主權之時，為甚麼有那麼多西方人同情或者支持「藏獨」呢？這個問題包含很多複雜的因素，除了上面談及的宗主權與主權的爭論外，這裏先分析其中的兩個因素：

首先，西方的民族主義知識、尤其是在這種民族主義知識框架下形成的中國觀和西藏觀對此起了重要的作用。辛亥革命摧毀了滿清這一多民族王朝，並以五族共和的方式建立了新的共和國，但隨即面臨了同一時期歐洲多民族帝國的相似危機：西藏、蒙古和內地各省均出現了「獨立」或自治運動。這一變局也正好與「威爾遜主義」在共和國的第一個十年中的影響相互呼應。站在歐洲「民族原則」的視角內，無論在辛亥革命之後西藏發生的驅漢運動，還是如今的海外「藏獨」運動，都遵循着族裔民族主義（以獨特的族羣、語言、宗教和文化等相標榜）的邏輯 —— 追求國界與民族及語言疆域相互重合的族裔民族主義或所謂「語言民族主義」。[38]

十九世紀以降，整個世界逐漸地被組織在民族國家的主權體系之中。儘管許多國家（包括歐洲國家）的民族狀況極為複雜，但民族主義卻主要地呈現為一個極為簡單的政治原則，用蓋爾納（Ernest Gellner）的話說，這個政治原則認為「政治的和民族的單位應該是一致的」。「簡言之，民族主義是一種關於政治合法性的理論，它要求族裔的疆界不得跨越政治的疆界，尤其是在一個國家中，族裔的疆界不

---

38 本尼迪克特・安德森指出：「印刷資本主義賦予了語言一種新的固定性（fixity），對『主觀的民族理念』而言，這種固定性在經過長時間之後為語言塑造出極為關鍵的古老形象。」「資本主義、印刷科技與人類語言宿命的多樣性這三者的重合，使得一個新形式的想像共同體成為可能……」參見本尼迪克特・安德森著，吳睿人譯：《想像的共同體》（上海：上海人民出版社，2003）第三章，第 52、54 頁。

應該將掌權者與其他人分割開——這一偶然性在該原則制定時早已被正式排除了。」[39] 民族主義情緒據說是這一原則被違反時的憤怒感，或者是實現這一原則帶來的滿足感。在第一次世界大戰結束之際，這一十九世紀的「民族原則」曾在威爾遜主義的「民族自決」的名義下大行其道，但其流行並非民族發展的必然，而是「兩大出人逆料的發展所導致的結果：一是自中歐到東歐，多民族大帝國陸續崩潰倒台；二是俄國革命賜給聯軍大好機會，使它們可以大打『威爾遜牌』，來抵制『布爾什維克牌』。就像我們所看到的：在 1917 到 1918 年間，真正能大規模動員人民力量的，並非民族自決而是社會革命」。[40] 事實上，在戰後歐洲，多民族國家是常態，就此而言，那些新興的民族國家並未取代所謂「民族囚牢」(prisons of nations) 的傳統帝國模式。在後冷戰時代，國際關係體系的重新整合主要是以「民主」「人權」或宗教文化等為號召，許多反抗運動——包括針對民族國家的反抗運動——也常常是多民族或跨民族的運動。在東歐和蘇聯地區，新民族國家成功的概率與其說取決於民主、人權等口號，不如說取決於是否親美以及是否符合美國的全球戰略需要。然而，在民族主義問題上，「歷史事實往往跟理論大相徑庭」，[41] 多民族社會的普遍存在這一歷史事實並不能改變「民族原則」在歐洲的流行。對於某些力量（民族主義的力量或霸權的力量）而言，民族單位與政治單位的一致仍然是最方便的說辭，

---

39 厄內斯特・蓋爾納著，韓紅譯：《民族與民族主義》，北京：中央編譯出版社，2002，第 1、2 頁。

40 埃里克・霍布斯鮑姆認為：種族屠殺雖然遲至二十世紀四十年代才大規模上演，但早在第一次世界大戰的末期就在土耳其–南歐邊境登場。他指的是 1915 年土耳其將亞美尼亞人強制驅逐出境，以及 1922 年希土戰爭后土耳其再度驅逐 130 萬到 150 萬希臘人。「也是基於這項邏輯推演，奉行威爾遜主義的希特勒，才會主張將那些並非居住在其父祖之地的日耳曼人，比方說住在意大利南提羅爾一地的日耳曼人，大舉遷居回德國；並將境內猶太人永久驅逐。」引自霍布斯鮑姆著，李金梅譯：《民族與民族主義》，上海：上海人民出版社，2000，第 158 頁。

41 同上書，第 160–161、164 頁。

如果這一原則與宗教信仰的差異相互重疊，就更易於觸發民族對立的情緒。蘇聯和南斯拉夫的解體有着複雜的原因，但其解體的形式是和這一民族主義原則一致的。更早的印巴分治則是從宗教衝突演化為民族對立的例證——其間發生的悲劇和暴力我們已經耳熟能詳了。

在當代世界，中國很可能是這個世界上唯一的仍然保持着前二十世紀帝國或王朝的幅員和人口構成的社會，但它早已不是清王朝，而是一個主權國家。對於許多西方人而言，如何敘述中國這樣一個不但多民族、多宗教而且多文明的跨體系社會（trans-systemic society）始終是一個問題。從比較文化史的角度看，基督教與儒家思想在界定甚麼是文化上的歐洲或文化上的中國時的角色大致相似，但其實暗含了一種關鍵性的分歧，用王國斌的話說，「基督教超越了歐洲民族國家的政治邊界，而儒家思想將文化邊界和政治邊界都融合在一個單一的（儘管是複雜的）綜合體中。……如果我們假定政治和文化的融合是現代民族主義的一個獨有特徵，我們會面臨這樣一個窘境：要將中華帝國的政治建構策略視為『現代的』」。[42] 對於歐洲思想而言，如何理解中國歷史中的這種將文化邊界與政治邊界融合在一個共同體中的現象，構成了一個認識論上的挑戰。為了迴避這一「窘境」，就有必要對於中國另加表述。我在這裏舉個例子。英國企鵝叢書中有一本中國歷史教材，它所表現出的對中國歷史的困惑其實很有典型性。該書第一頁的第一句話是這樣說的：「這個在英語中稱之為 China 的國家、人民和文化正處於深刻的總體危機之中……」這個「總體危機」是甚麼呢？在書的末尾，作者交代說，「這是一個由傳承而來的文化和政治秩序的危

---

42 王國斌：〈兩種類型的民族，甚麼類型的政體？〉，載卜正民（Timothy Brook）、施恩德（Andre Schmid）編，陳城等譯：《民族的構建——亞洲精英及其民族身份認同》（*Nation Work: Asian Elites and National Identities*），長春：吉林出版集團有限責任公司，2008，第 134–135 頁。

機，是這一文化和政治秩序得以解碼的稿本的危機，是一個偽裝成現代統一國家的帝國的危機，它的漫長延續似乎正在受到轉向一種特定的資本主義的威脅，……」[43]「偽裝成現代統一國家的帝國」是這段話也是這本書的關鍵所在——中國沒有遵守族裔的與政治的疆界的同一原則，它的語言與其說是一種民族語言，不如說是一種帝國語言，它的歷史敍述與其說是民族史，不如說是帝國的宗教。總之，中國既不像他想像的民族，也不像他想像的國家，它不但混雜着諸多的族羣，而且也包含了好幾個文明。在他看來，這是一個缺乏內在統一性的帝國，只是靠着集權的力量才將不同區域和族羣攏在一起。其實，在他之前，著名的美國中國學家白魯恂（Lucian Pye）已經對此做過更為精緻的表述：「中國在集體和個人兩個方面是獨特的：作為一個集體，中國不是一個正常的民族國家；它是一個硬要將自己擠入現代國家形式的文明。在個人層面，沒有一個社會（像中國社會這樣）更為重視將孩子們鑄造為人民，鼓勵思想和行為的正確性。」[44]總之，按照他們的觀點，中國可以是一個文明、一個大陸、一個帝國，而絕不是一個「正常的民族國家」或「現代國家」。在這裏，「正常」與「現代」都是按照西方的自我想像而產生的標準，是硬將自己塞進普遍主義（或所謂普世價值）的框架中的西方特殊主義。這類在民族主義知識框架下形成的中國敍述是以歐洲民族–國家的標準模型為前提的，按照這個標準模型，政治共同體必須以民族體為中心，那種在漫長歷史中形成的多民族甚至多文明的複合型社會反而被看成人為的和強制的。

43 W. J. F. Jenner, *The Tyranny of History: The Roots of China's Crisis*, London: The Penguin Press, 1992, pp. 1, 2, 249.

44 Lucian W. Pye, *The Spirit of Chinese Politics*, Cambridge, MA: Harvard University Press, 1992, p. ix. 該書第一版是 1968 年出版的。

規則的較量：殖民擴張、中國革命與「西藏問題」的發生

其次，民族主義知識並不僅僅是西方看待中國的方式，也是一種伴隨着資本主義擴張和民族主義運動而不斷獲得發展的歷史力量，包括西藏地區在內的整個中國和相關區域的各種政治關係無不被這一力量所重新塑造。殖民主義的一個直接後果是：由於清朝無力抵抗英國殖民主義的入侵和蠶食，西藏與清朝之間的傳統關係發生了變異、矛盾和疏離。鴉片戰爭後，為了應付沿海的挑戰，清朝主動放棄了駐藏大臣對達賴喇嘛和班禪喇嘛兩處商業收支的審核權和部分兵權。[45]1841 年及 1855 年，在英國慫恿克什米爾軍隊入侵西藏阿里和尼泊爾襲擊西藏邊境時，清朝正深陷鴉片戰爭和太平天國運動，根本無力馳援西藏。英國在侵略西藏的過程中，也多次設法分化西藏與中央政府的關係，希望獲得自身在西藏的特權，而清朝政府無力對西藏提供軍事援助，為求自保，反而逼迫西藏採取妥協政策。例如，1856 年，在駐藏大臣調節下，西藏被迫簽訂《西藏尼泊爾條約》；1876 年，清英簽訂的《煙台條約》中包含的涉藏條款也是同一妥協政策的產物；1886–1888 年，圍繞西藏與錫金邊境隆吐山設卡方位問題，西藏與英國產生激烈衝突，但清政府卻向駐藏大臣下令撤卡，遭到西藏各界強烈抵制；1888 年 3 月英國發動第一次侵藏戰爭，攻佔隆吐山、咱利、亞東和朗熱等要隘，逮捕了居住在春丕谷的哲孟雄土王土朵朗結並將其押往噶倫堡囚禁。戰事結束後，1888 年末至 1890 年間，清朝被迫派駐藏幫辦大臣升泰在英國人赫政（James H. Hart）的幫助下與英國在英軍營地及大吉嶺等地談判，[46] 最終於 1890

---

45 吳豐培、曾國慶：《清朝駐藏大臣制度的建立與沿革》，北京：中國藏學出版社，1989，第 74–75 頁。

46 赫政是晚清時代的總稅務司赫德（Robert Hart）的弟弟，後者與英屬印度總督有着密切的關係。在談判期間，他們向英方提供了清朝的底線。

年 2 月 27 日在加爾各答簽訂《中英會議藏印條約》，共八款，除了劃定藏哲之界外，條約特別規定「哲孟雄由英國一國保護督理，即為依認其內政外交均應由英國經辦；該部長及官員等，除由英國經理准行之事外，概不得與無論何國交涉往來。」[47] 導致錫金與清朝的宗主關係徹底崩潰。[48]1893 年 12 月 5 日，清廷被迫與英國簽訂了《中英藏印續約》(《中英會議藏印條款》)，解決所謂通商、交涉、遊牧等問題。根據這一條約，中國定於 1894 年開放亞東為商埠，英國可派員駐亞東，查看英商貿易；從亞東開關起五年內，除軍火、鹽、酒及「各項迷醉藥」外，各種貨物免稅，而清廷一再拒絕的印茶入藏問題，也將於五年後解決。即便是英國侵略者也承認：「事實上，此次條約已證明毫無效用，西藏人民從未承認之，而中國當局又完全無力強制藏人也。」[49]1903–1904 年，英國再度發動大規模的對藏戰爭，清政府通過駐藏大臣一再阻撓西藏軍民抵抗，導致一千多名藏軍遭英軍屠殺，在英軍佔領拉薩的當天，駐藏大臣有泰甚至拜訪侵略軍首領榮赫鵬（Colonel Younghusband）並犒賞英軍。[50]

英國對西藏的入侵既導致了西藏的離心傾向，而後者引發了清朝

---

47 王鐵崖編：《中外舊約章彙編》第一冊，北京：生活・讀書・新知三聯書店，1982，第 522 頁。

48 根據該條約中的「藏哲通商，……容後再議」一條，兩國又在大吉嶺開始談判。西藏三大寺及僧俗大眾聯名上書升泰，反對英人入藏通商遊歷及開放亞東為商埠，但赫政按照赫德的電示，威脅升泰若不准許英國要求，印度將撇開中國徑自與西藏交涉辦理。《帝國主義與中國海關》第五編「中國海關與緬藏問題」，北京：中華書局，1983，第 156 頁。

49 榮赫鵬（Francis Younghusband）著，孫熙初譯：《英國侵略西藏史》，拉薩：西藏社會科學院資料情報研究所編印，1983，第 70 頁。

50 正如藏學家石碩所說：「1888 年以來英國對西藏的兩次武力入侵為英國在藏取得了經濟上乃至政治上的特權，使西藏和中國內地一樣開始處於半殖民狀態，那麼，這兩次入侵帶來的另一個結果，則是醞釀和形成了西藏地方政府與清政府之間的嚴重隔閡和矛盾。這種隔閡和矛盾的緣起在於清政府在英國對西藏的兩次入侵中均採取了為西藏方面所難以容忍的妥協投降政策。」參見石碩：《西藏文明東向發展史》，成都：四川人民出版社，1994，第 418 頁。本節有關辛亥革命前後清朝與西藏關係的分析，參考了該書第八章（第 408–465 頁）的論述；馮明珠的《近代中英西藏交涉與川藏邊情 —— 從廓爾喀之役到華盛頓會議》（台北故宮博物院印行，1996 年）則是有關中英西藏交涉和川藏邊情研究的重要成果。

政府對於西藏進行直接控制的努力。清統治者終於認識到西藏很可能像錫金和不丹那樣淪為英國的「保護國」。伴隨着藏英衝突轉化為西藏與清朝政府的矛盾，清朝政府一改以往的方式，開始直接干預西藏事務，激化了兩者之間的矛盾。由於矛盾和誤解日深，十三世達賴在 1904 年出走蒙古與 1910 年出逃印度時兩度被撤銷封號。1905 年，在康區的巴塘，清朝政府頒佈了削減寺廟僧侶數量並在二十年內禁止招收僧徒的決定，並賜予巴塘天主教牧師一塊土地，導致寺廟喇嘛的反抗。[51]1906 年 4 月 27 日在北京簽訂的《中英條約》，實際上否定了 1903–1904 年英國對藏戰爭的主要成果；在清朝政府推行「新政」的背景下，朝廷派赴美歸來的張蔭棠「領副都統」銜，以駐藏幫辦大臣身份進藏「查辦藏事」；同年 10 月，在達賴自蒙古返藏途中，清朝皇帝下令他在青海塔爾寺暫住，推遲返藏日期，以鞏固清朝在藏的地位，結果達賴在青海停留了整整一年；1907 年，清政府又派聯豫為駐藏大臣與張蔭棠共同籌辦「新政」，制定訓練強大軍隊的計劃，建立世俗政府部門，使西藏政府世俗化；設計公路和電報線路方案，制訂資源開發計劃，甚至用儒家倫理和近代思想改變西藏風俗。1907 年在拉薩開設一所漢文學校，1908 年設立軍校。[52]1908 年，川滇邊務大臣趙爾豐則在平定了康區叛亂之後，在川邊（西康）一帶實行大規模改土歸流。這些「新政」措施嚴重脫離西藏政教合一的社會體制，「帶有較為深厚的滿漢大民族主義色彩」，[53] 但需要說明的是：「新

51 梅・戈爾斯坦著，杜永彬譯：《喇嘛王國的覆滅》，第 8 頁。

52 鄧銳齡、陳慶英、張雲、祝啟源：《元以來西藏地方與中央政府關係研究》，北京：中國藏學出版社，2005，第 794–803 頁；梅・戈爾斯坦著，杜永彬譯：《喇嘛王國的覆滅》，第 8 頁。

53 石碩指出：「趙爾豐在川邊一帶的改革，不僅以血腥的武力鎮壓為先導，還……帶有很大的軍事擴張成分，所以，清政府在西藏和川邊推行『新政』的結果適得其反，實際上大大加劇和擴大了漢藏矛盾。」《西藏文明東向發展史》，第 426 頁。

政」是為了回應英國殖民主義的入侵和支配而產生的回應措施。為平息和應付藏人對「新政」的牴觸和反抗，1910 年，清廷派協統鍾穎率軍紀極差的兩千川軍進駐拉薩，直接導致了達賴的第二次出走；1911 年，辛亥革命的消息傳至拉薩，迅速觸發了駐藏清軍的內訌和譁變，他們恃武力搶劫寺院、商店，甚至屠殺藏人，而清朝的滅亡也為這一時期的分離主義埋下了伏筆，兩者共同激發了藏人對漢人的仇視和反抗情緒。[54]1912 年，在清朝滅亡的背景下，經尼泊爾人的調解，所有清朝駐藏官員和清軍被驅逐回內地，清朝對西藏的統治系統至此徹底瓦解。

清朝與西藏關係的上述雙重變化與西藏上層的離心傾向是相輔相成的。1912 年，尚未回到西藏的十三世達賴下達「驅漢令」說：「內地各省人民，刻以推翻君王，建立新國。嗣是以往，凡漢人遞送西藏之公文政令，概勿遵從……漢人官吏軍隊進藏，是其信用既已大失，猶復恣為強奪，蹂躪主權，坐令我臣民上下，輾轉流離，逃竄四方，苛殘惡毒，於斯為極……自示以後，……苟其地居有漢人，固當驅除淨盡，即其地未居漢人，亦必嚴為防守，總期西藏全境漢人絕跡，是為至要。」[55] 所謂「內地各省人民，刻以推翻君王，建立新國」的說法，將「驅漢」行動的合法性建立在新型的，亦即民族主義的「承認的政治」之上。這種「承認的政治」完全不同於以宗教和朝貢關係為紐帶的傳統模式，一方面與辛亥革命後各省的獨立和自治運動相互呼應，另一方面又內含嚴分漢藏的種族要素和較之分省自治運動更為明

54 隨鍾穎軍隊入藏的管帶陳渠珍在 1936 年著成《艽野塵夢》（拉薩：西藏人民出版社，1999）一書，記述入藏的經歷，對這一過程提供了當事人的第一手描述。

55 引自牙含章：《達賴喇嘛傳》，北京：人民出版社，1984，第 240 頁；石碩：《西藏文明東向發展史》第八章，第 408–465 頁。

確的建立「新國」的民族主義要素。在回到西藏二十天後，他又向他的官員和屬民發佈了一個單方面擁有統治權的聲明，將西藏與明朝、清朝以宗教和朝貢關係為紐帶的傳統模式界定為「供施關係」。這一供施關係的界定事實上建立在上述種族的和國家的雙重要素的地基之上。如果將這兩個要素與 1912 年發生的外蒙宣告獨立和 1913 年 1 月簽訂的《蒙藏協定》聯繫起來觀察，我們可以清晰地看到一種以追求「政治的和民族的單位應該是一致的」民族主義分離運動。《蒙藏協定》稱：「蒙古西藏均已脫離滿清之羈絆，與中國分離，自成兩國，因兩國信仰同一宗教，而欲增進古來互相親愛之關係。」[56]

但是，這一追求「獨立」的「承認的政治」不是「獨立地」產生的。首先，除了英國的兩次對藏戰爭和隨後簽訂的不平等條約之外，在整個二十世紀，其他區域的和全球性的勢力也開始直接介入西藏問題。在 1904 年英國侵佔拉薩之前，沙皇通過他的內線、俄國布里亞特蒙古人多吉也夫，亦即十三世達賴的侍讀堪布德爾智，勸說達賴投靠俄國。十三世達賴為了抵抗英國入侵有意與俄國聯合，但他的最初動機並非獨立。在出走蒙古時，他公開聲明：「先去蒙古，再赴北京陛見皇太后和光緒皇帝。」[57]1910 年 2 月，清朝在西藏推行「新政」，剛返藏不久的達賴再度出走印度，並於 1913 年 1 月派德爾智前往外蒙首府庫倫與外蒙簽訂條約，相互承認為「獨立國家」，其中的「俄國因素」是顯而易見的。1913 年 10 月，在中、英、藏三方參加的西姆拉會議上，西藏地方代表夏札・邊覺多吉在英國的慫恿下，提出「西藏獨立」的訴求；1915 年底，「中英藏事會議」在倫敦召開，主要內容涉及修

56 引自（英）柏爾著，宮廷璋譯：《西藏之過去與現在》，上海：商務印書館，1930；石碩：《西藏文明東向發展史》，第 429 頁。

57 《西藏文史資料選輯》第七輯，拉薩：西藏自治區政協文史資料研究委員會編，1985，第 68 頁。

改光緒三十二年（1906）簽訂的原約及附帶條件。[58] 從那時開始，西藏上層始終存在着謀求「獨立」的傾向，如 1942 年西藏成立「外交局」，引發了與國民政府的矛盾；同年底，著名作家托爾斯泰的孫子伊利亞・托爾斯泰（Ilya Tolstoy）上尉與布盧克・多蘭（Brooke Dolan）中尉帶着羅斯福總統的信件和禮物進入西藏，小托爾斯泰聲稱他將建議美國政府在戰後邀請西藏參加「和平會議」；[59]1946 年派代表團赴印度出席「泛亞洲會議」。[60]1948 年初，西藏噶廈派「財政部長」的孜本・夏格巴（Tsepon Shakabpa）率「商務代表團」訪問美國、英國、法國、意大利等國，意在尋求西方國家對「西藏獨立」的支持；在美國，他們得到了國務卿馬歇爾（Marshall）及遠東司司長的接見。馬歇爾不顧美國只能向主權國家出售黃金的規定，批准了此項交易。[61]1950 年 3 月，美國駐印度加爾各答領事館與夏格巴密商，決定將武器儲存在沿西藏邊境的錫金、尼泊爾、不丹一側，以便藏方使用；5 月，美國與印度達成協議：美國將大批援藏步槍、機關槍、手榴彈及彈藥等在印度加爾各答卸下，免受檢查，經由大吉嶺由美士兵武裝護送運往西藏。[62]11 月 1 日，國務卿艾奇遜譴責人民解放軍「侵略」西藏的行動。半個月

---

58 原約第五條載明：「西藏大員遵北京政府訓令，深願改良西藏法律，俾與各國法律改同一律」，英國則應允在中國放棄治外法權等。但民國之後，英國「以中國司法，尚未十分改良，而藏地尤甚」為由，「擬援十年修改約章之例」，取消此條，並要求中國開放拉薩。參見王鐵崖編：《中外舊約章彙編》第二冊，北京：生活・讀書・新知三聯書店，1959，第 345–346 頁。

59 梅・戈爾斯坦著，杜永彬譯：《喇嘛王國的覆滅》，第 319–320 頁。

60 1946 年底，美國駐印使館代辦提醒國務院防止南亞和東南亞地區的反美勢力控制政權，建議美國在西藏建立空軍基地和火炮發射基地，並用藏傳佛教作為反共產主義意識形態的屏障，只是考慮到美國與中國的關係，此議未執行。（See *Foreign Relations of the United States [FRUS], 1947, VII, Tibet, The Charge in India* [Merrell] to *the Secretary of State. The acting Secretary of State to the Charge in India* [Merrell], pp. 589–592.）類似的外交政策辯論在 1949–1950 年間也曾發生，當時美國國務院內部有過關於西藏政策的大討論，由於擔心觸怒中共及蘇聯，美國政府沒有接受美國駐印度大使洛伊・亨德森（Loy Herderson）關於支持「西藏獨立」的觀點。

61 *FRUS, 1948, VII, Tibet, The Secretary of State to the Leader of the Tibetan Trade Mission (Shakabpa)*, pp. 779–780; *FRUS, 1948, VII, Tibet, Memorandum of Conversation, by the Secretary of State; Memorandum of Conversation, by the Assistant Chief of the Division of Chinese Affairs (Freeman)*, pp. 775–776, 782–783.

62 「新華社引印通社新德里 5 月 11 日電」，《西藏地方歷史資料選輯》，第 378–379 頁。

後，薩爾瓦多代表團團長赫克托・戴維・卡斯特羅在聯合國大會上提出討論中國「入侵西藏問題」，他的背後同樣是美國。1951 年《十七條協議》簽訂後，美國不但慫恿達賴集團利用聯合國提出「西藏問題」，鼓勵達賴流亡不丹、錫金或尼泊爾，也承諾將接受達賴等一百人到美國避難。在此之後，圍繞「西藏獨立」等問題，美國與噶廈政府之間進行了長期的策劃。[63]1955 年春天，美國中央情報局在噶倫堡城郊徵募西藏士兵，並先後在中國台灣地區、沖繩羣島、塞班島、關島等地秘密進行訓練，這是 1959 年前後策動和支持達賴喇嘛武裝反叛和出走的前奏。[64] 所謂「西藏問題」的「國際化」正是上述過程的產物。

其次，「西藏危機」不是孤立的問題，而是一種體系性變遷的結果。從十八世紀晚期開始，在與西藏緊鄰的喜馬拉雅山南麓，傳統的多重朝貢體系相繼淪為英國的勢力範圍。這裏所謂多重朝貢體系指的是這一體系雖然以清朝為中心，但又存在複雜的交叉關係，其中既包括藩屬與屬地的區別，又包含藩屬與藩屬、屬地與屬地之間的差異。例如，尼泊爾向清朝朝貢，但與西藏存在軍事衝突；阿薩姆為緬甸藩屬，而緬甸向清朝朝貢；拉達克為西藏屬地，而西藏又為清朝屬地；錫金為西藏藩屬，同時又受清朝的控制；不丹既是清朝藩屬，又是西藏的藩屬，還與同為中國藩屬的尼泊爾存在衝突。但是，伴隨英國對這一區域的侵略和蠶食，尼泊爾於 1816 年、阿薩姆於 1826 年、拉達克於 1846 年、錫金於 1861 年、不丹於 1865 年、緬甸於 1886 年相繼為英國控制。

英國在這一地區的殖民活動有兩個特點：第一，以武力入侵打開

---

63 以上有關美國介入西藏問題的討論，均參見和引述自李曄、王仲春：〈美國的西藏政策與「西藏問題」的由來〉，《美國研究》1999 年第 2 期。

64 John Prados, *Presidents' Secret Wars: CIA and Pentagon Covert Operations Since World War II* New York: William Marrow and Company, Inc., 1986, p. 159; Carole McGranahan, "Tibet' s Cold War: The CIA and the Chushi Gangdrug Resistance, 1956—1974" , see *Journal of Cold War Studies*, Vol. 8, No. 3, Summer 2006, pp. 102–130.

這些國家的大門，但並不依賴直接的軍事佔領；通過強迫這些國家與之簽訂不平等條約，以「國家間條約」的形式確認這些國家的被保護國地位，進而瓦解這一區域的傳統關係，尤其是這些國家與清朝及西藏之間的朝貢關係。當然，英國殖民主義者常以東印度公司的名義發動戰爭和簽訂條約，但條約形式遵循的仍然是歐洲國家間條約的基本形態。英國對尼泊爾的控制始於 1767 和 1769 年東印度公司的兩次入侵，但遭遇廓爾喀的激烈抵抗，不得不轉向對不丹的控制。無論是前者還是後者，主要的目的都是進入西藏。1772 年，東印度公司派兵進佔不丹的三個城堡，[65] 六世班禪致函英屬印度總督，聲明不丹隸屬於達賴喇嘛。以此為契機，1774 年，英國與不丹簽訂了條約，並派博格爾（George Bogle）出使西藏，班禪以西藏「屬中國大皇帝管轄為由」拒絕，[66] 但在印度僧人普蘭吉爾的幫助下，博格爾於 1774 年進入後藏並逗留數月之久。1775 年，英屬印度政府派曾陪同博格爾入藏的漢米爾頓轉道不丹二度入藏，再次遭到班禪的反對。[67]1814 年，英國東印度公司入侵尼泊爾與哲孟雄（錫金），於 1816 年與尼泊爾簽訂《塞哥里條約》（The Treaty of Sagauli），將尼泊爾南部約一萬平方公里的領土割讓給英屬印度，並規定尼泊爾與哲孟雄（錫金）或其他任何

65 英國入侵不丹的契機是不丹與庫奇・比哈爾（Cooch Behar）的衝突，後者向東印度公司求救。

66 班禪信中說：西藏「屬中國大皇帝管轄，大皇帝有令，不許莫卧兒人、印度人、帕坦人或佛林（即英國人）入藏」。Clements R. Markham, ed., *Narratives of the Mission of George Bogle to Tibet and of the Journey of Thomas Manning to Lhasa*, New Delhi, 1971, pp. 3, 45.

67 班禪於 1775 年 7 月致函英屬印度總督哈斯丁斯云：西藏「完全受中國皇帝統治，皇帝陛下對西藏全部事務進行積極的、毫不鬆懈的治理，同外國保持任何聯繫或建立友誼，均會引起陛下不悦，經常向你們派遣信使實超出穩定權力……」（"Tashi Lama to Hastings", received 22 July 1775, A. Lamb, *British India and Tibet, 1766–1910*, London & New York, 1986, p. 15.）1783 年班禪轉世（六世班禪進京祝賀乾隆七十壽辰，患天花去世），哈斯丁斯派特納（Samuel Turner）入藏收集情報，但由於 1784 年英國國會通過「改善東印度公司和英屬印度領地行政法」，東印度公司改組，哈斯丁斯辭職，相關活動暫緩，但英國也並未放棄經由西藏打開中國大門的企圖。英國在西藏及尼泊爾、不丹問題上的態度是其整個殖民活動的有機部分。本文有關不丹的討論及相關資料，均參見和引自高鴻志：《英國與中國邊疆危機：1637–1912》，哈爾濱：黑龍江教育出版社，1998，第 25–31 頁。

一國發生糾紛，均應由英國政府裁決；1817 年 2 月，東印度公司又與哲孟雄簽訂《梯特里亞條約》，以將尼泊爾侵佔的泰萊和莫蘭西區歸還哲孟雄為條件，要求哲孟雄同意東印度公司管理該國的對外關係，並對英屬印度商人提供保護、免除苛稅。這一條約使得英國獲得了通過哲孟雄至西藏邊界貿易的權利。1835 年英國人割據大吉嶺和蘭吉德河以南的地區，於 1861 年迫使哲孟雄簽訂條約，將其置於英國的控制之下。1864 年，英方發動對不丹的武裝入侵，逼迫不丹於 1865 年 11 月簽訂《辛楚拉（Sinchula）條約》，不但獲得了噶倫堡等大片土地，而且使不丹成為英國附庸。[68]1887 年，英國強佔仍然保持着與清朝的宗主關係的哲孟雄並派駐專員。1888 年 3 月，英國發動第一次對藏戰爭，先後於 1890 和 1893 年逼迫清朝簽訂《中英會議藏印條約》及《中英藏印續約》，前者承認了英國對錫金的「保護」，後者開放亞東為商埠，英國人獲得了貿易特權及領事裁判權。哲孟雄從此徹底淪為英國的「保護國」，西藏的大門由此打開。[69]

---

68 在此之前，1826 年，英屬印度佔領了與不丹接壤的阿薩姆（Assam）土邦，控制了原先由不丹掌握的七個邊界山口；在此之後，1910 年 1 月，不丹再次被迫與英國簽訂《普那卡條約》。

69 英國的這一系列條約為獨立後的印度繼承其殖民遺產鋪平了道路。印、不於 1949 年簽訂《永久和平與友好條約》。按照這個條約，兩國實行開放邊界，自由通商，印度很自然地成為不丹最大的貿易夥伴、援助國和債權國。二十世紀八十年代末和九十年代初，不丹驅逐了約 10 萬尼泊爾族人，他們現在居住在尼泊爾東部的七個難民營內，由聯合國難民署管理，不、尼兩國為解決難民問題舉行一系列會談，至今遣返工作沒有完成。這一邊界與難民問題直接淵源於英國殖民主義遺產，但其呈現形式卻是民族國家間的矛盾。錫金與印度的關係更為特殊。1947 年，印度與錫金簽訂《維持現狀協定》，繼續往錫金派駐專員。1949 年 6 月初，印度以「防止動亂和流血」為由，派兵進駐錫金，接管了成立不到一個月的新政府，並委任印度人拉爾為錫金首相。1950 年 12 月《印度與錫金和平條約》簽訂，規定錫金為印度的「被保護國」，印度「合法地」控制了錫金的國防、外交、經濟等大權。1968 年 8 月，甘托克爆發反印示威，要求廢除《印度與錫金和平條約》。1973 年 4 月印度對錫金實行軍事佔領。1974 年 6 月 20 日，錫金議會通過了由印度擬定的錫金憲法，規定印度政府派駐的首席行政官為政府首腦和議會議長。同年 9 月，《印度憲法修正案》規定錫金為印度的「聯繫邦」，在印度兩院各為錫金設一個議席。1975 年，印度軍隊解散錫金國王的宮廷衞隊，軟禁錫金國王，並於 4 月 10 日，由被印度收買了的（通過原首相）錫金議會通過決議廢黜國王，將錫金並入印度。4 月 14 日，錫金就此舉行「全民投票」，並由印度議會通過決議，錫金從此成為印度的一個邦。尼泊爾是喜馬拉雅山地區的幾個小型王朝中唯一保持了獨立地位的國家，但尼–印關係在許多方面與不印、錫–印關係十分相似 —— 印度獨立後與尼泊爾簽訂《和平友好條約》，繼承了英國人殖民條約的大量內容，至今困擾尼泊爾的南部移民和邊界問題就是一個顯著的例證。

第二，英國對於尼泊爾、不丹和錫金的入侵和控制均以進入西藏為目的，而後者又是為了打通進入中國的大門。因此，英國及其他勢力在喜馬拉雅山地區的活動與它們通過中國東南沿海的鴉片貿易打開中國大門是完全相互配合的。例如，1788 年和 1791 年，尼泊爾兩次入侵西藏，第二次佔領了日喀則，並劫掠扎什倫布寺，引發清朝的對尼戰爭。在第二次戰爭中，英屬印度總督考倫華理斯（Lord Cornwallis）不顧達賴的反對，同意向尼泊爾提供武器，條件是尼泊爾必須與英國簽訂商約。1792 年 3 月 1 日，尼泊爾被迫與東印度公司駐貝拉瑞斯（Benaras）代表鄧肯（Jonathan Duncan）訂立商約；但同年 9 月 15 日，考倫華理斯致信尼泊爾國王，以東印度公司與中國的商業關係為由，表示不能援助尼泊爾。[70] 根據高鴻志的研究，英國拒絕派軍隊援助尼泊爾的主要原因有三：一、中尼戰爭的時期與馬嘎爾尼使團出訪清朝相互重疊，英國不願因為尼泊爾問題而影響馬嘎爾尼與清朝圍繞貿易等問題展開的談判；二、1790–1792 年也正是英國與印度南部的邁索爾王國發生激烈戰爭的時期，缺乏在尼泊爾進行軍事干預的實力；三、1792 年 9 月 15 日這一天適逢考倫華理斯收到坐探的情報，得知尼泊爾戰敗已成定局。這樣他的態度就從傾向於軍事支援尼泊爾向調停雙方衝突的方向轉變。[71] 中尼戰爭之後，清廷加強了對西藏的管理，並於 1793 年頒佈《欽定藏內善後章程》，制定了包括金瓶掣籤及財政、貨幣、軍事等制度，確認駐藏大臣擁有與達賴、班禪同等的地位和職權。

---

70 W. Kirkpatrick: *An Account of the Kingdom of Nepaul, Being the Substance of Observations Made during A Mission to that Country in the Year 1793*, London, 1811, p. 350. 高鴻志：《英國與中國邊疆危機：1637–1912》，第 33–34 頁。

71 高鴻志：《英國與中國邊疆危機：1637–1912》，第 34–35 頁。

值得注意的是：中英在喜馬拉雅地區的衝突建立在兩種政治合法性及其規則的較量的基礎之上。與英國採用條約形式蠶食這一地區不同，清朝對西藏的治理並未越過達賴、班禪、金瓶掣籤及其他宗教、朝貢和禮儀形式。西藏與元朝、明朝和清朝的政治隸屬關係依託於西藏對中原王朝的政治、軍事和經濟的依賴，但不僅如此，這一關係的持久運行還得益於一套建立在宗教、禮儀和其他交往的複雜形式之上的富於彈性的朝貢制度。這一制度依據參與這一制度實踐的動態關係而不斷地發生着變化，無論兩者是趨於更為緊密的聯繫（如元朝和清朝），還是相對的疏離（如明朝），都不能夠用民族主義時代的統一與分裂的概念加以說明。從這個角度看，清朝的西藏政策不僅產生於中央–地方之間的互動關係，而且從一開始就與廣闊的地緣政治及其規則的演變密切相關。我在這裏提出的基本論點是：在清朝與列強之間的不平等條約的簽訂是以整個區域關係及其規則的變化為背景的。這個規則性的變化就是從傳統的多重朝貢關係向殖民主義條件下的民族國家關係轉變，從內外相對化的承認關係向內外分明的主權承認關係轉變——前者以普遍王權及其多元的承認關係（如宗教關係、政治關係、蒙古–準噶爾–滿洲–中原政權的多重關係等）為紐帶，而後者則以主權的民族國家及其承認關係為前提。當主權體系作為一種國際關係的規範確立之後，傳統朝貢關係條件下的中央–地方關係不得不發生根本性的轉變，領土、族羣和宗教等要素被界定為劃分不同政治共同體的基本範疇，而在這些諸多要素中，領土內的行政管轄權成為現代國家主權的主要表現形式。二十世紀五十年代以後中國的西藏政策必須置於這一規則性轉變之中才能獲得全面的理解。如果說十九世紀晚期西藏出現的分離性趨勢主要產生於殖民條件下中國的衰落和危機，那麼辛亥革命之後的同一趨勢已經與一種新的概念即主權的民族國家概念發生了關聯。

民族區域自治與「多元一體」的未完成性

中國民族主義的三種形態

在十九世紀和二十世紀的民族運動中，政治認同的關鍵議題凝聚於「種族」與「國家」及其相互關係之上。從 1912 年民國建立至 1949 年中華人民共和國成立，中國各地先後出現過各種獨立或割據浪潮，不僅西藏、蒙古、青海、四川涼山等民族地區先後出現不同形態的離心運動，即便是東北、廣西、湖南、廣東、四川、貴州、雲南及其他地方，也在不同時期出現獨立、自治、割據狀態。晚清以降，除了針對中央政府的分離趨勢之外，西藏內部也產生一系列分裂危機，例如 1904–1906 年達賴流亡蒙古期間，英國通過邀請班禪訪問印度等方式，促成其與達賴的分離。1912–1913 年，班禪拒絕參與達賴的驅漢運動。十三世達賴圓寂後西藏與康巴藏區之間也發生了嚴重的衝突。上述不同類型的分裂趨勢是同一政治危機的產物，但由於前者涉及民族認同並地處邊陲，情形更為嚴重。為了抗拒帝國主義入侵和克服內部分裂，中國近代民族主義運動試圖重建對中國的理解，其要點同樣是將中國界定為一個主權的民族–國家，以確定其在國際關係中的獨立地位。民族救亡運動不得不訴諸殖民主義創造的世界秩序及其政治合法性原則。1912 年十三世達賴的「驅漢令」和 1913 年的《蒙藏協定》所包含的種族、宗教和國家的多重要素與晚清民初高漲的漢族種族意識和政治民族主義桴鼓相應，它們訴求不一，但同受民族主義潮流的影響。在普遍王權瓦解和社會分裂的格局中，「一民族一國家」的觀念內含於各種國家論述中，所謂「合同種而排除異種所建立的國家即為民族主義」。[72] 但這一民族–國家的普遍規範也為中國近代革命中的民族問題添加了許多複雜因素：如何在族羣、宗教、語言、文化和習俗如此複雜的中國社會構造「民族–國家」？

歸納起來看，晚清以降，中國的民族主義可以區分為三種主要的形態：一、辛亥革命前，為推翻清朝，孫中山、章太炎等革命黨人倡導以反滿為中心形成漢民族國家論，所謂「驅除韃虜，恢復中華」的口號及尊黃帝為中華民族始祖就是這一漢民族主義的產物。但是，正如許多論者指出的，這一漢民族主義是適應革命造反而產生的理論，一旦掌握政權的目的達到，它必然會向其他兩種形態轉化。二、康有為、梁啟超以國際競爭和多民族的歷史狀態為根據，倡導「合羣救國論」或「大民族主義」。這一理論認為漢、滿、藏、回、蒙早已相互同化，應該在君主立憲框架下形成民族國家或國民國家。康、梁等人要求保留君主立憲的政體形式及以孔教為國教的想法，實際上透露了一種焦慮，即雖然認為滿、蒙、藏、回、漢同屬「中華民族」，但在宗教、血統、語言、風俗習慣等方面的確存在着巨大的差異，因此，必須找到一種能夠容納這些差異的政體形式及其意識形態。[73] 三、中華民國成立後，「以清帝國的國家界線來斷定民族範圍的國族主義」或「多元性單一民族論」，[74] 其典型的表達就是孫文在就任中華民國臨時大總統時的宣言：「國家之本在於人民，合漢滿蒙回藏諸地為一國，

72 余一：〈民族主義論〉，《浙江潮》1–2 期，《辛亥革命前十年間時論選集》第一卷下冊，北京：生活・讀書・新知三聯書店，1978，第 486–488 頁。

73 韓國學者柳鏞泰又對康有為、梁啟超的觀點作出區分，認為康主張滿漢同種，並對革命派的漢族中心主義進行批判，而梁是「多元性單一民族論的始祖」。參見柳鏞泰：《近代中國的民族認識和內面化了帝國性》（打印稿），第 11–12 頁。

74 同上書，第 12、13 頁。

合漢滿蒙回藏諸族為一人，是曰民族之統一。」[75] 孫文要把中國所有的民族融化為「一個中華民族」的觀點此後在國民黨及其周邊知識分子的民族思想中佔據重要位置，例如蔣介石在《中國之命運》中說：「就民族成長的歷史來說：我們中華民族是多數宗族融合而成的。融合於中華民族的宗族，歷代都有增加，但融合的動力是文化而不是武力，融合的方法是同化而不是征服。」「由於上述，可知中華民族意識的堅強，民族力量的彈韌，民族文化的悠久博大，使中華民族不受侵侮，亦不侵侮他族。惟其不受侵侮，故遇有異族入據中原，中華民族必共同起而驅除之，以光復我固有的河山。惟其不侵侮他族，故中華民族於解除他互相軋轢互相侵凌的痛苦與禍患的同時，能以我悠久博大的文化，融合四鄰的宗族，成為我們整個民族裏面的宗支。」[76] 顧頡剛在致洪煨蓮書中說：「中國無所謂漢族，漢族只是用了一種文化統一的許多小民族。」[77] 這個看法不但與康有為為批駁晚清革命派的反滿民族主義言論而展開的對漢人歷史的混雜性論述一脈相承，而且也與蔣介石的說法聲氣相通。1934 年，國民政府派黃慕松使團入藏時，拉薩大街小巷佈滿了用漢藏文雙語寫成的告示，宣示「中華民國五族之間的關係如同一家」，[78] 證明這一觀念也指導着國民政府的對藏政策。

韓國學者柳鏞泰認為：所有這些不同類型的中國民族主義論述都將「中華民族」這一概念建立在以多數民族（漢族）同化和融合其他

---

75 孫中山：〈臨時大總統宣言書〉（1912 年 1 月 1 日），《孫中山全集》第二卷，北京：中華書局，1982，第 2 頁。

76 蔣中正：《中國之命運》，重慶：正中書局，1943，第 2、5 頁。

77 顧頡剛：〈編中國歷史之中心問題〉，載顧洪編：《顧頡剛學術文化隨筆》，第 3 頁。

78 印度事務部檔案，L/PS/12/4177，「1934 年 6 月 27 日錫金政治專員致印度政府的信」，轉引自梅・戈爾斯坦著，杜永彬譯：《喇嘛王國的覆滅》，第 172 頁。

少數民族的前提之下，[79] 因此，「內面化了帝國性」構成了中國現代民族主義的重要特性。現代中國是在清王朝的地域和人口結構之上形成的，就其多民族政治體而言，現代中國（無論是中華民國還是中華人民共和國）與早期帝國之間有着某種重疊關係。但我在這裏提出三點補充：一、中國民族主義是在遭受帝國主義入侵前提下形成的，它對「中華民族是一個」這一原則的強調是對帝國主義入侵條件下民族分裂危機的回應；民族融合與主權獨立是整個二十世紀民族解放運動的普遍目標。二、在行政設置方面，同化論或融合論主張將傳統的「郡縣」制度（行省制）推廣至帝國疆域內部的朝貢體系之中，這一單一國家體制與朝貢條件下的「帝國性」完全不同，其理論基礎是「中華民族一律平等，無種族、階級、宗教之區別」。[80] 三、這些「一體論」主張與中國共產黨的民族政策並不一致，中華人民共和國的民族區域自治建立在承認民族差異和鼓勵民族合作、交往和共同發展的前提之上。從根本上說，儘管中國歷史中的文化融合和政治統一為現代中華民族的形成提供了深厚基礎，但我們不可能離開近代中國革命討論現代中國的確立——中華民族這一概念是與人民主權的概念一道誕生的，脫離這一革命進程及其價值觀討論現代中國與帝國結構的相似性，並不能把握作為一個政治民族的中國概念。

民族區域自治及其基本原則

從孫中山到中國共產黨，他們都曾在民族平等的原則下追隨列寧的民族自決理論，但後來各以不同的方式尋找適合中國的制度安排。

---

79 柳鏞泰：《近代中國的民族認識和內面化了帝國性》（打印稿），第 2 頁。

80 〈中華民國臨時約法〉，《孫中山全集》第二卷，第 220 頁。

當代中國實行的民族區域自治制度是現代中國革命的產物，它的出發點雖然也繼承了近代民族革命的遺產，但存在重要的創新。從制度形態上看，民族區域自治不同於統一的行省制之處在於，它以制度的方式突出了民族區域與其他區域在族羣、文化、宗教、語言、習俗和社會發展方面的差異；從政治上看，民族區域自治論不同於民族自決論和民族國家內的聯邦論（或蘇聯式的加盟共和國論），它並沒有否定中華民族的一體性；從內涵上看，民族區域自治不同於族裔民族主義的政治原則，因為自治體並非完全建立在族裔範疇之上，而是建立在「民族區域」這一範疇之上。民族區域自治制度汲取了傳統中國「從俗從宜」的治邊經驗，根據不同的習俗、文化、制度和歷史狀態以形成多樣性的中央–地方關係，但這一制度不是歷史的複製，而是全新的創造，其中國家主權的單一性與以人民政治為中心的社會體系的形成是區別於王權條件下的朝貢體制的關鍵之處。我把它看成是帝國遺產、民族國家與社會主義價值的綜合。這個綜合不是隨意的或隨機的綜合，而是以平等、發展和多樣性為方向而進行的持續探索、創新和實踐。

甚麼是民族區域自治的基本原則？民族區域自治的第一個原則是強調民族合作，反對民族分立。這裏所謂「分立」不同於「分裂」的概念，它強調的是在一個政治共同體內，應該以交往的形態而非各自分立的形態建立普遍聯繫。民族合作這一概念以承認多民族狀態為前提，對趨向於「分立」的大民族主義和小民族主義進行雙重批判。合作的前提是民族平等——不僅是漢族與其他各少數民族的平等，而且是各少數民族之間的平等。周恩來在談及這個問題時說：「歷史發展給了我們民族合作的條件，革命運動的發展也給了我們合作的基礎。因此，解放後我們採取的是適合我國情況的有利於民族合作的民族區域自治制度。我們不去強調民族分立。現在若要強調民族可以分立，帝國主義就正好來利用。即使它不會成功，也會增加各民族合作中的麻煩。例如新疆，在解放前，有些反動分子進行東土耳其斯坦之類的分裂活動，就是被帝國主義利用了的。有鑒於此，在成立新疆維吾爾自治區時，我們沒有贊成採用維吾爾斯坦這個名稱。新疆不僅有維吾爾一個民族，還有其他十二個民族，也不能把十三個民族搞成十三個斯坦。黨和政府最後確定成立新疆維吾爾自治區，新疆的同志也同意。稱為新疆維吾爾自治區，『帽子』還是戴的維吾爾民族，因為維吾爾族在新疆是主體民族，佔 70% 以上，其他民族也共同戴這個帽子。至於『新疆』二字，意思是新的土地，沒有侵略的意思，跟『綏遠』二字的意思不同。西藏、內蒙古的名稱是雙關的，又是地名，又是族名。名稱問題好像是次要的，但在中國民族區域自治問題上卻是很重要的，這裏有一個民族合作的意思在裏面。要講清楚這個問題。」[81]

民族區域自治的第二個原則就是在承認民族多樣性的條件下不以單純的民族作為自治單位，而是以民族區域作為自治單位。以民族區域自治的形式，而不是聯邦制或加盟共和國制的形式，實行民族合作，也是從中國的歷史條件出發的。1957 年，周恩來在〈民族區域自治有利於民族團結和共同進步〉中，比較了蘇聯與中國的不同狀況，其要點是：中國漢族人口基數大，不同民族混居的歷史久遠，若以民族為單位實行加盟共和國或聯邦制，將會導致民族隔離和民族糾紛。他說：「我國和蘇聯的情況很不同。在我國，漢族人口多，佔的地方

81 引自周恩來在 1957 年 8 月 4 日青島民族工作座談會上的〈關於我國民族政策的幾個問題〉的發言，《周恩來選集》下卷，北京：人民出版社，1984，第 259–260 頁。

少，少數民族人口少，佔的地方大，懸殊很大；在蘇聯，俄羅斯人口多，但佔的地方也大。中國如果採取聯邦制，就會在各民族間增加界牆，增加民族糾紛。因為我國許多少數民族同漢族長期共同聚居在一個地區，有些地區，如內蒙古、廣西、雲南，漢族都佔很大比重，若實行嚴格的單一民族的聯邦制，很多人就要搬家，這對各民族的團結和發展都很不利。所以我們不採取這種辦法，而要進行民族區域自治的政策。」[82]2004 年春天，我去中甸參加「藏族文化與生物多樣性」討論會，人類學者蕭亮中曾經在會上提到少數民族間的分離趨勢。蕭是當地人，白族，他的家庭中就有四個民族的血統。他指出：這種分離趨勢是由於外來投資 —— 主要是通過非政府組織的項目 —— 都集中在藏區，而西方世界對於西藏文化的想像又鼓勵了藏人的民族自豪感。投資的流向是和這些組織在西方社會的募款狀況有關的 —— 西方社會除了對西藏、納西等少數族羣有興趣外，對這個地區的其他族羣既無了解，也少有興趣。我們都尊重和熱愛藏族文化，但蕭亮中問道：難道其他族羣的文化就不保護生物多樣性嗎？外來力量的介入使得原先和諧共存的多民族地區的不同民族之間產生芥蒂、矛盾和相互分離的趨勢。在多元文化的社會中，任何一種平等政治都必須假設所有的文化具有平等的價值，如果只是一味地抬高一種文化，而忽略甚至貶低其他文化，就會造成傷害和分裂 —— 我們不妨問一句，當人們單向地提出民族自治問題時，有多少人真正了解這些混居地區的族羣關係和文化狀態？

按照周恩來的解釋，民族區域自治是一種區別於在民族自決基礎

82 周恩來：〈民族區域自治有利於民族團結和共同進步〉，《周恩來統一戰線文選》，北京：檔案出版社，1984，第 334–346 頁。

上產生的聯邦制的制度類型，它所關注的首要問題是民族混居格局與制度安排的關係。因此，自治區的範圍和人口構成必須尊重歷史傳統，又要考慮如何有利於民族合作，從而在制度形式上就必須因地制宜，根據不同的情況和條件做出不同的安排。例如，二十世紀五十年代，西藏地區實際上存在着三個不同的較大的管制區，即達賴喇嘛和噶廈所轄地區、班禪堪布會議廳管轄地區和昌都人民解放委員會管轄地區；[83] 班禪喇嘛曾經建議先按照這一結構形成區域自治，而中央政府考慮到西藏地區民族相對單純的事實和歷史傳統，即西藏的人口單純、宗教統一這一特殊性問題，建議成立統一的西藏自治區。[84] 中國革命包含着對於被壓迫民族的深切同情，沒有這個基礎，新生的共和國就會像原先的王朝一樣，對少數民族地區實行分而治之的政策，而統一的西藏自治區及散落在其他民族區域的藏族自治州或縣的設立過程正好與傳統王朝的治邊策略形成對比。但是，這並不是說民族人口是自治區設立的唯一標準。中國各民族居住的界限並不分明，處於費孝通所說的「大雜居、小聚居」的狀態，以藏族來說，除了西藏自治區的一百多萬藏族人口之外，尚有一百多萬居住在青海、四川、甘肅、雲南等地的藏人與其他民族混居雜處。如今藏族人口達五百多萬，混居的狀況並未改變，由於社會流動性的增強，混雜狀態較前更加發展。如何處理這種多民族混雜相處的民情是一個極其複雜的問題，為了解決這一問題，民族區域自治制度不能整齊劃一，而必須充

83 昌都地區在 1917 年藏軍第一次東犯前也不屬達賴和噶廈管轄地區，1918 年藏軍佔領後，設立了藏政府昌都總管；1950 年昌都戰役後，成為中國人民解放軍的軍事解放地區。

84 中共西藏自治區黨史資料徵集委員會編：《中共西藏黨史大事記（1949–1966）》，拉薩：西藏人民出版社，1990，第 47 頁。1954 年 8 月 2 日，在〈關於接待達賴、班禪的招待、宣傳方針〉中，中央政府又明確地說：「中央的方針是在西藏地區逐步地實現統一的區域自治，……把達賴、班禪兩方面的愛國力量和其他愛國力量團結起來建立統一的西藏自治區。」同上書，第 50–51 頁。

分考慮各地條件。1957 年，周恩來在青島民族工作會議上針對這一問題說：「實行民族區域自治，不僅可以在這個地方有這個民族的自治區，在另一個地方還可以有這個民族的自治州、自治縣、民族鄉。例如內蒙古自治區雖然地區很大，那裏的蒙古族只佔它本民族人口的三分之二左右，即一百四十萬人中的一百多萬，另外佔三分之一弱的幾十萬蒙古族人就分在各地，比如在東北、青海、新疆還有蒙古族的自治州或自治縣。即將建立的寧夏回族自治區，那裏的回族人口只有五十七萬，佔自治區一百七十二萬人口的三分之一，只是全國回族三百五十多萬的零頭，就全國來說也是少數。還有三百萬分散在全國各地，怎麼辦呢？當然還是在各地方設自治州、自治縣和民族鄉。藏族也是這樣。西藏自治區籌備委員會所管轄的地區，藏族只有一百多萬，可是在青海、甘肅、四川、雲南的藏族自治州、自治縣還有一百多萬藏族人口，這些地方和所在省的經濟關係更密切，便於合作。」[85] 截至 2006 年末，西藏自治區總人口 281 萬，藏族人口佔 92% 以上，與 1951 年的 117.09 萬相比，人口增加了 166.91 萬。西藏自治區之外的藏族人口也同比增長，佔據整個藏族人口的二分之一。

民族區域自治的第三個原則是共同發展的原則。民族區域自治制度的設計者認為，多民族「宜合不宜分」，但這一原則不是簡單強調「民族同化」，否則就不會考慮特殊地區如藏區的民族統一問題了。在實行民族區域自治的過程中，無論是毛澤東還是周恩來，他們都對大漢族主義給予嚴厲批判，但也同時指出：無論是對大漢族主義的批評，還是對地方性民族主義的批評，都必須具體地講，而不是抽象地

85 引自周恩來在 1957 年 8 月 4 日青島民族工作座談會上的〈關於我國民族政策的幾個問題〉的發言，《周恩來選集》下卷，第 256–257 頁。

講，否則也會扭曲事實，造成民族對立和分裂。民族區域自治的目的是讓不同民族共同發展，而不是把少數民族孤立起來，為此擴大自治區域，促進民族合作，就成為讓不同民族共享發展成果的方式。周恩來以廣西壯族自治區為例說：「在成立壯族自治區的問題上，我們也正是用同樣的理由說服了漢族的。到底是成立桂西壯族自治區有利，還是成立廣西壯族自治區有利？單一的壯族自治區是不可能有的。因為即使把廣西壯族聚居的地方，再加上雲南、貴州的壯族地區，劃在一起，作為一個壯族自治區，它內部還有一百多萬漢族人，而且其中的兩個瑤族自治縣也有四十多萬人，漢族、瑤族合起來有一兩百萬，所以也不可能是純粹單一的民族自治區。如果這樣劃分，壯族自治區就很孤立了，不利於發展經濟。在交通上，鐵路要和廣西漢族地區分割；經濟上，把東邊的農業和西邊的工礦業分開。這是很不利於共同發展的，而合起來就很便利了。所以廣西壯族自治區也是一個民族合作的自治區。」[86] 總之，結合了區域自治和民族自治的構想包含了兩個主要前提：第一，不同族羣可以共存、交往並保持自己的民族特色；第二，以民族地區而不是民族為單位形成自治，可以幫助少數民族發展經濟，以免讓少數民族像北美印第安人那樣變成孤立於主流社會之外的存在，或者像許多弱小民族那樣在進步主義的潮流中接受考茨基所說的「古董傢具」的角色。

「多元一體」與民族區域及其混雜性

民族區域自治制度是以「中華民族多元一體格局」為前提的。正如民族區域自治制度不同於加盟共和國類型，「中華民族多元一體」

86 同上書，第257頁。

的觀念也不同於民國時代有關「中華民族是一個」或「中華民族是多個宗族的融合體」的民族主義論述。較之於上述「中華民族」的論述，「多元一體」觀念強調的是多樣性與混雜性的統一。首先，不同於前一種論述中的「一個」或「融合體」概念所內含的漢族同化其他各少數民族的觀點，「多元一體」強調的是混雜和融合的漫長過程，而不是單方面同化，費孝通說：「它（中華民族）的主流是由許許多多分散孤立存在的民族單位，經過接觸、混雜、聯結和融合，同時也有分裂和消亡，形成一個你來我去、我來你去，我中有你、你中有我，而又各具個性的多元統一體。這也許是世界各地民族形成的共同過程。」[87] 其次，費孝通的「多元一體說」不僅是指多族羣共存的狀態，而且也指任何一個被界定為民族的社會都存在多元性。因此，多元一體同時適用於中華民族、漢族和各個少數民族。我在川西北藏族和羌族的村寨訪問時，發現他們毗鄰而居，相互交往密切，但各自保持着文化特性；在雲南和貴州調查時，我到苗寨參加民間節日，其他民族村寨的年輕人也來參與活動，村民的認同並不必然以「族羣」為尺度，也可以以地理（如河流和山川的位置）或其他條件為根據。在中國西南地區，許多村莊是雜居式的，有些村民一家人就包含了好幾個族羣。「鄉」自身就是多元性的，也是流動性的，比如在金沙江河谷地帶，同一個村的村民中有好些族羣，其中的藏族人多半是從別處移民來的或者出嫁到這個地方的。中國西南地區多族羣和諧共存的狀態是當代世界中文化多樣性的典範，其中必定包含了許多文化的、制度的和習俗的條件和智慧，很值得我們總結。若硬性地為每個民族劃定居住邊界，以單純的「民族」為單位對之進行分割，那不是悲劇性的嗎？

87 費孝通：〈中華民族的多元一體格局〉，《中華民族多元一體格局》，第 1 頁。

就「多元一體」這一論題而言，多元性是比較易於論證的方面，而一體性的論證較為困難。「中華民族」不但是指在幾千年的歷史過程中逐漸形成的自在的民族實體，而且也是指在近百年與西方列強的對抗中，轉變為一個自覺的民族的政治實體。就前一個意義而言，「多元一體」是指各族人民在日常生活中形成的密切聯繫、共同經驗和歷史傳統（包括各種習俗和政治傳統）；就後一個意義而言，「多元一體」指的是基於上述聯繫而產生的政治共同體。因此，這不是一個以本質性的族性概念為中心的民族概念，而是以作為公民共同體的「人民」為主體的政治實體。正是由於「中華民族」是一個政治實體，而不是已經完成的事實，它就仍然處於一個形成和建構的過程之中，持久地依賴於一代又一代人的探索和實踐。一些西方的歷史研究和文化研究將精力花在以「多元」解構「一體」上，卻很少研究這個「一體」的建構所具有的歷史內涵和政治內涵，甚至沒有意識到這個「一體」也包含了各少數民族的「一體性」和民族區域的「一體性」，從而也不可能了解所謂「一體」最終只能是「互為一體」—— 我把它稱之為「跨體系社會」。

在文化研究中，人們對於「一體性」的概念感到普遍的恐懼，認為「一體」是人為的、國家性的，而多元性或族羣性是原生性的（至少相對於國家認同而言是如此）、自然的、更真實的，進而推論族羣認同如何被國家認同所壓抑。這種看法看似反民族主義，但其實還是建立在民族主義的認同政治之上。五十年代展開的民族識別過程顯示：許多民族的自我認同恰恰是國家建構的產物。以生活在「藏彝走廊」東北部（主要集中在甘肅隴南的文縣、四川省的平武縣和阿壩藏族羌族自治州的九寨溝縣）的白馬藏族為例，《史記・西南夷列傳》以「白馬氐」相稱，此後史書分別稱之為「氐」「夷」「白馬夷」「白馬氐」

「龍州蠻」「氐羌」等。1950 年在成立「平武縣民族自治委員會」時，人們發現「白馬番」與「白草番」「木瓜番」之間的差別，而「白馬番」又弄不清楚自己是甚麼民族。後經協商，將史書所載的上述「龍安三番」暫定為藏族，並於 1951 年 7 月成立了「平武縣藏族自治委員會」，後改名為「平武縣藏族自治區」。但實際上，在民族識別之前，「白馬氐」並不自認藏人，1954 年達賴路過當地時，西南民族學院的藏族學生前去朝見，而白馬人因無朝拜活佛並向其獻哈達的習俗拒絕前往，險些釀成衝突。1978 年，費孝通在〈關於我國的民族識別問題〉中提出「白馬藏族」不是藏族的可能性問題，[88] 民族研究內部也產生了有關白馬藏族是否是藏族的許多研究成果，後來出於政治穩定的考慮，仍然維持白馬人為藏族的說法。[89] 這個例子不但說明了族性的自我界定並不比更大的社會共同體更為真實，而且也說明有關族性的識別理論本身先天地帶有許多問題。這是從近代民族主義實踐和知識中產生的問題。因此，只有超越民族主義知識的限制，才能發掘古典的和現代的智慧，為一種以多樣性為前提的平等政治提供理論資源和實踐的可能性。

民族區域自治概念中的「區域」概念尤其值得注意，因為區域的概念超越了種族、族羣以及宗教等範疇，同時又將這些範疇融合在自然、人文和傳統的混雜空間裏。費孝通曾將中華民族聚居地區歸納為六大板塊和三大走廊的格局，六大板塊即北部草原區、東北部高山森林區、西南部青藏高原區、雲貴高原區、沿海區和中原區，三大走廊是藏彝走廊、南嶺走廊和西北走廊，其中藏彝走廊包括從甘肅到喜馬

88　費孝通：〈關於我國的民族識別問題〉，《中國社會科學》1980 年第 1 期。

89　曾維益：〈白馬藏族及其研究綜述〉，載石碩主編《藏彝走廊：歷史與文化》，成都：四川人民出版社，2005，第 208–232 頁。

拉雅山南坡的珞瑜地區，這一走廊是漢藏、藏彝接觸的邊界，也聚居着許多其他族羣。[90] 較之單純的族裔民族主義的觀點，這種以區域為中心形成的獨特的中國觀包含對中國各族人民多元並存格局的理解。如果將民族區域自治與晚清以降逐漸展開的關於地方自治的討論做個比較，也可以找到一些相似點和不同點。以康有為的〈公民自治篇〉為例，[91] 作者在廣泛討論中西各國的自治經驗基礎上，以鄉為單位構想了一整套自治制度。從較低、較小的基層實行自治，能夠充分發揮公民的積極性，又避免了由於自治體過大而產生的集權趨勢，實際上也更能夠保障國家的統一和穩定。康有為在文章中沒有討論民族問題，但他對於地方自治的思考與他對當時革命派的反滿民族主義的批判是一致的，也與他對北魏以降中國族羣混雜的歷史看法是一致的。考慮到中國西南和西北地區許多村、鎮民族混居的情況，以鄉為單位的自治可以照顧到基層社會多族羣聚居的形態。在中國的西南或西北，基層自治很可能就已經是「民族區域自治」了。伴隨着通信技術和其他網絡的發展，為促進不同區域、城市之間的網絡式聯繫，中國的行政區劃很有可能、也有必要向小型化方向發展。在這一條件下，取消、縮小或弱化省一級政府機構，更多地設立直轄市–縣的體系，而在縣以下，則賦予更多的自治權，勢必成為一個自然的選擇。

在有關「西藏問題」的爭議中，西藏自治區與達賴喇嘛的「大藏區」概念的區別是一個經常被提及的話題。「大藏區」不但包括西藏

90 「六大板塊和三大走廊」的說法是李紹明根據費孝通的〈民族社會學調查的嘗試〉〈談深入開展民族調查問題〉兩篇文章中的有關論述總結而成，二文分別出自費孝通：《民族研究文集》，北京：民族出版社，1988，第268–285、295–305頁。參見李紹明：〈藏彝走廊研究中的幾個問題〉，《中華文化論壇》2005年第4期，第5–8頁。關於藏彝走廊的論述，參見李紹明〈費孝通論藏彝走廊〉，《西南民族學院學報》(2006年1月)第27卷第1期，第1–6頁。

91 康有為：〈公民自治篇〉，《康南海官制議》卷八，上海：廣智書局，1905。

自治區，而且也包括青海全省、半個四川、半個甘肅、四分之一雲南、新疆南部，其中包括許多非藏族聚居區，總面積約佔中國全部國土四分之一。在「大藏區」問題上，需要明確兩點。首先，「大藏區」概念是一個全新的概念，與西藏傳統中的「阿里三圍」「衛藏四茹」和「多康六崗」等地理劃分並不一致。根據沈衛榮的研究，「阿里三圍」之一的「麻域」包括了今天屬於印度（和巴基斯坦）的拉達克和巴爾提斯坦地區，亦即唐時的所謂「大小勃律」地區。元代藏人將西藏分為「吐蕃三路」（chol kha gsum），與元朝所封的「三道宣慰司」完全一致，即將「阿里三圍」和「衛藏四茹」合併成為一個與今天西藏自治區所轄範圍相當的地理單位（「烏思藏宣慰司」），另將安多和康區分為兩個獨立的宣慰司。如果將「大藏區」概念放在這一歷史脈絡中，我們很自然會問兩個問題：第一，安多和康區從行政上脫離西藏已有七百餘年的歷史，這個區域的人口構成早已發生巨變，重新將之納入所謂「大藏區」的理由何在？第二，拉達克、不丹、錫金等在現代殖民主義影響下脫離西藏的地區為甚麼並不在「大藏區」範疇之內？這一內外有別的概念是對近代英國殖民主義及其後果的承認嗎？[92]

其次，如同石碩所指出的：要理解這一區域的形成，首先需要拋棄那種從一開始就把西藏文明視為中原文明的一個附屬部分的觀點，其次需要理解西藏文明在漫長歷史中逐漸向東擴展，以致深深地與中原文明相互滲透的歷史原因。從時間上說，西藏在元代才被納入中原王朝的統治系統，但「在十三世紀以前，西藏文明無論在地域空間上或是文化背景上都已強烈地表現了一種東向發展的趨勢。這種

92 沈衛榮教授 2010 年 1 月 6 日就拙文做了詳細的評議，其中特別討論西藏歷史上的地理劃分及其與所謂「大藏區」概念的區別。這裏的敍述就是根據他的建議和意見補寫的。特此致謝！

趨勢，從地域空間上來說，表現在七世紀以來西藏文明在地域上的東向發展，這主要是通過吐蕃王朝強大的武力擴張而得以實現的」。[93] 吐蕃的擴張是全方位的，但它在向北和向西的擴張中遭到巨大困難，逐漸形成了東向擴張的態勢。在七世紀初葉，在唐朝與新興的吐蕃王朝之間的這個「非常遼闊而又相對薄弱的中間地帶」，也即今天「大藏區」涉及的範圍。在這個區域內從北向南依次分佈的民族和部落包括土谷渾、党項、白蘭羌、東女國，它們先後為吐蕃征服，但各部落仍使用自己的語言，而河隴一帶則是漢人聚居區。綜合各方面的因素，「藏民族形成的時間既不是松贊干布統一西藏高原諸部之時，也不是吐蕃王朝時期，而應該是在吐蕃王朝滅亡以後到十三世紀以前這一歷史時期」。[94] 換言之，藏族的形成本身也是「多元一體」的。十三世紀蒙古勢力擴張，元朝對西藏的百餘年統治，使得西藏與中原地區的關係發展到了一個新的階段，即便在元朝滅亡後，承元而起的明朝也能迅速確立對西藏的統治關係。這一統治關係的確立並不是明朝單方面強制的結果，也包括了西藏方面主動和迅速地投入這一統治關係。清朝更是在蒙古各部歸順和臣服的基礎上獲得了對西藏的統治權，而在 1696 年擊敗噶爾丹反叛之後，蒙古勢力對西藏的直接統治逐漸向清朝轉移，1720 年清朝出兵西藏驅逐準噶爾部則是這一直接統治關係的確立。西藏東擴的努力甚至在西方（尤其是英國）殖民主義介入中國問題的過程中也並未停止，1913 年 10 月 10 日，西藏方面在英國人主導的西姆拉會議上提出的邊界主張劃入了西藏東部大片漢人聚居的富饒土地，而與此相應，中方的方案在重申中國主權的同時，

93 石碩：《西藏文明東向發展史》，第 11 頁。

94 同上書，第 72、102 頁。

將西藏邊界線劃在距離拉薩一百多公里的江達地區。1918 年，在康區衝突之後的《停戰協定》中，藏方甚至將邊界擴展至金沙江流域。在今天的西藏自治區，除藏族居民外，也還有漢族、回族、門巴族、珞巴族、納西族、怒族、獨龍族以及僜人、夏爾巴人居民世代居住。從歷史發展的角度看，先後融入藏族的成分也包括漢族、蒙古族、滿族、羌族、納西族等，而一部分藏族人口在歷史長河中又分別融入漢、蒙古、回、羌、納西等民族之中。那種認為西藏只是在中原力量的強制下才納入中國範疇的觀點是想當然的結果。這一歷史區域是西藏文明東向發展和中原文明向西擴展的多重過程的產物，不要說達賴喇嘛在歷史上從未統治過這樣規模的西藏，即使在民主改革之前的西藏地區，他和噶廈政府的管轄範圍也未及全藏，班禪拉章管轄的後藏和藏北部分地區（以及薩迦法王統治的一小塊地區）就從來不在他的管轄之下。將藏人居住的地區全部納入民族自治範疇，完全沒有顧及這一區域是在漫長歷史中形成的民族混居區域，一旦以族羣劃分政區，勢必形成對這一區域內其他族羣的壓抑、排擠和驅離。從這一角度看，周恩來提出既擴大自治區域，以使得區域內的不同族羣合作交往、共同發展，又考慮到自治結構的多重性，是一個包含了歷史洞見的構想。

「後革命」、發展與去政治化

如何解讀民族政策的危機？

在民族衝突頻繁的世界裏，中國少數民族地區的多族羣共存狀態最值得我們珍視。民族區域自治制度是對中國歷史傳統和現代革命經驗的總結，它為中國民族地區的多族羣共存提供了制度框架。但是，正如一切制度一樣，如果沒有各族人民的積極參與，沒有各族人民和每一個公民當家作主的認同感，制度本身就會僵化、保守，成為純粹由上至下的社會控制和管理系統；如果不尊重少數民族的文化和習俗，完全按照主流社會的想法由上至下、由外到內地抬高或貶低某一族羣的位置，很可能粗暴地改變當地的族羣關係，造成矛盾和衝突。「3·14」事件爆發後，民族區域自治本身受到來自不同方向的質疑，其中馬戎教授的研究最為集中和深入。根據他的分析，中國民族政策的主要危機表現在：第一，在當代中國的市場擴張中，收入差距大幅度上升，其中集中表現為區域差異、職業差異、教育水平差異和族羣差異，但由於民族區域自治制度將族羣置於中心，從而將複雜的、主要不是由於族羣問題而造成的不平等凝聚在民族矛盾上，成為當前民族矛盾的催化劑。第二，中華人民共和國成立以來，為全面實現民族平等，各級政府對少數民族實施系統的優惠政策，其中主要包括：一、生育優惠政策，即對少數民族不實行計劃生育或放寬計劃生育的尺度；二、少數民族學生在高考錄取中普遍享受優惠待遇；三、政府在貸款、救濟金發放、項目投入及其他經濟領域對自治地區的少數族羣成員實施不同程度的優惠政策。這些優惠政策的實施也是對非優惠羣體的歧視，並導致了優惠羣體與非優惠羣體，尤其是大族羣與少數族羣之間的矛盾和歧視關係。[95] 一個總的意見是：應該將問題集中於縮小區域差別和階級或階層差別，而不是通過制度安排，將族羣差異穩固化，進而造成族羣或民族間的矛盾和衝突。

---

95 馬戎：〈經濟發展中的貧富差距問題——區域差異、職業差異和族羣差異〉，《北京大學學報》（哲社版）2009 年第 1 期，第 116–117 頁。

任何一項政策和制度安排都是一定歷史條件發生變化的產物，政策和制度的調整是不可避免的。馬戎對於中國民族政策的上述批評是以大量事實為依據的，我也完全同意他對民族識別過程中的大量人為族羣劃分的批評，但是否應該就此否定民族區域自治制度，以行省制加以替代，以促進全國各地區制度上和公民身份(這裏指的是公民身份中仍然內含的民族差異)上的徹底同一呢？原則上說，公民一律平等是一個基本出發點，但在世界範圍內，這一形式主義的平等與實質的平等之間經常出現差異。在規範的層面強調公民一律平等，與在社會實踐的層面承認差異以促進平等的實現，也即在形式平等與實質平等之間構成平衡，是民族區域自治構想的出發點。此外，全球化、市場化和現代化正在世界範圍內產生文化同質化的現象，通過何種方式既促進平等又保存文化差異，也是我們考慮問題的必要的出發點之一。如果將民族區域自治視為「西藏危機」的根源，很可能放過了更深刻的癥結。我認為應該在政策問題與民族區域自治的構想之間做出區分，以便我們可以在取消民族區域自治還是改進、完善和發展民族區域自治問題上做出抉擇。按照周恩來對於民族區域自治的權威解釋，民族區域自治並不等同於民族自治，其着眼點同樣在區域，只是考慮到其中一些區域更多地棲居着漢族以外的其他民族，文化、習俗和生產生活方式有別於其他地區，因而將之界定為民族區域。與漢族中心區域相比，這些地區普遍地存在着經濟、教育等方面的落後狀態。從原理上說，民族區域自治的構想正是為了促進民族合作、共處、融合，創造一個普遍平等的新社會，它恰好反對那種將族羣概念本質化和中心化的自治觀。在這個意義上，探討中國社會「多元一體」現象，回顧早期社會主義的民族政策，不是要討論一種普遍適用、僵化不變的制度形態，而是要說明在甚麼條件下這一制度提供了多族羣和諧共存狀態的條件，又在甚麼樣的條件下產生矛盾和危機。如果民族區域自治制度出現了危機，那麼，為甚麼恰恰是當代條件下產生了危機，而不是在更早的社會主義時期？

民族區域自治制度面臨的危機是社會變遷的產物。西藏地處雪域高原，是相對單一的藏族聚居區，但並不是孤立隔絕的世界，它的命運與整個中國的變遷息息相關。西藏 95% 的財力依靠中央和其他省市的支援，這個支援既包含了直接財政資助，也包括幫助西藏發展自身的經濟。據統計，1985–2005 年，中央財政補貼累計達 1081.03 億元，佔這一時期西藏地方財政總收入的 92.66%，[96] 即便在「文革」時期（1966–1976），中央對西藏的財政補貼年均增長也在 9.09%，比 1960–1965 年總平均增長速度高 8.08%。[97] 改革時期，西藏對醫療、教育、科技、獸醫服務等實行免費供給，其他生產資料和生活必需品也給予高額補貼，2000 年以降，西藏地區的 GDP 平均增長 12%。西藏人民在住房、收入等方面的提高是得到公認的，《遠東經濟評論》（*Far Eastern Economic Review*）在拉薩「3•14」之後發表的評論中也承認西藏城鄉人民的收入成倍增長。[98] 事實上，在面對西方媒體的指控時，中國政府和媒體也是以西藏的經濟發展為由進行辯護。但問題是：為甚麼從二十世紀八十年代末至 2008 年，西藏的「危機」卻日益地深刻了？

中國官方的指控是外來勢力和流亡力量的組織、策劃和內外呼應，這一點並非無據，近代西藏的歷史也可以提供佐證。沙百力（Barry Sautman）在〈西藏與文化種族屠殺的誤釋〉（"Tibet and the

96 靳薇：《西藏：援助與發展》，拉薩：西藏人民出版社，2010，第 52 頁。

97 同上書，第 47 頁。

98 Ben Hillman, "Money Can't Buy Tibetans' Love", *Far Eastern Economic Review*, April 2008.

(Mis-) Representation of Cultural Genocide"）中對此早有許多描述。2001 年，當國際奧委會在莫斯科宣佈北京獲得 2008 年奧運會主辦權之後，達賴喇嘛在俄羅斯的特使阿旺格勒（Ngawang Gelek）對記者說，「中國一直在對西藏進行種族的和文化的屠殺」，奧委會不應授予北京以舉辦權。他還補充說：「俄羅斯聯邦內的車臣享有比中國的西藏多百倍的自由。」早在二十世紀八十年代晚期和九十年代初期，藏青會的負責人就說：「在西藏的中國人沒有一個是清白的，戰爭將針對着每一個那裏的平民。」2003 年藏青會的領導人也提到要訓練遊擊戰士，並說：「我要問達賴喇嘛：『如果每天殺一百個中國人能夠換取西藏獨立，你做不做？』如果他說不做，那他不能擔任西藏人民的領袖。」在 1995–2000 年間，藏青會在拉薩策劃了九次爆炸。[99] 最近一家德國媒體也披露了西藏流亡團體與一些西方國家政界人士策劃反對中國奧運會的消息。

但是熱衷於「西藏獨立」的只是少部分內外精英，如果認為拉薩「3‧14」事件只是政治陰謀而沒有深刻的社會基礎，也會導致錯誤的判斷。從八十年代後期至今，中國經濟取得了驚人的成就，脫貧人口在第三世界國家的發展中是罕見的，但社會危機並沒有因為經濟發展而消失，恰恰相反，在發展主義的主導下，貧富分化、區域分化、城鄉分化以及生態危機已經達到了相當規模，而大規模的社會流動也成為社會動盪的重要條件。在過去這些年中，各種「羣體性事件」頻仍，有些規模並不小，區別在於這類事件大多為自發的、自我保護性的社會運動，而西藏騷亂卻是暴力化的。因此，除了暴力化的特徵和存在

99 See *Cultural Genocide and Asian State Peripheries*, ed. Barry Sautman, Gordonsville, VA, USA, Palgrave Macmillan, 2006, pp. 165–188.

着外部分裂勢力之外，「西藏問題」不能以完全的特殊論或例外論給予說明，而必須置於整個中國的社會變遷之中加以分析。以我膚淺的觀察，下述三大相互聯繫、相互糾纏的變遷對於理解當前「西藏問題」十分關鍵：一、社會主義時期的階級政治徹底消退，社會關係根本重組，早期民族區域自治的實施條件發生了重大轉變；二、市場關係全面滲透，人口構成發生變化，經濟收入和教育方面的差距拉大；三、民族文化面臨危機，宗教復興，寺廟和僧侶規模急劇擴張。所有這些問題均發生在中國的高速經濟增長和嚴重社會分化的大背景下。我把它們概括為「去政治化」「市場擴張」與文化危機及「宗教擴張」的同步過程。

民眾的觀點、民族的觀點與兩種身份政治

首先，與上文提及的哈里代所謂的「後殖民羈押綜合症」不同，我認為「西藏危機」產生於「後革命」語境中的「去政治化」過程。如前所說，中華民族是以人民為主體的政治共同體，它的制度建設、社會政策和民族政策都必須考慮這一政治共同體的基本原則，即人民主體原則。任何與這一原則相違背的制度安排、社會政策和民族政策都可以視為「去政治化的政治」。因此，「去政治化」概念中的「政治化」與以族羣關係為中心挑動敵我對立的「政治化」概念是完全不同的。[100] 在有關「西藏問題」的爭議中，大部分討論集中於西藏的歷史

100 馬戎在〈理解民族關係的新思路 —— 少數族羣問題的「去政治化」〉(《北京大學學報》〔哲社版〕2004 年第 6 期)一文中也使用了「去政治化」這一用語，但和我在這裏的使用完全不同。他指的是近代西方民族主義運動將族羣作為政治單位並謀求政治目標的現象。他要求綜合傳統的文化，以公民為單位形成普遍的公民政治。就此而言，他對「政治化」的批評與我對「去政治化」的批評有重疊之處。不同之處在於：我所謂「去政治化」即對人民政治過程的否定或偏離，而後者恰好是中華民族得以超越民族分裂和矛盾而形成一個統一政治實體的前提。

定位問題，例如十三世紀元朝首次將西藏納入政治版圖，十七世紀清朝對於西藏的合法統治，十九至二十世紀西藏在國際承認關係中從屬於中國主權的歷史地位，民國政府與達賴的關係，[101]1951 年 5 月 20 日《中央人民政府和西藏地方政府關於和平解放西藏辦法的協議》（簡稱《十七條協議》）的簽訂，以及究竟是誰撕毀了《十七條協議》，等等。但是，西藏的地位問題既不僅僅依存於國際承認關係，也不僅僅取決於中央政府與達賴喇嘛及噶廈政府間的協議。從 1949 年 10 月中華人民共和國成立，到 1971 年 10 月 25 日中國恢復在聯合國的席位，中國自身尚未獲得美國操縱下的聯合國的承認，但中國因此就沒有主權地位了嗎？1959 年西藏平叛引起西方輿論一片喧囂，但有哪個西方國家承認西藏為獨立國家了？這一事實證明：新中國的政治主體性建立在它自身的歷史地基之上，這就是中國人民作為一個政治主體的崛起，沒有這個前提一切都談不上。在我看來，忽略這一政治過程來討論西藏問題本身就是「去政治化的政治」的話語形式。[102]

十九世紀以降，殖民主義和資本主義創造了一種全球性的局勢，革命和變革既不是絕對本土的，也不是絕對外來的，而是在內外互動中形成的。在這種互動中，新的政治主體被創造出來。在討論中華民族概念時，如果不能從近代中國革命觀點去理解民族認同，也就沒有可能完整地把握後革命時代的中國民族問題。霍布斯鮑姆在討論法國革命和美國革命與這一時代的民族觀念時也曾指出：「如果說民眾革命的觀點對『民族』有任何共識的話，那就是民族是無關乎語言、

101 Lin Hsiao-ting, "War or Stratagem? Reassessing China's Military Advance Towards Tibet, 1942–1943", *The China Quarterly*, 2006, pp. 446–462.

102 關於「去政治化的政治」，請參見拙著：《去政治化的政治：短 20 世紀的終結與 90 年代》，北京：生活・讀書・新知三聯書店，2008。

族羣或其他類似要素，儘管這些因素可以增加集體認同感。就像維拉（Pierre Vilar）所言，在民眾眼中，民族–人民最重要的特質在於：它是公益公利的代表，可以對抗私利與特權。」[103] 因此，族羣差異、共同的語言、宗教、領土以及共同的歷史記憶雖然是近代革命不斷訴諸的要素，但並不是中華民族形成的唯一的決定要素。沒有對抗西方列強和創造新的政治的過程，中華民族作為一個自覺的歷史主體就難以誕生；沒有各族人民共同參與建設新中國的實踐，中華民族就不可能成為一個自覺的政治實體。就西藏而言，從 1951 年西藏和平解放到 1959 年平叛及藏區民主改革的逐步展開，這一歷史進程並不只是中央政府與西藏上層統治者之間的談判過程，而是一個社會解放的過程。如果沒有近代殖民主義和中國革命的發生，這一進程不可能發生；如果沒有西藏人民抵抗外來入侵和內部壓迫的鬥爭，這一進程同樣不可能發生。從 1772 年東印度公司利用不丹、庫赤、白哈土邦的紛爭遣使入藏，到 1886–1888 年隆吐山戰役及 1890 年《中英會議藏印條約》的簽訂，從 1894 年圍繞勘界問題發生的衝突到 1904 年英軍入侵拉薩，西藏僧俗人民與帝國主義勢力之間進行了長期的鬥爭。太平天國運動後期，川西北地區的藏族、羌族人民也發生過反抗清朝的起義鬥爭，這些起義與其他地區的各種社會鬥爭相互呼應。青海、雲、貴、川是長征經過的區域，[104] 革命政治自身也受到與少數民族接觸的影響。抗日民族統一戰線的主張顯然已經不同於長征前的單純的民族自決主張。在長征之前，中國革命隊伍中很少少數民族成員，但長征後少數民族成員有所增加，延安時期中央黨校設立了少數民族

103 埃里克・霍布斯鮑姆著，李金梅譯：《民族與民族主義》，第 22 頁。

104 羅開雲等：《中國少數民族革命史》，北京：中國社會科學出版社，2003，第 78–79 頁。

幹部訓練班，他們後來成為派往民族地區的、具有雙重身份（當地人與革命者）的骨幹力量。中華人民共和國成立後，許多少數民族領導人對於中國少數民族地區的穩定、團結和發展貢獻很大。事實上，早在新中國成立之前，在藏族地區，既曾出現過由邦達饒嘎（Rab dgav）領導的、信奉孫中山主義並與國民黨接近的「西藏革命黨」，也曾活躍過「藏族共產主義運動」各組織、「藏族統一解放同盟」「東藏人民自治同盟」和「中共康藏邊地工委會」等革命組織，其中的活躍分子後來成為西藏各級領導幹部。

但是，與中國其他地區相比，西藏在二十世紀五十年代的變遷有其特殊性。這個特殊性包括兩個方面：第一，西藏社會有着較為發達的上層政治–宗教結構，任何大規模的社會變遷都無法繞過對於這一上層政治–宗教結構的變革；第二，西藏社會在十九和二十世紀曾經有過尋求現代化的努力，但這些努力很快在西方帝國主義的入侵和統治集團內部保守勢力的壓制下煙消雲散，從而喪失了西藏社會內部展開現代性變革的機會。因此，二十世紀五十年代的社會變遷主要地不是西藏社會內部社會改革或階級解放運動的產物，而是在中國革命勝利的背景下，由中央政府與達賴和噶廈政府談判以達成和平解放的結果。1956 年，中央政府承諾暫時（「六年不改」）不在西藏地區實行民主改革，保存舊的制度，但這一承諾並不意味着放棄西藏的民主改革。中央政府和西藏上層集團對於這一態勢都是清楚的。1959 年西藏叛亂的背景與五十年代在東部藏區的土地改革及其對西藏地區的影響有着密切關係，即一方面西藏上層統治階級感到恐慌，另一方面藏區的解放和變革正在湧動。1959 年「平叛」是一個重大政治危機，即中央政府與西藏上層精英之間的合作宣告徹底破裂。正是以這一危機為契機，中央政府以土地關係的改變和階級政治為中心，徹底根除了農奴制度，使得西藏的社會關係發生了巨大的轉變。由於藏區土地制度不但與貴族等級制相關聯，而且也和寺廟有着千絲萬縷的聯繫，而農奴又「是莊園制度與政教合一制度賴以生存和發展的基礎」，因此，在「政教合一」的社會體制中，土地改革的實行和農奴的解放不可能不波及宗教領域。戈爾斯坦指出：「西藏存在着兩種類型的經濟生產資料，即由世俗貴族、寺院和活佛佔有的莊園份地和直接由噶廈政府控制的土地。西藏的絕大多數土地和民眾都被納入莊園制度中：據中國方面的最新統計表明，舊西藏的三大領主所經營的莊園擁有全部可耕地的 62%，其中宗教集團的莊園佔有可耕地總數的 37%，貴族的莊園佔有可耕地的 25%。」[105] 戈倫夫（Tom Grunfeld）的研究也證明：民主改革前，格魯派最大的寺院哲蚌寺擁有 185 座莊園，2 萬名農奴，300 個牧場，16000 名牧民。[106] 這一土地和勞動的佔有關係一直滲透到最基層的村莊。[107] 因此，在「政教合一」的社會體制中，土地改革的實行不可能不波及宗教領域；又由於相較於其他地區，西藏地區的土地改革具有更多的自上而下（從其上層貴族的角度看，也是由外而內）的性質。班禪喇嘛在其晚年的上中央書中對此有許多描述，無論是否

105 梅・戈爾斯坦著，杜永彬譯：《喇嘛王國的覆滅》，第 2、4 頁。

106 譚・戈倫夫：〈西藏：神話與現實〉，《新中國》1975 年第 1 卷第 3 期；梅・戈爾斯坦著，杜永彬譯：《喇嘛王國的覆滅》，第 31 頁。

107 據郭淨編《飄流客》第 57 期（2008 年 4 月）所載〈雪山之書〉（第 14 章序）的敍述，二十世紀五十年代以前，德欽藏族社會的基層結構是「政教合一」體制，「其中分為兩套系統，分別以土司和寺院為首，都通過夥頭和正戶實現對所屬自然村的管理。每個村莊的農民，需經過夥頭、老民同意，並徵得土司和寺院的許可，立了門戶，才有權分得土地，成為『正戶』。一般來説，正戶都是從古代沿襲下來的老住戶。其他沒有門戶的，是破產的農民、長工、奴隸等」。「土司管夥頭，夥頭管正戶，正戶又管村中佃戶、奴隸。據五十年代調查，全縣戶口中正戶 660 戶，並有 2378 戶佃農和奴隸。正戶中有 23 個村要承擔兩個喇嘛寺的負擔，稱為『取日』（喇嘛寺的百姓），對喇嘛寺交定租，服勞役。『取日』可買賣土地，但只限於正戶之間，買賣土地時，只要到喇嘛寺撥租即可，賣主需送地價三分之一給喇嘛寺。喇嘛寺在契約上蓋印。土地上的小糾紛，則由喇嘛寺在收租時調解，如係較大的糾紛，則由喇嘛寺與土司頭人共同調解。喇嘛寺在『取日』上除有收租、勞役的特權外，政治上的管轄屬千總。其餘村子的正戶稱為『車瓦』，他們不承受寺院的負擔，只承受土司繳納糧食和差役的負擔。」http://www.strongwind.com.hk/catalog/80045a6b-3c6c-4df0-9a2d-6aead5705225.aspx。

準確，土改過程中存在過度粗暴的現象是顯然的。二十世紀八十年代，中央政府在清理「文革」問題時，對西藏地區發生的悲劇性錯誤進行了甄別、檢討和糾正，也證明西藏的民主改革存在大量問題。

但是，對歷史的清理和反思不應否定如下重大事實，即普通藏民通過土地改革而獲得了新的政治和經濟地位，成為完全不同於「政教合一」和農奴制時期的佃戶、長工和奴隸的社會成員；如果沒有這一前提，就無法解釋為甚麼從二十世紀五十年代至八十年代，西藏雖然存在着各種各樣的危機、矛盾甚至破壞（如「民主改革」時期的過激政策和「文革」時期對宗教和文物的破壞及派性鬥爭），但這些危機、矛盾、衝突和破壞與今天意義上的「西藏問題」及認同危機具有完全不同的意義。1951 年後中央政府在政治與經濟等方面對西藏實行特殊政策，對於民族和宗教兩件大事也採取了慎重穩進的方針。人民解放軍在進駐西藏的過程中，執行了毛澤東一面進軍、不吃地方的指示，沒有給西藏地方添加額外財政負擔；中央政府通過撥款和派送技術人員，修築交通幹線，對西藏展開大規模援助，其中 1952–1958 年中央對西藏的財政補貼為 3.57 億元，1959–1965 年的財政補助為 5.9 億元。1959 年後，中央在安多和衛藏區域實行土地改革，隨着寺院經濟和部落–土司等制度的廢除和改革，農奴制下的人身依附關係得到了徹底的解放。土地改革改變了普通農牧民的社會地位，改善了他們的經濟條件，為西藏的社會和經濟發展奠定了基礎。在民主改革之後，中央政府對於西藏持續的經濟支持提升了西藏的經濟發展水平，而在新的社會制度下，普通藏民獲得了新的認同感。藏族民眾至今保留着的對毛澤東的崇拜不是單純的宗教現象，而是二十世紀五十至六十年代中國社會重新創造自身的社會主體性的產物。正是這一新的社會主體性的產生將西藏統治者竭力渲染的漢藏關係問題轉變為社會解放問題。換句話說，民族區域自治制度在社會主義條件下是有效確立合法性和認同感的制度建設。

西藏「民改」確立了兩個原則，即平等政治的原則和政教分離的原則，這不但使得與宗教社會密切相關的農奴制度徹底解體，而且也為西藏的政治和經濟提供了新的主體——通過階級解放、民族平等而產生的人民主體。「翻身農奴」這一稱謂其實正是新政治的合法性基礎。歷史地看，人民主體的創造是與那個時代的階級政治密切相關的，對「階級政治」所產生的各種矛盾與悲劇性後果的檢討不應掩蓋一個重要的努力，即通過土地改革，整個西藏社會關係發生了大轉變，「百萬農奴」的身份轉變提供了革命政治的正當性。當代「西藏問題」是在中國實行市場化改革並日漸融入全球經濟的背景下發生的，而上述兩個原則發生變異和轉化也正是這一過程的產物。從平等政治的角度看，「民主改革」鏟除以農奴制為主要內容的等級制，進而改造了階級關係，而市場化改革則重構了經濟關係，並以產權關係為中心將社會分化合理化。在九十年代的中國，五十至六十年代產生的政治基礎逐漸轉型，這一點在民族地區也不例外：伴隨着新的社會分化，早期革命政治的正當性陷入了危機。如果社會主義國家改變西藏宗教社會的政教合一體制的過程是一個激進的世俗化過程的話，那麼，市場化改革則是一個更為激進的世俗化過程。這兩個進程的主要區別在於：前者在推進政教分離的過程中，不僅改造了西藏社會的政治、經濟結構和階級關係，而且也創造了一個對於西藏人而言準宗教的價值體系（政治與信仰之間的新的合一形態），[108] 而後者恰恰相反，

108 2004年，我和幾位藏族的朋友一道訪問幾所喇嘛廟，幾乎每到一處，住持的房間裏都放着毛澤東像，兩邊是達賴和班禪。一位從北京高校來的藏族朋友說，我們藏人就是迷信，毛主席現在是菩薩。達賴喇嘛在他的自傳中也曾說，較之資本主義，社會主義更適合於西藏。

它以經濟和市場的力量創造了一個更加世俗化的社會，伴隨社會主義時期的價值體系的衰落和宗教政策的調整，這一世俗化過程恰好為宗教擴張提供了基礎。由於市場化過程擴大了國家與公民之間的距離，為宗教對各社會領域的滲透提供了可能性，西藏社會較之前三十年顯然更接近於一個宗教社會 —— 一個建立在市場和全球化條件下的宗教社會。在當代條件下，宗教體系不但為全球化、市場化和世俗化的力量所滲透，而且其功能也發生了重要轉變：藏傳佛教日益成為西藏社會維繫自身認同的主要根據。顯然，上述兩個過程是和社會主義時期的那種創造普遍身份的政治的退化和失敗相伴隨的，其結果是：以社會分化為中軸，創造普遍身份的政治讓位於認同（民族的和宗教的）政治。

正如許多學者觀察到的，所謂「民族矛盾」，主要產生於區域差別和貧富分化，以及勞動者在市場競爭中的不平等地位，而不是民族區域自治的概念產生了族羣對立。但他們沒有涉及的是：這些深刻的社會分化使得平等原則和政教分離原則處於危機之中，而這正好意味着支撐民族區域自治的合理性基礎動搖了。大量的統計數據證明：在改革時期，為了促進藏區的經濟發展，讓廣大藏族民眾脫貧、脫困，中央政府不但在藏區推廣了內地土地承包制和畜牧自主經營，而且大規模投入基礎建設，並對藏區的社會福利體制（免費教育、公共事業、扶貧資金等）給予大規模資助。在藏語教育、宗教生活等方面，中央政府也調整了過去的政策，給予更寬鬆和開放的政策。截至 2007 年，西藏全區共有普通高校 6 所，年內招生 8046 人，在校生 26767 人，畢業生 5859 人；中等職業教育學校 7 所，年內招生 6654 人，在校生 18959 人，畢業生 10288 人；普通高中 117 所，高中年內招生 16307 人，在校生 44215 人，畢業生 12322 人；初中年內招生

50707 人，在校生 135995 人，畢業生 39463 人；普通小學 884 所，年內招生 51890 人，在校生 320589 人，畢業生 52238 人；特殊教育學校招生 78 人，在校生 268 人。年末幼兒園在園兒童 11110 人，比上年增加 1961 人。全區小學入學率達 98.2%，比上年提高 1.7 個百分點。[109] 但與五六十年代的改革為大多數藏民帶來了好處不同，九十年代以後的發展在促進經濟成長的同時，卻加速了藏區城鄉之間、中心地區與邊緣地區之間、不同民眾階層之間以及西藏與內地之間的差距。就教育方面而言，如果從識字率、小學文化人口比率、中學文化人口比率和大學文化人口比率等方面看，西藏與其他鄰近省份及全國平均數據相比還是相當落後的。以 2002 年為例，西藏 15 歲（含 15 歲）以上人口中的文明率為 43.8%，青海為 24.8%，甘肅為 21.1%，四川為 13.6%，而全國平均為 11.6%；同年，6 歲以上沒有上過學的人口比率是：西藏 38.0%、青海 22.2%、甘肅 18.1%、四川 12.2%，全國平均 10.2%；上過小學的人口比率是：西藏 62.0%、青海 77.8%、甘肅 81.9%、四川 87.8%，全國平均 89.8%；上過中學的人口比率是：西藏 15.4%、青海 39.8%、甘肅 43.5%、四川 48.2%，全國平均 54.8%；上過大學的人口比率是：西藏 0.8%、青海 3.2%、甘肅 3.1%、四川 3.7%，全國平均 4.7%。[110] 在這一教育背景下，藏族青年難以在市場競爭條件下與中原地區的同代人競爭；由於外來人口在當地商業和企業中佔據越來越重要的地位，在勞動力競爭

---

109 西藏自治區統計局、國家統計局西藏調查總隊：《2007 年西藏自治區國民經濟和社會發展統計公報》，2008；鄭戈：〈文化、發展與民族區域自治——中國憲法語境中的西藏問題〉，《洪範評論》第 12 輯（憲政與發展），吳敬璉、江平主編，梁治平執行主編，北京：生活・讀書・新知三聯書店，2010，第 130 頁。

110 Andrew Martin Fischer, *State Growth and Social Exclusion in Tibet: The Challenges of Recent Economic Growth*, Copenhagen: NIAS Press, 2005, pp. 137–140；鄭戈：〈文化、發展與民族區域自治——中國憲法語境中的西藏問題〉，《洪範評論》第 12 輯，第 130–131 頁。

中，外地人口往往更佔優勢。調查還顯示：經歷過五十、六十和七十年代的農牧民對國家的認同感較強，而八十年代末至九十年代卻發生了轉折，在這個時期出生和成長的人對於藏區內外的差距反應強烈。如果我們後退一步觀察國家對藏區的支持與藏族社會的感受之間的差距，可以清晰地看到一個裂痕，即國家向藏區提供大量撥款和資助，以提升藏區經濟，但由於區域差別和藏人自主參與程度相對較低，在有些藏人看來，這些是內地發達地區亦即漢族發達地區向藏區的單方面投入，經濟的一體化沒有產生整個社會的一體感，反而產生了中國社會的疏離感。在西藏和內地許多地區，對於官員及官僚系統的不信任不僅與腐敗現象的蔓延有關，也植根於一種社會轉變過程中的合法性危機。參與「3•14」事件的主要不是那些經歷過「農奴—土改—改革開放」的老人，而是「生於七十年代之後，成長在藏區，面對全球化、現代化衝擊的藏族青年」，舊的合法性條件對於他們而言，已經與今天的現實相去十分遙遠。「3•14」事件（以及許多其他同類事件）不是以政治鬥爭而是社會報復的形式爆發，說明西藏社會缺乏解決這類社會問題的政治空間，在這一條件下，社會、政治、經濟、文化和宗教等領域的危機才會全部被轉化為族羣衝突。

這一危機是「去政治化」狀態下的危機。需要說明的是：我在此討論「去政治化」狀態下的危機不是出於對社會主義時期的懷舊，而是藉此指出一個常常被忽略的基本問題：「西藏危機」是當代中國的普遍危機的一個部分。正由於危機植根於當代進程本身，民族問題並不能單純地用經濟不平等來加以全面解釋，它也體現在文化政治的領域。在五十至八十年代，民族題材的文學、音樂、美術、戲劇、電影和其他文化創作中，少數民族文化始終居於極其重要的地位。值得注意的是，在這個時代，國家的少數民族文化政策不僅體現在對西藏、蒙古和其他少數民族史詩、民間音樂與文學及其他文化遺產的整理和保護，而且更體現在對於一種新的政治身份和文化身份的創造。在音樂史詩《東方紅》中，由胡松華、才旦卓瑪等演唱的蒙古、西藏民歌在整個史詩劇中居於極端重要的地位；《五朵金花》《草原英雄小姐妹》《阿詩瑪》《農奴》《冰山上的來客》《劉三姐》等以少數民族故事為中心的電影是那個時代中國電影中的經典性作品；在五十至八十年代，中國油畫、國畫和壁畫創作中，新疆、內蒙古、西藏和西南、西北各民族的人物、場景和故事始終居於重要位置。我們可以毫不費力地在上述作品後面添加一個漫長的系列。但伴隨着整個社會的「去政治化」過程，這個序列在九十年代終結了——我所指的終結不僅是少數民族題材作品的大規模介紹終結了，而且是少數民族文化日漸地與旅遊市場的開發相互聯繫。正如許多國家和地區的經驗一再顯示的，旅遊業促進了民族文化的商業化，而這正是東方主義重新植根的社會基礎。如果將這兩個時代的民族題材作品加以對比的話，前者的宗旨是通過一種社會主義文化來形成新的普遍身份，而後者則通過強化民族文化的「東方性」以適應市場的需求。這裏暫不涉及對於社會主義時期少數民族文化創作的政治的和藝術的評價，我想指出的只是如下事實：前者在民族文化的基礎上創造新的普遍身份，而後者則將民族性建構為本質性差異；前者在獨特性中注重普遍性，後者將獨特性塑造成特殊性。伴隨着這一轉變，當代中國以少數民族為題材的文化創作大規模地衰落了。在我看來，宗教和其他力量的上升是和這一衰落過程密切相關的。

宗教社會、市場擴張與社會流動

世俗化過程中的宗教擴張

針對「文革」時期對宗教、寺廟的破壞，八十年代，中央政府在西藏解除了全部宗教禁令。尊重宗教信仰的自由是完全合理的。其實，即便在土改時期，毛澤東和中央政府也明確地表示應該將土地改革與宗教問題區分開來，即土地關係必須改革，而宗教信仰必須得到尊重。據研究者的敍述，到 1997 年底，中央政府已經撥款修復了 1787 座寺廟和宗教活動場所，住寺僧尼達到 46380 人，佔全區總人口的 1.7%，諸如學經、辯經、灌頂、受戒等活動和儀式，唸經、祈福、消災、摸頂、超度亡靈等法事也都正常進行。除藏傳佛教外，苯教寺廟 88 座，僧人 3000 多人，活佛 93 人，信教羣眾 13 萬人以上；清真寺 4 座，伊斯蘭教信眾 3000 多人；天主教堂一座，教民 700 多人。在上述宗教中，藏傳佛教佔據中心地位，各種佛學機構、刊物和其他出版物大規模湧現。在西藏之外的藏區，藏傳佛教的力量也得到了大規模的擴展。在我訪問過的寺院中，中型的寺院有 800 名學徒和喇嘛，大型的有 1500 名學徒和喇嘛。在黃色的燈光下，大批的小孩在誦讀經文，而寺院後院的灶房和炊具的規模，以及堆積如山的木垛，讓我歎為觀止。

但是，宗教問題並未因此解決。矛盾產生於兩個方面。第一，西藏是一個宗教社會，而作為現代國家，中央政府的宗教政策是以世俗社會的邏輯制定的。宗教社會與世俗社會對於教義、知識、程序和儀軌的理解和實踐存在着衝突。有一位藏族知識分子向我解釋說，按照藏傳佛教的規定，喇嘛學習宗教知識的過程需要按照藏傳佛教的程序，比如學習某種經典必須在西藏的某個寺院，學習另一種經典就必須去青海或甘肅的另一個寺院，但現在的宗教知識是由佛學院傳授的，即便是學生跟隨老師學習了同樣的知識，從宗教內部的觀點看，這種知識的獲得並不具有合法性。但在西藏社會矛盾尖銳化，寺院本身捲入這些矛盾和衝突的背景下，如何對待宗教內部的流動和動員顯然是一個敏感的問題。另一位藏族知識分子說，「3·14」衝突的另一個起因是有關喇嘛年齡的新規定。許多藏族孩子很小去寺院學習，十五六歲正式成為喇嘛；由於寺院經濟的發展，喇嘛也成為一種職業謀生方式。國家按照就業年齡，將原先16歲當喇嘛的規定改為18歲，引發了一些寺院僧眾的不滿。由於西藏的宗教問題牽涉的是宗教社會問題，而不是世俗社會的宗教自由問題，在社會矛盾向族羣和宗教衝突方向轉變的條件下，宗教問題與認同政治密切相關，宗教與政治的關係以一種新的形式被突出了。第二，宗教的新發展與市場社會的擴張同步進行，一方面是市場改革、旅遊和消費活動滲透到了藏區的日常生活之中；另一方面是財富大量地流向寺院。許多訪問藏區的人都對寺廟的宏偉和貧困藏民的生存狀態的對比留下深刻印象。在相對富裕的地區，藏民住宅建築用料之攀比雖然未必是市場化的產物，但也和當代消費主義文化相映成趣。中央政府為西藏的發展提供了大量的經濟援助，並鼓勵各地與西藏建立對口援助關係，但究竟怎樣的發展模式才能更好地促進西藏的社會發展，仍然是一個值得探討的問題。幾年前，我在《讀書》的編輯手記中曾經介紹過與幾位從事鄉村改革的藏族青年的座談，他們提出的口號是保護生態、保護藏族文化、保護集體所有制。[111] 前兩條很好理解，後一條對於熱衷於產權改

111 《讀書》2004年第7期，第167頁。

革的人大概就很奇怪了。市場社會的產權關係、個人主義和消費主義不但對宗教社會而且也對地方社羣產生着衝擊。這些藏族社羣的建設者提出保護集體所有制並不是要回到公社制，而是要保護藏族社羣的生活方式。這是我把宗教的發展與市場化過程的同步性看作理解少數民族社會問題的一個關鍵方面的原因。

「自由西藏運動」將當代西藏的變遷形容為「文化種族屠殺」是根本性的誤導。事實上，二十世紀三十年代，在沒有中央政府介入的情況下，西藏的現代化改革（龍廈改革）也與政教合一及農奴制度相互衝突；現代化與宗教社會的矛盾是始終存在的。在 1959 年之後，藏區的經濟發展採用的是在國家主導之下、由經濟發達區域向藏區投入的模式，而在九十年代，這個模式又為新的市場擴張所補充。我們不應迴避西藏自身的社會體制和文化傳統在這個現代化進程中遭遇前所未有的危機。正如整個中國社會一樣，全球化和市場化正在重組整個社會，西藏社會的變遷是這一進程的有機部分，將這種危機轉化為民族衝突的模式是誤導性的和危險的，但由於西藏宗教文化與市場社會邏輯之間的矛盾格外明顯，藏人感受到的困惑和痛苦就格外強烈。2004 年在德欽藏區訪問時，我有幸與青海的一位活佛和甘孜的藏學家、《藏族通史・吉祥寶瓶》的作者澤仁鄧珠先生同行，並旁聽他們與當地青年的座談。以座談涉及的問題印證我的觀察和閱讀，我覺得藏族社會的危機感主要體現在如下幾個方面。

第一是宗教在世俗化過程中的危機，這個危機主要表現在兩個方面，其中一個是現代化與宗教社會的矛盾。十九世紀晚期西藏社會內部有過現代化的嘗試，但很快被英國殖民者的入侵打斷了，而宗教力量對於現代化抱有敵意。關於這一點，一些西方藏學家也有深入的論述。真正的困境是：西藏的宗教與世俗社會的關係問題完全不同於西方社會的宗教自由或信仰自由問題，也不同於西方社會理論家們所討論的作為一個合理化領域的宗教與現代社會的關係問題。西藏宗教問題的核心是現代化與宗教社會的矛盾和對立，即宗教社會如何面對世俗化的問題；由於現代化常常表現為由經濟發達區域向藏區傳佈，這一進程的表現形式就常常是所謂「漢化」。世俗化的第一步是二十世紀五十年代末期開始的政教分離，而在八十年代後期尤其是九十年代之後，這一進程由於市場的劇烈擴張而更加尖銳化了。西藏雖然被稱為宗教社會，但它的政治中心和經濟中心已不再由寺院和僧侶決定。越是遭遇強烈的文化危機感，雪域高原和藏傳佛教作為認同的基礎就會不斷得到強化，但越是強化這種認同，如何面對現代化與「漢化」的這種重疊性就成為更大的困惑。由於政教分離、經濟與宗教分離，對宗教認同的強化也就自然地在政治與宗教、經濟社會與宗教之間產生深刻緊張。在座的一位藏族學者提醒那些對自己的文化懷抱憂患意識的青年們說，現代化是挑戰，但繞不過去。這也讓我想起 2000 年韓國金大中總統會見十餘位外國學者時所說的話：全球化是挑戰，但韓國沒有別的辦法，只有闖進去才會有一條生路。我記得當時在座的法國社會學家布迪厄懷疑地說：全球化與文化多樣性是矛盾的。但是，在西藏地區，如果現代化被等同於「漢化」，宗教與世俗化之間的矛盾就會向漢藏衝突的方向轉化。

其次是宗教組織在世俗化進程中的危機。寺院在宗教社會處於中心地位，但在政教分離、經濟與宗教分離的狀態下，經濟社會構成了宗教社會之外的挑戰和誘惑。我聽一位老一代的藏族知識分子說，他這一輩人聚到一起時，最痛心疾首的就是宗教和寺院的腐敗。除了聚斂財富之外，一些僧侶也過着雙重生活，不守清規戒律，白天到寺院「上班」，晚上回家過另一種生活。宗教腐敗很容易激發滿懷憂患的藏族青年的道德意識和熱誠的宗教信仰，當這種信仰和道德感被引向民族關係時，更為激烈的社會行動不是難以預見的。西藏騷亂中受傷害最深的是從事商業活動的漢人和回民，而攻擊者包括年輕的喇嘛和教徒，這或多或少地與西藏宗教社會自身的危機有關——怨恨的根源來自世俗化即「漢化」這一表面的重疊，說它是表面的，並不是說兩者之間沒有實際聯繫，而是說所謂「漢化」放在其他地區其實也可以表述為「西化」「全球化」「資本主義化」或別的甚麼「化」。

現在談到西藏時，人們經常重複八十年代胡耀邦的說法，即全民信藏傳佛教，這固然是基本的情況。但是，藏族社會不同區域、不同階層（如普通農牧民與精英階層）對於問題的看法並不一致，宗教社會內部有不同的教派，宗教社會外部存在不信教的或者說世俗的藏族知識分子，他們大多尊重宗教信仰，也信奉信仰自由。藏族社會內部存在着不同的取向、羣體和聲音，包括對藏傳佛教的批評的聲音，但恰恰是由於一種深刻的危機感，以及這種危機感的特殊表達形式，藏族認同被完全維繫於藏傳佛教之上，藏族社會聲音的多樣性反而被湮沒了。在歷史和宗教研究方面，一些藏族學者重新研究吐蕃時代的西藏傳統，探討十九世紀後期夭折的現代化努力，回溯苯教的形成和衰落，顯然也是在探尋西藏的另類傳統，但這樣的聲音在認同政治日益強化的語境中細若游絲。因此，理解西藏及其宗教問題也需要打破那種將西藏總體化的方式，這種方式其實正是西方媒體觀察中國時常常採用的方式。我因此還要補充說：我們不但應該傾聽藏族社會內部的不同聲音，我們還應該傾聽西南和西北地區其他民族成員的聲音。回族、維吾爾族、羌族、彝族、漢族、蒙古族、獨龍族、納西族、白族、苗族、傣族、普米族、傈僳族等，沒有這些不同民族的聲音，理解中國的大西南或大西北是不可能的；我們也不能將族羣作為聲音的唯一根據，我們還應該傾聽不同階層的人的聲音：城鄉差別、貧富差別、文化和教育程度的差別、階級和階層差別、山地與平原差別、河谷與旱地的差別，也應該在多重聲音中得到展現。

市場化、全球化與語言危機

第二個危機感源自語言問題。西藏地區地市所在地的小學實行漢語為主，兼設藏語課的教育；地市以下單位、農牧區實行藏語為主，兼設漢語課的教育。在「文革」以後，政府對西藏的教育和文化的投入，其中也包括藏語教育的投入，都是巨大的。然而，在城市化和市場化的浪潮中，越來越多的年輕藏民尤其是那些身處混居地區的藏民對於藏語的學習興趣大為減弱。這是少數民族面臨的普遍問題。[112] 如果將這一現象與漢語受到英文的衝擊相比，兩者也並非沒有相似性，不同之處在於漢語人口基數巨大，不會像藏語人口那樣產生強烈的語言危機感；但若將藏語的狀況與更小的族羣相比，藏語言的生命力又顯得相當旺盛。較小或較弱的民族的語言及其文化在現代化過程中面臨的危機需要認真對待，例如通過政策安排加強和倡導雙語或多語教育，並通過法律形式保障少數民族及其文化在就業和其他社會領域的權利。但這一問題需要置於對發展模式的反思中考慮，而不應簡單地在「文化種族滅絕」或「民族衝突」的範疇內討論。在德欽的座談會上，有青年提到青年一代中說藏語的人的比例下降嚴重，他們還質疑：連參加藏族文化研討會的一些藏族學者也不會說藏語，他們怎麼

112 在語言問題上需要作出一些區分。如同埃里克・霍布斯鮑姆所說，「一旦獨立的民族得以建立並能長久生存下去，其境內弱小民族的語言文化勢必會逐漸失傳」，但這「根本無關乎種族沙文主義」。(《民族與民族主義》，第 36 頁）另一方面，國家是否採取恰當的措施以維護和發展民族語言則仍然是一個重要問題。

能夠深入討論藏族文化呢？事實上，在座談中，所有參與者都會說普通話。我後來結識的一位研究苯教的藏族學者對我說，他不喜歡漢語或國語的提法，因為他們從小學習藏語，也學習普通話，普通話是他們自己的語言，不應該用漢藏的區分加以規定。我完全同意這一看法：漢族本是一個歷史形成的混合體，語言中包含各民族的要素，漢藏語本有同源性，用近代的民族觀對語言加以規定無益於人們之間的相互交往。這樣的看法雖然在雜居地區易於接受，但在民族相對單一的西藏地區，語言的變化勢必會引起比雜居地區更為強烈的反應。這個問題並不因為政府對少數民族語言的扶持而消失。

日常生活方式的巨變

第三個危機感源自日常生活方式的變化。儘管過去三十年中，寺院和宗教的發展非常迅速，但交通、媒體、大眾文化以及其他生活方式的變遷也正以更為驚人的方式改變着西藏社會。十九世紀晚期至二十世紀前期，傳統文化與西化的衝突至今讓人記憶猶新，但從晚清開始，中國知識分子中出現了一個強大的改革的和啟蒙的潮流，它與國家機器自身的變遷相互呼應，對於中國社會的巨變產生了深遠的影響。藏族社會一方面置身於甚至比晚清和二十世紀漢地社會更為劇烈的變遷之中，另一方面又經歷着後革命時代的宗教發展和擴張，但它本身從未產生過類似辛亥革命、「五四」新文化運動這樣的大規模的自我改革和文化啟蒙。這是兩種不同的現代傳統，即啟蒙的傳統和宗教的傳統，站在這兩種不同的傳統中，對於同一事件的感知很可能完全不同。比如，對於絕大部分中國人而言，穿西服或牛仔褲已經很日常，不會有辜鴻鳴當年的那種痛心疾首的感覺；許多藏人也一樣穿西服、牛仔褲、登山服，但另一些藏人認為這是藏族文化的危機。我認識的藏族朋友平時很少穿藏族傳統服裝，但在參加有關的文化座談會時卻特意改穿傳統服裝，表明他們在涉及「文化」問題時，內心裏有一種矛盾和緊張感。伴隨着城市化進程，藏族村寨的傳統建築樣式發生了變化，許多年輕人更願意住樓房，而樓房的室內格局與藏族住宅的佈局完全不同。在一個座談會上，一位年紀較大的人抱怨說，現在的建築將廁所建在室內，完全違背了藏族的傳統。當然，這是老一代人的感受，新一代人未必很在意這些問題，很多人聽到這個問題甚至會覺得好笑，但對滿懷文化憂患的藏人而言，這是個嚴肅的問題。這樣的日常生活細節最能顯示文化變遷的深度，對此覺得好笑本身也說明了我們自身的社會在過去百年中所經歷的「西化」的轉變有多麼深刻。

社會流動、移民權利與民族區域的社會危機

第四個方面是社會流動，這很可能是矛盾衝突的催化劑。傳統中國也存在着社會流動，比如十八世紀開始的大規模的內地居民走西北、闖關東的現象，規模很大。但以鄉土為中心的社會遷徙與市場社會的新的勞動分工的形成有所不同。市場經濟的發展、戶籍制度的鬆動和交通工具的改善為大規模社會流動創造了條件。伴隨大規模城市基礎建設的擴張，青藏鐵路的通車，以及旅遊業、服務業的發展，藏區經濟處於前所未有的開放態勢，以勞工、技術人員、服務行業從業者、旅遊者為主的大量外來人口（以漢人與回民為主）進入藏區。在全國範圍內，移民的主要態勢是從內地往沿海、從鄉村往城市集中，規模之浩大，即便對於北京、上海這樣的中心城市也形成了很大壓力。儘管國家對藏區的投入加大，區域差別卻在擴大。「西部大開發」戰略就是為了緩解區域差別、促進西部經濟發展而確立的，它也不可

避免地帶動了雪域高原——主要是城市地區——的人口流動。如果與東部或其他地區相比，西藏的流動人口數量不大，主要集中在拉薩等中心城市，其中很大一部分只是季節性的傭工或短期的生意人，並未像西方媒體所說的那樣改變基本的人口構成。但正如馬戎和旦增倫珠的研究指出的：「西部地區是少數民族聚居區，來自東部、中部漢族地區的流動人口將會使當地族際交往的深度和廣度大幅增加。西部開發不僅將擴大族際交流與合作的空間，也將會突顯民族之間的文化宗教差異，就業和資源的激烈競爭，從而使西部地區的民族關係呈現一個非常複雜的局面。」[113] 招商引資、社會流動、勞動力市場是市場社會形成的基本要素，而旅遊更是西部地區發展經濟的基本手段。遷徙和自由流動是公民的基本權利，但在發展主義的邏輯下，無視不同區域和不同社會羣體之間在教育、文化、語言和其他社會資源分配方面的現實差異，大規模的人口流動勢必導致資源與收益向某些羣體傾斜。就西藏的情況而言，相對於外來人口，普通藏民在資本、技能和市場競爭意識等方面都處於較弱的位置，也易於被邊緣化。在上述宗教社會的危機之中，世俗化問題與本地–外來之間的關係錯綜糾纏，其結果是世俗化導致的危機也被投射到「漢化」問題上來。在市場經濟和大規模社會流動的背景下，如何將保護文化多樣性與實現社會平等結合起來，如何在保護少數民族利益和保障移民權利之間取得平衡，是完善民族區域自治、促進各民族平等交往的關鍵環節。

這裏的關鍵問題是：儘管在整個中國社會都存在着貧富分化現象，但在民族地區，貧富問題往往與不同民族在傳統、習俗、語言及其在市場經濟中的位置有着密切的關係。因此，不要說當代中國廣泛

113 馬戎、旦增倫珠：〈拉薩市流動人口調查報告〉，《西北民族研究》2006 年第 4 期（總 51 期），第 168 頁。

存在的腐敗可能導致族羣的矛盾，即便按照最為理想的市場模式——所謂起點平等——來形成市場競爭，也會由於忽略不同民族間的文化差異而導致新的分化。例如，在一些少數民族地區，由於不同民族成員在市場關係中的位置不同，工資、待遇和機會的差異往往會體現在不同民族成員之間，從而構成了歧視現象。[114] 總之，經濟增長能否促進民族關係的和諧，依託於各種條件，兩者之間並沒有必然的關係，根本的問題仍然是如何發展，怎樣發展，以及如何解釋發展？

「承認的政治」與多民族社會的平等問題

「西藏問題」的複雜性折射出了一個宗教社會自十九世紀以降所經歷的危機的全部深度，迄今為止，還沒有哪個地區和社會真正解決了這一現代性危機。指出西方社會對中國的不實指責是一回事，如何應對這些具體而複雜的問題是另一回事。十年前，我在為《文化與公共性》一書撰寫的導言中曾經涉及當代文化理論中的兩個核心問題：一、現代社會能否在某些情況下將保障集體性權利置於個人權利之上？二、現代社會以形式主義的法律體系為中心，我們是否還要考慮某些社會的實質性觀點？[115] 在編譯那本文選和撰寫導言時，我考慮的

114 隨着市場經濟的發展，北京、上海等中心城市出現了一些性別歧視的條款，如公司只招男性不招女性，或同工不同酬的現象；而在民族地區，這種歧視性條款也出現在民族差別中，比如在有些民族混居地區，招工廣告中出現了「漢族每天 50 元，藏族 30 元」的歧視性條款。這些歧視性的廣告必須予以堅決的制止。

115 汪暉：〈《文化與公共性》導言〉，《文化與公共性》，北京：生活・讀書・新知三聯書店，1998，第 12 頁。這是一本圍繞「文化」（cultures）、「公共性」（publicity）與「承認的政治」（the politics of recognition）等主題編選的文選，其中收錄了包括 Hannah Arendt、Jurgen Habermas、Charles Taylor、John Rawls 等作者的相關著作。我在這裏所討論的「承認的政治」這一概念直接引自 Charles Taylor, "The Politics of Recognition", see *Multiculturalism*, by Charles Taylor, K. Anthony Appiah, Jurgen Habermas, Steven C. Rockefeller, Michael Walzer, Susan Wolf, Princeton, New Jersey: Princeton University Press, 1994, pp. 25–74.

就是多元文化社會中的「承認的政治」問題，但這一問題意識很快就被湮沒在有關全球化及中國民族主義的喧譁之中了。

當代中國現代化思潮的核心觀念是法制的市場經濟、個人權利、私有產權等。儘管論述各有不同，這些命題共同地指向一種程序性的、去政治化的權利自由主義是清晰的。其實，這一自由主義話語就是現代化理論的翻版。我對私有產權論的批評並不是要反對保護私有財產，而是反對將這一概念作為無所不包的普遍真理。在一個文化多元和族羣關係複雜的社會裏，平等保護個人權利與平等保護集體權利之間常常會發生矛盾。按照權利自由主義的觀點，憲法和法律不能保護任何集體性目標，那樣就構成了歧視；而按照社羣主義的觀點，這種抽象的平等個人及其權利的觀念產生於特定的文化和社會，將它運用於其他社會也構成了歧視。因此，平等尊重不但應該針對個人，而且也應該考慮集體性的目標，比如少數民族、婦女和移民的特殊要求。

中國的少數民族政策事實上就包含了這種對於集體目標的承認。在推行民族區域自治初期，曾有許多人從不同的角度對區域自治表示懷疑，他們有的問：「民族壓迫已經取消，民族平等已經實行，只剩下各民族內部的民主問題了，還要實行區域自治嗎？少數民族幹部已在政權機關擔負主要責任，還不是區域自治嗎？某些聚居區的少數民族，其社會經濟與漢族相同，或缺乏語言文字，也要實行區域自治嗎？強調民族形式，不會助長狹隘民族主義嗎？」也有人問：區域自治「非有民主不成嗎」？「非搞好自治區外部的民族關係不成嗎」？[116] 區域自治是將自主性與交互性、獨特性與普遍性聯繫起來的方式，它對集體特性加以承認，但並不認為這種集體權利或集體性與普遍性是對立

116　何龍羣：《中國共產黨民族政策史論》，北京：人民出版社，2005，第 136–137 頁。

的。那麼，對於少數民族的特殊政策是否對其他居民構成歧視性呢？比如在生育政策上，少數民族不受限制和受較小的限制，而主體民族只能生一胎；又比如，少數民族可以享受一些緊缺的生活必需品，而漢人卻無權享受或受到嚴格限制。這些政策曾經在援藏、援疆的幹部和技術人員中引起很大不滿，認為沒有被平等對待，但考慮到少數民族的人口、習俗的特殊性，這些政策和法律又體現了平等尊重的原則。事實上，中國少數民族區域制度及其相關安排與中國的政治傳統有密切關係，例如清代對邊疆的治理講究「從俗從宜」，發展出土司、部落、盟旗和政教等不同的治理模式，而每一種所謂模式又都根據宜俗的原則進行調整和變化。換句話說，這些制度是承認差異的，但在形式主義的平等視野看來，承認差異也就是承認等級性，從而應予否定。

在多元性的社會中，如何將尊重平等和尊重差異這兩個原則統一起來，是一個巨大的挑戰，但這也是「多元一體」這一概念的魅力所在。西方社會是一個權利主導型的社會，由於社會不平等產生於權利自由主義的形式平等之下，少數民族爭取權利的鬥爭往往採取認同政治的形態。社羣主義者認為應該將這種認同政治轉化為「承認的政治」，即通過承認差異來貫徹平等的價值，以彌合社會的分裂。在這裏，承認不同文化具有平等價值是一個假設或邏輯起點，而不是實質性的判斷，其前提是「承認的政治」必須在公共交往的前提下進行。所謂公共交往的前提包含兩個意思：一、如同查爾斯・泰勒所說，如果不同民族的文化在這個公共交往中不能各放異彩，承認不同文化具有實質性價值就等於是在屈尊俯就，而屈尊俯就顯然是和平等的政治或者說尊嚴的政治相對立的。[117] 因此，多元一體必須以多元性為基

117 Charles Taylor, "The Politics of Recognition", *Multiculturalism*, pp. 25–74.

礎，沒有這種多元文化的繁榮，「一體」就是由上至下的。二、公共交往不僅是指不同民族文化之間的對話和交往，而且也指每一個民族內部的充分的交往，沒有這個前提，「承認的政治」就很容易轉化為少數人操控族羣政治的過程。因此，要想讓「多元性」不是成為分離型民族主義的基礎，而是成為共存的前提，就必須在每一個「元」中以及不同的「元」之間激活交往與自主的政治，而不是將「元」視為一種孤立的、絕對的存在。在這個意義上，「承認差異」不是將差異永久化，而是以多樣性和平等為取向促進不同族羣之間的交往、共存和融合。我們今天最為匱乏的正是不同民族的和同一個民族的知識分子之間的公共交往和平等對話。如果說在當代中國存在着偏見的話，它的主要形式不是顯性的歧視，而是隱性的無知和忽略。[118] 例如，當西藏發生騷亂時，藏族的知識分子之間是如何討論的？有甚麼不同的看法和解釋嗎？如果我們在公共媒體中聽不到他們的聲音，就會失去不同背景的知識分子相互對話和交流的機會。

「西藏問題」涉及社會流動條件下少數民族文化和移民權利的雙重保護和自由問題。在全球化和市場化的條件下，民族區域自治制度也需要適應變化的條件進行調整，但這並不意味着應該徹底廢除民族區域的概念，用一種新的人為的統一建制覆蓋實際存在的差異。承認文化差異既不意味着將文化差異永久化和本質化，以致退回到族羣政治的模式之中，就此而言，我完全同意許多學者對於民族識別過程將族羣關係建制化的批評；但也並不意味着可以無視歷史差異，強制地將不同的文化和族羣納入一種形式主義的權利體系之中。除了促進社

118 在當代中國知識界的公共討論中，關於民族問題、民族關係問題的討論較少。我認為這一現象是和中國知識領域的狀況密切相關的。許多少數民族學者懂得多種民族語言，但難以在公共討論中發出自己的聲音；他們的討論至今限制在區域的和民族研究的範疇之內。這一現象亟待改變。

會的交往和共存之外，一個真正的挑戰在於能否超越這些既定的身份政治，在階級政治衰敗之後，重新創造出一種能夠讓不同的人羣平等參與並保持社會的多樣性的普遍政治。總之，沒有民眾性的政治基礎（自主的、能動的參與性），民族問題就只能成為少數人與政府之間的博弈，而且極易陷入西方主流輿論和不同類型的族裔民族主義者所竭力營造的漢藏二元論的框架之中。要打破這一「漢藏矛盾」的框架，就必須徹底思考我們的發展主義邏輯，創造更具包容性的公共空間，讓普通人民的聲音在這個空間中獲得充分表達，為新的平等政治奠定基礎。

抗議運動是一種尊嚴政治

「西藏問題」是在複雜的歷史條件下產生的現象，它折射出中國市場化改革和全球化過程所面臨的挑戰和危機。但是，「3·14」事件爆發後，我們面對的是雙重誤導：一方面，西方的主流輿論不但不能對自己的殖民歷史在其他地區造成的貽害做出反省，反而將這一深刻的、與西方世界自身幾個世紀的運動密切相關的問題扭曲為一場反中國的合唱，對於那些身處西方、對於西方社會的歧視性意識形態抱有深切感受的年輕人而言，心靈受到的創傷和撞擊是深刻的。另一方面，中國的媒體在對抗西方輿論的同時，也需要將焦點集中於西藏社會的矛盾與危機，並以此為契機，通過反思和調整當代中國社會的發展模式，以化解西藏和其他一些民族地區的危機。因此，隨着「西藏危機」轉化為搶奪奧運火炬的爭端，「西藏問題」被擱置一邊。我並不認為這是甚麼「文明的衝突」—— 這是「無知的衝突」外加新型的冷戰政治。

任何一場大規模的社會運動都包含着多重內涵，我不能為參與這場運動的每一個人的行動及其動機做出解釋。在中國學生的抗議運動中，我們聽到過許多褊狹的言辭，年輕一代對於「西藏問題」與西方媒體一樣知之甚少。但簡單地將這場運動說成是「狹隘的民族主義」顯然沒有弄清問題的實質。首先，這場運動保衞的是奧運火炬，而不是保衞中國火炬，其中包含着尋求世界和平、捍衞各國人民在奧林匹克旗幟下的公共交往的意義。其次，針對西方主流媒體對於西藏暴力事件的系統性扭曲和對奧運火炬傳遞過程的不公正報道，海外留學生和海外華人要求澄清事件真相，抗議在西藏發生的暴力行動。在遭到批判的西方媒體中的相當一部分曾經在科索沃戰爭、阿富汗戰爭和伊拉克戰爭中扮演了可恥的角色。CNN 等主流媒體對中國和中國人民發表的污辱性言論不但暴露了根深蒂固的種族主義偏見，而且也煽動着自身社會的「狹隘的民族主義」。正由於此，在抗議運動中，學生們試圖將這一運動與反戰運動聯繫起來，表明他們開始將對中國的關注與一種世界性的、國際主義的眼光聯繫起來。第三，在這裏必須嚴格地將對霸權和針對平民的暴力的批判與對少數民族的尊重、對當代社會變遷中民族問題的複雜思考區分開來。海外學生運動以最為明確的態度表明了對這些霸權勢力和分裂勢力的拒絕，從而讓全世界聽到了中國社會自身的聲音；沒有這樣的聲音，中國與西方的關係就總是停留在外交的範圍內，而缺乏民間的干預。無論人們喜歡與否，學生力量的展示為究竟甚麼是民間的聲音提供了有力註解。這也是一個契機，一個讓新一代人重新理解中國、理解中國的矛盾和困境、理解中國在當代世界體系中的真實位置的契機。

這場運動也是一種尊嚴政治的展現。1993 年，在美國政府和其他一些西方政府的干預之下，中國沒有獲得 2000 年的奧運會主辦權；十五年後，當中國在積極籌辦奧運會之際，許多來自西方的政治力量再次尋求各種途徑和方式試圖羞辱中國，這種霸權主義政治和心態不但在中國，而且也在許多第三世界國家遭到強烈抵制。在西方政治傳統中，現代的尊嚴與傳統的榮譽觀截然不同：榮譽產生於舊制度的等級制，它和不平等有着內在的聯繫，而尊嚴產生於這種等級制的崩潰，它是平等主義的和普遍主義的。平等的承認是民主的前提。CNN 的污辱性言論體現的是一種等級主義世界觀，它的反面是霸權國家的榮譽觀 —— 這些國家的政治家習慣談論的是保持自己國家的「領導地位」和「優越性」，而不是獲得平等承認；與這種作為舊制度遺存的等級主義世界觀相對立，中國的學生運動和華人運動堅定地相信平等承認對於現代政治的極端重要性，他們捍衛民族尊嚴的努力因此可以被視為現代平等政治在國際領域的展開。

我在這裏強調的只是：尊嚴政治和平等政治的邏輯應該被貫徹到中國社會的各種社會關係包括民族關係之中，而不應僅僅限於針對西方媒體不公正言論的抗議。「西藏危機」不是偶然的，它深深地植根於中國社會轉變之中。<u>如果抗議運動不能將尊嚴政治的原則擴展至捍衛包括藏族、維族和其他各少數民族在內的人的尊嚴，就會失去尊嚴政治的平等內涵；如果抗議運動被族羣仇恨和敵視的情緒所裹挾，也就背離了各民族平等、合作、互助、融合以形成一個公民的政治共同體的政治原則</u>。在一個「去政治化」的時代裏，尋求平等承認和尊嚴的運動也可能成為新的政治得以誕生的契機。在這場運動中，新的事態激發了新一代人的政治熱情，讓他們參與到當代中國和當代世界的公共生活中來。在汶川地震中，中國年輕一代顯示出的獻身精神是和這種道德熱情和政治關懷密切相關的。這次地震的中心地區就是阿壩藏族羌族自治州，那裏聚居着包括藏族同胞在內的各個民族的人，那些來自全國各地的志願者們從未用種族的或者族羣的眼光看待受難者 —— 這種意識甚至從未進入過人們的意識或潛意識，他們在為拯救自己的同胞而奮鬥。「多元一體」的紐帶就是在這種深刻的感情和互助的行動中展現出來的。我期待着：在這個危機時刻煥發出的公共意識不但能夠轉化為持久的民主動力，而且也能夠轉化為一種重新理解和認識中國社會及其不同區域和文化的契機 —— 我們正在面臨一個危機接踵而至的時代，如果不能通過具體的社會力量改變發展主義的邏輯，在二十世紀的地基之上重新形成以人民主體為基礎的公民政治，這個危機就不可能真正化解。為了促進這種新政治的誕生，中國社會的新的自我認識和不同族羣的知識分子之間的對話是迫切需要的。

第四章

高句麗、蒙元史與跨體系社會的歷史敘事 [1]

伴隨中國的經濟改革和後冷戰時代國家間關係的變化，東北亞區域內的互動、交流和相互滲透已經成為重要的現象；人們迫切地希望這一地區能夠在傳統歷史聯繫的基礎上形成一種新型的國家間和超國家的合作關係和政治 / 經濟構架，避免新自由主義全球化所導致的社會危機。由於朝鮮半島所處的分裂和危機狀態，這一有關亞洲的討論實際上隱含了針對傳統冷戰構架的對於未來截然不同的想像。在這一想像中，亞洲的新型關係 —— 尤其是東北亞概念之下韓中社會之間的相互親近 —— 與「去美國化」「去霸權」的動機是密切相關的。

然而，2004 年爆發的圍繞高句麗問題的爭議短暫地改變了韓中兩個社會之間的親近感和信任感。同年 8 月 25 日，中國與韓國就高句麗歸屬問題達成五項諒解協議，9 月 27 日中國國家主席胡錦濤通過正在訪問韓國的全國政治協商會議主席賈慶林表達了「虛心交換意見」的意願，重申「構築中韓全面合作關係」的方向，盧武

1　根據筆者 2004 年 10 月在韓國《黃海譯論》雜誌組織的有關高句麗問題座談會上的發言整理而成，同時綜合了筆者在《現代中國思想的興起》第五章中採用的有關材料及為李漫《元代傳播考》所撰序言的部分內容。

鉉總統也做出了善意的回應。在國家政治的層面，高句麗問題到此應視為獲得了某種「解決」，但韓國社會有關高句麗問題的討論並未停止。高句麗爭議不但能檢驗中國與韓國的知識分子正在形成和建立的新型交往關係，而且也能提供一個歷史性的平台，讓我們共同地面對這一區域複雜而又豐富的遺產。「爭議」本身至少已經證明這一區域的內在歷史聯繫，這不正是我們在討論亞洲問題過程中所需訴諸的「糾纏關係」和「交互性」嗎？圍繞高句麗問題的爭議有着植根於各自社會內部的更為深遠的動力，那麼，這種動力究竟是甚麼呢？

「申遺」與中、韓的不同反應

與韓國對高句麗申請遺產過程的高度關注不同，中國知識分子和公眾對於高句麗問題的關注十分有限。在市場主義主導之下，中國的考古發掘、文化尋根、歷史遺產甚至學術探討等無不被納入市場社會的邏輯之中。2001 年，隨着政府投資到位，對高句麗遺址的大面積挖掘和考古也就開始了：先是古跡景點的旅遊活動完全禁止，而後是大規模搬遷活動的展開。集安市政府大樓建在高句麗第二都城「國內城」遺址上，43 個政府部門不得不從遺址地區率先遷出，1200 戶居民共計 4145 人搬出了總面積達 10.89 萬平方米的一期環境整治區。由於世界遺產大會對於遺產的真實性和完整性有嚴格的要求，吉林省政府於 2003 年 3 月還做出了清遷集安古墓羣內現代墳的決定，此後一個月內計有 1828 座現代墳被遷離遺址區域。

2004 年 7 月 1 日，當第 28 屆世界遺產委員會會議（中國蘇州）將中國和朝鮮境內的高句麗遺址同時列入「世界文化遺產」之後，中國社會和媒體的反應與多年前麗江等地獲得「世界遺產」地位時的反應完全一樣。從政府方面說，中朝共同申請遺產的結果已經解決了此前的爭議，沒有必要重提引起韓國社會激烈反應的高句麗的歷史歸屬問題；就中國社會而言，公眾普遍感覺，中國政府為申請奧運會、世界博覽會、世界植物大會、世界建築大會等活動投入巨大，在蘇州召開的世界遺產大會無非是其中一環，其最終的結果仍然是旅遊市場的開拓，等等。事實也果真如此：從 7 月 3 日起，因為申請「世界文化遺產」而停止一年半參觀遊覽的高句麗景點全部開放，門票迅速上升到 340 元，高句麗王城遺址所在地的遼寧省集安市在兩天之內接待遊客兩千人次，週日的賓館入住率達到 80%。該市旅遊局局長預測：旅遊將成為集安的第一大支柱產業。7 月 5 日，集安在長春召開「首屆集安高句麗文化旅遊節」新聞發佈會，大力推銷集安，而當地政府已經在考慮大批購買公交車輛、改善道路狀況，甚至一度被擱置的機場建設計劃也有可能重新上馬。7 月 20 日，集安市被中國旅遊總局命名為中國優秀旅遊城市，在舉行命名揭牌儀式的同時，當地政府宣佈集安已經確立以「長白山下小江南、中朝界河鴨綠江、世界遺產高句麗」為中心，「合力打造生態風光遊、人文古跡遊、邊境風情遊三位一體的旅遊格局」。與雲南麗江等申報了「世界文化遺產」的城市、地區一樣，「世界文化遺產」的標誌迅速成為地方政府和商業集團開發旅遊市場的註冊商標，政府為保護遺產所做的種種努力最終成為大規模旅遊開發的先期投資。正由於此，中國媒體在報道高句麗遺址被列入「世界文化遺產」、集安等地政府大力推進旅遊業務的同時，也提及了專家們對於旅遊與文物保護的疑慮。正是這一「常態」使得中國社會缺少對於高句麗申請世界遺產過程背後的政治性爭議的敏感。

如果不是韓國媒體和政府的強烈姿態，中國的一般公眾和知識分子羣體甚至對於韓國方面所關注的中國方面相關文章和提法也沒有多少了解。隨着韓國與中國之間有關高句麗問題的爭議升溫，有關韓國方面的反應報道也開始在互聯網上流傳。6 月 28–30 日，漢城世宗文化會館召開了由韓國高句麗研究會發起的主題為「高句麗的認同性」的國際學術會議，與會者包括蒙古國、俄羅斯、日本、土耳其等國學者。在這次會議上，韓國學者表示，應該在包括韓半島北部、遼東半島、遼寧省、河北省和山東半島在內的渤海文化圈內尋找朝鮮文化的發源地。7 月 2 日，參加世界遺產委員會的韓國代表團向各國與會者分發了《高句麗的古墓壁畫》一書，強調高句麗古墓壁畫是東北亞形成「獨立文化圈」的歷史證據。7 月 5 日，韓國外交通商部文化外交局局長朴興信表示：韓國政府「絕不能接受把高句麗史編入中國歷史的中國的立場」。7 月 9 日，韓國外交通商部次官李秀赫表示：「絕不能讓步妥協，我們將堅決要求予以糾正。」「中國歪曲歷史，是令人遺憾的事情。外交部將採取短期、中期和長期對策，解決這一問題。」7 月 14 日，韓國外交部召見中國駐韓大使就中國官方媒體將高句麗報道為中國地方政權的事件和從中國外交部網站中刪除有關「高句麗」的內容表示抗議，並認為「此次事件有可能成為凌駕於日本歪曲歷史教科書事件之上的外交問題」，進而把負責處理該事件的部門從文化合作科改變為負責解決與中國懸案的東北亞二科。7 月 16 日，韓國國務總理李海瓚在總理公館主持了「國政懸案政策調整會議」，決定成立以相關部分局長級人士組成的「高句麗史相關事務對策協商會」，「儘早為處理高句麗史爭論做好必要的準備」。

儘管韓國的激烈反應已經通過媒體傳遞給中國社會，但信息的不對稱仍然是這場爭議的主要特徵之一。韓國學者批評的主要對象是中國社會科學院中國邊疆史地研究中心主持的「東北邊疆史與現狀系列研究工程」和《光明日報》發表的〈試論高句麗歷史研究的幾個問題〉一文，後者明確地將高句麗界定為中國東北「歷史上的少數民族政權」。[2] 但是，無論是「東北工程」還是《光明日報》的文章，在中國都未引起輿論或知識界的廣泛關注。過去十幾年來，隨着中國政府收入的增加和現代化過程中新的國家建設需求，政府對人文學科和社會科學研究的投入大幅增加，中國社會科學院各研究所和各高等院校都有較大規模的研究項目（所謂「工程」），其中媒體議論較多的就包括「夏商周斷代工程」和正在招標的「清史工程」，「東北工程」相對於這類研究項目而言規模和投入要小數十倍甚至數百倍。《光明日報》雖然貴為官方報紙，但在一般社會甚至知識界的影響已經十分有限。

在這場爭議中，處於顯著位置的是韓國媒體和學者的聲音，而率先提出申請高句麗世界歷史文化遺產地位的朝鮮卻保持了沉默。中國學者有關高句麗歷史的討論包含了對朝鮮學者歷史研究的回應，從而爭議發生在韓國與中國之間這一現象本身也可以視為信息不對稱的例證。為甚麼當高句麗問題成了韓國與中國之間的關鍵爭議之時，朝鮮及其聲音卻被韓國和中國學者共同忽略了呢？這個缺席明顯地與東北亞地區的政治結構之間有着某種同構性 —— 即使在致力於打破這一格局的有關亞洲問題的討論中，朝鮮仍然是一個缺席者。中國社會及其知識界對高句麗問題的遲鈍反應還有其他方面的原因，我在本文的第三部分將會從幾個方面繼續進行探討。在此之前，我想先回到民族主義敘事這一問題上來。

---

2 邊眾：〈試論高句麗歷史研究的幾個問題〉，《光明日報》2003 年 6 月 24 日。

兩類民族國家敘事及其超越

為甚麼申請世界遺產會引發國際間衝突？為甚麼一場有關一千餘年前的高句麗歷史的爭議會轉化為兩國政治關係的危機？讓我從「世界遺產委員會」的組成和宗旨這一被忽略的問題開始討論。聯合國教科文組織世界遺產委員會是政府間組織，由 21 個成員國組成，負責《世界遺產公約》的實施。這項「公約」對文化遺產的定義十分強調從歷史、藝術、科學或人類學角度看某項遺產是否具有「普遍價值」。然而，世界遺產委員會是一個政府間委員會，故《公約》不能避免主權問題，如《公約》第 6 條包括如下條目：「1．本公約締約國，在充分尊重第 1 條和第 2 條中提及的文化和自然遺產的所在國的主權，並不使國家立法規定的財產權受到損害的同時，承認這類遺產是世界遺產的一部分，因此，整個國際社會有責任合作予以保護。2．締約國根據本公約的規定，應有關國家的要求幫助該國確定、保護、保存和展出第 11 條第 2 和 4 段中提及的文化和自然遺產。3．本公約締約國不得故意採取任何可能直接和間接損害本公約其他締約國領土內的第 1 條和第 2 條中提及的文化和自然遺產的措施。」「公約」根據屬地原則確定保護遺產的責任，並未說明遺產的歷史歸屬問題，但在現存的國家主權結構之下，這些條款自然地將主權問題帶入遺產保護的權利之中（例如該「公約」規定締約國可自行確定和劃分本國領土內的文化和自然財產）。當某項遺產被認為屬於不同的國家或社會之時，這一主權與遺產保護責任之間的聯繫就可能引發主權性爭議——雖然這與聯合國教科文組織設立此「公約」的初衷毫無關係。

高句麗問題正是由此而起：當朝鮮於 2000 年率先提出申請高句麗世界遺產之後，中國方面隨即跟進，於 2001 年開始了對中國境內的高句麗遺址的大規模整治。因此，高句麗遺產地位的申報有着不同於其他遺產申報過程之處：在市場主義主導之下，爭奪遺產所有權的多為地方政府，而高句麗遺產地位的申報卻是一個「由外而內」「由上至下」的過程。2004 年中國與朝鮮境內的高句麗遺址同時列為世界遺產是一種「國際協調」過程的結果，「共同申請」的行動本身表明兩國尊重《世界遺產公約》的屬地原則。在這個層面，並不存在現實的領土爭端或藉申請遺產進行擴張的政治動機，若非如此，中國與韓國政府就不會迅速地就高句麗爭議問題達成諒解協議。高句麗爭議的核心是歷史敘事問題，而不是政治主權問題，澄清這一點對於客觀地理解有關的爭議是有必要的。兩國政府的諒解協議的基本姿態是重申中國與韓國的友好關係，回歸學術層面解決爭端，進而避免將歷史敘事問題直接上升為現實政治問題。這種態度本身是明智的。

然而，究竟應該回到怎樣的學術層面才能真正避免這種政治性的衝突呢？歷史敘事之所以能夠觸動敏感的政治神經，是因為儘管現代國家的政治合法性是在國家憲法及其權利條款和國際性的政治承認這一雙重關係中建立起來的，但為了維持共同體及其成員的內在聯繫，現代國家也會利用民族主義的歷史敘事確立自己的歷史合法性。因此，如果不能超越民族主義敘事解釋歷史，那麼，回到學術的過程同時也是進入政治領域（我指的不僅是文本的政治，而且也是指現實政治）的過程。

有關民族主義的研究已經十分繁多，這裏並不是對此進行評論的合適場所。就高句麗問題引發的爭議而言，蓋爾納所說的民族主義作為一條政治原則的定義也許最有啟發性，這個政治原則即「認為政治的和民族的單位應該是一致的」。「民族主義作為一種情緒或者一種運動，可以用這個原則做最恰當的界定。民族主義情緒是這一原則被違反時引起的憤怒感，或者是實現這一原則帶來的滿足感。民族主義運動，是這種情緒推動的一場運動。」[3]「政治的單位」在這裏是明確的，即在有限疆界內行使主權的國家，而「民族的單位」卻不那麼容易界定，後者與其說依賴於語言和種族等所謂客觀的或科學的認定，毋寧說依賴於歷史敘事。高句麗王朝始於公元前 37 年，止於公元 668 年，中經 28 代王，歷時 705 年，前後三次遷都：首先是今遼寧省桓仁縣，而後（公元 3 年）是國內城即今吉林省集安市，427 年再遷平壤。作為朝鮮半島歷史上三國鼎立時代的重要角色，高句麗被朝鮮民族視為本民族主要的歷史起源之一。然而，由於高句麗王朝的活動範圍與作為現代國家的中國、朝鮮和韓國均有關係，任何在民族單位與政治單位合一的意義上敘述高句麗歷史的努力都會遭致另一社會的強烈反應。

高句麗歷史敘事的危機恰好由此產生：在現存的主權關係模式中，重構「政治單位」毫無可能，從而尋找或建構一種與「政治的單位」相互吻合的「民族的單位」是在民族主義框架內解決上述矛盾的唯一方式。在韓國學者與中國學者的爭論中，民族起源、疆域沿革、國際承認和政治歸屬構成了高句麗歷史敘事的核心問題。例如，韓國學者強調高麗與高句麗在民族起源上的連續性，而中國學者卻從族源上將王氏高麗與高句麗區分開來，特別說明高句麗滅亡後其人口流向中有相當部分與中原民族相互融合；韓國學者強調朝鮮半島歷史上三國時代與現代韓國之間的關係，而中國學者則突出高句麗在遼寧和吉林地區的活動及其與中原王朝的歷史聯繫；韓國學者側重從宋代以降的各種典籍中確認高句麗、高麗獨立於中原王朝的證據，而中國學者

3　厄內斯特・蓋爾納著，韓紅譯：《民族與民族主義》，第 1 頁。

則側重通過漢唐時代的典籍論證高句麗與中原王朝的藩屬關係，如此等等，不一而足。所有這些訴諸歷史典籍、考古發現的歷史考證無非是要論證如下問題：高句麗是中國「東北歷史上的少數民族政權」，還是朝鮮民族的排他性祖先或族源？

我們可以暫不考慮其他政治因素，而將問題限制在韓國與中國的民族主義敘述及其相互矛盾的表述問題上。儘管學術界也存在有關朝鮮半島文化多元性的討論，但在韓國和朝鮮的支配性共識是單一民族國家或族羣相對單一的民族國家，其民族主義敘事與族羣及其起源的敘事密切相關。也因此，任何觸及族羣起源問題的敘事都可能被視為嚴重的侵犯。當《光明日報》的文章和「東北工程」的有關研究將高句麗界定為中國邊疆的少數民族政權的時候，韓國社會被激怒了。朝鮮半島曾經遭受長期的殖民統治和外來侵略，至今仍然處於分裂的嚴重困境之中，任何危及朝鮮民族統一性的做法都必然被視為一種「歷史帝國主義」。

然而，在這場爭端中，韓國媒體很少涉及中國民族敘事的獨特性。中國不僅是一個多民族（族羣）國家，而且也是一個自我指認的多民族國家，從而以共同祖先神話為框架的族羣敘事並不足以提供充分的認同基礎。在中國的歷史敘事中，炎黃子孫的共同祖先神話，堯、舜、禹、湯、文、武、周公、孔子的道統譜系，秦、漢、隋、唐、宋、元、明、清等王朝譜系，共同提供了現代民族敘事和中國認同的歷史前提。上述王朝包含了不同的族羣關係，而建立在這個歷史前提之上的現代國家也必須創造出一種超越單一民族敘事的民族敘事才能形成一種新型的中國認同。在殖民主義時代，中國社會感受至深的是帝國主義列強瓜分中國的企圖，後者經常利用中國作為一個幅員廣大的多民族社會的特點推行其殖民統治，日本在東北製造的「偽滿洲國」和其他地區的所謂區域自治就是一個例證。因此，在中國革命的歷史過程中，這一新型民族敘事也是現代民族主義的內在要素。

值得注意的是：民族國家體制的建立也改變了傳統邊疆的含義。在傳統的關係網絡中，不同社會之間並不必然需要以嚴格的邊界界定各自的內部與外部，所謂「邊疆」的含義不是單向的，而是雙向或多向的，亦即「互為邊疆」。從兩個社會共同體之間的某些模糊交往區域的角度看，這樣的邊疆往往是不同社會之間交往的中心地區。在這個「互為邊疆」的模式中，邊疆區域的自主性與它的交互性是一體之兩面。然而，隨着民族國家體制的確立，以嚴格的邊界劃分有限的主權範圍成為新型政治關係的基本特點。換句話說，邊界的明確化使得「互為邊疆」的中心區域轉化為由國家行政權力加以界定的、與外部社會接壤的邊緣社會；相對於傳統的邊疆，沿邊界地區的交互性受到了極大的限制，它們逐漸地轉化為完全從屬於各自中心社會的邊緣社會。民族國家通常會以民族平等為原則建立不同社羣之間的關係，但民族國家體制自身的中心–邊緣關係使得這一努力往往事倍功半。在民族單位與國家單位合一的政治原則之下，跨國性的族羣關係與國家單位之間的矛盾被重新構造出來，傳統的邊疆所具有的「交互性」和「自主性」往往成為國家間矛盾的根源。因此，當某一國家從族羣認同的角度對另一國家邊界內的遺產提出訴求——即使這一訴求並不涉及領土和主權等政治問題——的時候，後一國家也會十分敏感，因為這一訴求直接地觸及了現代民族主義有關「政治的單位」與「民族的單位」必須合一的政治原則。

上述簡要的分析說明的是一個基本的困境，即無論有怎樣的「學術」準備，無論怎樣引述歷史典籍、考古資料和其他文獻，只要有關高句麗問題的分析和研究限制在民族主義敘事的基本框架下，就必然會產生政治性爭議。從學術的層面看，恰恰是這個民族主義的敘述框架本身最值得質疑——除了民族主義的動力之外，我們沒有任何所謂「學術」理由將民族國家的現存框架強加給無比豐富的歷史。高句麗的歷史是多麼生動、豐富，為甚麼要將如此久遠的歷史強制性地納入民族主義的框架內？超越民族主義敘事並不導致民族虛無主義，恰恰相反，只有超越這一敘事才能重新理解我稱之為「交互的」歷史。「交互性」是理解主體性的關鍵，即我們的主體性是由他者的「印跡」構成的。高句麗問題突顯了亞洲歷史內在的交互性。探討亞洲問題也好，東北亞問題也好，發掘構成這種豐富交互性關係的歷史條件（例如，朝貢關係中的交互性，「互為邊疆」的概念，以及傳統政治關係中多重認同的可能性等），不但構成了對於民族主義敘事的批判和揚棄，也為我們在新的全球化條件下形成新型的政治–經濟–文化構架提供了靈感。我在這裏特別提出這種政治–經濟–文化構架應該是「新型的」，是因為發掘歷史不是回歸歷史，它必然包含對歷史遺產中內含的暴力、等級制等要素的揚棄；在這個意義上，現代歷史遺產也同樣是我們構想未來的重要資源，例如中國革命曾經奉為至高價值的平等原則。因此，超越民族主義敘事，重構作為過去的未來，也許恰恰是我們討論亞洲問題的出發點之一。

重新思考世界 / 中國歷史的敘述範式：以元史為例

在民族–國家敘述的框架下，高句麗歷史敘述上的困難不是偶然的。過去三十年來圍繞元史和清史的敘述也錯綜糾葛，難以找到一個完全統一的敘述。但歷史敘述上的困難和挑戰也正是研究的魅力所在。

今天的全球化伴隨現代資本主義的發展而來，從而不可避免地是一個以現代歐洲為中心發展起來的世界體系，這一世界體系貶低其他地區和早前歷史已經存在的區域性、全球性網絡及其規則，但如果在此之前的世界歷史並不僅僅是散落在各處的區域史、王朝史，而是已經有某種網絡性的區域性和全球特徵的話，那麼，不僅元史和清史存在着歷史認識上的重大範式突破，而且包括高句麗在內的王朝史也同樣可以重新探究。

這裏以蒙古史的討論為例。早在清中期，士大夫對於元史的理解就包含了對於外部世界的興趣。乾嘉時期大規模地搜羅書籍，為清代學者如錢大昕等人提供了接觸蒙古史籍的機會。他們對元史做訂正工作。十九世紀前期，魏源在高郵知縣任上作《元史新編》，計 95 卷。通過元史，他們不僅僅要認識蒙古，而且要重新理解中國和世界。因此，除了考證學的潮流之外，清代元史的研究也與中國人的重建自我理解和重新認識世界歷史的動機密切相關。我們如何理解元史敘述中的困難呢？

十三世紀初期蒙古勢力的崛起是世界歷史上的重要事件。從 1206 年鐵木真統一蒙古諸部、即大蒙古汗位起，經過三次西征（成吉思汗時期，1219–1227；窩闊台汗時期，1236–1241；蒙哥汗時期，1252–1260），形成了一個縱橫歐亞、擁有歷史上最為廣闊的連續性領土的帝國。蒙古歷史敘述不可避免地包含了多重歷史關係：不僅可以在世界歷史、內亞歷史、中國歷史中敘述，而且也勢必包含了不同地區的多重、相互交叉乃至矛盾的敘述。1260 年忽必烈在漢地即汗位，建元「中統」，1271 年改國號為元，1279 年滅南宋，創造了中國歷史上一個由蒙古族建立的、「北逾陰山，西極流沙，東盡遼左，南越海表」[4] 的統一帝國。由於元朝的龐大而又富於變化的統治體系和人口構成，其歷史的編撰和解釋也尤為複雜。除了一般認為是蒙古太宗（窩闊台）去世前一年（1240）編成的《元朝秘史》（用畏兀兒體蒙古文寫成，也稱為《蒙古秘史》）和元世祖中統二年（1261）設翰林國史院後開始纂輯的「實錄」外，在 1368 年元朝滅亡後不久，明太祖朱元璋即詔修元史，經過洪武二年和洪武三年的兩次編寫，最終形成了 210 卷《元史》，是後代研究元史的基礎史料。由於編寫倉促、語言複雜、戰亂和變化較多等原因，歷來學者對這部史書的訛誤有大量的修訂和考證；清中葉以後，學者們對於元史的熱情又混雜了探尋新的世界形勢的興趣。

在漫長的歷史中，元史研究的目的始終與對元朝崛起與滅亡的原因探索相關，而要解釋這一問題，人們不可能繞過元朝的如下幾個獨特性。首先，在中國王朝譜系中，元朝是一個地域宏闊卻短命的王朝，但所謂短命也是相對於其他幾大王朝而言。我們不能不想到，即便是在二十世紀的交通和技術條件下，與之規模相當的多民族國家蘇聯，僅僅存在了七十餘年。即便不說元朝建立前的蒙古勢力崛起時期和退出中原後的「北元時期」（1368–1402），在交通尚不發達、人口與文化構成極為複雜、地域規模如此龐大的條件下，元朝是如何維持將近九十年的統治？其次，元朝是一個由蒙古人通過戰爭征服而建立的王朝，魏特夫（Karl August Wittfogel, 1896–1988）和馮家昇（1904–1970）在他們有關遼史的研究中曾將元朝與契丹一道納入引起爭議的「征服王朝」（dynasty of conquest）範疇，以區別於北魏等「滲透王朝」

4　《元史》卷五八〈地理志〉，北京：中華書局，1976，第 1345 頁。

（dynasty of infiltration）。[5] 根據他們的觀點，北魏等王朝中的族羣關係逐漸涵化（Acculturation）而趨於同一，而征服王朝卻留有清晰的多元體制特徵，即征服者保持着對於漢地文化的某種拒斥，從而大一統帝國內部的涵化或融合趨勢，並未最終趨於同一。例如在生產方式上，元朝保留了以農耕與遊牧為主要分別的二元社會體制；在社會身份制度上，元朝實行四等人制，即作為元朝「國姓」的蒙古人（按《南村輟耕錄・氏族》記載，蒙古計 72 種），包括欽察、唐兀、畏兀兒、回回等西域人在內的色目人（按《南村輟耕錄・氏族》記載，色目含 31 種），包括淮河以北原金朝境內的漢、契丹、女真人，較早被蒙古征服的雲南、四川兩省人，及東北的高麗人漢人在內的漢人（按《南村輟耕錄・氏族》記載，漢人有 8 種）和最後被征服的南宋境內各族的南人；在宗教和文化認同方面，元朝諸教並舉，此起彼伏，例如，在與金、宋角逐的太祖、太宗時期，蒙古崇奉道教，在西藏納入蒙古勢力範圍之後的憲宗至順宗時期，佛教逐漸居於主導地位。《元史》卷二〇二〈釋老傳〉中說：「元起朔方，固已崇尚釋教。及得西域，世祖以其地廣而險遠，民獷而好鬥，思有以因其俗而柔其人，乃郡縣土番之地，設官分職，而領之於帝師。」[6] 在蒙古征服金、宋的過程中，民間儒學不絕如縷，但在政治上受到排斥。這一情況在至大四年（1311）仁宗即位後發生了重大變化。仁宗自幼師從儒學者李孟，即位後不但派國子祭酒劉賡「詣曲阜，以太牢祀孔子」，並擴充國子生員至三百人。[7]1313 年（皇慶二年），朝廷將周敦頤、二程兄弟、張

---

5 Karl A. Wittfogel & Feng Chia-Sheng, *History of Chinese society: Liao (907–1125)*, Lancaster: Lancaster Press, 1949.

6 《元史》卷二〇二〈列傳第八十九・釋老〉，第 4520 頁。

7 《元史》卷二四〈本紀第二十四・仁宗一〉，第 545 頁。

載、邵雍、司馬光、朱熹、張栻、呂祖謙等宋儒從祀於孔廟，並詔行科舉，「四書」及《詩》《易》成為科場經典，程朱理學在一個異族統治的王朝裏獲得了前所未有的官方地位。除此之外，基督教、伊斯蘭教和猶太教在元朝均有發展，並在其政策和政治上留有印跡。

元朝的社會政治體系與上述複雜的社會文化構成關係密切，轉而又對其後中國王朝的領土範圍、人口構成、語言文化、宗教關係和政治制度發生深遠而曲折的影響。在我看來，元朝的確立和覆滅也就是一個「跨體系社會」的形成及裂變過程，離開其開創性的卻又未能完成的政治制度建設，這一王朝的歷史遺產就不能獲得充分的解釋。在征服中原之前，大蒙古國在漠北已經確立了以分封制、怯薛制、千戶百戶制等遊牧社會的國家體制；在征服中原之後，漠北地區因氣候條件和生活慣習並未隨即同化於漢地的農耕生產方式，以致在退出中原的北元時代，蒙古勢力可以重新回到以遊牧為主的社會體制。我們可以將這一元明之際的轉化視為一個「跨體系社會」裂變的後果。

元朝政治制度的「跨體系特徵」十分明顯，這裏以元朝行省制的確立為例。一般認為，行省制源於魏晉時代中央政府處理軍政大事的臨時派出機構行台，綜合了金朝因戰爭而在邊境地區設置的行台尚書省。元世祖始設中書省，中統、至元時期在各地設中書省的派出機構行中書省；除山東、山西、河北、內蒙古等直屬中央的「腹裏」地區，以及宣政院所轄的吐蕃地區外，全國共設十個行省，下轄路、府、州、縣。但是，元代行省制有着不同於前朝的鮮明特點，而這些特點正是元朝作為一個幅員廣大、構成複雜的「跨體系社會」的必然產物。例如，秦漢以降，行政區劃與山川地形相互重疊度較高，易於形成地方割據，而元史學者卻發現：元朝行省區劃按「犬牙交錯」的原則，打破自然區域的形態，重新確立省級行政區，從而達到阻礙地方認同的形成、防止地方勢力憑藉山川形勢抗衡中央的目的。元代行省掌管地方行政，但同時受控於中央，「有諸侯之鎮，而無諸侯之權」。[8]從行省內部以權力制衡為目的的羣官圓署和種族交參制，到吏部、樞密院對於行省下轄的宣慰司、路府州縣、漢軍萬戶府的任命、調遷、考課，從上供中央與地方留用七三分成的財賦比例，到行省在軍權上直屬樞密院節制等規定，都說明元朝行省制正是中央集權的大一統體制的直接承載者。李治安曾將元朝行省制概括為「表面上的漢官制，實際上是蒙漢二元制」，認為其內容延續了大蒙古國燕京、別失八里、阿母河三處「斷事官制」。[9]如果離開了元朝在族羣、地方、宗教等方面複雜的社會構成，我們也難以理解元朝政治制度的實際功能和運行方式。因此，無論是以「區分」為特徵的四等人制，還是以「統合」為特徵的行省制，事實上都是大一統帝國的產物；在實際的運行中，它們既促進了「跨體系社會」的形成和融合，又產生了這一體系內部的分隔和緊張。

在如此遼闊而複雜的帝國內，中心與邊緣、地域與地域、中央與地方、地方與地方、社羣與社羣之間能否形成一個有效溝通和運行的「跨體系社會」，交通與傳播的網絡及其質量是一個關鍵的問題。元代不存在「邸報」，但存在官報性質的媒體。儘管元代沒有類似宋代門下省那樣的管理機構，卻以多種途徑分別實現了門下省的職能，形成了以皇權為中心的中書省、樞密院、御史台和宣政院四大官制系統及其下轄的交通和傳播體系。除了官方傳播路徑之外，還存在着官方信息向民間擴展的渠道，如口頭告知、文字告示（佈告、粉壁、榜文、

8　《歷代名臣奏議》第四冊，卷二七三「理財」門引趙天麟奏議，上海：上海古籍出版社，1989，第3570頁。

9　李治安：《行省制度研究》，天津：南開大學出版社，2000，第54–55頁。

石碑、印刷品）等不同的傳播形式，以及各種複雜的人際傳播網絡。在宗教和信仰體系十分複雜和活躍的「跨體系社會」中，跨體系的交流還可能包含以人靈交往的形式而存在的傳播和交往關係。[10]

元朝是一個少數民族統治的多民族帝國，蒙古統治者面臨着如何將自身納入中國王朝譜系之中的問題，亦即如何建立自己的正統並實施對漢人及其他民族統治的問題，這一問題早在征服南宋之前即已納入規劃之中。《元史・劉整傳》云：「至元四年十一月，（整）入朝，勸伐宋，曰：『自古帝王非四海一家不為正統。聖朝有天下十七八，何置一隅不問，而自棄正統耶？』世祖曰：『朕意決矣！』」[11]「伐宋」不僅出於軍事和經濟的考慮，而且還與建立帝國正統密切相關。饒宗頤評論說：「故元之有宋，即為爭取正統，此正統即大一統之意也。」[12] 所謂「元之有宋」即元通過征服宋朝而上承宋朝，這一繼承正統的方法正好來源於漢代公羊學之三統說。

為甚麼繼承宋統才能確定元之大一統呢？這也需要在宋以來正統觀的視野中加以解釋：按照內外夷夏的劃分，宋代表了這一時代的正統，而遼、金不能納入正統譜系內部。這一劃分與公羊學之內外例的含義完全吻合。楊維楨〈正統辨〉云：「世祖以歷數之正統歸之於宋，而以今日接宋統之正自屬也。」針對「接遼以為統」的議論，他進一步論證說：「中華之統，正而大者，皆不在遼、金，而在於天付生靈之主也昭昭矣。然則論我元之大一統者，當在平宋，而不在平遼與金之日，……不以天數之正，華統之大，屬之我元，承乎有宋，如宋之

10 參見李漫：《元代傳播考》，北京：北京大學出版社，2013。

11 《元史》卷一六一〈列傳第四十八・劉整〉，第 3785 頁。

12 饒宗頤：《中國史學上之正統論 —— 中國史學觀念探討之一》，上海：上海遠東出版社，1996，第 57 頁。饒氏的著作對中國史學上的正統觀念進行了系統的分析、整理和節錄，是一部極為重要的史學著作。

承唐，唐之承隋承晉承漢也，而妄分閏代之承，欲以荒夷非統之統屬之我元，吾又不知今之君子待今日為何時，待今聖人為何君也哉？」[13] 他明確地排除了賡續遼、金以立正統的可能性。

但是，元朝建立在蒙古帝國的基礎之上，它的族羣關係、等級體制和帝國規模既不能簡單納入宋朝的統序，也不能簡單地比照金之統序。宋儒的那種嚴分夷夏的禮序觀念不可能為元朝的正統性提供論據。1271 年，忽必烈汗為征服南宋，宣佈定國號為元。這一名號源自一個女真人的建議。在宣佈新國號的同時，忽必烈汗還於同年十一月十五日廢除了金泰和時期確定的《泰和律》。（按：唐代以後的律典均直接間接地受到唐律的影響，宋、金、明律均承唐律，而清律承自明律。）《泰和律》頒佈於 1201 年，按《金史・刑法志》，該律承自唐律，為金（1115–1234）所使用。1234 年，蒙古征服女真，但《泰和律》直到 1271 年才被忽必烈廢止，從此沒有恢復。從法律的角度看，元朝沒有恢復宋之《刑統》，也取消了金之《泰和律》，未再頒佈正式的律典，[14] 從而成為中國歷史中沒有正式頒佈新法的唯一朝代。為了限制貴族的、宗法的、宗教的和其他民族的法律自治，各朝在各自統治的初年頒佈法典，實際上是為了以典章化和統一化的方式調節各個領域和各個地區的法律活動。因此，頒佈新律和不斷促進法律的典章化和統一性是為了讓法律實踐與官僚制帝國的政治體制儘可能地吻合起來，並置於皇權的控制之下。正由於此，缺乏統一的典章一方面

13 參見陶宗儀：《輟耕錄》卷三，「叢書集成」，上海：商務印書館，1937，第 55 頁（楊維楨的《東維子集》卷首即〈正統辨〉，係據《輟耕錄》本錄入，故引《輟耕錄》）；又參見貝瓊：《清江貝先生文集》卷二〈鐵崖先生傳〉，四部叢刊本，第 19 頁。

14 宮崎市定說：「有元一代，確實沒有頒佈過新律。元代所編撰的法典，是在宋代敕令格式的基礎上補充斷例而成的《大元通制》，它堪稱是綜合性的六法全書。」參見氏著：〈宋元時代的法制和審判機構〉，《日本學者研究中國史論著選譯》（八），北京：中華書局，1992，第 271 頁。

反映了各種法律自治的現實，另一方面則標誌着王朝的官僚化程度和皇權絕對性程度的低下。

與其他具有更為鮮明的法律傾向的帝國不同，中華帝國的法律也被視為禮的具體化。不過，這一獨特性不應無限誇大，因為幾乎所有早期帝國（羅馬帝國、拜佔庭帝國、薩珊波斯帝國等）的統治者都「試圖將他們自己和他們建立的政治體制裝扮成特定的文化象徵和文化使命的載體。……這些社會的統治者總是力圖使自己被人看成這些文化取向與文化傳統的鼓動者和擁護者，並且將他們的政體表述成該取向與傳統的承擔者」。[15] 如果說律法構成中國帝國合法性的一個基本要素的話，那麼，這是因為對於王朝合法性的論證建立在一種特殊的禮序觀之上。從瞿同祖「中國法律的儒家化」的角度看，[16] 律與禮的關係是帝國時代中國法律和王朝合法性的基本特徵，而各種敕令、政策和條例則是因時而變的對於永久法律框架的補充。王朝的統治者可以頒佈律典，但不能專斷地制定律典；律典的歷史性構成了一種權威，並對皇權和王朝的合法性提供了制約。朝廷當然可以根據歷史的變化來修改法律，但除非它合法地和合理地修改法律，否則，這些修改本身就會反過來危及朝廷及其政策的合法性。律典是儒學價值和體制的法律基礎，一旦這一律典處於虛空或曖昧的狀態，儒學價值和體制本身也就勢必處於飄搖的境地。

正由於此，從儒者的視野來看，未能頒佈律典本身構成了王朝合法性的危機。王惲〈請論定德運狀〉明確地將五運說、大一統說用於說明元朝「正統」之曖昧和確定德運之必要：

15 艾森斯塔德著，沈原、張旅平譯：《帝國的政治體制》，南昌：江西人民出版社，1992，第 145–146 頁。

16 瞿同祖：〈中國法律之儒家化〉，《瞿同祖法學論著集》，北京：中國政法大學出版社，1998，第 361–381 頁。

蓋聞自古有天下之君，莫不應天革命，推論五運以明肇造之始。如堯以火，舜以土，夏以金，殷周以水木王，漢唐以火土王是也。據亡金泰和初，德運已定，臘名服色，因之一新。今國家奄有區夏六十餘載，而德運之事未嘗議及，其於大一統之道似為闕然。何則？蓋關係國體，誠為重大事。況際今文治熠興，肆朝章，制儀衛。若德運不先定所王，而輿服旗幟之色將何尚矣？[17]

在朝代更迭的模式中，頒佈新法與建立王朝正統之間具有不可分離的關係，如果無法在法律的形式上將不同時空的法律判斷統一起來，一個王朝的法統就難以確立。王惲對於元朝正統的曖昧狀態的思考勢必轉化為關於確立新法或新王問題的討論。

這種將五行說與大一統思想結合起來的論述方式上紹董仲舒的《春秋繁露》。楊奐〈正統八例總序〉駁斥以世系論正統之說，將正統的根據轉化為新王之治本身，並引用《公羊》之「內外例」作為正統的根據。這顯然是因為元以外族入主中原，必須重建內外關係才能確立自己的合法性。他說：

《公羊》曰：「錄內而略外。」捨劉宋取元魏，何也？痛諸夏之無主也。大明之日，荒淫殘忍抑甚矣。中國而用夷禮，則夷之，夷而進於中國，則中國之也。且肅宗掃清鉅盜，回軫京闕，不曰複而曰與，何也？暴其自立也。……王道之不明，賞罰之不修久矣。然則發天理之誠，律人情之偽，舍是孰先焉？曰通載者，二

17 王惲：〈請論定德運狀〉，《秋澗集》卷八五，文淵閣四庫全書本，第 5a 頁。

帝三王，致治之成法；桀紂幽厲，致亂之已事也。曰通議者，秦漢六朝隋唐五季所以興亡之實跡也。[18]

這是以禮儀為中心，將內外夷夏關係相對比，從一種歷史變化的觀點論述正統。也是基於這一理解，楊奐依循公羊學的解釋，承孔子作《春秋》之微言大義，將歷史敍述轉化為一種治世之法律。謝（修）端、陶宗儀、貝瓊、馬端臨、張紳、陳樫、吳澄、吳萊等從不同的角度和方面論述了修史與建立正統之關係。

謝（修）端的〈辨遼宋金正統〉反對以地域或族羣作為正統的根據。在他看來，不光是元朝，其他競爭性的王朝要想把自己的「正統」說圓都是很難的。他說：「或者又曰：遼之有國，偏居燕雲，法度不一，似難以元魏、北齊為比」，這與〈劉整傳〉裏面的說法一樣，都是要以宋為正統，認定其他王朝均為偏統，但他接着又批評說：「以此言之，膚淺尤甚。若以居中土者為正，則劉石慕容符姚赫連所得之土，皆五帝三王之舊都也。若以有道者為正，符秦之量，雄材英略，信任不疑；朱梁行事，篡奪內亂，不得其死，二者方之，統孰得焉？夫授受相承之理，難以此責，況乎泰和初朝廷先有此論。……中州士大夫間，不知遼金之興，本末各異。向使《遼史》早成，天下自有定論，何待余言？」[19] 他試圖以修撰遼史的辦法來確立譜系和正統。

按照同一邏輯，元代士大夫努力匯集以前的法律，呼吁重建法律系統，但朝廷修訂律令的事務從未真正完成。元朝覆滅後，明太祖認

18 楊奐：〈正統八例總序〉，《還山遺稿》上，引自蘇天爵編《元文類》卷三二，上海：商務印書館，1936，第418–419頁。

19 謝（修）端：〈辨遼宋金正統〉，蘇天爵編《元文類》卷四五，萬有文庫本，第653頁。此處引文又《秋澗集》卷一〇〇，《玉堂嘉話》卷八，第6a—7a頁（文字略有出入）。

為元亡的一個重要原因就是沒有頒佈律令，從而迅速恢復了法律體制。從這一角度說，不但元代士大夫恢復法律系統的努力與公羊學的「三統說」相互吻合，而且明朝對於元朝滅亡的解釋也可以納入「三統說」的範疇之中。元朝為甚麼沒有頒佈律典是一個複雜的問題。為了展開後面的論述，有必要扼要地提及兩種主要的相關觀點。一種觀點突出元朝作為帝國的特點，即這是一個蒙古人直接統治的、族羣和文化多元的王朝，從而與帶有「準民族–國家」特點的漢人王朝宋朝有着極大的區別。如果說宋之《刑統》、金之《泰和律》都可以歸納為某種帶有準民族–國家特點的歷史官僚制帝國的法律，那麼，這些法律體系無法適應元帝國的多元族羣關係和蒙古人在元帝國內部的特權地位。[20] 另一種看法則強調唐宋時代的社會結構轉變對於元代社會的影響，認為元代法律採用斷例的方式恰恰導源於宋代以來的社會轉變。宮崎市定說：「元代未曾頒佈律令，這絕非因為元是異民族統治的王朝。相反，它正是中國自身在經歷了唐至宋的社會大變遷後，已無暇顧及像中世一樣立法的結果。」元代法制中的斷例具有從中世向近世過渡的「蒙古式的即在當時是西方式的特點」。[21] 宋朝作為「準民族–國家」的論點是宮崎市定的主要貢獻之一，他的這一論點並未局限於對宋代政治制度和經濟制度的界定，還涉及對於整個中國歷史或東亞歷史中的「近代性」的確認；強調蒙古斷例的「西方式的特點」是與這一有關「近代性」的基本論點直接相關的。宮崎市定拒絕承認元朝的族羣統治構成了基本政治結構和社會結構的改變，目的是論證宋元之

20 參見植松正：〈元初法制論考——重點考察與金製的關係〉，《日本中青年學者論中國史・宋元明清卷》，第 298–328 頁，以及 John D. Langlois, Jr., "Law, Statecraft, and The Spring and Autumn Annals in Yuan Political Thought", in *Yüan Thought: Chinese Thought and Religion Under the Mongols*, eds. Hok-lam Chan and Wm. Theodore de Bary (New York: Columbia University Press, 1982), p. 95.

21 宮崎市定：〈宋元時代的法制和審判機構〉，《日本學者研究中國史論著選譯》（八），第 252 頁。

間的斷裂是次要的，而連續關係則是主要的。這與他所論述的「中國之近世」始於十世紀即宋朝的建立的歷史觀相互吻合。

元朝「遵用漢法」而組織自己的政治結構是清楚的，但在宋朝郡縣制國家與元朝帝國體制的連續關係之中也存在重要差別和斷裂的部分：第一，元朝建立在不斷擴張的蒙古帝國的基礎之上，它的草原帝國特性使得它的領屬觀念不像宋朝那樣明確清晰。例如從所有權關係來看，草原的財產佔有關係與農耕社會是不同的：草原始終是一種集體所有的財產，只有牲畜才會納入私人財產的關係之中。這也就意味着：以土地佔有關係為基礎的中原法律體系與草原佔有關係之間存在着不相適應的部分。儘管宮崎市定所說的唐宋轉變對元代法律體制有着重要的影響，但宋《刑統》所內含的法律關係無法簡單地移植到草原帝國的權力系統之中恐怕也是一個不能忽視的因素（清代《大清律例》與《蒙古律例》並存的狀況也涉及同樣的問題）。第二，元朝還面臨如何將汗統與中國皇權相結合的問題：一方面，元朝的中央政府組織以今河北、山東、山西為「腹地」，並在周邊各地設置行省（行中書省），從而與唐宋以來逐漸形成的官僚制國家體制有着明顯的承續關係，在這個官僚制國家的政治結構中，統一的、非私人性的法律系統是必不可少的；另一方面，元朝疆域之遼闊甚至漢唐也無法比擬，但這一地域的廣闊性也造成了一個後果：即使在鼎盛時期，蒙古帝國也未能形成統一的政體。為了控制和林、雲南、回回、畏吾、河西、遼東等地，元世祖封諸子為鎮戍各地的王，從而在一定程度上恢復了宋代以前的分封制度。元朝建立之時，成吉思汗建立的跨越歐亞的蒙古帝國已經碎裂為欽察、察合台、窩闊台、伊兒等獨立的汗國，元朝皇帝雖然在名義上仍然是統領各國的大汗，但這已經不能被視為一個統一的政治實體。從元朝內部的政治結構來看，蒙古、色目、漢人和南人的四等區分及其在政治、經濟和軍事體制中的進一步體制化，都使得這一社會結構區別於宋代的社會構造。

我的問題是：這一特殊的帝國內外關係和政治–法律情境對於士大夫的政治觀究竟有甚麼影響？這一政治–法律情境與元代公羊學之間有着怎樣的關係？蘭格洛伊斯（John D. Langlois, Jr）指出：在中國士大夫中，《泰和律》的廢除產生了兩個相互有關的運動，一個是呼吁重建新律的運動，而另一個則是在相關的儒學典籍中尋找法律資源的運動。在這一歷史關係中，元代士大夫特別重視將《春秋》視為刑書的漢代公羊學觀點，從而將《春秋》視為一部可資運用的法律經典。按照他們的理解，春秋公羊學不僅提供了道德的資源，而且還提供了法規和程序的資源，它既能夠幫助統治者貫徹統治秩序，也能夠為官僚學者向統治者建言和勸諫提供根據，並據此將各種規定和輔助性的司法程序看成律的等同物。（他們將這類臨時性法規與唐律作對比，從而將它們納入律的範疇，雖然這種類比本身是勉強的）。[22] 如果沒有元代政治–法律的特定情境，我們就無法理解為甚麼許多士大夫努力從「刑書」的觀點研究《春秋》。根據李則芬的考證，元代總共出現了 213 種有關《易經》的著述，149 種關於四書的研究，有關《春秋》的討論達到 127 種之多。[23] 蘭格洛伊斯的研究已經舉出了下述各例，我在這裏根據其他材料對他的論述進行補充性的說明。

例證之一是胡祗遹（1227–1293）。在《讀〈春秋〉》《論治法》等著作中，他討論了蒙古和中國法律的差異，以及融會二者形成形式統一的法律體系的必要性。在他看來，由於律典的缺乏，各個層次的地方

22 John D. Langlois, "Law, Statecraft, and The Spring and Autumn Annals in Yuan Political Thought", in *Yu¨an Thought: Chinese Thought and Religion Under the Mongols*, pp. 89–152.

23 李則芬：《元史新講》第一卷，台北：中華書局，1978，第 6 頁。

政府各有不同的行政系統、法律、案例，中央政府的六部則各有自己的「議」，各部首長又各有自己的「論」。因此，無論從統一法律體系的角度，還是從管理多民族帝國的角度，加強中央權力、保持社會關係的平衡、重建統一的法律體系都是極為必要的。這一論點從另一個方面說明了元帝國包含着權力多中心化的格局，而這種權力的多中心化與司法權的分裂狀態存在着聯繫。《泰和律》的廢止很可能出於胡氏的建議。在《紫山大全集》卷二二中，胡氏認為亡金之制和《泰和律》不適用於蒙古人和漢人，他說：「即今上自省部，下至司縣，皆立法官，而無法可檢，泰和舊律不敢憑倚，蒙古祖宗家法漢人不能盡知，亦無頒降明文，未能遵依而行。」[24] 在現實中，元代的法律改革沿着不同的方向發展，即依靠條畫（條格）和判例來補充法律的不完備。但胡氏對於《泰和律》之不適用的論述並不是簡單地支持這一方向，相反，他要求的是創立新的法統。

吳澄（1249–1333）和吳萊（1297–1340）是另外兩個例子。按《宋元學案》，吳澄從學於程若庸，為朱子四傳，但《諸經序說》等著述證明，他在理學門徑之外，亦致力於經學的研究，並涉及今文和古文的問題。在論述《春秋》三傳之得失時，他認為：「說《春秋》有實義，有虛辭。不捨史以論事，不離傳以求經，不純以褒貶疑聖人」，並主張溝通《易》與《春秋》，倡導「經固不出於史」。[25] 這一「取中」的看法實際上否定了獨重《左傳》的傳統，突出了《公》《穀》二傳長於釋義的特點。[26] 在《學統》和《策問》中，吳澄對中央權威和法律問題進

24 胡祗遹：〈論定法〉，《紫山大全集》卷二二，文淵閣四庫全書本，第 35b 頁。

25 吳澄：〈易象春秋說〉，《宋元學案》卷九二〈草廬學案〉，《黃宗羲全集》第六冊，杭州：浙江古籍出版社，1992，頁 606 頁。

26 吳澄：〈春秋序錄〉，同上書，第 593–594 頁。

行了討論。《〈春秋〉纂言》可以視為一部經學著作，在「總例」中，吳氏按照《春秋》為刑書的觀點將春秋義旨分為七類，即除了吉禮、凶禮、賓禮、軍禮、嘉禮等五禮之外，再附加天道和人紀，從而《春秋》成為處理各種人類問題的基本原則。[27] 吳萊的《淵穎吳先生文集》中也有相關論述，他觸及了《春秋》有關「夷夏」以及「經制」「權宜」等問題。在〈改元論〉一篇中，他對改元之說不以為然，並因此重新解釋《春秋》紀年的原則。這至少證明元代士大夫在論證元之正統時廣泛地考慮了公羊學的一些基本義旨。[28]

歐陽玄（1283–1357）並非公羊學者，他是歐陽修的後代，專攻《書經》。但他廣泛地運用《周禮》《尚書》《周易》等經典論述頒佈法律和以法治人的重要性，在取向上與上述帶有濃厚公羊學傾向的著作極為相近。按饒宗頤的說法，宋代的《春秋》之學有南北側重的差別：

> 北宋重尊王（孫復著《春秋尊王發微十二篇》可見之），南宋重攘夷（胡安國著《春秋傳》可見之）……尊王，故張大大一統之說，此歐公正統論之得《春秋》者在此也。元世以夷狄入主中國，其言正統者，亦只能援大一統一說以立論。[29]

公羊學將《春秋》視為刑書、視為新王、視為秩序本身，從而提供了元代士大夫討論皇權一統和統一法律的資源。[30] 這些著作均非專門的

---

27 吳澄上承宋學，對於漢儒附會經說不以為然，他更傾向於朱子、邵雍關於《春秋》直書其事而善惡自現的觀點。但同時也引用邵雍關於歷史統紀的說法，為元提供合法性論證。參見吳澄：〈春秋諸國統紀序〉（《吳文正公集》卷二〇）和〈皇極經世續書序〉（《吳文正公集》卷一六）。

28 吳萊：〈改元論〉，《淵穎吳先生文集》卷五，文淵閣四庫全書本，第 10a—14a 頁。

29 饒宗頤：《中國史學上之正統論 —— 中國史學觀念探討之一》，第 56 頁。

30 以上討論均參見 Langlois, “Law, Statecraft, and The Spring and Autumn Annals in Yuan Political Thought”, in *Yüan Thought: Chinese Thought and Religion Under the Mongols*, pp. 90–152.

公羊學著作，而是將帝國的法律、制度、皇權和歷史正統性問題與春秋公羊學的視野結合起來的經世作品。《春秋》及其大一統學說為中央權力的集中化和司法體系的統一化提供了理論基礎，而士大夫對《春秋》及其法律含義的重視恰恰對應了元代帝國體制的內在困境，即權力的多中心化與缺乏統一的司法體系的政治現實。

元朝獨特的政治形態（幅員廣大的、軍事征服性的、中央集權的帝國體制）、二元性的經濟形態（遊牧與農耕並行的生產方式）和多元性的文化及族羣形態（四等人制及複雜的文化、語言和信仰體系）始終是有元一代政治認同的難題。作為一個多元性的帝國，元朝始終未能克服語言上的分裂，難以形成有關自身社會的連貫的歷史敍事。換句話說，元帝國作為一個「跨體系社會」的社會化過程未能真正完成，它仍然帶有多重社會複合體的特徵，這一複合體的各層次之間裂隙尚存，並蘊含了進一步崩解的可能性。

正由於此，清代統治者尤其重視歷史敍述問題。雍正在反駁陸生楠的《封建論》時說：「中國之一統始於秦，塞外之一統始於元，而極盛於我朝，而皆天時人事之自然，豈人力所能強乎？」[31] 他明顯是在重新綜合中原王朝與元的「正統」。然而，即便是這段話也可以分解為不同的解釋，即既可以為清朝大一統提供論證，又可以為此前歷史提供二元性解釋。任何一個王朝，無論採用何種正統理論，都面臨如何建立自己的合法性問題，但如何確定正統並建立完整統一的敍事，卻是極其困難的事情。將多重複合的歷史按照現代主權敍事加以利用，也勢必產生敍事衝突並衍生為政治難題。中國歷史中有着強有力的、複雜的正統理論，能夠編織起一個王朝相繼的譜系，但即便如

31　雍正：〈駁封建論〉，《清世宗實錄》卷八三，雍正七年七月。

此，其中的不自洽處並未完全彌合，而元史就是其中之一。在我看來，恰恰是歷史敘述的困難提供了超越民族敘事及在民族敘事的框架下利用傳統正統論的可能性。我們無法再按照傳統的歷史敘述來回答「何謂中國，何謂亞洲」的問題，超越民族–國家敘事，從歷史和政治傳統的豐富性出發，審視歷史敘述的各種縫隙，在「跨體系社會」與「跨社會體系」的複雜關係之中，重構有關中國、區域和世界的知識，正是當代知識人的使命。

第五章

從人民戰爭到國際聯盟戰爭：抗美援朝的歷史地位[1]

在朝鮮停戰六十週年的今天，即所謂全球化和後冷戰的時代，朝鮮半島的分斷體制、台灣海峽的分隔狀態仍然在持續。這種分隔狀態也體現在歷史記憶的領域：韓國、朝鮮、美國、日本、中國大陸和台灣地區，有着各不相同的戰爭記憶和歷史闡釋。對比首爾的戰爭紀念館與平壤的祖國解放戰爭紀念館，參照中國有關朝鮮戰爭的敘述、美國對朝鮮戰爭的近於刻意的遺忘，我們可以清晰地看到這一事件的不同面影。朝鮮戰爭始於 1950 年 6 月 25 日，朝鮮方面稱之為「祖國解放戰爭」，韓國方面稱之為「六二五事變」和「韓國戰爭」，美國則稱之為「韓戰」。中國介入戰爭是在 1950 年 10 月 8 日，其時美軍不僅已在仁川登陸，而且揮師逼近了鴨綠江，故稱之為「抗美援朝戰爭」。命名的政治也是記憶的政治。中國軍隊在戰場上面對的是以美國為主導

1 本文最初的底本是張翔對筆者的一次訪談，此後經多次修訂、增補，形成了現在的格局。張翔協助整理了訪談記錄並核對了部分文獻。在校訂文稿的過程中，高瑾核實和補充了若干註釋。孫歌、倉重拓幫助查找了有關日本參戰的線索。在此一併表示感謝。本文第一稿在《文化縱橫》發表後，楊奎松在《東方早報・上海書評》(2013 年 12 月 29 日）發表〈以論帶史的尷尬〉一文對文章進行批評。該文基本建立在扭曲和誤解我的論點和表述之上，已經有多位論者指出，這裏不再一一回應。該文中也涉及一些史實問題，主要集中在「作為政治範疇的人民戰爭」一節中有關中共黨史的部分。我在文中以註釋的形式對他提出的問題做了澄清。

的，包括韓國軍隊在內由十六個國家的軍隊組成的所謂聯合國軍。相對於越南戰爭，美國對於朝鮮戰爭的記憶是模糊的，近於有意識的遺忘，那麼日本呢？根據《日本海上軍力的戰後再軍備》一書，日本曾秘密[2]派出船隻、人員參加戰爭：「1950 年 10 月 2 日至 12 月 12 日間，共出動 46 艘掃雷艇、一艘專門用來觸發壓力型水雷的大型改裝試雷船，1200 名前海軍軍人在朝鮮港口元山、郡山、仁川、海州和南浦行動。日軍共清掃了 327 公里的航路和 607 平方英里的海域。」[3]除了為美軍提供後勤支援外，在仁川登陸時，共計 47 艘坦克登陸艦中，有 30 艘由日本人駕駛。[4]因此，如果算上日本，以美國為首的聯盟不是 16 個國家，而是 17 個國家。2013 年 7 月，日本提出參加紀念在韓國舉行的停戰六十週年的活動，卻被韓國方面拒絕了。1953 年 7 月 27 日，《朝鮮停戰協定》由朝中方面與以美國為代表的聯合國軍簽署。早在 4 月 12 日，韓國方面的李承晚總統發表聲明，堅決反對停戰，聲稱將單獨北進，並於 4 月 21 日通過北進統一決議，故未在協定上簽字。在朝鮮戰爭停戰談判期間另一位明確表示反對停戰、要求大打的是依靠美國保護才倖存下來的蔣介石政權。這兩個細節如今也

---

2 美軍方向日方下令，在朝鮮海域執行任務的掃雷船，只掛國際信號 E 旗。參見日本防衛省防衛研究所 2013 年編《朝鮮戦争と日本》中收錄鈴木英隆〈朝鮮海域に出撃した日本特別掃海隊：その光と影〉一文，第 17 頁。鈴木同時也引用資料説明，國際國內關係是吉田希望秘密展開掃雷活動的出發點：朝鮮戰爭爆發前杜勒斯多次訪日與吉田茂會談，日本正處於締結和約前的國際關係敏感狀態，而吉田也表示擔心違反憲法第九條，因此命令大久保秘密進行掃雷工作。（見鈴木文章中的註 26 引用大久保武雄 1978 年出版的《海鳴りの日々 —— かくされた戦後史の斷層》一書第 208–209 頁，和註 27 引用的後揭 James Auer 書日本版《よみがえる日本海軍〔上〕》第 121 頁。）http://www.nids.go.jp/publication/mh_tokushu/pdf/mh004.pdf，2013 年 10 月 28 日訪問網站。

3 James E. Auer, *The Postwar Rearmament of Japanese Maritime Forces, 1945–71*, New York: Praeger Publishers, 1973, p. 66.

4 Curtis A. Utz, "Assault from the Sea: The Amphibious Landing at Inchon", in Edward J. Maroldaed., *The U.S. Navy in the Korean War*, Annapolis, MD: Naval Institute Press, 2007, p. 76.

不常被人提起，人們更傾向於批評毛澤東越過了「三八線」。

在過去二十年中，有關朝鮮戰爭的研究是中國歷史研究中最為活躍的領域之一。結合蘇聯檔案、美國檔案和部分中國檔案及當事人回憶的出版和公佈，學者們按照當代社會科學和歷史研究的新規範研究朝鮮戰爭尤其是中國介入朝鮮戰爭的歷史，在去意識形態化的名義下，將抗美援朝戰爭置於冷戰史研究框架下，形成了這一研究領域的主要趨勢。在觀點各不相同的研究中，我們大致可以歸納出一種方法論上的民族主義，其特徵是朝鮮戰爭研究漸漸擺脫了資本主義與社會主義、帝國主義與國際主義等對立範疇，轉而以國家間關係及國家利益為中心，探討這場戰爭的歷史意義。對中國的抗美援朝戰爭持支持意見的學者強調這場戰爭是新生的中華人民共和國的立國戰爭，而持批評意見的學者則認為這場戰爭除了造成大量人員傷亡外，也加速和鞏固了中蘇結盟、中美對抗的冷戰格局，並使中國大陸喪失了收復台灣的機會。冷戰格局是由各種利益關係構成的，其中民族和國家的尺度佔據着重要位置，但這並不等同於說這一時代的熱戰和冷戰的動因和動機可以化約為民族和國家的利益尺度。本文結合當代中國有關朝鮮戰爭的最新研究，將抗美援朝戰爭置於二十世紀中國的革命與戰爭的脈絡中加以重新審視。所謂「二十世紀中國的革命與戰爭的脈絡」是一種「內部視野」，它為我們理解這一重大事件的政治決斷及其形成提供了線索。這個「內部視野」與其他的「內部視野」在相互糾纏、並置和衝突中共同構成了那一時代政治生成的動力。試圖將政治決斷置於歷史理解內部，就不可能像自居於客觀地位的社會科學家那樣，徹底地排除那個時代支配人們行動的原則、價值觀和對抗性的政治。在東北亞的內部分斷、割裂和對抗持續的過程中，我們需要尋找突破這一格局的政治能量，在這個意義上，我們不能僅僅在國家利益的範疇內思考戰爭，而且需要在政治決斷得以形成的歷史脈絡中探索其進程。

二十世紀中國的革命和戰爭中有哪些經驗和教訓值得我們記取？

「對中國，對朝鮮，對東方，對世界都有利」：抗美援朝戰爭的歷史條件

抗美援朝、保家衛國與新中國的意義

根據解密檔案和當事人回憶，朝鮮戰爭爆發時，中美雙方均無全面介入的準備，但這並不意味着戰爭的爆發是一個偶發事件。從 1949 年 10 月到 1950 年 9 月明確提出中國可能捲入戰爭，[5] 新生的中華人民共和國成立尚不足一年，百廢待興，中共內部的主導意見是不想捲入戰爭。1949 年比較強調的事情是肅清殘匪，是中國人民解放軍和各級黨的機關迅速轉變職能，是工作重點從農村轉向城市，是解放軍正規化，搞文化教育，是已經提上日程的民族區域問題，更不要說戰後的恢復重建了。1950 年 6 月全國政協第二次會議召開，會議反覆強調的主題就是土地改革；[6] 毛澤東告誡全黨「不要四面出擊」。[7] 朝鮮戰爭爆發的時刻，中國人民解放軍的主力部隊正在轉進新疆、西藏途中，並在東南與國民黨爭奪沿海島嶼。總之，新生的中華人民共和國沒有加入到這場戰爭中的準備。

5　1950 年 9 月 5 日，毛澤東在中央人民政府委員會第九次會議上做了題為〈朝鮮戰局和我們的方針〉的講話。他說：「美帝國主義也可能在今天要亂來，它是甚麼都可能幹出來的。假如它要那樣幹，我們沒有準備就不好了，我們準備了就好對付它。」「對戰爭打起來的時候，不是小打而是大打，不是短打而是長打，不是普通的打而是打原子彈，我們要有充分準備。」「一九五一年的國家概算，也應當這樣來制定。」《毛澤東文集》第六卷，北京：人民出版社，1999，第 93–94 頁。

6　參見毛澤東〈在全國政協一屆二次會議上的講話〉閉幕詞部分，《毛澤東文集》第六卷，第 79 頁。

7　毛澤東：〈不要四面出擊〉，《毛澤東文集》第六卷，第 73 頁。

但是，這並不等於說朝鮮戰爭的爆發與中國毫無關係。從中國與朝鮮的關係方面說，在日本殖民主義統治下，朝鮮半島的抵抗力量早已與中國人民的民族解放戰爭密切相關。1949 年 5 月，毛澤東同意將參加中國的解放戰爭、原隸屬中國人民解放軍第四野戰軍的三個朝鮮師移交朝鮮，其中兩個師於同年 7 月抵達朝鮮，另一個師整編為一個師和一個團，於 1950 年 3 至 4 月間移交朝方。[8] 這是中國革命與周邊關係的一個歷史延伸，也是中國革命者對朝鮮半島南北對峙格局的實質回應。從美國的亞洲戰略角度看，朝鮮戰爭與台灣海峽問題從一開始就關聯在一起。1950 年 6 月 25 日戰爭爆發後兩天，杜魯門在聲明擴大朝鮮戰爭的同時，又聯繫到中國台灣地區、越南、菲律賓，他明確針對中國說：「共產黨部隊的佔領台灣，將直接威脅太平洋地區的安全，及在該地執行合法而必要職務的美國部隊。因此，我已命令第七艦隊阻止對台灣的任何攻擊。」[9]1950 年 10 月初，毛澤東決定參戰，這個決定不是從戰爭由誰挑起這一問題出發，而是從對戰爭進程及其對整個世界格局的影響的判斷出發的。他給當時在蘇聯的周恩來發電，指出採取參戰的積極政策，「對中國，對朝鮮，對東方，對世界都極為有利」。[10]

「抗美援朝，保家衛國」這一口號準確地概括了中國參戰「對中國，對朝鮮」極為有利的方面。美軍在仁川登陸後，憑藉其軍事優勢，迅速北進，威脅中國東北，朝鮮方面面臨軍事崩潰的局面。中國出兵對於朝鮮方面的支持是顯而易見的。美國中央情報局曾推斷中國出兵最直接的原因可能是擔心聯合國軍會入侵東北、破壞水豐水電站和

---

8 金東吉：〈中國人民解放軍中的朝鮮師回朝鮮問題新探〉，《歷史研究》2006 年第 6 期，第 103 頁。

9 轉引自《周恩來傳》(三)，北京：中央文獻出版社，1998，第 1008 頁。

10 毛澤東：〈中國人民志願軍應當和必須入朝參戰〉，《毛澤東文集》第六卷，第 103 頁。

鴨綠江沿岸的發電設施。[11]1950 年 11 月 10 日，法國在聯合國提出議案，呼吁中國軍隊撤出朝鮮，保證中國邊界不受侵犯。這個議案立刻得到美英等六個國家的支持，卻被蘇聯否決。這些事實也為當代歷史敘述提供了素材，即中國是在誤判的條件下由於蘇聯否決了這項議案而介入戰爭的。如果美國沒有進攻中國的計劃而中國出兵朝鮮，「保家衛國」的意義何在？這裏暫且提出兩點解釋：第一，美國總統和國務院的一兩個電文，或者美國操縱下的聯合國通過的一兩個決議，並不能決定戰爭進程。帝國主義戰爭總是超出他們的「計劃」。從歷史上看，日本發動的「九一八事變」或者「七七事變」也不是天皇或者日本內閣直接下令，而是由前線的軍事將領決定的，至今有人以此為日本的戰爭政策辯護。布魯斯・卡明思（Bruce Cumings）指出：對朝鮮戰爭的干預和美國外交政策決定常常產生於一個「決策矩陣」（matrix），而不是個別人的指示。[12] 僅僅根據解密的某些檔案、選取其中一兩條電文和文件作為證據，並不能斷定美國是否會跟中國打一場戰爭，美國是否想壓迫到鴨綠江邊。在麥克阿瑟揮師北上的時刻，如果沒有有效的阻擊，朝鮮和中朝邊境的軍事態勢究竟會發生怎樣的突破是無法預估的。事實上，在法國提出議案不久前，美軍就已經於 11 月 8 日開始轟炸鴨綠江上的公路橋樑，美軍在轟炸橋樑時「入侵了中國領空，有的還對中國邊境的城鎮進行轟炸掃射」。[13] 在此之前，從 1950 年 8 月 27 日開始，美軍飛機就屢屢飛越中朝邊境，並在

---

11 1950 年 11 月 1 日中情局局長瓦爾特・史密斯給總統的備忘錄，*FRUS1950*, Vol. 7, Korea, pp. 1025, 1026。http://digital.library.wisc.edu/1711.dl/FRUS.FRUS1950v07, 2013 年 11 月 17 日查閱。

12 Bruce Cumings, "China' s Intervention in the Korean War and the Matrix of Decision in American Foreign Policy", a paper for the conference "China and the Cold War" in Bologna, Italy, September 16–18, 2007.

13 軍事科學院軍事歷史研究所著：《抗美援朝戰爭史》（修訂版）上卷，北京：軍事科學出版社，2011，第 303 頁。

城市、鄉鎮、港口進行掃射和轟炸，造成財產損失和人員傷亡，美國海軍並在公海上武裝攔截中國商船。中國政府向美國提出抗議並向聯合國安理會控訴後，[14] 美國飛機的入侵和襲擊行為仍然持續。[15] 第二，中國的底線不是要求美軍不要直接進攻中國，而是不允許美軍越過「三八線」。1950 年 10 月 3 日，周恩來約見印度駐華大使潘尼迦，請他轉告英美，如果美軍越過「三八線」，中國將出兵朝鮮，但美國顯然沒有意識到這是中國的底線。[16]10 月 7 日，在美國操縱下，聯合國繞過可能遭到蘇聯否決的安理會而直接召開大會，通過了由美國主導佔領北方進而統一朝鮮的決議，次日美軍就通過了「三八線」。毛澤東強調：不出兵，首先對東北不利，整個東北邊防軍將被吸住，南滿的電力將被控制。在這個判斷背後，是一個決斷，即決不允許新生的中華人民共和國受到軍事威懾。

中國的軍事和政治底線是不允許美軍越過「三八線」，而不僅僅是保護中國水豐發電廠及沿江設施這麼簡單。這一底線初看與美國的對朝戰略重疊，但內涵並不相同。事實上，毛澤東並未將「三八線」當作不可逾越的分界線，他在入朝作戰前兩次戰役結束之後就說過「必須越過三八線」。[17]1950 年 12 月 13 日，英美要求中國軍隊在「三八線」停止。在此之前，志願軍攻入平壤的次日，即 12 月 7 日，印度駐

---

14 1950 年 8 月 27 日〈周恩來外長致美國國務卿艾奇遜電 —— 嚴重抗議美國侵略朝鮮軍隊的軍用飛機侵入我國領空並掃射我國人民〉及〈周恩來外長致聯合國安理會主席馬立克及秘書長賴伊電 —— 要求制裁美國侵略朝鮮軍隊的軍用飛機侵入我國領空的嚴重罪行〉，《中美關係資料彙編》第二輯上冊，北京：世界知識出版社，1960，第 146–149 頁。

15 伍修權 1950 年 11 月 28 日在聯合國安理會的講話，同上書，第 309 頁。

16 周恩來對潘尼迦說：「美國軍隊企圖越過三八線，擴大戰爭。美國軍隊果真如此做的話，我們不能坐視不顧，我們要管。請將此點報告貴國政府總理。」一年多後，尼赫魯的妹妹告訴周恩來，每次周恩來與作為印度駐美大使的潘尼迦談話，印度政府都指示印度大使館與美國國務院聯繫，但「美國國務院認為我們東方國家只是說說而已」。《周恩來傳》(三)，第 1016 頁。

17 毛澤東：〈中國人民志願軍必須越過三八線作戰〉，《毛澤東文集》第六卷，第 114 頁。

華大使潘尼迦向中國副外長章漢夫遞交了一份備忘錄，說 13 個亞非國家聯合倡議在「三八線」停戰，但周恩來反問道：為甚麼在美軍打過「三八線」時，你們不講話？為甚麼 13 國不公開宣言要求外國軍隊撤出朝鮮並譴責美國對朝鮮和中國的侵略？在聯合國通過要求朝鮮戰爭雙方停止軍事行動的次日，12 月 15 日，杜魯門宣佈美國進入戰爭狀態。到 1950 年底，中美兩國已經處於不宣而戰的戰爭狀態，各自進入了全國性的戰爭動員。因此，毛澤東決定越過「三八線」包含兩個動機：第一，動搖英美的決心。在第四次戰役後，美軍再次突破了「三八線」，並策劃從側後登陸。從軍事上講，如果不能越過「三八線」，就難以挫敗聯合國軍，尤其是美軍的戰鬥意志，並給他們的進攻找到喘息的機會，也難以通過重擊敵人以贏得自身的休整時間。第二，在聯合國軍敗退的情境中，美國利用聯合國發佈決議，要求雙方在「三八線」停止下來。在毛澤東看來，此時的聯合國不過是美國操控的、作為戰爭之一方的「國際機器」，中國沒有義務接受它的決議或規定。在這個意義上，打過「三八線」不僅是拒絕承認美國霸權的邊界，而且也是以軍事方式對其政治攻勢的還擊。1951 年 4 月，當麥克阿瑟在軍事失敗的背景下建議轟炸中國本土、武裝國民黨軍介入朝鮮戰爭後，很快被杜魯門以可能招致與中國的全面戰爭為由而撤換。杜魯門的這個決定與中國在朝鮮戰場上痛擊了美軍有着密切的關係。

中國是通過一場持久的、充滿了苦難而最終獲得勝利的革命才擺脫被奴役命運的亞洲國家，它不是一個通常意義上的強國，卻標誌着對一個與帝國主義時代的國家截然不同的國家的承諾，對一個與歷史上既往的國家或王朝的不同態勢的承諾，對一個人民當家作主的民主的社會主義國家的承諾。1950 年 9 月 5 日，毛澤東在〈朝鮮戰局與我們的方針〉一文中，明確地將中國革命與朝鮮戰爭聯繫起來，他說：「中國革命是帶有世界性質的。中國革命在東方第一次教育了世界人民，朝鮮戰爭是第二次教育了世界人民。」[18]1951 年 10 月，也就是入朝作戰一週年的時候，毛澤東在全國政協第三次會議的開幕詞中專門提到朝鮮戰爭，他指出：第一，這場戰爭是保家衛國，如果不是美國軍隊佔領我國的台灣，侵略朝鮮民主主義人民共和國和打到我國的東北邊疆，中國人民是不會和美國軍隊作戰的。第二，既然美國侵略者向我們進攻，我們就不能不舉起反侵略的大旗，這是以正義的戰爭反對非正義的戰爭。第三，朝鮮問題應予和平解決，只要美國政府願意在公平合理的基礎上解決問題，朝鮮的停戰談判是可能成功的。[19] 在上述第一條中，他特別提及如果沒有台灣問題，沒有美國侵略朝鮮問題，沒有美軍威脅中國邊界問題，中國不會直接加入這場戰爭。曾有歷史學家提出：如果中國在釜山戰役全面展開之前出兵朝鮮，美國就會失去仁川登陸的機會，[20] 這個觀點與 1950 年 10 月麥克阿瑟在威克島與杜魯門討論中蘇會否出兵時的觀點完全一致，即中國錯過了最佳出兵機會從而不會出兵。從軍事的角度說，這一判斷有一定的根據，但這種從純粹的軍事觀點判斷戰爭進程的方式與毛澤東對戰爭的把握大異其趣。

為甚麼這麼說呢？除了前面提及的「反侵略」這一點之外，我們也要從美國的戰爭進程角度加以分析。美國在戰爭初期以朝鮮方面

---

18 同上書，第 93 頁。

19 同上書，第 182–186 頁。

20 「如果在仁川登陸前中國軍隊可以協防後方，從而保障人民軍主力在前線取勝；仁川登陸後中國軍隊可以在三八線建立一道防禦線，從而阻止敵軍繼續北進的話，那麼到 10 月初人民軍主力喪失殆盡、三八線已被突破的時候，中國軍隊入朝作戰的良機已不復存在。」見沈志華：〈難以作出的抉擇〉，《一個大國的崛起與崩潰》（下），北京：社會科學文獻出版社，2009，第 845 頁。

發起南侵為由將自己的軍事干預解釋為一種執行國際法的警察行動。儘管聯合國的授權是單方面的，但美國以此將干預在聯合國框架下合法化。在戰爭初期，這一合法框架也限制了美國的軍事行動，例如在國會參議院辯論時，參議員與代表政府的發言人均一致同意將總統權限限制在「三八線」以內，即不允許美軍越過此臨時分界追擊朝鮮軍隊。[21] 但是，在仁川登陸之後，這一框架隨即被突破了，美國駐聯合國大使奧斯汀（Warren Robinson Austin, 1877–1962）宣稱不能容忍「侵略者的軍隊」受一條「想像中的界線的保護」。[22] 美國對進軍朝鮮半島的自我合法化在此受到雙重的顛覆：第一，將朝鮮南進和國內統一戰爭視為「侵略」本身已經十分勉強，艾奇遜在戰爭初期否定戰爭目標為統一朝鮮，似乎暗示干預類似於國內執法中的「制止犯罪和恢復原狀」；[23] 其次，越過「三八線」不僅打破了早先美國方面所說的有限戰爭的框架，而將「美國的目標變成了武力統一朝鮮並建立一個新的（民主的）政府」，即「武力征服整個國家」。[24] 如果美國將朝鮮北方的南進都視為「侵略」，美國如何界定自己突破「恢復原狀」（status quo ante）的戰爭目標的行動？從美軍突破「三八線」的那一刻起，美國的朝鮮戰爭已經以政體改變和最終勝利作為戰爭目標，從而即便從美國初期的承諾和美國操縱的聯合國所允許的框架來看，這場戰爭也沒有任何正義性可言了。儘管美國突破「有限戰爭」承諾的行動再次得到了聯合國的授權，但這除了再次證明聯合國已經是單方面操縱的機構

---

21 Glenn D. Paige, *The Korean Decision, June 24–30, 1950*, New York: Free Press, 1968, pp. 218–219.

22 John W. Spanier, *The Truman-MacArthur Controversy and the Korean War*, Cambridge, Mass.: Belknap Press, 1959, p. 88.

23 邁克爾・沃爾澤（Michael Walzer）著，任輝獻譯：《正義與非正義戰爭：通過歷史實例的道德論證》（*Just and Unjust War: A Moral Argument with Historical Illustrations*），南京：江蘇人民出版社，2008，第133頁。

24 同上。

外，並不能增加戰爭的合法性。因此，在美軍突破「三八線」之後，中國介入朝鮮戰爭不僅具有反侵略的理由，而且也獲得了國際法的依據。毛澤東並不像一些歷史學家描述的那樣對國際秩序一無所知，恰恰相反，在抗日戰爭期間，他已經深入地研究過西方的戰爭理論和國際法規，並以自己獨到的方式加以運用。毛澤東選擇戰爭介入的時機與新中國在戰爭期間及結束後的靈活的外交鬥爭，都清晰地顯示了毛澤東、周恩來等人對於戰爭的政治性的理解，以及他們對於戰爭與國際法知識的嫻熟運用。事實上，1953 年底提出的和平共處五項原則就是在這個基礎之上提出的，它表明中國領導人比美國領導人更善於運用國際法的原則，以確立戰爭和外交的正義原則。

新中國的鞏固本身包含着突破冷戰格局的契機。首先，第一次世界大戰之後，蘇聯在十月革命的炮聲中誕生，但未能阻止德國、意大利、日本三個帝國主義國家企圖稱霸世界的事實。毛澤東認為現在的局面完全不同了：「外國帝國主義稱霸世界的時代，已由社會主義蘇聯的成立，已由中華人民共和國的成立，已由各人民民主國家的成立，已由中蘇兩個偉大國家在友好互助同盟條約基礎上的鞏固團結，已由整個和平民主陣營的鞏固團結以及世界各國廣大和平人民對於這個偉大陣營的深厚同情，而永遠宣告結束了。」[25] 其次，二十世紀中期出現了一個在世界歷史上從未出現的格局、一個新的世界體系，而在亞洲，一個由中國革命的勝利而被帶動和鼓舞的反殖民主義進程正在逐漸展開。這個進程的目標是通過抵抗帝國主義而實現和平，從而實現和平的方法包括了戰爭手段，即毛澤東所說「戰爭轉化為和

25 毛澤東：〈在全國政協一屆三次會議上的講話〉，《毛澤東文集》第六卷，第 185 頁。

平，和平轉化為戰爭」。[26] 這是從中國革命戰爭中延伸而來的戰略。早在抗日戰爭全面爆發前，毛澤東就明確指出：消滅戰爭的手段只有一個，「就是用戰爭反對戰爭，用革命戰爭反對反革命戰爭，用民族革命戰爭反對民族反革命戰爭，用階級革命戰爭反對階級反革命戰爭」。[27] 朝鮮戰爭則是用反侵略戰爭反對侵略戰爭。這就是正義與非正義戰爭的政治分野。在毛澤東看來，新生的中華人民共和國是「國內國際偉大團結的力量」得以凝聚的前提，是抗美援朝戰爭與此前所有中國革命中的戰爭之間的分界點。沒有抗美援朝的勝利，1949 年 10 月 1 日他在天安門城樓的宣示就不能得到證明。

朝鮮戰爭與中蘇關係問題

過去十年中，中國關於朝鮮戰爭的研究發生了一個轉向，除了徹底拋棄了國際主義的視野，轉而用較為單純的民族主義視野解釋這場戰爭之外，另一個趨勢是將研究的中心從中國與美國的較量轉向中蘇關係。比較有影響的看法包括：一、斯大林與金日成聯手背着毛澤東策劃朝鮮戰爭，聯手誘導中國參戰；[28] 二、蘇聯放手朝鮮發起統一戰爭，是因為對控制中國東北失去了信心，而中國出兵朝鮮的目的之一

26 毛澤東：〈在成都會議上的講話〉(1958 年 3 月)，《毛澤東文集》第七卷，第 374 頁。

27 毛澤東：〈中國革命戰爭的戰略問題〉(1936 年 12 月)，《毛澤東選集》第一卷，北京：人民出版社，1991，第 174 頁。

28 例如，沈志華認為，「斯大林對於在朝鮮半島採取軍事行動的具體內容和計劃，絲毫也沒有向中國透露」。參見氏著：《毛澤東、斯大林與朝鮮戰爭》第三章「越過三八線」，廣州：廣東人民出版社，2003。紀坡民在〈「夾擊中的奮鬥」：毛澤東出兵援朝的艱難決策〉中認為，「『三國同謀論』可以休矣」，朝鮮戰爭是斯大林和金日成兩人背着中國秘密策劃的，直到開戰前，生米快要做成熟飯了，才告訴毛澤東；斯大林的盤算最精，仗是朝鮮人在打，勝了，蘇聯獲益巨大；敗了，受損也有限，而最大的「利益攸關方」實際上是中國。載《香港傳真》NO.HK2011-30，2011 年 5 月 26 日。

是避免蘇聯以美國壓境為理由加強在東北的駐軍而受蘇聯控制；[29]或者，蘇聯支持朝鮮進攻是因為避免毛澤東成為亞洲的「鐵托」；[30]三、蘇聯是在朝鮮戰爭中受損最大者之一，因為它不僅失去了在中國東北的利益，而且為中國援助建設了 156 項重大工程，從而為新中國的工業化奠定了基礎。[31]四、朝鮮戰爭加速了中蘇同盟的進程，也破壞了與美國改善關係的契機。[32]因此，一個自然的問題是：中蘇關係在多大程度上影響了中國出兵朝鮮？

首先，在談論出兵朝鮮問題時，毛澤東除了談及對中國、朝鮮有利外，特別提及對東方、對世界有利的問題。這是兩個新的，也是在一般民族主義和國家利益框架內不能解釋的範疇。東方是指東西兩個戰線中的東方，尤其是以蘇聯為中心的社會主義陣營，而中蘇同盟正是「東方」範疇的核心內容之一；世界指正試圖從帝國主義的控制下

29 例如，沈志華推斷，斯大林在 1950 年初中蘇同盟形成、蘇聯被迫出讓大部分在中國的權益之後，很可能是為了在朝鮮半島獲得取代旅順的不凍港，以彌補在中國的損失，才改變了對朝鮮半島的政策，同意朝鮮的進攻計劃。參見氏著：《毛澤東、斯大林與朝鮮戰爭》第三章「越過三八線」;《冷戰在亞洲：朝鮮戰爭與中國出兵朝鮮》,「保障蘇聯在遠東的戰略利益」，北京：九州出版社，2013。沈志華認為，「毛澤東很有理由做這樣的推理：既然美國繼侵佔北朝鮮後會進一步跨過鴨綠江，那麼，戰火一旦在中國東北境內燃起，蘇聯很可能會以中蘇同盟條約為依據而出兵東北。其結果，不是美國佔領東北，就是蘇聯控制東北。這就是説，無論未來東北戰場鹿死誰手，中國都將失去在東北的主權」。參見氏著：《冷戰在亞洲：朝鮮戰爭與中國出兵朝鮮》,「中國出兵朝鮮的決策過程」，第 133 頁。

30 「斯大林在盤算，今後怎麼對付這個桀驁不馴的毛澤東呢？……要經過一番運籌，設法造成一個局面，一個世界範圍的大格局，把中國這隻已經醒來的『東方睡獅』，徹底關在斯大林設計和鑄就的鐵籠子裏。」參見紀坡民：〈「夾擊中的奮鬥」—— 毛澤東出兵援朝的艱難決策〉，載《香港傳真》NO.HK2011-30，2011 年 5 月 26 日，第 29 頁。

31 例如，張文木引用基辛格「韓戰的最大輸家是蘇聯」的説法，指出美國和蘇聯都是朝鮮戰場上的最大「輸家」，而中國則是這場戰爭中最大的贏家。他強調蘇聯對中國東北的實際控制權的正式放棄，導致了蘇聯帝國的基石在中國東北這一邊緣地帶出現了第二次鬆動。參見氏著：《全球視野中的中國國家安全戰略》(中卷・下)，濟南：山東人民出版社，2010，第 720–726 頁。紀坡民認為，蘇聯援助中國的 156 項，是中國在抗美援朝中的「戰利品」。參見氏著：〈「夾擊中的奮鬥」—— 毛澤東出兵援朝的艱難決策〉，載《香港傳真》NO.HK2011-30，2011 年 5 月 26 日，第 69–76 頁。

32 「……甚至由於毛澤東那被戰爭激發出來的革命衝動而比蘇聯更深地陷入了與美國敵對的漩渦」,「中國未能及時改變戰略方針(引者註：停止於三八線)的另一個後果是造成了自身在國際政治中的孤立地位」，見沈志華著：《毛澤東、斯大林與朝鮮戰爭》，第 361、359 頁。

解放出來的全世界被壓迫民族。從建國伊始，到抗美援朝，再到此後一段時期，中國對外政策的重心是與蘇聯和東歐國家的結盟。這不是突發的轉變，而是中國革命進程中已經確定的同盟關係的延續。1950年6月，毛澤東在全國政協一屆二次會議上的閉幕詞裏講到了這一問題。他說：中國要有遠大的目標，在全國人民考慮成熟之後，在各種條件具備的條件下，可以從容地、妥善地走進社會主義新時期。為了這個遠大目標，他提出在國外必須兼顧地團結蘇聯、各人民民主國家及全世界一切和平民主力量，對此不可有絲毫的遊移和動搖；在國內必須團結各民族，各民主階級，各民主黨派，各人民團體及一切愛國民主人士，鞏固革命的統一戰線。換句話說，雖然戰爭促進了軍事的合作，但中蘇並不是因為朝鮮戰爭爆發才會結盟。中國與蘇聯及其他社會主義國家的結盟，是一個非常重要的新的形勢的結果。大革命時代的國民黨曾經與蘇聯結盟，而在大革命失敗後，中國共產黨與國際共產主義運動和蘇聯的關係是眾所周知的，並不需要等到朝鮮戰爭才出現，但1945年後國共內戰時期美國對國民黨的偏袒態度最終促成了正在誕生中的中華人民共和國迅速倒向蘇聯是可以肯定的。

毛澤東反對美國及其僕從勢力軍事介入朝鮮半島，而同時保持着對社會主義陣營的承諾。[33] 他的修辭包括兩方面，即一方面對中國、

33 張文木根據沈志華編《朝鮮戰爭：俄國檔案館的解密文件》（中研院近代史研究所，2003）等材料指出，早在1949年5月間，毛澤東即與金日成的代表金一討論過朝鮮的軍事行動的問題，幫助分析朝鮮對南方採取軍事行動的幾種可能結果，其中包括日本捲入的情況，並明確表示：「你們不用擔心，……必要時，我們可以給你們悄悄地派去中國士兵。都是黑頭發，誰也分不清。」（〈柯瓦廖夫關於毛澤東通報與金一會談的情況致斯大林電〉〔1949年5月18日〕，沈志華編：《朝鮮戰爭：俄國檔案館的解密文件》〔上冊〕，第187–188頁、189–190頁）這一討論是當年3月斯大林與金日成在莫斯科會談的延續。他還梳理出毛澤東與斯大林和金日成之間在1950年5月對戰爭的溝通線索：5月13日金日成赴北京向毛澤東傳達斯大林「北朝鮮可以開始行動」的指示，毛澤東表示需要得到「菲利波夫同志本人對這一問題的說明」；5月14日斯大林致電毛澤東，明確表示「同意朝鮮人關於實現統一的建議」，及「這個問題最終必須由中國和朝鮮同志共同解決」；鑒於蘇聯有了明確的支持態度，毛澤東也表示願意支援朝鮮的行動。參見氏著：《全球視野中的中國國家安全戰略》（中卷・下），第634–636、652–654頁。

朝鮮有利，這是最能夠說服全體中國人民尤其是民族資產階級支持抗美援朝戰爭的理由；另一方面對東方和世界有利，這涉及對整個世界格局的基本判斷。這個世界格局的新特點是出現了東西兩大陣營，而中國正是東方陣營的一員。1950 年 1 月，朝鮮戰爭爆發前五個月，蘇聯因中國重返聯合國的提議未獲通過而宣佈退出安理會會議，從而缺席了 6 月 25 日為討論朝鮮戰爭而舉行的安理會會議。這個細節現在被一些學者解釋為一種「放水」行動，即蘇聯因缺席而無法行使否決權，遂使聯合國通過美國主導的組成聯合國軍並捲入朝鮮內戰的議案。[34] 這一猜測因葛羅米柯回憶錄中有關斯大林拒絕讓蘇聯代表參加安理會並行使否決權的細節而得到加強。這是否是一個有預謀的行動？參照 1950 年初斯大林與金日成秘密會談而不通報在蘇訪問的毛澤東的細節，這個推斷不無道理。但既然蘇聯支持北方的統一戰爭，它又有甚麼理由故意讓那麼多聯合國軍合法介入朝鮮戰爭？比較有說服力的證據是俄國學者披露的檔案，即斯大林致捷克斯洛伐克總統哥特瓦爾德的電報。在這封電報中，斯大林解釋了蘇聯退出安理會的四個目的：「第一，表明蘇聯與新中國的團結一致；第二，強調美國的政策荒誕愚蠢，因為它承認國民黨政府這個小丑是中國在安理會的代表，卻不允許中國的真正代表進入安理會；第三，使得安理會在兩個大國代表缺席的情況下做出的決定成為非法；[35] 第四，解綁美國的雙手，讓它利用安理會中的多數票再做些蠢事，從而在公眾輿論面前

34 參見沈志華的《冷戰在亞洲：朝鮮戰爭與中國出兵朝鮮》及紀坡民〈「夾擊中的奮鬥」：毛澤東出兵援朝的艱難決策〉「斯大林策劃朝鮮戰爭的決策動因初探」一節。

35 1950 年 11 月 28 日伍修權在聯合國安理會發表控訴美國侵略台灣的演說時，也強調了安理會常任理事國中如果沒有當時 4 億人口中國的合法代表，「就不能在任何重大問題上作出合法決定，它就不能解決任何重大問題，尤其是有關亞洲的重大問題」，「中國人民就沒有理由承認它的任何決議和決定」。《中美關係資料彙編》第二輯上冊，第 291 頁。

71

СТРОГО СЕКРЕТНО

Снятие копий воспрещается

ПОДЛЕЖИТ ВОЗВРАТУ В 48 ЧАС.

В IV ЧАСТЬ ОСОБОГО СЕКТОРА ЦК ВКП (б)—МОСКВА, КРЕМЛЬ

(Пост. ПБ от 5 мая 27 г., пр. № 100, п. 5)

Кому послана т.т.Булганину,Берия,Маленкову,Микояну,Хрущеву,Ш часть.

ШИФРОВКА

Из СОЧИ отправлена 6-20 28.УШ 1950 г. Поступила в ЦК ВКП(б) на расшифрование 28.УШ. 1950 г. ч. 6 м. 40

Вх. № 2485/ш 5

ПРАГА, СОВПОСОЛ.

Передайте тов.Готвальду на словах следующее. Если он попросит - можете оставить ему в письменном виде.

"На вопрос ухода Советского Союза из Совета Безопасности 27 июня и о событиях, разыгравшихся после этого ухода, я смотрю несколько иначе, чем тов.Готвальд.

Мы ушли временно из Совета Безопасности с четверной целью: во-первых, с целью продемонстрировать солидарность Советского Союза с новым Китаем; во-вторых, с целью подчеркнуть глупость и идиотство политики США, признающей гоминдановское чучело в Совете Безопасности представителем Китая, но не желающей допустить подлинного представителя Китая в Совет Безопасности; в-третьих, с целью сделать незаконными решения Совета Безопасности в силу отсутствия представителей двух великих держав; в-четвертых, с целью развязать руки американскому правительству и дать ему возможность, используя большинство в Совете Безопасности, - совершить новые глупости с тем, чтобы общественное мнение могло разглядеть подлинное лицо американского правительства.

Я думаю, что нам удалось добиться осуществления всех этих целей.

После нашего ухода из Совета Безопасности Америка впуталась в военную интервенцию в Корее и там растрачивает теперь свой военный престиж и свой моральный авторитет. Едва ли теперь может кто-либо из честных людей сомневаться в том, что Америка выступает в Корее в роли насильника и агрессора и что в военном отношении она не так уж сильна, как рекламирует себ

(см.сл.стр.)

斯大林致捷克斯洛伐克總統哥特瓦爾德的電報

暴露美國的真實面目。」[36] 斯大林的第四點實際上就是指朝鮮戰爭，他接着說：「我們退出安理會後，美國陷進了對朝鮮的軍事干涉，敗壞了自己在軍事上的威望和道義上的制高點，現在沒有幾個正直的人還會懷疑，美國在朝鮮扮演了加害者和侵略者的角色。在軍事上也不像它自己宣揚的那樣強大。此外，很明顯，美國的注意力從歐洲被引向了遠東。從國際力量平衡的觀點來看，這一切是不是對我們有利呢？當然是。」[37] 此後的事態發展多少印證了斯大林的估計。安理會決議後，杜魯門命令美國在遠東的軍事力量全力支援李承晚政權，同時，命令第七艦隊封鎖台灣海峽，以阻止中國大陸可能進行的對台灣地區的進攻。從斯大林的盤算看，美國的注意力的確從歐洲轉向了遠東，但從美國方面看，它對遠東事務的介入、與蘇聯在這一區域爭奪勢力範圍的態勢，均非始於 1950 年。蘇聯缺席安理會恐怕並不是軍事介入朝鮮的關鍵因素。

由於蘇聯在東方集團中的特殊地位，如何區別其行為中的國家霸權與冷戰政治格局下的政治領導權，仍然有待深入分析。從斯大林時代到勃列日涅夫時代，蘇聯承擔着巨大的國際主義責任，又存在着不同程度、不同形式乃至不同性質的霸權主義；在中蘇關係方面，兩黨從相互合作，到內部分歧，再發展為公開辯論；兩國從政治合作，到政治衝突，再發展到軍事對抗，蘇聯在五十年代的表現與六十年代以後有重要區別。這是一個複雜的、需要置於具體脈絡中進行

36 斯大林致哥特瓦爾德電報。沈志華的《冷戰在亞洲：朝鮮戰爭與中國出兵朝鮮》一書第 53–54 頁引用了這封電報。在校訂此文的過程中，高瑾致信俄羅斯國立社會政治史檔案館，詢問這封電報的來源和翻譯的準確度。俄方於 2013 年 10 月 30 日寄來了掃描件。經過比對，這裏根據高瑾的翻譯更動譯文。主要更動處是：電報第三條起頭沈譯為「認定」，現譯為「使得安理會在兩個大國代表缺席的情況下作出的決定成為非法」。此外也有個別詞句上的改譯。

37 同上，譯文有所變動。

研究的進程。「二戰」之後蘇聯在東北有巨大的影響，當時西方特別是美國一再出現蘇聯將完全吞併中國東北的說法，從 1949 年後期到 1950 年朝鮮戰爭爆發之前，美國國務院一再敍述這個問題。但美國和西方世界的這些說法——如同英國報紙在毛澤東訪俄期間散佈毛澤東已經在蘇聯被軟禁一樣——怎麼可能作為「事實」來敍述？這樣的說法與其說是當代學者的發現，不如說是美國國務卿艾奇遜的發明，是美國政府從其戰爭霸權政策和對中蘇關係進行分化的策略出發蓄意製造的說法。在中華人民共和國成立以後，中蘇之間圍繞蘇聯在東北的權益（包括中長鐵路、旅順港等問題）有一系列的談判。朝鮮戰爭對中國加速全面接管東北有其影響，但這絕不是說：如果沒有朝鮮戰爭，中國東北就會被並入蘇聯。我在這裏舉兩個例子——都是普通的、由於毛澤東的明確表述而廣為人知的例子，但足以說明問題。

1950 年 1 月 20 日，當時的中央人民政府新聞總署署長胡喬木專門發表談話駁斥這種說法。就在同一天，新華社發表了毛澤東起草的評論〈駁斥艾奇遜的無恥造謠〉，反擊美國國務卿艾奇遜 1950 年 1 月 12 日在美國全國新聞俱樂部的長篇演講。毛澤東駁斥了其中的兩個觀點。第一個是美國跟亞洲各國的關係問題。艾奇遜的說法是，「我們的利益與亞洲各國人民的利益是符合的」，美國的利益和中國人民的利益「是並行不悖的」，「自從宣佈門戶開放政策之時起，經過 9 國公約簽訂，以至聯合國大會最近的決議都是這一個原則，並且我們對它始終不渝」。[38] 艾奇遜的第二個說法是：「蘇聯正在將中國北部地區實行合併，這種在外蒙所實行了的辦法，在滿洲亦幾乎實行了。我相

38 毛澤東：〈駁斥艾奇遜的無恥造謠〉，《毛澤東文集》第六卷，第 44 頁。

信蘇聯的代理人會從內蒙古和新疆向莫斯科作很好的報告。這就是現在的情形，即整個中國居民的廣大地區和中國脫離與蘇聯合併。蘇聯佔據中國北部的四個區域，對於與亞洲有關的強國來說是重要的事實，對於我們來說是非常重要的。」[39] 毛澤東反駁說：美國的基本國策是利用一切辦法滲透中國，將中國變成美國的殖民地。他的根據不僅是美國在 1945–1949 年中國內戰時期對國民黨政權的支持，而且是美國對台灣海峽的介入。1 月 14 日，也就是艾奇遜演講的第二天，塔斯社在華盛頓報道說：1949 年 10 月 24 日在中國被逮捕、11 月 1 日被審判、12 月中旬被驅逐的美國駐瀋陽的總領事瓦爾德返美以後，曾與美國國務院官員談話。此次談話後，在會見記者時，他說：蘇聯在中國東北行使共管鐵路的條約權力，但「並未看見蘇聯有監督滿洲的任何跡象」，也「未看見蘇聯吞併滿洲的任何跡象」；在回答滿洲共產黨的政權是否受北京的監督時，瓦爾德稱「所有共產黨的政權都受高度的集中管理。據他所知，滿洲乃系共產黨中國之一部分」。毛澤東諷刺道：「人們可以看到，在西半球的土地上發生了怎樣的故事。一個說：滿洲與蘇聯合併。一個說：並未看見。這兩個不是別人，都是美國國務院的有名的官員。」[40]

蘇聯希望相對長地在東北擁有一定的影響力，但由此推斷中國會因此喪失東北是缺乏根據的。中蘇關係是「二戰」後最重要的大國關係之一，但這一大國關係不同於以往的大國關係。這是新生的中華人民共和國與蘇聯的關係，是剛剛出現的社會主義陣營內部的關係。這不是說它們已經不是國與國的關係，而是說這一時代的國際政治關

39 同上書，第 45 頁。

40 同上書，第 46 頁。

係具有不同以往也不同於此後的國際關係的內含和性質。社會主義國家間的關係包含着國際主義的面向，中蘇關係不僅是中蘇關係，也是東方集團內部的關係。一般來說，中蘇分裂肇始於蘇共二十大，到1960年伴隨着論戰的公開化而為世界所知。但根據美國中央情報局的解密檔案，即便在中蘇論戰的語境中，美國情報機構仍然認為中蘇同盟並未真正破裂。歸根結底，美國的判斷是從朝鮮戰爭等經驗中得來的，它明白社會主義陣營內的國家關係不同於一般意義的主權國家關係。這個關係的內核是黨與黨的關係，從而意識形態和價值觀對於國家間關係起着至關重要的作用。

中國參戰的條件之一是蘇聯的支持，但這一條件並不是決定中國是否參戰的最終決定因素。在1950年10月13日給周恩來的電文裏面，毛澤東提及對第三、第四點沒有把握。所謂第三點針對的是1950年5月11日斯大林和周恩來給中共發的聯名電報，電報許諾蘇聯可以完全滿足中國需要的飛機、大炮、坦克等裝備。毛澤東問：是用租借的辦法還是用錢購買蘇聯武器？他希望用租借的辦法，而不是購買的方式，原因是中華人民共和國剛剛成立，急需資金從事經濟、文化等項目建設及一般軍政費用。如果將已經十分緊缺的資金用於購買武器，不僅中國的經濟恢復勢必放緩，而且中國的民族資產階級、小資產階級都會反對，從而無法「保持國內大多數人的團結」。[41] 關於「保持國內大多數人的團結」這一點，還可以舉出1950年12月2日毛澤東給天津市工商聯的電文為例。[42] 天津市工商聯在11月底舉行保家衛國遊行集會，並於11月30日給毛澤東發來電報，堅決支持

41 毛澤東：〈中國人民志願軍應當和必須入朝參戰〉，同上書，第103–104頁。

42 毛澤東：〈堅決站在抗美援朝保家衛國的愛國立場上〉，同上書，第110頁。

抗美援朝、保家衞國的愛國立場。值得注意的是，抗美援朝戰爭開始後，全國範圍內的動員已經展開，毛澤東為甚麼不是給農民、不是給工人、不是給學生發電文，而是給工商聯發電文？這與他對國內團結的擔憂有關，即如果戰爭延長，戰爭負擔過重，中國的民族資產階級可能表示不滿，進而影響政治和社會的穩定。電報中的第四條要求蘇聯在兩個月或兩個半月內出動志願空軍幫助中國在朝鮮作戰，並掩護中國的北方地區。[43] 周恩來於 10 月 11 日給毛澤東和中央發出電報後僅幾小時，接到莫洛托夫電話，說蘇聯方面沒有準備好，不能派出志願空軍。毛澤東一方面要求周恩來在蘇聯多留一些日子，以便獲得蘇聯方面更明確的承諾；[44] 但另一方面，即便沒有蘇聯空軍支援，中國參戰的決心也已確定。就在發出上述電報的次日，10 月 14 日，毛澤東開始志願軍入朝作戰的部署。[45]10 月 23 日，他給彭德懷和高崗寫信，說要在「穩當可靠」的基礎上爭取一切可能的勝利。[46]

冷戰體制的確立與去冷戰的契機

早在戰爭爆發之初，毛澤東就提出世界各國的事情由各國人民去管、亞洲的事情由亞洲人管，這個看法幾年後也體現在萬隆會議的原則之中。這是他將中國的抗美援朝戰爭視為必要的和正義的戰爭的政治前提。從開羅會議開始，美國已在預謀怎樣聯合亞洲地區其他的勢力，包括戰後的日本和國民黨統治的中國，來遏制蘇聯。歐洲戰場臨近結束之時，雅爾塔會議、波茨坦會議相繼召開，如何在戰後確定

---

43 毛澤東：〈中國人民志願軍應當和必須入朝參戰〉，同上書，第 104 頁。

44 同上。

45 毛澤東：〈中國人民志願軍入朝作戰的方針和部署〉，同上書，第 105–106 頁。

46 毛澤東：〈在穩當可靠的基礎上爭取一切可能的勝利〉，同上書，第 107–109 頁。

各自的勢力範圍，已經是美蘇博弈的現實課題。這裏需要回溯的是：1945 年 8 月美國對日本的原子彈攻擊包含了對蘇聯的威懾，也促成了蘇聯以迅雷之勢對日宣戰，攻佔中國東北、朝鮮北部、薩哈林島南部和千島羣島。美軍在 1945 年夏天已經進入朝鮮半島，並為與蘇聯爭奪勢力範圍而率先劃出了軍事分界線。在伊朗事件後，1946 年 3 月，丘吉爾宣佈鐵幕降臨；1947 年 7 月的馬歇爾計劃未能包括蘇聯。蘇聯支持金日成進軍南方，在很大程度上是回應美國在巴爾幹和中東的挑釁，其中 1949 年 4 月至 8 月北約成立並在各國完成批准手續，對蘇聯和東方集團是一個重要刺激。1949 年 8 月，蘇聯首顆原子彈試爆成功，核威懾格局成形。

在朝鮮半島，分治的格局最初是在雅爾塔會議框架下、以國際託管的形式產生的，但朝鮮並非戰爭策源地和戰敗國，其人民卻無緣參與這一決定自身命運的事件；作為朝鮮的近鄰，中國也沒有參與這一「國際決定」。伴隨柏林的陷落，美蘇兩國將戰爭重心轉向遠東，波茨坦會議的主題之一，已經是對日作戰問題，佔領朝鮮由此進入兩國的戰爭方案，雅爾塔的託管計劃也就被突破了。1945 年 5 月杜魯門特使面見斯大林，斯大林仍然堅持雅爾塔協定確定的四國託管朝鮮的方案，但波茨坦會議後，蘇軍對日宣戰並進入朝鮮，美國提出了分隔朝鮮的「三八線」方案。這是中華人民共和國成立前夕朝鮮半島局勢變遷的重要事件。

伴隨中華人民共和國的成立，美國在亞洲地區的新任務就是遏制新中國，而早在新中國成立之前，中共領導人就已經確立了與蘇聯結盟並加入東方陣營的方針。這一格局很可能正是促使斯大林從反對朝鮮北方南進到支持其南進的態度轉變的樞紐。根據現有檔案，1950 年 1 月，斯大林並未向毛澤東通報支持朝鮮南進的態度，但中華人民共和國的成立以及中蘇友好條約的簽訂支持了斯大林的態度轉變，卻是可以推斷的。因此，戰爭並不是1950年的產物，而是上述過程的延伸。所謂世界各國的事情由各國人民去管、亞洲的事情由亞洲人管，針對的是1945年雅爾塔會議以降，尤其是波茨坦會議之後霸權國家主宰弱小國家命運並將其納入自身勢力範圍的格局。

在蘇軍已經大舉進入朝鮮、逼近漢城之時，美軍為防範蘇聯控制朝鮮全境而做出了以北緯38度線作為美蘇各自對日受降的軍事分界線的決定。從這個角度說，朝鮮戰爭類似於中國的內戰，其中包含着民族統一的訴求，而不能等同於其他的入侵事件。[47] 既然是內戰，任何外來軍事干預——尤其是以霸權性的戰略利益為基礎的軍事干預——都缺乏正當理由。1945年9月美軍在南部受降後，先以專機於10月中旬將長期滯留美國、與韓國臨時政府有一定矛盾的李承晚運送回國，而命令國民黨政府扶植的、[48] 流亡在重慶的韓國臨時政府人員（右翼的金九、左翼的金奎植等）以個人身份回國。[49] 金九等人11月5日從重慶到上海後滯留十多天，國民黨政府與美國軍方交涉後，美軍才用專機將金九等人送回國。金九作為當時韓國臨時政府的中心人物，其政見同樣傾向於反對共產主義並親近美國，美方對韓國臨時政府合法性

---

47 自1981年出版 *The Origins of the Korean War*（2 vols）（Princeton, New Jersey: Princeton University Press, 1981, 1990）以降，卡明思發表了大量有關朝鮮戰爭的著作，從不同側面涉及了這一問題。最近的一部著作是 *The Korean War: A History*, Modern Library Chronicles, 2010.

48 〈中國國民黨秘書處向蔣介石呈文〉（中國國民黨黨史會韓國檔016-26-5）中毫不諱言國民黨政府對金九的特意扶植，以及希望他能成為國民政府干預朝鮮半島政局渠道的本願（轉引自石源華、蔣建忠編《韓國獨立運動與中國關係編年史（1919–1949）》下，Vol. 3，pp. 1505–1506）：「查韓國全境，迄在美蘇分別控制之下，其國內態勢，我國無從干預。惟蘇聯與中共，沆瀣一氣，遂使為延安扶植之韓共分子，在北韓佔有勢力。反觀我中央扶植之金九輩，入南韓後，竟未能起重大作用。設令將來美蘇同時撤退，則所有南韓民主勢力，其不為北韓赤潮所淹滅者幾希。」

49 金九在《白凡逸志》中提到，他希望保持臨時政府現狀，「美國卻說，漢城已經成立了美國軍政府，不允許以臨時政府名義歸國，只能以個人的名義，我們無可奈何，遂決定各人以個人資格回國」。參見金九著，宣德五、張明惠譯：《白凡逸志》一書附錄〈白凡金九先生年表〉，重慶：重慶出版社，2006，第249頁。

的執意取締有一部分原因可能是美國不情願讓中國在戰後擴大在亞洲的影響，希望在朝鮮半島乃至整個亞洲獲得最大權益、霸權獨攬。[50]

1945 年 12 月的莫斯科美、蘇、英三國外長會議確定了由美、蘇、中、英對朝鮮進行為期五年的國際託管，[51] 結果引發朝鮮南方民眾的抗議，美軍刻意誤導漢城的輿論，把國際託管的協議說成是蘇聯倡導，試圖將反託管運動的矛頭指向蘇聯。[52] 同時，北方開始土地改革，蘇軍從朝鮮北方撤出大部分駐軍。1946 年，由於美國佔領軍執行的經濟政策造成了嚴重的通貨膨脹，南方人民起來抗爭，其中最大規模的首先是 9 月總罷工，10 月又形成了「300 餘萬人參加，300 餘人死亡，3600 餘人失蹤，26000 餘人負傷」的人民起義——「十月民眾抗爭」，[53] 參加暴動農民的口號之一就是要執行和北朝鮮一樣的土改。[54]1947 年 10 月美國通過聯合國提出在 1948 年 3 月 31 日前在南北朝鮮同時進行選舉，成立統一政府，但在北方拒絕承認和參與大選的狀況下，美國操縱的聯合國議案事實上等同於支持朝鮮南方單獨進行選舉。1948 年 2 月 10 日，被譽為「韓國國父」的金九發表〈向三千萬同胞泣訴〉的聲明，反對韓國獨自建國，但反對未果。金九提出南北協商建立統一政府，反對韓國單獨進行大選的聯合國決議，並訪問朝鮮與金日成談判。[55] 他對南北協商統一的堅持、與金日成的接

50 蔣介石最終未對羅斯福提出的由中國接管琉球的詢問作出積極回應，也是因為明瞭美國對戰後秩序的構想，並希望在更多方面不引起美國的忌憚。參見本書第一章，另可參見拙著：《東西之間的「西藏問題」（外二篇）》，北京：生活・讀書・新知三聯書店，2011。

51 *Foreign Relations of the United States: Diplomatic Papers, 1945, The Far East, China*,, Volume VII, pp. 882–883. 參見 http://digital.library.wisc.edu/1711.dl/FRUS.FRUS1945v07（2013 年 10 月 24 日訪問）。

52 曹中屏、張璉瑰等編著：《當代韓國史（1945–2000）》，天津：南開大學出版社，2005，第 42 頁。

53 姜萬吉著，陳文壽、金英姬、金學賢譯：《韓國現代史》，北京：社會科學文獻出版社，1997，第 194 頁。

54 《當代韓國史（1945–2000）》，第 60 頁。

55 參見金九著，宣德五、張明惠譯《白凡逸志》一書附錄〈白凡金九先生年表〉，第 274 頁。

觸，使得李承晚成為美軍支持的更佳人選。大選於當年 5 月舉行，8 月 15 日李承晚宣佈當選大韓民國總統，並隨即得到聯合國的承認。同年 9 月 9 日，在南方已經單獨選舉的前提下，金日成在北方當選為朝鮮人民民主主義共和國主席，並得到東方集團的承認，同年底蘇軍全部撤出朝鮮，而美軍則在次年 6 月大部撤離半島。1949 年 6 月 26 日，也就是美軍撤離的時刻，金九被韓國陸軍少尉安鬥熙暗殺。[56] 在美蘇雙方撤離後，南北朝鮮的敵對狀態處於隨時爆發的境地，北方積極進行戰爭準備，而美國則大肆武裝南方，雙方摩擦頻繁。根據赫魯曉夫回憶，1949 年底，金日成向斯大林通報了發動統一戰爭的意圖，此後又擬定了詳細的戰爭計劃並得到了斯大林的支持。[57] 在戰爭爆發前，1950 年 6 月 18 日，杜勒斯突然出現在「三八線」，被東方陣營普遍視為美國發動戰爭的信號。美國方面事後將此事解釋為偶然事件。無論是否偶然，朝鮮戰爭是「二戰」的後續發展、是美蘇雙方戰略平衡及失衡的產物，應該是清楚的。因此，引發戰爭的動因並不只能以某一勢力在某一時刻的動向作為根據，而只能從博弈雙方的戰略變動過程加以判斷。是誰造成了朝鮮半島的分隔局面？是誰破壞了南北雙方可能的統一進程？是誰在造成了對峙格局後又根據自己的需求打破了戰略均勢？在追問戰爭起因時，這些問題比誰打第一槍或許更為重要。

如果說「對東方有利」有中蘇同盟及社會主義陣營的存在為物質的和理念的前提，那麼，「對世界有利」則需要在一個更為廣闊的歷史進程中估價。1951 年，在朝鮮戰場受挫的狀況下，美國試圖重新

56 同上書，第 275 頁。

57 赫魯曉夫著，張岱雲、王長榮、陸宗榮、潘緒年、關可光等譯：《赫魯曉夫回憶錄》，北京：東方出版社，1997，第 532–533 頁。

武裝日本，並於夏季與日本擬定美日協定，確定9月在舊金山簽約。關於日本參與朝鮮戰爭的細節，美日方面始終拒絕承認，這很可能有兩個原因：第一，由於《聯合國憲章》中的第53、77、107條中都有針對「二戰」中的軸心國的條款，將這些國家稱為「敵國」，日本如果參加朝鮮戰爭，可能會使國際情況複雜化。[58] 第二，美日單獨媾和並讓日本介入朝鮮戰爭的動議甫一提出，便遭到印度、菲律賓、緬甸、印尼等國的反對，引發了大規模民眾抗議。吉田政府由於顧慮違反憲法第9條，命令大久保秘密行動；在簽訂和約前的敏感時期，日本政府不得不對重新武裝日本表示疑慮。1951年9月8日《美日安保條約》繼《舊金山和約》於同日簽訂，蘇聯等國拒絕簽署《舊金山和約》。1953年，在朝鮮戰場的戰爭與談判處於膠着狀態之時，艾森豪威爾試圖通過介入東南亞戰爭，從東南沿海對中國施加壓力，以牽制朝鮮戰場上中國的兵力。但鑒於在朝鮮戰爭中的失敗教訓，懾於中國不允許越過「三八線」的警告，在越南戰爭中，美國始終沒有越過北緯17度線——這正是中國政府向美方明確表達的底線——對北越目標進行有效軍事攻擊。這是朝鮮軍事失敗對美國的長期約束。從這個角度說，美國捲入越南戰爭並以失敗告終，與其在朝鮮的挫折有關。由此可見，軍事與政治是相互轉化的，戰爭與和平也是相互轉化的，但爭取和平的條件是軍事上的勝利，而不是軍事上的失敗和妥協。朝鮮

58 《聯合國憲章》第53條規定：「一、安全理事會對於職權內之執行行動，在適當情形下，應利用此項區域辦法或區域機關。如無安全理事會之授權，不得依區域辦法或由區域機關採取任何執行行動；但關於依第107條之規定對付本條第二項所指之任何敵國之步驟，或在區域辦法內所取防備此等國家再施其侵略政策之步驟，截至本組織經各關係政府之請求，對於此等國家之再次侵略，能擔負防止責任時為止，不在此限。二、本條第一項所稱敵國係指第二次世界大戰中為本憲章任何簽字國之敵國而言。」第107條規定：「本憲章並不取消或禁止負行動責任之政府對於在第二次世界大戰中本憲章任何簽字國之敵國因該次戰爭而採取或受權執行之行動。」此外，在第77條有關託管制度的規定中，也涉及了「二戰」中的「敵國」問題。

戰爭結束後，1953 年 12 月底，周恩來在會見印度代表團時提出和平共處五項原則。1954 年 4 月以朝鮮問題和印度支那問題為主題的日內瓦會議召開，中國、蘇聯及朝鮮方面提出所有外國軍隊撤出朝鮮並舉行全朝鮮自由選舉的主張，但為美國拒絕，南朝鮮代表則提出必然遭到中蘇方面否定的所謂按照大韓民國憲法進行選舉的主張。日內瓦會議有關朝鮮問題的國際談判因美國毫無談判誠意而沒有成功，但第二階段有關印度支那的談判卻取得了進展。正是通過這一談判進程，美國與英國及其他盟國之間的同盟關係發生了局部的變化，在一定意義上，這也是毛澤東在七十年代提出「三個世界」理論的政治前提。一年後，1955 年 4 月，以推動亞非國家民族獨立為中心議題的萬隆會議召開，參與會議的各國不但在廣闊的範圍內提出了反對殖民主義和爭取民族解放的問題，推動了亞非等被壓迫民族之間的經濟、文化和政治合作，而且在國際關係問題上提出了指導國際關係的十項原則。這十項原則是對周恩來在 1953 年底提出的五項原則的深化和擴展。

朝鮮戰爭、越南戰爭與上述政治進程有着緊密的聯繫，也清楚地說明了反抗帝國主義戰爭的軍事鬥爭同時伴隨着一個廣闊和複雜的政治進程。正是在這個進程中，帝國主義霸權的鬆動和退卻成為一個趨勢，至六十至七十年代，不但解殖民運動和民族解放運動遍及亞非拉各大區域，而且美國和西方世界內部的反戰運動和支持第三世界民族解放的運動也風起雲湧。五十年代，聯合國淪為支持美國戰爭政策的政治機器，但仍然維持着國際組織的運作形態，也正是在朝鮮戰爭中，它的帝國主義霸權傀儡的性質才得到充分的揭示，從而為此後聯合國內的政治鬥爭鋪墊了道路。如果沒有抗美援朝戰爭及由此引發的系列後果，亞洲地區在六十年代漸趨高潮的民族解放運動的形成是很困難的。若將抗美援朝的軍事鬥爭、日內瓦會談中西方世界內部出現的分歧，中越及其他國家之間的聯盟，萬隆會議所表達的民族解放的新氛圍，以及此後越南戰爭中的軍事鬥爭和政治博弈聯繫起來，我們有理由斷言抗美援朝以熱戰促和平的方式推動全世界被壓迫民族的統一戰線，促成了民族解放運動的一個新時代。在這個意義上，中華人民共和國的成立，世界人民的團結，東方集團的出現，以及在此背景下爆發的民族解放運動，打破了整個近代以來的歷史格局。反帝的戰爭邏輯已經把抗美援朝戰爭與此後亞洲、拉丁美洲、非洲反對殖民主義和帝國主義霸權的解殖民運動聯繫起來了。這是前所未有的政治主體的出現才能造成的格局。我們只有從這個歷史進程出發，才能理解毛澤東所說的「對東方、對世界都極為有利」的含義，而這個含義正是被當代的許多歷史學家刻意地遮蓋起來的，他們用蘇聯取代了整個東方和世界，從而將二十世紀中期的確存在的「東方陣營」和被壓迫民族的解放運動及其關係替換為單純的中蘇間的國家關係，將抗美援朝戰爭包含的國際主義性質，或者更準確地說，是反抗帝國主義入侵和稱霸的民族解放運動所必然包含的國際意義，徹底抹殺了。用美國人的韓戰概念替換抗美援朝戰爭這個概念也一樣，這一歷史研究中的修辭變化改變的是戰爭的政治內涵。從「對世界有利」這一判斷出發，從上述廣闊的歷史進程出發，我們可以進一步證明：中國入朝參戰的短期效果是中蘇同盟的鞏固，而長期效果卻包含了對冷戰的霸權格局的解構。

因此，志願軍入朝包含着多重的意義：對朝鮮的支持，對東北的保護，對美國封鎖台灣海峽的反擊，對聯合國拒絕中國的抗議，對霸權主導世界這一格局的拒絕。所有這些內涵都凝聚在毛澤東於 1950 年 6 月 28 日在中央人民政府會議上提出的「全世界人民團結起來，打敗美帝國主義」這一口號之中。在歐洲，1948 年是冷戰體制確立的一個界標，而在亞洲，這一年也是朝鮮半島從尚存統一希望的南北分治轉向南北抵抗的戰爭體制的轉折點。在朝鮮戰爭中，為了保障美軍的軍火供應，美國准許日本恢復軍事工業，並將原來用於戰爭賠償的 850 座軍工企業交還日本政府，以為朝鮮戰場提供軍備。日本利用朝鮮戰爭恢復經濟，成為美國在遠東的最大冷戰盟友，而美國在亞洲最大的軍事基地沖繩也在這場戰爭中正式投入使用。由於中美在朝鮮戰場兵戎相見，美國加強了對台灣地區的武裝、保護和對台灣海峽的封鎖。1953 年朝鮮停戰，朝鮮半島的分斷–停戰體制成為亞洲冷戰格局的一個界標。朝鮮戰爭就發生在上述世界格局形成的關鍵時刻。從長遠的角度看，中國的抗美援朝戰爭對此後的冷戰格局有重大影響，但中華人民共和國地位的確立、日內瓦會談和萬隆會議的成果、東南亞民族解放運動的發展等後續事件也提供了動搖冷戰體制的某些契機。

人民戰爭轉向國際主義聯盟戰爭的政治意義

作為政治範疇的人民戰爭

中國人民志願軍入朝參戰與以往國內的人民戰爭有所區別，它的兩個最主要的特點是：第一，這是一場境外戰爭；第二，這是一場核威懾之下的熱戰，即所謂全球冷戰條件下的熱戰。境外作戰是否具有「革命」的性質，還是只具有民族的性質？在核威懾條件下，人民戰爭的原則還有意義嗎？或者說，朝鮮戰爭與中國革命中的人民戰爭是甚麼關係？這一問題對於理解抗美援朝戰爭及其在二十世紀中國歷史中的位置具有重要的意義。

為了說明這一問題，需要對人民戰爭做出理論解釋。首先，人民戰爭不是一個純粹的軍事概念，而是一個政治範疇。在二十世紀中國的獨特條件下，人民戰爭是創造新的政治主體的過程，也是創造與這一政治主體相適應的政治結構和它的自我表達形式的過程。在人民戰爭中，現代政黨的代表性關係被根本地轉化了，以農民為主要內容、以工農聯盟為政治外殼的人民這個主體的誕生，促成了一切政治形式（如邊區政府、政黨、農會和工會，等等）的產生或轉型。中國共產黨創建的時候，主要由一些被馬林說成是小資產階級的知識分子組成，他們與工農的關係還不如國民黨跟工農的關係深厚。[59]1925、1926年，由於國民黨接受聯俄聯共政策，國共聯合起來從事農民運動和工人運動，毛澤東所領導的廣州農民運動講習所就是這一農民運動的產物。[60]國民黨在北伐時期的主要政治創新集中於兩點，其一是擺脫舊軍閥、建立黨軍；其二是與共產黨一起從事農民運動和工人運動，用羣眾運動配合北伐戰爭。黨軍的概念，以武裝的革命來反對武裝的反革命，在最初階段並不是共產黨的發明，而是仍然處於革命階段的、受到國際共產主義運動影響的國民黨的創新。但在1927年

---

59 黨史專家楊奎松在〈以論帶史的尷尬〉（《東方早報・上海書評》，2013年12月29日）一文中蓄意將本文所論述的「中國共產黨創建的時候」擴大成從1921年至江西時期，並「說這一時期的中共只是少數知識分子所構成，不是無知，就是瞎說」。關於中共創建初期的黨員構成，參看馬林：〈馬林給共產國際執委會的信〉，《馬林在中國的有關資料》，北京：人民出版社，1980，第11–21頁。此外，孫應帥在〈中國共產黨黨員數量與結構變化及發展趨勢〉（參見《北京行政學院學報》2009年第5期）一文中提供的中共創建初期黨員數據如下：一大53人，二大195人，三大420人。中國共產黨重視工人身份，但1922年二大的工人比例只有10.7%，1923年三大的工人比例也只有37.9%。至於其後工農比例特別是工人比例的提高，則恰恰是國共合作條件下的國民革命推動工農運動的結果。

60 楊奎松在前引文中質疑我只提毛澤東擔任所長時期的農講所，並指出在我所突出的1925/1926年之前和之後，國共均有工農運動。這裏簡述我的理由：農講所開辦了六屆，這裏僅提及毛澤東擔任所長的時期，是因為只有毛澤東與此後的人民戰爭有直接聯繫。在1925年之前，國民黨有過工人運動，共產黨的農民運動也有聲有色。作為其中的佼佼者，彭湃領導的海陸豐農民運動更是黨史課本中的重要內容。這裏提及1925、1926年而不及其他，是因為這兩年的工農運動最具聲勢，國共合作的政治基礎也相對穩定（發生過問題但不足以破裂）。1925年，著名的五卅運動爆發，廣東全省農民協會第一次代表大會於5月在廣州召開；1926年，《中國農民》出刊，4月第一次全國農民代表大會在廣州召開。也正是在1925年冬季，湖南有組織之農民運動才開始，至1926年11月各縣農民協會會員總計已有1367727人（參看《第一次國內革命戰爭時期的農民運動》，北京：人民出版社，1953，第257–262頁）。當然，1927年的運動聲勢也很旺，但此時國共之間的政治危機已經無法彌合，兩者間的徹底破裂正在此年。

之後，國民黨逐步放棄了社會運動，伴隨其黨國一體，軍隊的政治性也隨之大幅衰落。從共產黨方面說，離開北伐戰爭失敗後逐漸發展起來的人民戰爭，政黨的轉型是不可思議的。無論在成員構成上，還是在社會基礎方面，也無論在工作形式上，還是在革命政治的內涵上，1921 年誕生的、由少數知識分子組成的、與工人階級和農民階級均無實質關係的政黨與江西蘇區時期的政黨有着巨大的差別；在大革命失敗後，由瞿秋白、李立三、王明主導和主張的城市暴動和工人鬥爭也不同於以農村包圍城市為軍事戰略而逐漸展開的人民戰爭。[61] 政黨在人民戰爭中與軍隊的結合、政黨在人民戰爭中與紅色政權的結合、政黨在人民戰爭中通過土地革命而與以農民為主體的大眾的結合，政黨在人民戰爭中與其他政黨和其他社會階層及其政治代表的關係的改變，都提醒我們人民戰爭創造了與歷史上的政黨全然不同的政黨類型，創造了與歷史上無產階級截然不同的、以農民為主要成員構成的階級主體。我將這一政黨稱為包含着超政黨要素的超級政黨。

其次，人民戰爭也創造了戰爭的獨特形式。秋收起義和南昌起義的部隊在井岡山會師，創建江西蘇區革命根據地，是人民戰爭得以展開的里程碑。在根據地，土地改革和武裝鬥爭成為政黨政治轉化為大眾運動的基本方式。井岡山鬥爭的中心問題由此變成了革命戰爭條件

---

61 楊奎松在前引文章中論證王明沒有主導過城市暴動和工人鬥爭，是沒有根據的。作為米夫的高足，王明一直鼓吹城市中心和工人武裝暴動，這在他為《武裝暴動》寫的序言（1928 年 5 月 16 日）裏表現得淋漓盡致：「在武裝羣眾工作中，必須對於工業城市的無產階級加以最大的注意，絕不能把工人階級的武裝暴動看成對於鄉村遊擊戰爭的簡單響應或補充。誰不懂得只有工業城市是暴動的組織中心，<u>誰不懂只有無產階級是暴動的領導力量，誰就對於馬克思主義的暴動策略絲毫也不懂</u>。」（參看余子道等編選：《王明言論選輯》，北京：人民出版社，1982，第 15 頁）「立三路線」失敗以後，中共領導人中很少再有人提議傾蘇區之力以攻打中心城市了，但王明從未放棄過城市中的工人鬥爭，即使在「立三路線」被拋棄以後，他的主張仍然很激進（他指責李立三不是「左傾」，而是右傾）。事實上，直到 1931 年 5 月，王明還要求更廣泛地發動羣眾以掀起各種工人鬥爭，並一直視其為與蘇區政權建設並重的要務（參看《中共中央文件選集》第七冊〔1931〕，北京：中共中央黨校出版社，1983，第 173、289–290 頁）。考慮到王明在不同時期的位置，其主張未必能夠如前文所述，支配相應時期的政治實踐，故我在正文中增加「主張」一詞。

下的土地改革和政權建設。黨和軍隊的結合，黨通過軍隊跟農民運動、土地改革之間的結合，黨及其領導下的蘇區政府對經濟生活的管理，黨在民眾工作中展開的文化運動，不但改變了革命的具體內容和中心任務，而且也通過政黨、軍隊、政權和農民運動的多重結合，創造了一個全新的革命政治主體。這就是人民戰爭的政治基礎。上述在戰爭中展開的政治進程賦予人民戰爭以與其他戰爭形式不同的特點。毛澤東說兵民是勝利之本，這一命題就包含了人民戰爭的一般原則：第一，只有動員和依靠羣眾，才能進行戰爭；第二，不但要有強大的正規軍，而且還必須有地方的武裝和民兵；第三，兵民的範疇意味着一個與軍事鬥爭密切相關的、以土地改革和政權建設為中心的政治過程。

第三，人民戰爭的關鍵成果之一是割據的紅色政權的確立。紅色政權的主要政治形式是邊區政府或邊區蘇維埃。[62] 邊區政府是日常生

---

62 楊奎松在前引文章中批評說：「大家熟悉的『邊區政府』這一概念是用來指抗日戰爭期間陝甘寧和晉察冀的，沒有誰會拿它來指蘇維埃革命時期的紅色政權。不錯，作者關於『邊區』的概念是讀《毛選》中〈中國的紅色政權為甚麼能夠存在？〉一文得來的，毛澤東在此文中確實使用了『邊區』這一概念。但作者未免太過粗心，他沒有注意到，無論在此文中，還是在《毛選》其他文章中，毛澤東都不曾把『邊區』和『政府』合在一起用過，只是在抗戰期間的文章中才頻頻用到『邊區政府』一詞。換句話來說，毛澤東在蘇維埃革命時期寫的文章中固然使用了『邊區』兩個字，但此『邊區』非彼『邊區』。」這裏略做辨析：首先，〈中國的紅色政權為甚麼能夠存在？〉中並未使用「邊區」一詞，不知楊奎松是從哪個版本中找到這個概念的？其次，我使用邊區政府或邊區蘇維埃的概念是從歷史脈絡中作出的有根據的概括，並不限於毛澤東的一篇文章。毛澤東在〈中國的紅色政權為甚麼能夠存在？〉中說：「一國之內，在四圍白色政權的包圍中，有一小塊或若干小塊紅色政權的區域長期地存在，這是世界各國從來沒有的事。」(《毛澤東選集》第一卷，1991，第48頁）這裏所謂「一小塊或若干小塊紅色政權的區域」不就是邊區嗎？這個邊區的紅色政權不就是邊區政權嗎？毛澤東還用了「一小塊或若干小塊的共產黨領導的紅色區域」的說法，而「湘贛邊界的割據，就是這許多小塊中間的一小塊」。（同上書，第49頁）第三，毛澤東所說的「紅色政權」就是指這些夾雜在白色政權統治地區之間的小塊的紅色邊界地區。在論述「以寧岡為中心的湘贛邊界工農武裝割據」時，他提及了「邊界土地革命和民眾政權的影響」；在稍後的段落中，又提及了紅軍、赤衛隊和工農暴動隊的發展，其使命是在「將來能夠保全邊界政權」。（同上書，第52頁）這裏所謂「邊界」與「邊區」並沒有文義上的區別，因為「邊區」就是「邊界區域」的簡稱，從而「邊界政權」也就是邊區政權。難道這些證據還不足以說明邊界政權、邊區政權等概念的歷史根據嗎？在寫於1928年11月的〈井岡山的鬥爭〉一文中，毛澤東不但提到了「割據地區」「紅色政權區域」「邊界」等語詞，還規定了這些地區的地方工作包括「分配土地，建立政權，發展黨，組織地方武裝」等方面。他還提及：「在紅色區域，土地大部分配了，小部在分配中。區鄉政權普遍建立。寧岡、永新、蓮花、遂川都有縣政府，並成立了邊界政府。」(同上書，第58、62頁）這裏的「邊界政府」，以及各縣政府，不可以放在「邊區政府」的範疇內加以論述嗎？

活的組織形式，從而也要借鑒中外歷史上的國家經驗，但這一政權形式不同於一般意義上的資產階級國家，在持續的政治和戰爭動員中，它是獲得自覺的階級的政治形式。在〈中國的紅色政權為甚麼能夠存在？〉這篇著名文章中，毛澤東指出：中國不是一個帝國主義國家，不是一個帝國主義直接統治的殖民地國家，而是一個內部發展不均衡的、帝國主義間接統治的國家；在這一條件下，軍閥依附不同的帝國主義，從而國家內部的分割局面變得不可避免，而正是這一局面產生出階級統治的薄弱環節。這就是中國的紅色政權能夠存在的外部條件。大革命失敗了，但革命時期形成的國內動員像火種一樣存活着，在大革命中遭受挫折但倖存下來的中國共產黨不得不探索一條不同以往的道路：這個政黨試圖在戰爭條件下獨立地建立割據的紅色政權，通過政黨、軍隊、政權和大眾政治的相互結合，創造出人民戰爭的新政治。這就是紅色政權能夠存在的內部條件。在抗日戰爭時期，中共及其政權得到巨大的發展，武裝鬥爭、羣眾路線和統一戰線成為了勝利的保障。解放戰爭時期，抗日遊擊戰爭轉化為大規模的運動戰，伴隨着奪取中心城市，運動戰與陣地戰取代遊擊戰成為了戰爭的主導形式。

第四，在人民戰爭條件下，中國共產黨與根據地政府處理的不是簡單的軍事問題，而是日常生活的組織問題。這就產生了政黨和政府的羣眾路線問題，其主要內涵是：一、為最廣大羣眾謀利益，是黨的工作的出發點和歸宿。二、邊區政府是羣眾生活的組織者，只有用盡一切努力解決了羣眾問題，切切實實改良羣眾的生活，取得了羣眾對於邊區政府的信仰，才能動員廣大羣眾加入紅軍，幫助戰爭，粉碎圍剿。因此，人民戰爭不僅是採用軍事鬥爭的手段有效消滅敵人的方式，而且也要處理土地、勞動、柴米油鹽、婦女、學校、集市貿易甚至貨幣金融等構成了人民生活內容的主要問題。軍事與日常生活的相互滲透和轉化成為人民戰爭的核心問題。毛澤東反覆提醒共產黨人：要得到羣眾的擁護，要羣眾拿出他們的全力到戰場上去，就得和羣眾在一起，就得去發動羣眾的積極性，就得關心羣眾的痛癢，就得真心實意地為羣眾謀利益，解決羣眾的生產和生活問題：鹽的問題，米的問題，房子問題，衣的問題，生小孩的問題，等等。[63] 羣眾路線是人民戰爭的基本策略，它是政黨的政策，也是重構政黨的方式：一方面，如果沒有組織，我們就不知道羣眾在哪裏；另一方面，如果沒有與羣眾打成一片、向羣眾學習的過程，組織就是沒有活力的、凌駕於羣眾之上的結構。在廣闊的、尚未工業化的鄉村，以農民為主體的政黨在運動中獲得了政治表達，在這個意義上，正是人民戰爭條件下的政黨及其羣眾路線創造了階級的自我表達，從而也創造了政治性的階級。先前的政黨不可能創造以農民為主體的無產階級，只有通過人民戰爭而自我重構了的政黨才有可能完成這個使命。相對於政黨、政黨政治、蘇維埃政府等源自十九世紀歐洲和二十世紀俄國的政治現象，人民戰爭是中國革命中更具原創性的發明。在這個意義上，不理解人民戰爭，就不能理解中國革命的獨特性，就無法理解這場革命中的「黨的建設」與此前的政黨政治的深刻區別，就不能理解羣眾路線、統一戰線等在二十世紀中國產生的獨特政治範疇的歷史內涵。

國防戰爭與國際主義戰爭

在二十世紀中國的歷史中，抗美援朝戰爭是人民戰爭的延伸，但已不同於傳統的人民戰爭。將抗美援朝戰爭置於紅軍時期的革命戰爭、抗日戰爭、解放戰爭等人民戰爭的序列中進行觀察，我們可以看

63 毛澤東：〈關心羣眾生活，注意工作方法〉，《毛澤東選集》第一卷，第 138 頁。

到這場戰爭的若干特點。首先，抗美援朝戰爭是中華人民共和國的第一次境外戰爭，與紅軍時期的革命戰爭和抗日戰爭相比，後者的戰爭主體是白色區域當中的紅色政權或抗日的敵後根據地，而抗美援朝戰爭卻是以中華人民共和國的成立為前提的。戰爭形態由此發生了從傳統的人民戰爭轉向以國防為主要內容的戰爭形式。中華人民共和國這個陣地不但不能丟，而且其主權和領土不能允許有絲毫的損害，這是從人民戰爭過渡到國防戰爭的轉折點。抗美援朝戰爭是以志願軍的形式出現的國防軍與以美軍為主導的聯合國軍之間在境外的殊死搏鬥。抗美援朝戰爭的目的不是在境外建立根據地，或者通過人民戰爭創造出新的政治性階級，而是以保衛中華人民共和國為目標的。正是在這場戰爭中，中國人民解放軍走到了一個新的階段，即建立一支革命化、正規化、現代化的國防軍。過去是革命軍隊，是參與農民的土地革命的播種機、宣傳隊，是以武裝的革命對付武裝的反革命的暴力機器，但現在則是以保家衛國為首要責任的正規部隊。

其次，在抗美援朝戰爭中，軍隊和國防建設與工業化過程之間產生了深刻的關係。正是在高漲的戰爭動員中，中華人民共和國的第一個以城市工業化為中心的五年計劃順利進行。保家衛國的口號激勵了全社會的政治熱情，創造了前所未有的社會動員，這是戰後恢復的主要動力；在戰爭中，通過結盟關係，中國獲得了蘇聯的大規模援助，為中國的工業化提供了基礎。[64] 朝鮮戰爭也是加速中國成為核國家進程的一個關鍵因素。

64 溫鐵軍根據沈志華〈新中國建立初期蘇聯對華經濟援助的基本情況——來自中國和俄國的檔案材料〉（上、下）（《俄羅斯研究》2001 年第 1 期，第 53–66 頁；第 2 期，第 49–58 頁）提供的資料，將中國第一個五年計劃時期的工業化進程概括為「受制於兩個超級大國地緣戰略調整的、被戰略性的外資投入客觀地主導着的中國工業化」。這個又被稱為「全盤蘇化」的工業化並不是從 1952 年制定第一個五年計劃開始的，而是從 1950 年朝鮮戰爭爆發及隨後蘇聯對中國的全面外援開始的。《八次危機：中國的真實經驗 1949–2009》，北京：東方出版社，2013，第 10–44 頁。

第三，國防的要求為抗美援朝戰爭提供了政治底線，即不允許美軍威脅中國，不允許朝鮮被擊潰，從而中朝軍隊不能從「三八線」退卻。1952 年 10 月，在談判進程中，美軍宣佈休會，六天後發起了上甘嶺戰役。這場攻防戰對雙方而言都是政治性的：新任美軍總司令克拉克要為美國民主黨助選，而中國軍隊的陣地戰是以不能從「三八線」退卻這一政治原則為底線的。由於在境外作戰，抗美援朝戰爭的基本形態不得不是依託祖國後方、以運動進攻與運動防禦為中心的戰爭。志願軍與朝鮮人民軍並肩作戰，並盡力得到朝鮮民眾的支持，偶爾也採用騷擾和遊擊戰術，但戰爭的基本形式是運動戰加陣地戰。

即便存在上述差別，抗美援朝戰爭仍然繼承了人民戰爭的若干特點。首先，儘管戰爭在境外展開，但它是以中國戰爭史上少見的全國性動員為前提的。在二十世紀中國，只有兩次全國人民總動員的戰爭，一次是抗日戰爭，即在國民黨主導正面戰場和政治框架的前提下，中國共產黨以抗日統一戰線的形成為契機，促成了全面的抗戰動員。第二次就是抗美援朝戰爭。經過漫長的革命與戰爭，中國實現了除台灣地區外的全國性統一，從而為普遍深入的政治動員、經濟動員、文化動員和軍事動員奠定了前提。從 1950 年到 1953 年前後，毛澤東的顧慮和最後的決心，都與這場戰爭能否得到全中國人民的支持有關。

其次，在境外戰爭的條件下，軍隊與人民的關係發生了重要變化，很難重現人民戰爭中的那種軍隊與根據地人民的魚水關係，但志願軍入朝後試圖在跨國條件下重建這一關係。1950 年 10 月 8 日，在由毛澤東簽署的「組成中國人民志願軍的命令」中特別提及志願軍進入朝鮮境內，「必須對朝鮮人民、朝鮮人民軍、朝鮮民主政府、朝鮮勞動黨、其他民主黨派及朝鮮人民的領袖金日成同志表示友愛和尊重，嚴格地遵守軍事紀律和政治紀律，這是保障完成軍事任務的一個極為重要的政治基礎」。[65] 這一命令一方面顯示出中共對於境外作戰的特殊環境有清醒的認識，另一方面則表明志願軍將在境外環境中靈活運用中國革命中的人民戰爭的經驗。

第三，抗美援朝的國內前提是中華人民共和國的成立，而它的國際前提則是一個以人民民主國家為主體的東方體系和以此為基礎的國際團結。戰爭不再是過去的人民戰爭，而是人民戰爭傳統在跨國戰爭條件下的一個延伸，其中同樣包含統一戰線和羣眾路線等要素，但由於基本環境發生了變化，其含義也勢必發生變化。在戰爭條件下，全世界人民民主國家（包括蘇聯）和在亞非拉地區出現的民族解放運動，共同構成了國際的統一戰線。如果考慮入朝參戰對東方、對世界的意義，這場戰爭的深刻的政治性恰恰體現在它與新的世界格局下的革命延續問題之間的密切關係。抗美援朝、保家衞國的政治發生在兩個陣營的對峙條件下，從而戰爭的政治性超越了一般所謂國家間戰爭的意義。如果不能解釋抗美援朝戰爭的這一政治含義，而僅僅將戰爭解釋為民族戰爭或國家戰爭，歷史解釋就不是透徹的。因此，抗美援朝戰爭具有雙重的性質，既具有民族戰爭的性質，又是一場抗擊帝國主義的國際主義戰爭。就武裝鬥爭、羣眾路線、統一戰線等人民戰爭的邏輯在國際領域的拓展而言，抗美援朝戰爭是二十世紀中國革命戰爭的延續。

境外戰爭的核心問題是戰爭的性質，既是基於國際主義原則的援助戰爭，還是基於單純國家利益的民族戰爭。那種全盤的、不加區分地否定民族戰爭的論調無法確定民族戰爭的政治內涵：就民族主義而言，存在着壓迫民族和被壓迫民族的民族主義的區分，存在着帝國

---

65 毛澤東：〈組成中國人民志願軍的命令〉，《毛澤東文集》第六卷，第 100–101 頁。

主義戰爭與民族解放戰爭的區分，存在着舊世界的民族主義與新中國及其他民族的反帝反殖民族主義的區分。就中國而言，抗美援朝戰爭與抗美援越戰爭都是反對帝國主義和殖民主義的戰爭，從而具有國際主義的特點，而 1979 年的對越「自衛反擊戰」卻不具備這樣的政治性質。在這個意義上，「自衛反擊戰」不在中國的「短二十世紀」內部，毋寧說它是這個革命世紀落幕時的戰爭。

核威懾條件下的第一場戰爭：決定戰爭勝負的是人還是物？

朝鮮戰爭是人類歷史上出現了核武器之後爆發的第一次大規模戰爭。1945 年，在美國對廣島和長崎實施核轟炸之後，第一個使用冷戰概念的是《1984》的作者喬治・奧維爾。為甚麼是「冷戰」？因為出現了核武器和核威懾。在核威懾的戰略平衡下，戰爭以冷戰的形式出現。在朝鮮戰爭中，中國與第一個有能力實施核打擊的超級帝國主義大國，發生了軍事上極其不平衡的戰爭。在第二次世界大戰之前，誰都不知道美國正在研製並且可能生產出核武器；但中國入朝參戰，展開一場與擁有核武器的霸權國家之間的戰爭，怎麼可能不考慮核戰爭的可能性？這種在武器裝備上極不平衡的戰爭是否根本改變了人民戰爭的可能性？

美國在朝鮮戰爭中曾經有過兩次動用核武器的具體計劃，而這兩次計劃又都與重新武裝日本、讓國民黨軍隊參戰的設想聯繫在一起。從 1945 年開始，美國從未停止過使用核武器的可行性研究。1950 年 11 月底，美軍處於軍事崩潰的局面，麥克阿瑟致電蔣介石，要求他派 52 軍支援朝鮮戰場，得到蔣的迅速回應；在此之前，麥克阿瑟曾經擬定過一個針對中國軍隊和中國後方進行核攻擊的「遲滯計劃」，而 12 月 30 日他又向美國陸軍部建議，應採取下述軍事措施：1．封鎖中國海岸，2．以海空火力摧毀中國支持戰爭的工業設施，3．獲取台灣國民黨軍隊的支援，4．撤銷對國民黨軍隊的現有限制以便牽制中國軍隊，甚至可使之對中國大陸發動反攻。[66]11 月 30 日，杜魯門在記者招待會上回答記者是否會動用核武器時，明確表示將動用包括核武器在內的所有武器。這意味着美國將在兩個方面突破其承諾的底線，世界輿論為之震動。1953 年艾森豪威爾上台重施故技，一面再次重啟核攻擊計劃，另一面則策動蔣介石軍隊攻擊中國大陸。毛澤東並非不知道核武器的威力，但不為所動。在 1945 年美國使用核武器之後，毛澤東在 1945 年 8 月 13 日的〈抗日戰爭勝利後的時局和我們的方針〉中直接討論了核武器，指出只有原子彈而沒有人民的鬥爭，是無法終結戰爭的。單純的軍事觀點，脫離羣眾的官僚主義和個人主義，唯武器論，就是在核威懾條件下出現的思想蛻變。毛澤東批評說：那些患有恐核症的一些同志還不如斷言原子彈不能解決戰爭的英國貴族蒙巴頓勳爵。[67]1946 年 8 月，他在接受美國記者安娜・路易斯・斯特朗採訪時，提出了原子彈是「紙老虎」的著名命題。[68]毛澤東當然知道原子彈是大規模殺傷性武器，但他相信最終決定戰爭勝敗的是人民。所謂「原子彈是紙老虎」不是一個事實判斷，而是一個政治決斷。在核威懾條件下，如果中國不站出來跟美國在朝鮮戰場上進行較量的話，所謂中國人民被欺侮的歷史一去不復返的宣示，所謂東方由於十月革命，由於蘇聯、中華人民共和國和其他人民民主國家的建立，帝國主義霸權可以為所欲為稱霸的格局一去不復返的宣示，

66 〈遠東總指揮官（麥克阿瑟）致美國陸軍部〉，文見 *FRUS, 1950. Korea*. Vol. VII, pp. 1630–1633.

67 毛澤東：〈抗日戰爭勝利後的時局和我們的方針〉，《毛澤東選集》第四卷，北京：人民出版社，1991，第 1134 頁。

68 毛澤東：〈和美國記者安娜・路易斯・斯特朗的談話〉，同上書，第 1194 頁。

就不過是阿Q式的豪言壯語了。如果中國不能有效抵抗美國的入侵，中華人民共和國建立的整個歷史含義都會被改寫，甚至由於出現了東方世界而形成的世界格局也會被改寫。毛澤東的宣示具有不可後退的政治的性質。

是人決定戰爭的勝負還是武器決定戰爭的勝負，是人民戰爭與帝國主義戰爭之間相互區別的關鍵命題之一。為甚麼美國動用核武器的建議很快便被擱置，轉而確認這場戰爭不以謀取最終勝利為目標，從而為和談開啟了可能性？我們可以去查閱更多的檔案加以論證。但不可否認：這是毛澤東根據他對全球政治和軍事格局的分析而做出的正確的軍事判斷，更是決定戰爭勝負的是人而不是物這一人民戰爭邏輯對於以核威懾為槓桿的冷戰邏輯的勝利。人民戰爭的基本原則是依託人的力量、在人民的日常生活動員的基礎上，通過靈活的戰略戰術和強韌的戰鬥意志戰勝對手。重視人的力量絕非否定武器的重要性。毛澤東在戰爭初期要求蘇聯的空軍支援、武器裝備支援和技術支援，高度重視中國人民解放軍的現代化，但這一切沒有改變他對戰爭進程及其政治性質的判斷。1950年，毛澤東號召解放軍學文化，軍隊建制的正規化步伐明顯加速了，但軍隊的正規化、以運動戰和陣地戰而不是以遊擊戰為主要戰法的軍事思想，都沒有改變以人而不是以武器為中心的人民戰爭的理念。

抗美援朝是新中國軍隊的第一次境外作戰、人類歷史上在核條件下爆發的第一次大規模戰爭、中華人民共和國成立後的第一場國防戰爭，這三個獨特性提出一個問題，即在這三個條件之後產生的戰爭，到底是人民戰爭還是非人民戰爭？毛澤東出兵朝鮮，表明他相信核武器並沒有改變決定戰爭勝負的是人而不是武器這一人民戰爭的邏輯。武器是戰爭的重要因素，但不是決定因素。由於戰爭的決定因素是人不是物，從而戰爭的勝負不僅取決於雙方的軍事、政治、經濟和自然的各種各樣的客觀條件，作戰雙方的能力、意志、戰略和戰術等主觀因素，也是決定戰爭勝負的根本環節。毛澤東在〈中國革命戰爭的戰略問題〉中說：軍事家不能超過物質許可的條件範圍來創造戰爭勝利，但軍事家可以在物質條件許可的範圍內爭取戰爭勝利。[69] 這就是戰爭中的能動性問題。毛澤東說：自覺的能動性是人類的特點，人類在戰爭中強烈地表現出這樣的特點，從而戰爭的勝負雖然取決於雙方政治經濟地位、戰爭性質、國際援助等條件，但僅有這些還只是有了勝負的可能性，沒有分出勝負。[70] 能動的主觀的政治是中國革命政治的一個特徵。抗美援朝將革命時代的羣眾路線轉化為在新中國條件下的全面社會動員，就顯示出了政治的能動性。天津的民族資本家支持這場戰爭，毛澤東感到非常欣慰：如果民族資產階級都被動員起來支持戰爭，那就意味着中國人民已經被充分動員，人民戰爭的邏輯與統一戰線的邏輯在一個完全不同的戰爭條件下重新結合起來了；通過國際結盟與跨境戰爭，新中國將國內革命的統一戰線邏輯有效地用於國際戰爭了。1951 年開城談判破裂後，美軍利用空軍優勢展開所謂「絞殺戰術」，但依託新中國的全民支持和中國軍隊的全面動員，在極為艱難的條件下，志願軍形成了一條打不垮、炸不爛的後勤補給線。

戰爭是政治的延續，人民戰爭是政治的最高形式。抗美援朝戰爭是一場政治的戰爭，而不僅僅是一場技術的戰爭。戰爭的高度政治性正是人民戰爭的特點。毛澤東在 1936 年寫作的〈中國革命戰爭的戰略問題〉中指出：戰爭「是民族和民族、國家和國家、階級和階級、

69 毛澤東：〈中國革命戰爭的戰略問題〉，《毛澤東選集》第一卷，第 182 頁。

70 毛澤東：〈論持久戰〉，《毛澤東選集》第二卷，第 478 頁。

政治集團和政治集團之間」相互鬥爭的最高形式。[71] 要是不了解戰爭及與它相關聯的那些條件，「不懂得它的情形，它的性質，它和它以外事情的關聯，就不知道戰爭的規律，就不知道如何指導戰爭，就不能打勝仗」。[72] 武裝鬥爭必須與羣眾路線、統一戰線、根據地建設等政治過程相互配合，就是戰爭的政治性的體現。由於戰爭是有政治性的，戰爭的決定性因素是人，從而存在着正義戰爭和非正義戰爭的區分。帝國主義瓜分世界的戰爭是沒有正義性的，反對帝國主義霸權及其瓜分被壓迫民族的戰爭是帶有正義性的，這個判斷就是正義戰爭概念的基礎。抗日戰爭與抗美援朝形態不同，但都是對帝國主義瓜分世界、稱霸世界的態勢抵抗。以武裝的革命打退武裝的反革命是中國革命的特點，以跨國抵抗戰爭的形式對抗帝國主義戰爭，則是中華人民共和國成立初期為保衛和平而採用的軍事性的政治手段（或政治性的軍事手段）之一。

抗美援朝是一場區別於國內革命戰爭、民族解放戰爭等人民戰爭的正義戰爭。正義戰爭的範疇包含了兩個方面的判斷，即一方面以和平為目標，另一方面必須超越一般所謂和平主義，即以戰爭促和平。毛澤東在朝鮮戰爭的背景下重申〈論持久戰〉所探索的和平與戰爭的辯證法，指出核威懾所形成的戰略平衡並不能導致和平。正義戰爭的概念是與必須終止帝國主義戰爭邏輯的訴求密切相關的。革命戰爭、正義戰爭的最終目的是永久和平，但既然是戰爭，和平的目標就必須與有效打擊敵人的有生力量相關聯。第二次世界大戰後，美國不但擁有核武器，而且擁有裝備了世界上最先進的飛機、軍艦、坦克、火炮

71 毛澤東：〈中國革命戰爭的戰略問題〉，《毛澤東選集》第一卷，第 182 頁。

72 同上書，第 171 頁。

和各種輕重武器的強大的海陸空軍；由於剛剛經歷了歐洲和亞洲的戰火，美軍富於戰爭經驗。在朝鮮戰爭中，美軍不但擁有陸戰第一師、騎兵第一師等精銳部隊，還擁有絕對制空、制海權，但令人驚訝的是，美軍不是在無法施展重武器的遊擊戰爭條件下，而是在有利於大兵團作戰的運動戰和陣地戰的對壘中，竟然無法取得戰爭勝利。如果這種軍事失敗僅僅發生在戰爭初期措手不及的狀態下，或許還可以找到一些辯護的理由，而即便在戰爭的中期和後期，美軍也只是在志願軍後勤補給困難、彈盡糧絕的狀態下才能重整軍事，做有限反擊，從未在整體上扭轉頹勢。正是在軍事失敗中，美國的軍事將領才不得不對中國軍隊視死如歸的勇氣和精明高超的戰術表示敬意：中國已經不是過去的中國；中國軍隊已經不再是過去的中國軍隊。「二戰」之後，美國的全部中國認識正是由朝鮮戰爭的失敗重新奠定的，那種居高臨下、頤指氣使的學術態度必須用較為審慎的方式加以調整。對於美國而言，朝鮮戰爭與「越戰」都是雙重失敗，即軍事失敗與政治失敗。「越戰」的政治失敗在美國是更為清晰的，但其基礎也與朝鮮戰爭的失敗有關。

戰爭與和平能夠相互轉化，戰爭與和平之間存在辯證關係，主要是由戰爭的政治性決定的。戰爭的政治性還體現在敵我關係的確立與轉變之上。戰爭以敵我之間的清晰界定為前提，從而戰爭總是為保存自己、消滅敵人而展開的。但正因為戰爭是政治的一種形式，而政治範疇的敵我關係是隨着歷史條件的變動而變動的，從而即便是戰場上的敵我關係也可以在其他條件下轉化為非敵我關係，即敵人可以轉化為非敵人，可以轉化為盟友；敵我矛盾可以轉化為非敵我矛盾，轉化為又鬥爭又團結的關係。敵我矛盾的轉化不是敵我矛盾的取消，不能用矛盾轉化的結果去衡量矛盾轉化前的鬥爭。在抗日戰爭中，伴隨着民族矛盾上升為主要矛盾，工人階級、農民階級與民族資產階級、地主階級之間的敵我矛盾逐漸轉化為又鬥爭又團結的次要矛盾，廣泛的民族統一戰線就是在這個矛盾轉化中成立的。這一矛盾及其轉化的邏輯同樣存在於抗美援朝戰爭時期的國內國際關係之中。戰爭既是政治的形式，也為新政治的展開開闢道路；沒有對於矛盾及其轉化的理解，就不能理解新政治得以展開的前提。

停戰體制與去政治化條件下的戰爭

朝鮮停戰六十年後，停戰體制仍在半島延續。朝鮮處於被孤立狀態，核威懾導致了半島的有核化進程——朝鮮半島的核問題是從美國介入朝鮮半島時代開始的，這一點任何時刻都不應該忘記。伴隨着美國實施所謂「重返亞洲」（何曾離開過？）的政策，朝鮮半島的局勢更加緊張，中國與日本、韓國與日本、中國與東南亞國家、朝鮮與韓國之間的矛盾和衝突顯示出激化的趨勢。就矛盾和衝突的激烈程度而言，很難說現在比過去更為危險。但是，在今天，戰爭的正義性與非正義性的清晰區分日益含混，促進第三世界弱小民族團結的萬隆會議已成歷史的遺跡，能夠衝擊霸權體制的解放運動和反抗運動早已煙消雲散。我們到處可以看到霸權和壓迫的結構，卻難以發現改變這一結構的能動的力量。從哪裏產生政治的力量？從哪裏產生正義的尺度？從哪裏尋找超越了冷戰格局的新的國際主義？所有這些問題正是促使我將抗美援朝戰爭置於二十世紀的歷史進程中加以考察的原因。

毛澤東在〈論持久戰〉中曾經論證戰爭是政治的最高形式，作為政治範疇的人民戰爭最深刻地體現了這一命題；但伴隨二十世紀的終結，這一命題似乎正在被修訂：在當代條件下，戰爭與其說是政治的最高形式，毋寧說是政治失敗或消失的後果。帝國主義意味着戰爭這一命題仍然正確，但由戰爭促發革命不再是現實。我們時代盛產的是去政治化的戰爭形式，它既不能體現人的決定作用，也無法區分正義與非正義，從而難以在不同國家、不同羣體的運動中產生類似於六十年代西方社會的反戰運動與其他地區的民族解放運動之間的那種相互激蕩和有力支持。這正是我們重溫抗美援朝戰爭的意義所在：即便在核威懾成為現實後，抗美援朝戰爭和隨後爆發的越南戰爭也並沒有像奧威爾設想的那樣陷入冷戰，而是以熱戰的形式展開了為爭取和平而戰的政治進程。相較於早期的人民戰爭，技術在朝鮮戰爭中起着前所未有的作用，但戰爭中的意志，戰爭目標，指揮員的戰略戰術和應變能力，戰鬥員的士氣、理念和技戰術水平，仍然決定着這場戰爭的勝負。這裏所說的「人的作用」不但指戰場上的鬥爭，而且也指風起雲湧的民族解放運動、美國和西方世界內部出現的反戰運動，以及聯合國內外豐富的外交鬥爭 —— 正是這一廣闊的政治進程將美國的戰爭逼進了死胡同，導致這個霸權國家在軍事和政治兩條戰線上的同時失敗。

在今天重提這個問題，有甚麼意義呢？在越南戰爭之後，帝國主義發動了一系列侵略戰爭，如馬島戰爭、南斯拉夫戰爭、兩次伊拉克戰爭、阿富汗戰爭、利比亞戰爭及箭在弦上的敍利亞戰爭，但戰爭並未催生類似於二十世紀的人民戰爭的抵抗運動和社會革命。今天的戰爭性質顯然發生了改變：沒有先進的武器，就不可能贏得戰爭；除了大國圍繞各自利益而進行的霸權博弈，那種以武裝鬥爭、羣眾路線、統一戰線及文化政治相互結合而產生的深刻而寬廣的政治進程不復存在。這是不是意味着人民戰爭的基本原則、戰爭的政治性質逐漸被取消了？對這一問題存在着不同的回答，而我的回答是：不是新式武器的出現改變了戰爭的性質，而是政治的條件發生了變化，從而人民戰爭的邏輯不再居於主導地位。戰爭中的人的作用，不僅是在人與武器的對比關係中呈現的，而且也是在政治與非政治的區分中展開的。說到底，戰爭中的人的因素就是戰爭的政治性。

在軍事領域，對人民戰爭的否定、對人的決定性因素的否定與對軍事技術的崇拜共同構成了去政治化的理論背景。正如我在《去政治化的政治：短 20 世紀的終結與 90 年代》一書中所討論的，去政治化的過程遠遠超出了戰爭和軍事的範疇；「政黨國家化、政府公司化、媒體政黨化、政客媒體化」等複雜現象正是這一過程的表徵。為了改變這一格局，人們試圖從二十世紀的歷史遺產中吸取經驗。在政治領域和理論領域，重提羣眾路線便是嘗試之一。但是，在完全不同於二十世紀的語境中，重提作為人民戰爭的產物的羣眾路線的確切含義是甚麼？作為一個形成中的政治主體，羣眾的誕生意味着新的政治形式的誕生。重提羣眾路線，與其說是對一段歷史的回歸，毋寧說是對一個可能的、不確定的未來的探尋，它不可避免地與下述問題密切相關：我們需要創造甚麼樣的政治力量、鍛造怎樣的政治主體、指向怎樣的政治未來？

上述討論已經脫離了朝鮮戰爭的語境，但對於理解圍繞這場戰爭而展開的當代辯論卻是有意義的。讓我重述一個命題：抗美援朝戰爭以及稍後展開的抗美援越戰爭既是二十世紀中國人民戰爭的延伸，也是其終結。我們對於和平的探索已經是在一個後人民戰爭的、去政治化的時代語境之中了。在這個新的歷史時刻，能夠遏制帝國主義戰爭、打破朝鮮半島和海峽兩岸的分隔體制、緩解東亞區域內的國際衝突的條件在哪裏？人民戰爭是一個政治範疇，是一個能夠產生政治能量的過程。對於蘇聯的解體、東方集團的垮掉，很多人幸災樂禍，但這一過程的另一面是伊拉克戰爭、利比亞戰爭，整個美國霸權無所顧忌的時代的到來；對於二十世紀中國的政治創新，許多人棄之如敝屣，但當代中國是否像 1949 年那樣代表着一個朝向前所未有的未來的政治進程早已不是自明的問題。現在非但沒有人民戰爭，也沒有正義戰爭，從而戰爭意味着政治的終止，而不是政治的延續。

在這個意義上，二十世紀終結了，重新政治化成為一個新的時代課題。

2013 年 6 月至 8 月間草成並完稿，10 月間定稿

第六章

作為東北亞和平契機的
朝鮮半島和平進程

危機與轉折

2018 年 2 月 9 日至 25 日，第 23 屆冬季奧運會在韓國江原道平昌郡舉行。奧運會前夕，朝鮮半島圍繞朝鮮核問題的爭執風急浪險，法國、澳洲和美國奧運代表團先後揚言如果他們的安全得不到保障將退出本屆冬奧會。2018 年元旦，金正恩發表新年祝詞，建議在奧運會期間朝韓雙方在首爾進行會談。1 月 18 日，朝韓雙方舉行了兩年來首次高級別會談，宣佈組建聯合冰球隊，並在開幕式上攜朝韓統一旗入場。金正恩胞妹金與正在奧運會開幕式上與文在寅總統會面，引起世界廣泛關注，而在首爾南北雙方的高級別會談也正在結出果實。3 月 5 日至 6 日，文在寅派遣國家安保室室長鄭義溶率領韓方特使團訪問朝鮮。以此為契機，美國方面對朝韓接觸做出了正面回應。3 月 8 日，特朗普在推特透露朝鮮半島問題取得重要進展，他與金正恩的會面正在計劃之中。3 月 25 日至 28 日，金正恩首訪中國，與習近平會見。4 月 27 日 9 時 30 分，金正恩跨過軍事分界線與文在寅會面，由此拉開了一系列圍繞朝鮮半島的首腦會晤。5 月 7 日至 8 日，金正恩再次訪問中國，在大連與習近平會談。6 月 12 日，金正恩在新加坡與特朗普舉行一對一和擴大會談，而他訪新乘坐的飛機是中國提供的國航包機。6 月 14 日，俄羅斯總統普金向金正恩發出了訪俄邀請。約一週後，6 月 19 日至 20 日，金正恩第三次訪問中國，與習近平會見。文金會、習金會、金特會，以及即將上演的普金會和日本半心半意謀求的安金會，形成了半島百年來從未出現過的景觀。

在這一系列活動中，所有會面均以金正恩的多邊外交活動為中軸，朝鮮成為國際舞台的重要角色，朝鮮方面是撬動這一進程的主要方面是可以肯定的。但是，朝鮮無法單獨撬動朝美對峙的僵局。由於文在寅總統的當選，韓國政府極為堅定、有力、迅速地回應這一進程，使得南北雙方為和平而站在了一起，從而暫時取消了美國的戰爭理由，為此後的系列變化奠定了條件。因此，韓國也是撬動這一進程的主要方面：南北雙方的共同努力，終於將南北雙方置於一種能動政治的中心；也只有南北雙方將半島和平的總體利益置於各自國家利益之上，才有可能形成上述「共同努力」。南北雙方在區域政治中扮演能動角色，促成美國、中國、俄羅斯和日本等利益各不相同的大國轉向雙邊和多邊和談，尤其是迫使美國與朝鮮進行直接談判和首腦會晤，並以此為契機，改善了中國與朝鮮之間的關係，緩和了因薩德問題而導致的中韓之間的緊張。由此，南北首腦會談是 2000 年金大中–金正日、2007 年金正日–盧武鉉平壤會見後的第一次，朝美首腦會談是半島南北分裂以來的第一次。這是十九世紀以降東北亞秩序變遷中的重大事件。

戰爭狀態的世紀綿延

朝鮮半島的命運與東北亞區域秩序 / 無序息息相關，而所謂秩序 / 無序幾乎都是大國主導的結果，朝鮮半島處於被動的地位。我在這裏舉出兩個例子。首先是十九世紀至朝鮮亡國這段歷史。從十九世紀六十年代開始，亞洲地區逐漸陷入帝國主義勢力主導的秩序 / 無序，其標誌是英、日、俄、美等霸權國家通過武力征服、殖民統治、瓜分勢力範圍等方式，用帝國主義國際秩序取代曾經長久維繫區域和平的東北亞傳統世界秩序。這一秩序的特徵即大國博弈，在主權秩序概念之下，從根本上剝奪弱小國家的主權。1859–1861 年間，英國與俄國圍繞對馬海峽進行爭奪，觸發了幕末日本圍繞「征韓」的爭論及其後控制朝鮮的嘗試。為了抗衡俄國在亞洲的擴張，英國保守黨政府曾有聯合清政府的設想，直到 1894 年 7 月 16 日《日英通商航海條約》簽訂，英國才正式放棄聯合中國牽制俄國的念頭，日本由此廢除了治外法權，獲得了與西方列強在形式上的平等地位。九天以後，甲午戰爭爆發。甲午戰爭的直接誘因是朝鮮東學黨事件後日本對駐朝清軍的攻擊，但這一事態的形成可以追溯至 1885 年 4 月 18 日由李鴻章和伊藤博文簽訂的《天津會議專條》，以及更早的江華島事件（1875–1876）。事實上，早在甲午戰爭之前，1887 年，日本參謀部就已經制定了《征討清國策》，不但預謀攻擊北京和長江中下游，而且明確地將從山東半島至台灣的沿海地區及島嶼全部納入日本版圖。《馬關條約》的主要內容是日本長期謀劃的產物。

日本的野心是在帝國競爭的態勢中展開的。馬關簽約後僅六天，就發生了俄國主導、德法加入的「三國干涉還遼」，東北落入俄國勢力範圍，膠州灣陷入德國之手（1897）。1900 年，義和團運動爆發，八國聯軍干涉，而聯軍之一的俄國利用這一局勢出兵佔領東北全境，引發了與日本及英國的矛盾。1902 年締結的英日同盟正是為了與俄國爭奪中國東北的權益。這一系列事件標誌着日本作為一個帝國主義國家直接加入了各帝國間為爭奪殖民地而展開的國際競爭。1904 年，作為上述序列事件的產物，日俄戰爭在中國東北爆發，「戰爭因日本想統治朝鮮的慾望所引發，然後通過入侵朝鮮而肇始。日俄戰爭始於朝鮮戰爭，最終發展為日本與俄羅斯之間在中國東北進行的戰爭」。[1]

在這場以朝鮮和中國東北（滿洲）為戰場的戰爭中，不僅俄國、德國、法國和英國等老牌帝國主義相繼現身，而且美國以新的調解者和仲裁人的角色影響了日俄之間的和談及《朴茨茅斯條約》的簽訂。作為調節者和仲裁人，美國所採取的並非中立立場。1895 年，由美國俄亥俄州前參議員加爾文・布萊斯（Calvin Stewart Brice, 1845–1898）牽頭、美國各大金融機構參股的美中發展公司（American China Development Company, ACDC）成立。[2] 公司的目的是積極謀求在華鐵路、礦產和其他工業特權，其中包括謀求中國東北鐵路沿線資源開發權和為期三十年的鐵路建築壟斷權。除了巨大的商業利益之外，美國也試圖以利益均霑的名義遏制俄國在中國東北利益獨佔，進而為美國的門戶開放政策開疆辟土。[3] 但這一政策因俄國在西伯利亞和中國東

1 和田春樹著，易愛華、張劍譯，張婧校訂：《日俄戰爭：起源與開戰》上卷，北京：生活・讀書・新知三聯書店，2018，第 3 頁。

2 William R. Braisted, "The United States and the American Development Company". *The Far Eastern Quarterly*, Vol. 11, No. 2 (1952): 147–165.

3 董小川《美俄關係史研究 1648–1917》（東北師範大學出版社，1999）一書包括了美俄中東鐵路的政策和博弈的研究。

北的強勢存在而未能成功。據日俄戰爭臨時軍事費特別會計結算額，「全收入的 82% 由國債和一時藉入金支付，國外公債的比率達到全體的 40%」。[4] 這裏所謂國外公債主要源自美國和英國。為了抗衡俄國的勢力擴張，在日俄戰爭期間，美國通過華爾街金融寡頭向日本提供貸款，總額度佔日本軍費總開支的 40%。[5] 然而，《朴茨茅斯條約》加強了日本在黃海和日本海的控制權，伴隨日本從俄國手中租借遼東半島，獲取旅順和大連的軍事港口，並壟斷東北區域的貿易，美國的哈里曼鐵路計劃終於破產。一場更為迫近的太平洋地區的爭奪將在日美之間展開。[6] 這是美西戰爭後美國在亞太爭霸面臨的新挑戰和新角色。

與美國的新角色直接相關的就是我要舉出的第二個例子，即第二次世界大戰後朝鮮半島的南北分割與朝鮮戰爭的爆發。關於 1950 年爆發的朝鮮戰爭，研究汗牛充棟，但南北分割的形成比哪一方面率先動武甚至更為根本：沒有歐洲戰後瓜分勢力範圍和大國避免直接對抗的事實，就無法解釋朝鮮半島南北分割的格局；分裂和內戰的格局是殖民主義歷史和大國主導的戰後秩序所決定的。在冷戰時代，南北雙

4　板谷敏彥：《日露戦争、資金調達の戦い —— 高橋是清と歐米バンカーたち》，東京：新潮社，2012，第 130、132 頁。

5　關於日俄戰爭期間的外債募集問題，參見井上琢智：〈添田壽一と日清・日露戦争 —— *Economic Journal* 宛公開書簡等に見る外債募集と黃禍論〉，文章刊於《甲南會計研究》2015 年第 9 期，第 1–17 頁，具體數據見第 15 頁。又據蘇聯學者 B. M. 赫沃斯托夫的研究，「1904 年 4 月，銀行老闆謝夫和大銀行庫思・洛伯公司，同英國的銀行辛迪加（包括滙豐銀行在內）一起向日本提供了一筆年息六厘的五千萬美元高利貸款；英國提供這筆借款的半數，另一半由美國分擔」；「1904 年 11 月，英國和美國又向日本提供一筆借款，總數為六千萬美元，年息也是六厘」。伴隨戰爭的進程，1905 年 3 月和 7 月，英美兩國再次向日本提供第三、四筆貸款，數額都是一億五千萬美元，年息四厘半，德國銀行參加了後一次貸款。「除去回扣、其他開支和損失外，日本政府從外債中淨得六億九千七百萬日元抵補了日本年費總額十七億三千萬日元的百分之四十以上。如果沒有英美的借款，日本就很難同俄國作戰。」B. M. 赫沃斯托夫：《外交史》第二卷（下），北京：生活・讀書・新知三聯書店，1979，第 740–741 頁。

6　李燕芬：〈美國的中東鐵路政策評析（1895–1922）〉，東北師範大學碩士論文，第 13 頁；陶彥林、李秀蓮：〈20 世紀初美國對中國東三省鐵路的覬覦〉，《黑河學刊》2001 年第 5 期，第 74–76 頁；陶文釗：〈日美在中國東北的爭奪（1905–1910）〉，《世界歷史》1996 年第 1 期，第 12 頁。

方是東西兩大陣營相互鬥爭的前沿之一，民族獨立傾向、意識形態對立與全球和區域霸權秩序相互糾纏。從更為寬廣的範圍來觀察，美蘇對抗和朝鮮半島的分裂都可以在更早時期的地緣政治關係中找到歷史脈絡。就冷戰結構的形成而言，美英是主導，蘇聯是相對被動應對的，鑒於「二戰」的經驗，斯大林建立緩衝區的建議有其歷史原因。朝鮮戰爭是繼甲午戰爭、日俄戰爭、抗日戰爭及太平洋戰爭之後的又一場與朝鮮半島直接相關的戰爭。就宏觀條件而言，上述所有戰爭都包含了圍繞朝鮮半島的爭奪。在這些爭奪中，朝鮮半島的抵抗運動與中國的抗日戰爭一道，成為東北亞反殖民、反帝國主義的有生力量，因此，抗日戰爭與抗美援朝戰爭不同於甲午戰爭、日俄戰爭，也不同於太平洋戰爭，其中包含着弱小民族尋求解放的自主性與能動性。在當今格局中，南北雙方可以穿越歷史的迷霧，發現在對抗中隱含着的共識：在朝鮮戰爭爆發之前，南北雙方均不承認南北分割的格局，都試圖探求民族統一的契機。但李承晚在美國主導之下率先舉行單方面的選舉和建國，並實行獨裁和鎮壓，已難以擔當民族統一的主導力量。韓國社會運動包含着對分割朝鮮半島的霸權力量的抵抗，而北方對於民族統一的堅定信念與韓國社會運動的這一底色難道不存在重疊部分嗎？南北雙方不是冷戰分裂格局的主導者，但在尋求民族統一方面卻是抵抗霸權秩序的能動力量。無論是從社會運動中汲取能量的文在寅，還是尋求自主改革的金正恩，他們跨越種種險阻、尋求民族和解的握手也內在於這一抵抗的脈絡。

在上述序列中，朝鮮半島的命運與中國的命運息息相關，朝鮮半島的安危同時也是中國的安危。從明代萬曆年間發生的萬曆朝鮮戰爭（1592–1598，又稱壬辰倭亂）、清朝光緒年間的甲午戰爭（1894–1895）、日俄戰爭（1904–1905）、中華民國時期的抗日戰爭（1931–

1945），直至中華人民共和國時期的朝鮮戰爭（1950–1953），每次朝鮮半島的危機都將中國捲入其中。在所有這些戰爭中，沒有一場戰爭是中國主動發起或主動介入的。在日本入侵中國東北、華北及此後的全面侵華戰爭（1931–1945）中，也有許多的朝鮮兒女以中國為根據地從事針對日本殖民者的武裝的和政治的抵抗運動，並直接參與了中國人民的解放鬥爭。無論在甚麼樣的條件下，國家形態如何，中國與朝鮮半島因地緣、文化和歷史的緊密聯繫而不得不承擔相互依存的命運。2017 年底，在中韓關係因薩德問題而呈現僵局之後，文在寅總統選擇 12 月 13 日即中國為紀念南京大屠殺而設立的唯一國家公祭日訪問中國，並在首場訪華演講中提及對於中國經歷的這場悲劇，韓國人「感同身受」。在朝美關係發生重大轉折之際，金正恩三次訪問中國並與習近平會見，也正體現了這一休戚與共的關係。

重新認識朝鮮與半島危機

重新認識朝鮮是重新認識東北亞狀況的必要步驟。由於社會主義體系的終結與從未終結冷戰的「冷戰終結」重疊而至，西方和隸屬於西方陣營的日本、韓國等都成為了「後冷戰」的勝利者。所謂冷戰結構的瓦解只是其中一極結構的瓦解，而其瓦解不過是為另一極結構的「全球化」提供條件。這一格局的意識形態後果就是反共主義、反社會主義的徹底正當化和美國霸權性存在的「自然化」與「無害化」——冷戰結束時，美國是唯一使用過核武器並在全球擁有近 900 個軍事基地的最大霸權，也是將核武器帶入東北亞並多次準備使用的冒險家，但在所謂「後冷戰」氛圍中，對於置身這一霸權構造內部的社會而言，美國霸權已經變成了「自然的」或「無害的」存在。[7] 對於極為活躍的沖繩反基地運動，除了少數社會運動和知識分子羣體，大眾傳媒鮮有人提及。與美國角色的「無害化」相反，朝鮮被普遍地描繪為最危險的、毫無理性的國家（即便是已經成為世界最大的經濟體之一的中國，也時常被描述為「邪惡軸心」之一，時時籠罩在「崩潰論」與「威脅論」之間）。伴隨蘇聯的解體和中國的改革，冷戰時代的區域關係逐漸緩和，如中日之間、中韓之間、中國與東南亞國家之間的關係大幅度地改善了，但朝鮮在經濟、政治和文化等所有方面卻比以往任何時期都更加困難和孤立。

在這樣的輿論氛圍中，朝鮮核危機的三大歷史根源反而被遮蔽了：第一，作為朝鮮戰爭的結果，1953 年分別由朝鮮與美國方面、朝中方面與聯合國軍方面正式簽署的《朝鮮停戰協定》及其補充協議不是終戰協定，而是停戰協定，亦即朝鮮半島的戰爭狀態並未因停戰而真正終結。美國駐韓軍隊自 1957 年起部署了包括戰術性核武器在內的進攻性武器；即便在美方於九十年代初期因美蘇核裁軍協議而從韓半島撤出核武器之後，美、韓始終以絕對的軍事優勢對朝鮮保持威懾，其中也包括美國在東北亞地區的核威懾。其次，朝鮮發展核武器的動機是由冷戰末期和所謂後冷戰時期的戰略失衡所觸發的。停戰之後，南北分裂條件下的冷和平以美蘇相對均衡的對抗局面為前提，朝鮮核政策的變化正是冷戰結構的單方面解體造成的。在蘇聯幫助下，朝鮮於 1959 年開始建立寧邊原子能研究所，並在 1965 年建成第一個 2 兆瓦的小型輕水反應堆，其目的並非發展核武器，而是和平利用核能。在八十年代，朝鮮開發了更大規模的天然鈾石墨氣冷堆，擁

7　趙剛用「無害化」描述台灣社會對於美國霸權的臣服，實際上也可以用於對於整個東亞思想狀況的描述。

有了發展核武器的潛力。[8]1985 年，美國通過蘇聯向朝鮮施壓，促使朝鮮加入了《不擴散核武器條約》，但伴隨蘇聯社會主義體系進入改革和危機的時期，尤其是 1991 年蘇聯解體，在經濟上高度依賴蘇聯支持的朝鮮陷入嚴重經濟危機，並處於後冷戰戰略失衡的時期。朝鮮轉向核威懾的目的是以自我保護為動力的戰略再平衡，而蘇聯解體所造成的核專家外流也正是朝鮮核技術得以迅速發展的直接原因之一。第三，作為朝鮮的另一後援國，中國在七十年代初期已經開始聯合美國對抗蘇聯，並於 1978 年開始了經濟改革，其結果之一便是中韓於 1992 年 8 月建交。在中國與俄羅斯、與韓國改善關係的同時，不但中朝、俄朝關係遭遇前所未有的考驗，而且美國和日本並未改善與朝鮮的關係。在前所未有的孤立狀態下，從八十年代末期開始，金日成、金正日一邊轉向核武器的研發，以作為安全與政治的戰略籌碼，另一方面又試圖尋找突破孤立狀態和變革的機會，但後一方面的努力不是被忽略，便是因外來壓力而終止。

我從九十年代開始參與有關東北亞區域整合的討論，朝鮮從來不在其中，也鮮有學者論及朝鮮，似乎朝鮮就是一個真空地帶，一個等待其自行垮台的政治體，東北亞問題可以對其忽略不計。由於朝鮮的孤立狀態，外界很難確切地了解和判斷朝鮮政治的變化，從而有關朝鮮政治不確定性的說法此起彼伏。但就朝美、朝韓、朝日關係而言，在過去二十多年中，美、韓、日因國內政治變化而顯現在對朝政策上的變化絕不比朝鮮更穩定。在某些方面，朝鮮的狀態類似於中蘇分裂後中國的被孤立狀態，它在蘇聯解體之後經濟面臨極大困

8　傅瑩：〈朝核問題的歷史演進與前景展望〉，《中國新聞週刊》，2017 年 5 月 1 日。見中國新聞網 http：//www.chinanews.com/gj/2017/05-01/8213207.shtml。

難的條件下，開始了通過發展核武器以贏得自身安全和國際地位的努力。這一點恐怕也受到中國六七十年代的經驗的啟發。朝鮮核危機的全部進程都是在孤立、圍堵朝鮮與朝鮮自衛、突圍的互動中發展的，如果大國尤其是美國不能承擔責任，就難以解決半島無核化的危機。

美國的責任與各大國的角色

我們只要排列出半島核危機的幾次轉機及其失敗的序列就可以清楚地看到這一點：1991 年 9 月 27 日，在布什總統任內，美國宣佈撤除部署在全球各地區的戰術核武器，其中也包括部署在韓國的戰術核武器，三個月後，即 1991 年底，南北雙方簽署了互不侵犯協定和《朝鮮半島無核化宣言》。一個月後，朝鮮與國際原子能機構（IAEA）簽署了接受安全保障協議，並於 1992 年 5 月至 1993 年 2 月接受了該機構 6 次不定期核檢查。

但是，由於雙方在核查進程中出現分歧，導致朝鮮於 1993 年 3 月 12 日宣佈退出《不擴散核武器條約》。在這一危機局勢中，美朝舉行副部長級直接談判，並於 1993 年 6 月 11 日達成一個聯合聲明。1994 年 10 月 21 日，美朝日內瓦會談達成《朝美核框架協議》，在朝鮮承諾凍結核設施的前提下，美國牽頭成立朝鮮半島能源開放組織，為朝鮮建造輕水反應堆並提供重油，但美、日、韓幫助朝鮮拆卸石墨反應堆和建造輕水反應堆的承諾一再拖延。2000 年 10 月，在克林頓的第二任期內，金正日特使趙明錄與美國國務卿奧爾布賴特實現互訪，但這一勢頭伴隨小布什的上台而告終結。

在朝美關係因美國國內政治陷入僵局的時期，2002 年 9 月 17

日，小泉純一郎成為第一位訪問朝鮮的日本首相，金正日與小泉純一郎代表雙方簽署了《朝日平壤宣言》。除了一系列合作協議和有關關係正常化的承諾之外，日本方面也就日本對朝鮮的殖民統治和給朝鮮人民帶來的巨大損害和痛苦表示反省和道歉。朝鮮方面也釋放善意，公開承認發生在七十年代末八十年代初期的綁架日本人質案的責任，並將其定性為「一部分特殊部門實施的國家犯罪」。然而，正如美朝關係受制於國內政治一樣，日朝關係的走向——無論是改善還是惡化——也同樣受制於日本國內政治。朝鮮方面承認綁架案的善意在日本鋪天蓋地的媒體轟炸中被再度妖魔化，朝日談判的曙光曇花一現。

2002 年朝美圍繞核問題的對話陷入僵局：小布什政府於 2002 年宣佈朝鮮與伊朗、伊拉克為「邪惡軸心」，美國《核態勢評估報告》將朝鮮列為使用核武器打擊的對象之一。2002 年 10 月，美國特使凱利訪朝後宣佈：朝已承認濃縮鈾計劃，指控朝正在發展核武器；朝鮮隨即表示在半島局勢下有權發展核武器。朝鮮半島能源開發組織（KEDO）停止向朝鮮提供重油，而朝方則於 2003 年 1 月 10 日宣佈退出《不擴散核協議》。美國拒絕與朝鮮進行直接談判，雙方互信面臨崩潰。在美方的遊說下，中國以三方會談的方式為朝美溝通提供條件。「從 2003 年 4 月到 2007 年 10 月，舉行了一輪中、美、朝三方會談和六輪有韓國、日本、俄羅斯加入的六方會談。過程充滿曲折，但對話使得朝核態勢基本維持在可控範圍內。六方會談中所形成的三份文件——2005 年的《9·19 共同聲明》、2007 年的《2·13 共同文件》和《10·3 共同文件》——為通過對話談判和平解決朝核問題打下重要的政治基礎。但令人遺憾的是，這些協議在達成後卻因為這樣或者那樣的變故往往得不到執行，會談常常陷入破裂，局勢一再地捲入螺旋上升的緊張狀況。」[9] 六方會談是一種妥協形式，參與談判的大國儘管都要求朝鮮棄核，但各自利益不同，難以步調一致地行動，其中美國無視朝鮮的安全關切是一個主要障礙。在許多人的心目中，所謂南北統一問題就是北方並入南方的問題，即所謂德國模式 —— 這一模式不可能為朝鮮所接受。

朝鮮半島和平契機的根據

在雙邊和多邊談判遭遇困境的時刻，美國方面宣稱：朝鮮核問題的轉機只能來源於制裁。但是，朝鮮戰爭以降，美國及其盟國一直對朝鮮實施制裁，直到今天，為甚麼從未生效？在冷戰時代，朝鮮是東方陣營的一部分，西方的制裁不可能取得效果；在後冷戰時代，中、俄、日、美的地緣政治利益各不相同，即便都贊成半島無核化，在六方會談的條件下，也無法形成真正的統一步調。促成大國達成脆弱共識、逼迫美國同意與朝鮮進行直接談判的，恰恰是朝鮮在核武器方面的快速進步和貌似不惜一戰的戰爭邊緣政策。無論是否贊成這一政策，我們需要承認兩點：

首先，作為一個地區小國，朝鮮所以能夠扮演這一角色，是以其獨立自主的主權狀態和相對獨立的經濟結構為前提的；在這一主權狀態下，不是單純地依賴大國庇護，而是尋求能夠最大程度地抵抗外部壓力的軍事–經濟體系，成為其國家發展的優先戰略。六方會談未能取得最終進展的原因之一，就是美國將其自身與其亞太盟國的關係投射在中國與朝鮮的關係上，認為只要中國給朝鮮足夠壓力，就可以

9　同上。

迫使朝鮮讓步。因此，美國不但拒絕與朝鮮直接會談，而且也不斷地通過軍事演習和經濟制裁對朝鮮進行恫嚇，並試圖迫使中國干預朝鮮內政。美國的錯誤不僅是將自己的秩序觀投射在中國的外交政策上，而且也不了解朝鮮在長期的反殖民、反帝鬥爭中形成的主體性需求。從金日成、金正日至金正恩，朝鮮領導人倡導的主體思想是始終一貫的，但很少有人認真對待。一個弔詭的事實是：如果沒有朝鮮的這一獨特位置和由核危機導致的高度緊迫感，在安全方面長期依附美國的韓國方面也難以形成尋求自主解決半島危機的緊迫感和堅定性。因此，統一的政治必須在雙方互動之中才能真正展開。

其次，不同於台灣地區在冷戰結束後日益高漲的分離主義趨勢，朝鮮和韓國始終保持着強烈的統一意願。國家統一是南北雙方之間的最大公約數。因此，朝鮮不是，也不可能單獨完成撬動上述和平進程的任務，配合其完成或與其共同完成的是韓國。在這個意義上，南北對話合作是對朝鮮戰爭遺產的顛倒：在戰爭時期，南北雙方均以朝鮮全境作為國家邊界和主權範圍，以消滅對方作為實現統一的手段；和平進程同樣以朝鮮半島全境作為國家邊界和主權範圍，但改變了另一預設，即在政治制度不同的條件下實現和平是可能的；必須放棄一方吞併另一方的野心，開創一種不同於德國統一模式的統一模式。事實上，朝鮮在長期國際制裁下的頑強存在和其先軍政策迫使人們認識到：朝鮮具有抵抗外部壓力的意志和力量，韓國發達的經濟和不完全的主權狀態不足以單方面地統一半島，試圖等待自然瓦解或動用武力解決統一問題，都是不現實的和危險的；因此，必須在尊重朝鮮地位的前提下，開啟和談進程。這是金大中、盧武鉉兩任總統以來的政策理念，也是在李明博和朴槿惠擔任總統時期遭遇挫折的進程。

在戰爭危險日益迫近的時刻，文在寅當選韓國總統是一個重要事件。沒有這一契機，南北之間的默契配合就不可能形成。如果說朝鮮為回應美國壓力而形成的對應性戰爭邊緣政策迫使各方迅速採取行動，那麼，文在寅總統綜合半島和平統一意願而形成的國內政治局勢和靈活果斷的國際戰略，讓他成為迄今為止和平進程的關鍵人物。文在寅與金正恩在板門店握手跨越對方邊界的視頻和照片震撼了全世界。文在寅是在朴槿惠遭彈劾、民意激蕩的過程中當選的，他本人與韓國進步社會運動有着長期的、密切的聯繫。在高度動員的社會條件下，文在寅能夠依託民意，較大程度地超越議會黨派政治的限制，以其靈活的政治技巧，激活南北對峙的僵局。沒有韓國長期的社會運動的積累和支持，沒有戰後韓國社會對於統一的基本共識，沒有戰爭危險迫在眉睫的緊迫感，文在寅總統不可能靠一人之力展現這樣的意志和能量。韓國社會每一次朝向和平統一的努力都在增強韓國的獨立性和自主性。

比較韓國與我國台灣地區及琉球的狀況，可以更清楚地理解韓國政治的潛力。台灣「分離主義」是日本殖民主義和戰後美國蓄意培植的產物，但其成形主要是在冷戰結束之後，並預伏在美國與中國大陸締結外交關係的過程之中。在中美媾和的同時，美國將琉球「歸還」日本，並將並非琉球一部分的釣魚島同時交給日本管理，同時在承諾「逐漸減少」的前提下維持對台灣地區的軍售，並以國內法（《對台灣關係法》）制衡中美關係。伴隨中國崛起的進程，遏制中國逐漸成為美國朝野的共識，美國在過去三年中通過「國防授權法」為美台實質性軍事同盟提供法理基礎，甚至邀請台灣地區加入在所羅門羣島的海軍演習的建議也在考慮之中（儘管最終未實行，但美國軍事人員介入台灣地區事務早已是公開的秘密），挑戰中國大陸的「一個中國」原則。台灣地區領導人蔡英文則以價值觀政治與之呼應，公開以冷戰時代的意識形態口號相號召，要求「自由民主國家」聯合遏制中國。琉球、關島和夏威夷等構成了美國在亞太地區的帝國羣島的關鍵部分，由於琉球是美國在亞洲的最大軍事基地和遏制中國與俄羅斯的軍事前沿，處於美國帝國羣島的中心地帶，故當地社會運動雖然極為活躍，給人極大的啟發，但在沒有日本國內政治變遷和周邊環境變遷的條件下，難以撼動其霸權。

朝美首腦會晤不是發生在通常被認為「鴿派」的克林頓和奧巴馬時期，而是發生在經常讓人不安、不按牌理出牌的特朗普時代，有其偶然性也有必然性。所謂不按牌理出牌，並不僅僅是特朗普個人特性的結果，也是以美國兩黨政治為軸心的政治危機的產物；恰恰是在政黨代表性全面喪失、媒體「客觀性」根本瓦解、民粹主義政治高漲的時刻，特朗普的個人特徵才得以在美朝關係問題上顯示作用。在朝美直接對話問題上，美國扮演了較為主動的角色。但是，美國對朝政策的變化服從於其地緣政治戰略，尤其是在經濟、政治和軍事方面對中國的圍堵戰略。在朝美宣佈即將舉行會談時，曾經一度盛行中國已經在南北和談中邊緣化的輿論，這一輿論雖然由於中朝關係和中國在東北亞地區的地緣位置的特殊性而被證明是錯誤的，但也並非空穴來風。美國對華關係的主軸已經從接觸轉向遏制，即從將軍事和政治遏制置於背景方面，通過鼓勵其加入新自由主義全球化形成遏制，到以直接軍事、政治和貿易戰的形式進行遏制，其目標沒有變化，就是阻止中國崛起。

美國國內圍繞中國問題的紛爭不是是否需要遏制中國，而是如何處理在新自由主義全球化進程中形成的相互依賴的利益關係。這一點對於中國和美國都存在。因此，探索朝鮮和平統一進程必須充分考慮如下三個問題：一、近期東亞區域的緊張態勢與奧巴馬時期由希拉里主導的「重返亞洲」計劃有密切關係。實際上，美國談不上重返，因為從來沒有離開，只是力圖確保對中國的絕對優勢而已。因此，儘管美國國內政治變化對於半島局勢具有重要影響，但不能將朝鮮半島和平的希望寄託在美國國內政治之上。從基本方面看，美國的對朝政策服從於其地緣政治戰略和維持其全球霸權的使命。二、特朗普的美國優先政策與貿易戰對於朝鮮半島和平及台灣海峽穩定的潛在破壞性。美國優先政策是在美國國力不足以維持其全球霸權時提出的，但這並不意味着美國會放棄其霸權地位和戰略，恰恰相反，美國優先的實質含義是力圖將其盟國更深地納入美國霸權體系，以替代美國承擔的部分經濟和軍事義務。以美國優先名義做出撤退姿態，同時加強對盟國的壓力，以維護其霸權體系，是這一政策轉向的內涵。三、美國民主危機（政黨政治、媒體的失敗與民粹主義崛起）的危險性與可能性。戰後美國政黨政治和媒體輿論對中國、俄羅斯、朝鮮等國的定位相對固定，在這種穩定格局之下，任何戰略性突破都非常艱難。但從布什時代以降，美國兩黨政治失靈、媒體影響力衰落已經成為重要趨勢，至特朗普時代，民粹主義政治正在突破傳統的政治框架，這是特朗普有可能在反對黨反對、媒體激烈批評的情況下，仍然能夠舉行朝美會談的條件之一。但在美國民主危機條件下，特朗普對外政策存在着巨大的反覆空間和不確定性。在制度失靈的條件下，局勢翻轉的可能性隨之增強，任何協議都可能面臨進一步退三步的危險。

對朝鮮的安全承諾與中國的角色

在上述條件下，中國以及俄羅斯對朝鮮的安全承諾是必要的。中國支持半島和平統一，主張以「雙暫停」為起點推動半島無核化進程。

相較於習金會之前的態度，中國在發展對韓關係的同時，着重重申了對朝承諾。金正恩要完成其歷史角色，不但需要重建與韓國的關係，也需要完成對在南北統一進程中中國角色的再造，即通過重塑抗美援朝戰爭中兩國在抵抗帝國主義入侵中的血肉聯繫，創造一種推動區域和平的新紐帶。在第三次習金會上，習近平承諾了三個「不會變」：「中國黨和政府致力於鞏固發展中朝關係的堅定立場不會變；中國人民對朝鮮人民的友好情誼不會變；中國對社會主義朝鮮的支持不會變。」[10] 這些修辭顯示了一種立場，即朝鮮半島的自主性越強，越有利於中國的安全；以歷史傳統為依託，承諾對於朝鮮的責任，有利於半島和平進程 —— 這一進程不僅涉及薩德問題和美軍撤出問題，而且涉及朝鮮半島的和平統一和東北亞的區域整合。回顧伊拉克戰爭、利比亞戰爭、敘利亞戰爭和漫長的伊朗核危機，美國在任何時刻都有可能放棄已經達成的協議，轉而動用武力。如果沒有中國、俄羅斯等大國對於同一進程的介入和承諾，就無法提供朝鮮方面的安全需求，而安全需求正是啟動朝鮮半島無核化進程的必要前提。基於十九世紀以降大國平衡的教訓，任何大國的安全承諾都必須是在尊重朝鮮半島自主性的前提下的承諾，因此，尋找一種透明開放的國際框架，以確保這一前提，十分必要。在朝韓雙方的自主決定與充分考慮朝鮮的地緣安全需求之間，必須找到一種充分發揮南北雙方能動性、制約單極霸權主導的平衡點。

中國在這一進程中可以也應該扮演重要角色，但必須面對戰後的歷史遺產。卡明思於 2017 年秋季在清華大學的演講中指出：從 1945 年至今的七十多年間，太平洋戰爭的最大遺產之一是東亞地區強烈的

10 習近平：〈中國高度重視中朝友好合作關係〉，《人民日報》海外版，2018 年 6 月 20 日，第一版。

相互仇視。戰爭期間，美國仇視日本、紅色中國、朝鮮共產主義者、越共等敵人，這些「敵人」也敵視美國。當專家們用日本奇跡等術語表述日本的成功祕訣之時，日本的反美主義已經很稀薄了，取而代之的是對中國和朝鮮半島的敵視，以及隨之而來的中國與朝鮮半島對日本的警覺。不同於西歐的情況，東亞地區的歷史問題仍然是一個現實問題，時刻可能因為當代局勢的變化而轉化為負面的歷史資產。日本帝國主義之歷史並不是敵視或仇視的唯一根源，真正導致這一敵視狀態持續化的是隱藏在「自然化」和「無害化」的秩序和心態中的再造敵視狀態的霸權性構造。在這種霸權性構造的持續化下，敵視狀態可能因多種因素而發生局部緩解，卻不可能徹底消退，且隨時構成對和平進程和緩和趨勢的阻斷和逆轉。在「中國崛起」引發了區域關係變化的時刻，美國主導的對中國的國際遏制戰略也勢必導致情感關係的轉化。在面對這一重大國際局勢變化的進程中，中國尚未找到推動和平進程的最為有力的理念和方式。可以說，東北亞各方對於一個和平東亞的到來都明顯地準備不足。

如何推進和平統一進程與區域整合？

2018 年，朝鮮半島在極為危險的軍事對抗局勢下贏得了一個轉向和平的契機。這一契機也可能是推動東北亞全面和平的新起點。但無論世界格局，還是區域格局，均處於瞬息萬變的時刻。因此，需要動員各種力量，推動和平進程。這裏不揣冒昧，提出幾點粗略的建議或思路，供進一步討論。首先，由於南北雙方是在不同制度條件下謀求和平統一，一個加速但不是短促的進程是必需的。朝韓、中朝、中韓、朝美、韓美的磋商和首腦會談形成了一種態勢，朝俄、韓俄，以及朝日的會談也在計劃之中。這一進程需要保持加速的態勢，才能維繫和改變朝美間的脆弱關係，並為這一關係提供多面的支撐。但加速不是速成，必須在長期進程中設定階段性目標，協同建構未來框架。為了維持這一態勢，朝鮮與韓、美三方簽署終戰協議，是一個必要的步驟。只有在終戰狀態下，雙方的公民才有可能自由地互訪，不僅實現被分離家族的團聚，而且為和平統一奠定前提。

其次，在沿着無核化方向實現軍事和解的同時，實現全面關係正常化，在維持朝鮮自主前提下，幫助其經濟發展。在朝鮮方面做出切實可行的無核化承諾之後，應該以談判方式取代經濟制裁，重啟開城工業園，促進韓國與朝鮮的經濟整合。在中國方面，應該提供更多的技術和經濟援助，發展新義州與中國東北地區的經濟合作。在朝、韓、中國、日本、俄羅斯等區域國家共同參與的條件下，啟動新一輪的東北亞區域整合，促進南北雙邊和朝鮮半島與中國東北及俄羅斯遠東區域的經濟聯繫和社會交往，以多方參與的方式，建設包括鐵路和公路網線（如南北朝鮮之間的高速鐵路並與朝中鐵路、朝俄鐵路貫通，同時對舊的鐵路系統進行升級改造）在內的互聯互通的新模式，超越目前單極霸權主導的區域和全球秩序／無序。

第三，和平統一將是一個漫長的進程，政治統一是其中關鍵的一環，但並不是全部。在政治統一形成之前和之後，如何改變和摒棄南北雙方由殖民主義和帝國主義歷史所形塑的偏見，促進雙方的相互理解，實現雙方在歷史認知、社會心理和文化上的和解，是一個艱巨的任務。在這方面，不妨參考中國的經驗與教訓。從八十年代後期開始，中國大陸與台灣地區的經濟、社會和文化交往日益密切，生活方式的差別也日漸縮小，但分裂勢力在政治上推動的「國家建構」運動，以文化建構的方式滲透在媒體宣傳、中小學教科書和其他形態的文化領域，成為台灣「分離主義」的意識形態。在大陸方面，關於台灣的研究主要限於台灣研究的專門學者，在大學和中學教科書中，有關中國歷史、中國文學和其他方面的內容也較少涉及台灣。這一格局是在內戰、冷戰的歷史中形成的，但至今沒有根本改變。香港於 1997 年回歸中國，內地與香港的聯繫日益密切，珠江三角洲的經濟整合極為迅速，但香港年輕一代的中國認識極為膚淺，有關中國的基本認識仍然深受殖民主義歷史、冷戰歷史的影響，而在內地，對於香港青年運動的興起及伴隨其中的「分離意識」，大多數人感到困惑和不解。無論是朝韓之間的認識，還是中國大陸與台灣、香港之間的相互看法，都不只是在雙邊關係中形成的，而是一個複雜的歷史和現實關係所塑造的。因此，媒體和教育內容的改革不僅是雙邊關係問題，而且也是一個重新認識十九世紀以降，尤其是二十世紀及當代世界的問題。如果不能徹底地清理殖民主義和冷戰的遺產，根本性地扭轉敵對和歧視心態，民族和解就難以真正實現。

最後，和平統一進程是一個民族主體的再造過程。正如 2000 年首次南北首腦會議後發表的《北南共同宣言》所說，「南北雙方同意通過全民族的共同努力自主解決國家統一問題」[11] 是一個基本共識，在分割六十多年之後，作為新的政治範疇的全體朝鮮人民不可能只是南北人民的疊加或總和，而且必然是新的政治主體性的誕生。因此，探索形成這一新的政治主體性的進程，也就是探索實現民族統一的道路。這一探索應該比諸如聯邦政府或鬆散式聯合政府等政治形式方面的設計更為寬廣，超越狹義的政治統一，而尋求經濟、文化和政治的

11 http://www.cctv.com/specials/nanbeihuitan/news/news79.html.

新途徑。正如個人主體性永遠是一種互主體性一樣，民族統一或新的政治主體性的誕生不可能是孤立的事件或進程，必然涉及全球和區域關係的變化和重組，因此，政治統一進程與新的區域整合和全球關聯的進程勢必是相互重疊的。

同樣的道理也適用於中國大陸與台灣之間。中國大陸與台灣、香港之間的關係困境不僅是歷史的產物，也是當代新自由主義條件下不平等發展的結果。在中國大陸方面，如果不能在複雜的地緣政治環境中，發展出一套區別於新自由主義的，更加公平、更加融合也更加尊重文化多樣性、更有利於生態保護、更能夠提供人們創造活力的發展道路，就難以突破沉重的歷史包袱；在台灣和香港方面，如果不能將東北亞區域內不平等狀況以及台灣、香港的戰後經濟發展，置於冷戰構造內部加以審視，就無法擺脫殖民主義和冷戰史觀投射在其中國認知上的巨大陰影。

對於朝鮮半島南北雙方而言，殖民主義歷史和冷戰狀態對於朝鮮的經濟困境與韓國的依附性發展的根本影響已經深深地烙印在由媒體、教育等所創造的社會心態之中。為此，不僅在朝鮮半島南北雙方之間，或在台灣海峽之間，而且在整個東北亞區域，展開重新認識當代世界、探索區域和平和自主發展道路的討論，是極為必要的。從南北雙方的敵對狀態向新的「我們」的過渡，不僅需要在國內方面和國際方面超越危機重重的新自由主義版本的資本主義發展道路，而且需要探索重塑區域關係的經濟和政治基礎。在這個意義上，南北雙方的和平統一進程在汲取雙方和共同歷史遺產的同時，更需要在探索新道路的過程中並肩前進、相互融合。朝鮮半島南北雙方關於民族認同與統一的共識極為珍貴，但在地緣政治關係惡化的環境中也有其脆弱性。這一共識意味着和平統一進程可以也必須在民眾普遍參與的基礎上進行，而不只是少數政治家、精英人物之間的策略權衡或大國平衡的結果。這一民眾普遍參與的狀態是和平統一進程的自主性的基礎。朝鮮半島的和平進程應該也可能成為推動整個東北亞地區和平進程和區域整合的契機。

第七章

兩岸歷史中的失蹤者

1993 年末，在多年查訪之後，藍博洲終於來到嘉義新港通往雲林北港的公路旁一處荒蕪的墓地。這裏埋葬着兩位死於國民黨白色恐怖的共產黨人和他們留在人間後來卻自己結束生命的孩子。幾十年來，沒有外人尋訪這處荒墳，即便墓中人的親人也並不真正了解他們的生平事跡。如果沒有作者長達十多年的調查、尋訪和研究，除了留在白色恐怖時期的官方檔案中的名字，他們或將永遠沉沒於黑暗之中。讀完全書，我才明白了作者沉重的慨歎：「這座尋常的墳墓竟然埋葬着一段不為人知的傳奇而悲壯的台灣近現代史，以及被黑暗的歷史侵奪的一家三口的悲劇。」《台共黨人的悲歌》（以下簡稱《悲歌》）一書以實證資料和當事人口述為據，勾勒了 1947 年「二二八」事件及其後「五〇年代白色恐怖」中台共黨人的悲壯故事。作者通過對這個被埋葬的「現代史」的發掘，向讀者提出了一個問題：如果這的確是一段深埋地下的、被遺忘了的「台灣近現代史」，那麼，在半個多世紀中，通過取消這段歷史而形成的台灣近現代史到底是甚麼史，或又能是甚麼樣的史呢？

兩岸分治格局的形成與藍博洲的文學道路

藍博洲是苗栗客家人，1979 年考入輔仁大學法文系。這一年中美建交，島內政治生態丕變，中國大陸也正處於另一場巨變的開端。

1981 年，在擔任輔大草原文學社社長期間，藍博洲邀請楊逵、陳映真等鄉土文學作家來學校演講。楊、陳都是台灣戒嚴時期白色恐怖的政治受難人、非黨的左翼人士。陳映真是 1977 年 4 月至 1978 年 1 月間發生的、受到國民黨政權壓制的「鄉土文學論戰」的主要參與者，而楊逵則是在鄉土文學論戰中被挖掘的、具有鄉土性的左翼抗日作家。與此同時，藍博洲也偷偷閱讀魯迅和中國左翼文學作品。[1] 通過地下流通的吳濁流的自傳體長篇小說《無花果》，他也接觸到長期不能言說的「二二八」歷史。正是經由這一摸索過程，藍博洲開始用文學方式探索台灣現代史，踏上了重建台灣現代史與中國革命之歷史聯繫的道路。他畢業於法文系，卻與現代主義、後現代主義的潮流岔道而行，將自己置於二十世紀中國的左翼現實主義傳統之中。

藍博洲的文學生涯開始於台灣歷史的轉折關頭。1987 年 7 月 15 日，蔣經國宣佈解除戒嚴，台灣進入了一個浪潮洶湧的新時期。就在那一年年初，藍博洲加盟陳映真主持的《人間》雜誌，參與了關於「二二八」事件四十週年的民眾史專輯製作小組。同年 7 月，他在《人間》雜誌發表〈美好的世紀〉，講述「五〇年代白色恐怖」受難者郭琇琮大夫的故事，次年又發表《幌馬車之歌》，將另一位「五〇年代白

---

1 《台灣省戒嚴期間新聞紙雜誌圖書管制辦法》規定所有出版物在發行時必須檢送「省保安司令部」(後改為「警備總部」及地方警察局)檢查，禁書包括魯迅、老舍、巴金、沈從文、茅盾、郭沫若等作家的作品及左翼思想著作。

色恐怖」受難者鍾浩東校長的生命史奉獻於讀者面前。台灣醫生的抵抗傳統、台灣革命者的悲壯奮鬥，以及台灣左翼文學的歷史脈絡，構成了貫穿藍博洲的文學和歷史寫作的主要線索。這些作品以 1947 年「二二八」事件及之後的「五〇年代白色恐怖」為背景，試圖通過被遺忘的歷史之回溯向醞釀着巨變和激烈歷史 / 政治爭議的台灣社會發問。侯孝賢的電影《悲情城市》中留下了《幌馬車之歌》的影子，而《好男好女》就是根據這部作品改編。但即便如此，在新的潮流中，藍博洲的作品遭受更多的可能是漠視、拒斥和有意識的遺忘。

1949 年中華人民共和國成立和兩岸分治局面的形成是台灣歷史的分水嶺。這個分水嶺的意義可從兩個方面加以把握。首先，由於中華人民共和國的成立和國民黨退守台灣，國共內戰進入了一個以兩岸分治為基本格局的時期，我們甚至可以從戒嚴令的頒佈本身看出：分治格局事實上是國共內戰的延伸。台灣戒嚴令的正式名稱為《台灣省警備總司令部佈告戒字第一號》，由「警備總司令」陳誠頒佈於 1949 年 5 月 19 日，並於次日實施，距離國民政府於 1949 年 12 月遷台約半年時間。在那之前，1948 年 12 月 10 日，國民政府於南京宣佈第一次全國戒嚴令，台灣及新疆、青海、西藏、西康等距離國共爭奪的主要戰場較遠的地區不在戒嚴令範圍之內；1949 年 7 月 7 日，代總統李宗仁還曾頒佈過第二個全國戒嚴令，但很快國民黨兵敗如山倒，全面退守台灣。實際上，《中華民國刑法》第 100 條（內亂罪）原本為 1928 年刑法草案內容，1935 年 1 月 1 日正式頒佈，但備而不用，至 1950 年台灣戒嚴時期開始實施，1992 年修訂。兩份全國戒嚴令在大陸的迅速廢止和台灣戒嚴令的漫長延續（38 年又 56 天）之間有明顯的連續關係，它們共同反映了中國的歷史巨變和國民黨政權的歷史命運。

其次，1950年朝鮮戰爭爆發，兩岸進入冷戰時期。伴隨第七艦隊進駐台灣海峽，琉球成為美軍在遠東的最大軍事基地，台灣地區、韓國、南越成為美國推行亞洲冷戰政策的前哨陣地和遏制紅色中國的不沉的航空母艦。所謂「戒嚴時期」實際上是內戰和冷戰交叉重疊的產物。由於這一陳映真稱之為「雙戰構造」[2]的歷史條件，兩岸關係處於對峙和冷戰結構下，但不存在類似朝鮮半島那樣的雙重承認的國際政治。[3]實際上，無論是兩岸關係，還是圍繞兩岸的國際承認關係，始終處於「雙戰」的延伸狀態之下。在這個意義上，兩岸的和平最終取決於能否創造新的政治以徹底解決「雙戰」帶來的隔絕、對立和敵意。

在戒嚴時期，國民黨在台灣實行黨禁、報禁、出國旅遊禁等政策，並對共產黨人、左翼人士進行殘酷鎮壓，甚至許多並未真正捲入左翼運動的青年也慘遭殺害。戒嚴法頒佈後，國民黨政府又頒佈《戒嚴期間防止非法集會結社遊行請願罷課罷工罷市罷業等規定實施辦法》、《台灣省戒嚴期間新聞紙雜誌圖書管制辦法》和《懲治叛亂條例》等，1952年頒佈（1958年修正）的《出版法》第一條明確規定停止集

2 陳映真：「一九五〇年後，在東西冷戰與國共內戰的『雙戰構造』下，在美國武裝介入台灣海峽的條件下，台灣和中國本部分離……歷史地看來，這也是帝國主義對中國的控制與中國反控制鬥爭的力學關係的結果。」參看陳映真：〈台灣史瑣論〉，《歷史月刊》（台北），1996年10月號，第50頁。

3 陳映真也借鑒了韓國知識界為描述朝鮮半島南北關係而創製的概念「分斷體制」，但不是全盤接受。用白樂晴的話説，提出這個概念的目的是「理解南北韓這兩個不同『體制』（亦即兩組社會機構）如何複雜地在與彼此的奇妙纏結之中自我再生產」。「分斷體制理論的前提是，若我們把南北韓的兩個『體制』孤立起來看，或將自己局限在『體制』這個詞的兩種面向上而已（亦即只有作為世界體系和兩韓各自的體制），那麼朝鮮半島上的分斷情況就無法獲得令人滿意的解釋。因為在這座分斷半島上的現實，牽涉到南北韓之間某種程度上的互相依賴及對立，此外還有外國勢力的持續影響。」（白樂晴：〈使超克分斷體制運動成為一種日常生活實踐〉，載羅小茗編：《製造「國民」》第一輯，上海：上海書店出版社，2011）白樂晴關於南北韓兩個不同的「體制」在相互糾纏中自我再生產的觀點很有啟發性，但我個人傾向於認為朝鮮半島的格局不同於兩岸關係，也不建議在兩岸關係的意義上使用分斷體制概念，理由是「分斷」和「體制」這兩個概念都易引起誤解：一、圍繞兩岸關係的國際承認體制不同於南北朝鮮；二、兩岸人民日常生活形態的共同性遠遠高於其差異；三、兩岸分隔是「雙戰構造」的綿延及後冷戰秩序的鞏固，但遠未體制化。實際上陳映真本人亦未簡單移用「分斷體制」概念。在〈一個「新史觀」的破綻〉（《海峽評論》第82期，1997年10月號）等文中，他更常將「分斷」（而非「分斷體制」）直接同「國家」或「民族」之類的概念相聯繫，比如「分斷祖國」「分斷民族」「兩岸分斷」。

會、結社、請願，取締被認為「與軍事有妨害」的言論、講學、新聞雜誌、圖書、告白、標語及其他出版物。配合戒嚴法的實施，1954年又發起以鏟除「赤色的毒」「黃色的害」「黑色的罪」為目的的「文化清潔運動」。白色恐怖蔓延整個戒嚴時期，但以五十年代的鎮壓最為慘烈，以致「五〇年代白色恐怖」已經成為專有名詞。然而直至今日，戒嚴時期遭迫害的人數卻仍然只能依據民間自己的統計。1992年起，台灣地區政治受難人互助會開始在槍決地下黨人的知名刑場「馬場町」公開追悼死難者，初期能夠掌握的死難者名單僅1010人。[4] 另據陳映真估算，「1949年底到1953年，台灣發動了大規模、長時間的『白色恐怖』，槍殺了近5000人，把8000至10000人投獄」。[5] 伴隨着戒嚴令的解除，如何面對和解釋戒嚴時期特別是「五〇年代白色恐怖」的歷史，本應成為台灣政治生活中的重大事件，但有關白色恐怖的調查並沒有像「二二八」事件那樣成為台灣社會的震撼性事件；實際上，「五〇年代白色恐怖」往往被刻意編織在「二二八」事件的相關敍述中，導致一般人分不清楚兩者之間的區別和聯繫。伴隨兩岸關係的轉變，大陸和台灣如何面對二十世紀中國革命及其在兩岸的不同情勢，也是一個難以繞開的問題，但同樣沒有成為反思的焦點。

---

4 「今天，追悼會場上懸掛着一千零十一個名字。其間有我們的親人，有我們的僚友，也有生前互不相識的名字。有三分之二是生於斯、死於斯的台灣本地人，也有北自黑龍江、南至海南島的大陸同胞。」參看林書揚：〈五〇年代政治案件殉難者春季追悼大會聲明（1995年4月2日）〉，《林書揚文集》第二卷，台北：人間出版社，2010，第144頁。另據台灣真相與和解促進會截至2013年的統計，戒嚴時期的政治死刑犯名單為1061人。

5 陳映真：〈在白色恐怖歷史的證人席上發言——序王歡先生《烈火的青春》〉，王歡：《烈火的青春：五〇年代白色恐怖證言》，台北：人間出版社，1999。陳映真在為藍博洲《幌馬車之歌》所寫的序言〈美國帝國主義和台灣反共撲殺運動〉中說：「美國支持國民黨在一九五〇年韓戰爆發以後以迄一九五四年，在台灣進行持續性、廣泛而殘酷的政治撲殺運動⋯⋯殺害了四千至五千個本省和外省的『共匪』、愛國主義知識分子、文化人、工人和農民，也將同樣數目的人投入十年以上到無期徒刑的牢獄之中。」（台北：時報文化出版企業股份有限公司，1991）另據謝聰敏估算，戒嚴時期的被捕人數為29407人；而按王升的說法，處死人數佔被捕人數的15%，即4500人左右。參看陶涵著，林添貴譯：《台灣現代化的推手：蔣經國傳》，台北：時報文化出版企業股份有限公司，2000，第229–230頁。

在藍博洲沿着楊逵、陳映真的左翼文學道路前行的時刻，台灣黨外運動漸成聲勢。1972 年尼克松訪華，中美關係迎來巨大變化，並在台灣地區引發激烈震盪。就在這一年，美國將琉球「歸還」日本，一併被美國交由日方管制的，還包括無論在歷史上還是在地理上均不屬於琉球的釣魚島。這一事件在北美台灣留學生中率先觸發了風起雲湧的「保釣運動」。「保釣運動」是對中美關係變動的一種獨特回應，並與六十年代以降在中國和西方世界同時爆發的「造反」運動和反戰運動的餘波相互激蕩，其中包含了左翼的、自由主義的、支持統一及極少數帶有獨立取向的多重成分。就總的趨勢而言，這是在六十年代至七十年代反戰運動和民族解放運動的潮流中產生的青年運動，它自覺不自覺地揭露了台灣地區對於美國的依附地位，衝擊了五十年代以來的兩岸冷戰格局。在這場運動中，包括許多出身於國民黨人家庭的台灣青年，通過重新審視紅色中國的存在，開始了他們的穿越太平洋之旅。「保釣運動」打開了一個新的空間，我們或許可以視之為兩岸冷戰狀態走向終結的一個開端。

「保釣運動」是否就是八十年代台灣社會運動的先聲，這裏暫且不論，但顯然歷史並非朝同一方向延伸。1978 年 12 月 16 日，美國通知台灣當局即將與中國大陸建交，隔日，蔣經國頒佈緊急處分令，宣佈終止一切選舉活動。12 月 25 日，許信良、余登發等人發表《黨外人士國是聲明》，要求恢復選舉，在此前已經出現的各種台灣住民自決論的延伸線上，[6] 提出「由台灣人民自己決定自己的命運」。從 1979 年 1 月起，黨外運動與國民黨政府之間發生了一系列衝突，直

6 比方 1964 年，彭明敏與謝聰敏、魏廷朝共同起草的《台灣人民自救宣言》，以及 1977 年台灣基督長老教會發表所謂《人權宣言》。

至 12 月 10 日（國際人權日）高雄「美麗島事件」爆發，黨外運動達到高潮，國民黨戒嚴體制受到嚴重衝擊，一個新的變革時代到來了。1986 年 9 月 28 日，在蔣經國解除戒嚴前不到一年的時刻，由 132 人參與的黨外後援會推薦大會在台北圓山大飯店舉行，臨時轉變為組黨大會。隨後民進黨參加了「立法委員」和「國大代表」選舉。台灣從此進入了兩黨競爭的時代。在討論「解嚴」問題時，多數學者將大批留學生返台、小劇場運動與文化討論的活躍及蔣經國的開明姿態作為主要因素，這固然不錯，但籠罩在被美國拋棄的怨恨氛圍中，藍綠兩造很少有人意識到：中美建交不但是毛澤東為突破冷戰兩極構造而長期努力的結果，也是打破國民黨戒嚴體制的關鍵因素之一。[7] 若無毛澤東提出的「三個世界」理論和中美、中歐關係的巨變，「保釣運動」、戒嚴時期的終結及此後台灣的政治變化能否以這樣的速度和方式發生，是不能確定的。然而，戒嚴體制結束不久，歷史就走到了 1989 年世界性的社會主義體系瓦解的時期；在美國霸權體系之外尋找社會變革道路的可能性大大縮小了。李登輝從制定和頒佈「國統綱領」到完全棄之不顧，只用了三年時間（可以 1994 年他與司馬遼太郎的談話為依據），恰是這一雙重變遷的結果。在所謂「歷史終結」的氛圍中，台灣社會在「世界民主第三波浪潮」中獲得了新的定位。

台灣黨外運動是在「戒嚴時期」形成的反對運動，其中包含某些左翼自由主義和社會主義成分，但與二十世紀中國革命以及台灣島內的民族民主革命的傳統殊少關聯。此時共產黨和革命左派勢力已遭剪

7　這裏沒有篇幅全面討論中美關係的改變對於亞洲區域關係的影響，也不能深入討論這一改變對於「國家要獨立、民族要解放和人民要革命」的潮流的影響。可以確定的是：中美關係的改變帶動了中日關係、中國與東南亞國家關係的改變，而這一區域的共產主義運動和武裝鬥爭也明顯因此遭遇挫折並走向終結。中美關係的改變為台灣島內政治生態的變化提供了條件，由於國際承認關係的改變，國民黨的合法性遭遇前所未有的挑戰，不得不在內政上作出妥協，並逐漸地向本土化方向發展。

除，命懸一線，唯有在「鄉土文學」旗幟下和為數極少的左翼社會運動中，尚餘繼承現代民族民主革命傳統推進台灣民主的文化一脈，如同一個歷史的地標，昭示着當代台灣的民主運動與近現代台灣民族民主革命之間的歷史關聯。因此，七十年代至八十年代的黨外運動是在「五〇年代白色恐怖」以降冷戰和內戰共同造成的斷層中產生的，對於不滿於國民黨專制統治的年輕一代而言，「戒嚴時期」的主要思想資源和活動空間來自戰後在台灣地區佔據絕對主導地位的美國。如今，當人們試圖梳理台灣學生運動和民主思想的變遷時，也多半會追溯至五十年代的《自由中國》、六十年代的《文星》《大學》及七十年代的「保釣運動」；這個脈絡的外部——或許是較內部更為決定性的因素——則是由美國傳入的自由主義（雖然它的內部構成也較複雜），其特徵是在以追求民主和自由相號召的同時，共享反共的意識形態。[8]

在經歷了「戒嚴時期」白色恐怖的肉體消滅和殘酷鎮壓之後，台灣的左翼又面對島內政治生態的巨變和 1989 年後社會主義的衰落。九十年代，台灣經濟發生轉型，資本向大陸轉移，島內勞工力量下降，階級性社會運動尚未真正成長便面臨衰落之勢；由於李登輝的「國族」打造工程的收編作用，儘管環境運動、農運和學運等仍繼續活動，但力量和方向已有重大變化。代之而起的，是以城市中產階級為中心的新社會運動。除了極少數敏鋭的思想者和運動者，大多數人並不關心海峽兩岸的勞動分工及不平等的勞資關係，而更傾向於從統獨的角度

8　當然不是沒有例外。早期黨外運動包含某些社會主義成分，故其中一些人對新中國的態度有所不同。1976 年蘇新之女蘇慶黎主編《夏潮》（*China Tide*），在戒嚴後期公然開啟「左翼」的思想路線，其策略之一就是「出土」被遺忘的日據時期的「鄉土文學」。陳明忠是支持《夏潮》創刊的靈魂人物，他在「二二八」事件時參加「二七部隊」敢死隊，白色恐怖時期被捕入獄，刑期十年；1976 年又以通共、陰謀叛亂（策反島內政治人物黃順興潛赴大陸）等罪被判死刑，後經海外保釣等組織的救援改判 15 年，1987 年保外就醫。陳映真等參與了該刊的編撰活動。藍博洲中學時期受到《夏潮》「左翼」啟蒙，後來亦曾任《夏潮》聯合會會長。

讀解兩岸關係。在這樣的語境中，甚至實際上不過是「獨台」（如「台灣已經是主權獨立國家」的宣稱）與「台獨」之間的路線分野也被理解成統獨鬥爭。圍繞統獨問題，民族認同、族羣關係，以及以此為中軸而編織新的台灣史，成為支配現實政治和歷史想像的基本要件。

在新的語境中，左翼社會運動所針對的階級和社會結構問題逐漸轉化，新的、以左翼的色彩登上舞台的一代，已經是由後結構主義理論、後殖民主義理論、後現代主義文學和藝術等武裝起來的，以留學歐美（尤其是美國）的青年學者為主的新生代。無論是思想資源，還是其置身的情境，均與此前幾代人完全不同。在政治上，較之與台灣左翼傳統的關係，這些新的運動與其批判對象的關係或許更為深厚。七十年代的「鄉土文學」及「現代主義」論戰、八十年代的黨外運動、九十年代的「野百合」學生運動，綜合了泛左翼、自由主義和其他社會力量，開啟了民主變革的歷史潮流，但從九十年代初起，伴隨藍綠體制的鞏固，台灣社會運動的主導方面已經被統獨問題所裹挾，甚至直接針對台灣社會內部矛盾的學生運動也不能倖免。例如，2008 年的「野草莓」學運和 2014 年的「太陽花」學運是對台灣社會內部矛盾的回應，包含了對於新自由主義經濟及代議制民主的批判，卻各以反兩岸「大三通」和反兩岸「服貿」協議為契機。與此形成鮮明對照的是：美國推動、台灣當局冀望加入的「跨太平洋夥伴關係」（TPP）不但是一項新自由主義計劃，而且包含着遏制中國大陸、賡續冷戰格局的清晰意圖，但在新社會運動和學生運動中雖偶爾有人觸及，卻從未深入分析，更談不上納入政治行動綱領。正由於此，這些運動向新方向的突圍尚未展開，便在不同力量的驅使之下再入老「圍城」。換句話說，從五十年代肅清以後，作為中國革命與亞洲革命之一翼的台灣左翼傳統始終處於邊緣地位。

藍博洲的「現代史考古」和「文學史鈎沉」便誕生於這一語境中。他查閱檔案，採訪當事人，奔波於里巷墳頭、鄉村都市、台灣南北、海峽兩岸，勞其心智、苦其行役，可謂艱苦卓絕。《悲歌》出版於2012年，但初稿於1994年3月16日即已完成，後經2007年3月16日二稿、2009年10月1日三稿、2010年6月6日四稿、2010年7月1日五稿、2011年1月25日定稿，前後歷經長達十七年的反覆修訂和增補過程。在醞釀、寫作和修訂這部書的近二十年的時間裏，作者出版了大量與「二二八」事件、「五〇年代白色恐怖」相關的書，例如，《沉屍・流亡・二二八》（1991）、《日據時期台灣學生運動（1913–1945）》（1993）、《白色恐怖》（1993）、《尋訪被湮滅的台灣史與台灣人》（1994）、《高雄縣二・二八暨五〇年代白色恐怖民眾史》（1997）、《五〇年代白色恐怖：台北地區案件調查與研究》（1998）、《人間正道是滄桑》（1999）、《吳濁流的文學原鄉：西湖》（與林靈合作編寫製作，1999）、《共產青年李登輝》（2000）、《麥浪歌詠隊：追憶一九四九年四六事件（台大部分）》（2001）、《天未亮：追憶一九四九年四六事件（師院部分）》（2001）、《台灣好女人》（2001）、《消失在歷史迷霧中的作家身影》（2001）、《藤纏樹》（2002）、《紅色客家人：一九四〇、五〇年代台灣客家人的社會運動》（2003）、《紅色客家莊：大河底的政治風暴》（2004）、《消失的台灣醫界良心：五〇年代白色恐怖下受難的高貴靈魂》（2004）、《二二八野百合》（2007）、《青春戰鬥曲：二二八之後的台北學運》（2007）、《消逝在二二八迷霧中的王添燈》（2008）、《戰風車：一個作家的選戰記事》（2009）、《老紅帽》（2010）、《尋找祖國三千里》（2010）、《你是甚麼派》（2011）等。

由於長期的研究和積累，藍博洲對於檔案調查、人物採訪、文獻實錄等形式已經駕輕就熟，他可以像寫偵探小說一樣，從一個看似偶然的青年自殺案開始，通過國民黨檔案資料、不同的當事人回憶及其他線索，剝繭抽絲，逐條比對，去偽存真，重建台共領導人張志忠、他的妻子季澐和兒子小羊的生命史。在對「二二八」事件、「五〇年代白色恐怖」等重大歷史事件進行調查的同時，藍博洲自覺地鈎沉台灣左翼文學的發展脈絡，重建這一文脈與以魯迅為代表的二十世紀中國文學傳統之內在關係。在他的筆下，三十年代左翼文學（魯迅）、四十年代文學抗爭（宋非我、簡國賢、呂赫若、雷石榆、藍明谷、吳濁流）、七十年代至八十年代鄉土文學（陳映真、黃春明等和被重新挖掘的楊逵）的展開，如巨石壓迫下的野草，命懸一線，不絕如縷，而在字裏行間，作者踵武前賢，自覺地承擔起這一傳統的挖掘者、繼承者和開創者的使命。這一文脈是在日本殖民統治和國民黨白色恐怖下浴血成長的生命之樹，也是在島內政治生態巨變、左翼文學傳統邊緣化的境遇中逆風向前的車輪，其前赴後繼，宛如悲壯的史詩。

我們究竟應該如何理解這一在歷史斷層中賡續文脈的努力，如何闡釋他以如此堅毅的方式呈現這一「為了忘卻的記念」？

台灣的共產主義運動

藍博洲的寫作以報告文學（台灣學者稱為「報導文學」）和歷史調查為主要形式，訴諸最基本的歷史事實和歷史人物的思想情感。這一以「信史」的形式展開的敘述是論辯性的，它同時針對了藍綠兩個陣營的主導敘述，即「台獨」敘述與國民黨的正統敘述及其變體。對於前者，他的立場是反對殖民統治的被壓迫民族的解放運動，對於後者，他的立場是反對白色恐怖和專制統治的大眾民主的左翼運動。通過漫長的調查，在他的筆下，日據時代台灣民眾和革命者爭取民族解放的鬥爭、戰後台灣民眾和革命者反對國民黨暴虐統治的鬥爭、「五〇年代白色恐怖」時期左翼進步人士的奮鬥和犧牲，漸漸以具體可感、清晰真實的方式呈現於讀者的面前。他勾稽其間的連續與變化，又將這些連續與變化置於與中國革命及建國運動的關係之中，展開了一幅生生不息、廣闊深厚的歷史畫卷。

這幅畫卷的形成與九十年代台灣政治的巨變是同步的，或者說，作者正是以此介入這場藍綠主導的、圍繞歷史觀而展開的戰爭。在這場歷史觀戰爭中，國民黨處於守勢，奪取了黨外運動領導權的民進黨則處於攻勢。在「由台灣人民自己決定自己的命運」的口號之下，「新台灣史」寫作以省略和扭曲的敘述策略，遮蔽台灣左翼傳統的歷史脈絡及其對民主運動的歷史貢獻，重構台灣的悲情。這一扭曲的歷史脈絡對於台灣的新社會運動，尤其是新生代對於兩岸關係的歷史觀點和思想情感產生了難以估量的影響。新的台灣史敘述是一個包含若干層次但並不複雜的敘述：最表層的部分是將台灣歷史無差別地視為殖民史，將民進黨上台前的台灣政權一概視為外來政權，除了西班牙、荷蘭、日本之於台灣的殖民統治之外，還把鄭成功、清朝和中華民國治下的台灣也列入「殖民地」序列。

以這一「外來政權史」為框架，新的「台灣史」敘述又對這一歷史序列的內部關係進行重組：首先，通過抬高日本殖民統治（以及荷蘭殖民統治）的「文明程度」或「現代化水平」，將近代帝國主義對中國的入侵置於現代與傳統、文明與愚昧的對立之中，塑造殖民地台灣對於中國大陸的優越感；其次，通過日本殖民統治與「二二八」事件的對比，實際上為「皇民化」開脫（即在對比的意義上將其合理化），進而將對日本殖民主義的「懷舊」組織到「台獨」（也即區分於中國大陸，而與日本、美國主導的秩序相調和）的氛圍之中；第三，儘管存在少數對中國革命和革命中國持同情和理解態度的人，但用美式自由主義包裝冷戰與後冷戰的台灣政治結構，貶低中華人民共和國，切斷台灣社會與中國革命的歷史連帶，卻是「台灣史」敘述的主流。在台灣，以「共產主義」和「威權」概念指稱中國大陸，並以此掩蓋冷戰時代的台灣地區與美國帝國主義統治的宗主–殖民關係，是貫穿各主流派別政治修辭的共同語彙。

將台灣地區建構為「中國的他者」的客觀力量與其說是台灣島內的政治運動，毋寧說是兩個形態不同的統治秩序，即「二戰」結束前的日本殖民主義統治和「二戰」結束後尤其是朝鮮戰爭爆發後形成的美國主導下的內戰冷戰體制。1954 年簽訂的《美中（指蔣政權。——筆者註）共同防禦條約》，與美日、美菲協防條約性質一致，旨在以武力遏制中國大陸、以條約規範台灣行為（如不允許主動進攻大陸）、以聯防形式阻止共產主義滲透，最終造成了台澎「主權未定」的格局。[9]1979 年中美建交後，美國單方面頒佈《與台灣關係法》，以國內法形式替代《美中（指蔣政權。——筆者註）共同防禦條約》，以維持兩岸對立和分隔的既定格局。「台灣人的命運由台灣人來決定」這一口號本來包含着反抗帝國主義殖民統治的內涵，但當這一口號被轉換為針對中國大陸的獨立運動時，其含義恰好與兩種帝國主義殖民統治造成的分隔局面相互呼應，從而以自治或獨立的名義鞏固了這一統治。由於不得不藉助於「中華民國」這個政治外殼，「台獨」運動和「獨台」政治一直在「中華民國到台灣」、「中華民國在台灣」和「中華民國是台灣」等說法之間閃爍其詞。換句話說，當代語境中的所謂「台

9　該條約涉及範圍為台灣及澎湖列島，而不包括台灣當局實際治理的金門、烏坵、馬祖、東引、東沙和南沙羣島。1979 年美國以國內法形式頒佈的《與台灣關係法》第 15 條也繼承了《美中共同防禦條約》的上述範圍。

灣主體性」與現代台灣為擺脫台灣殖民性（對於日本殖民統治而言的後殖民性和對於美國帝國主義支配而言的新殖民性）而進行的艱苦卓絕的鬥爭非但沒有歷史的聯繫，而且更是以割斷或扭曲這一聯繫為前提的，或者說是以台灣地區在美國冷戰體制中的戰略地位的轉變為契機，通過承認「雙戰」構造造成的地緣政治格局為前提的。如果台灣地區的自我定位是從冷戰地緣政治格局中的「中國的他者」衍生而來，那麼，用不同的方式、在不同程度上將日本殖民統治和美國主導的霸權性區域體制合理化，就是這一新的自我定位的必要步驟。

正由於此，九十年代達到高潮的「台獨」新歷史觀必須以「遺忘」藍博洲所探尋的那段地底的歷史為前提。這是藍綠對立中的共識。從 1895 年《馬關條約》至 1945 年日本戰敗，台灣地區經歷了五十年日本殖民統治。2000 年，台灣地區第一次政黨輪替後，民進黨為了從法理上和道德上肯定日本殖民統治與台灣地區自主地位的連續性，不惜將日本殖民統治時期修訂為「日治」時期，並作為教科書的標準用法加以推廣，由此引發了「台灣史」研究中的「日治」時期與「日據」時期的命名之爭。從日本殖民統治的角度說，「日據」時期的「台灣史」可以分為三個時期，即 1895 年的乙未戰爭至 1915 年的西來庵事件的第一時期，大致與殘酷鎮壓台灣民眾抵抗運動的武官總督時期相重疊；1915 年西來庵事件（第一時期最後一次漢人的武力抵抗）至 1937 年日本侵華戰爭全面爆發的第二時期，大致與日本從大正民主時期邁向法西斯軍國主義時期相重疊。在這一時期，日本對台灣的統治政策被概括為對台實行同化政策的所謂「內地延長主義」；1937 年至 1945 年的第三時期，即「皇民化政策」時期，在這一時期，殖民當局取締自治性的社會運動，推進皇民化政策，以使台灣成為其「大東亞戰爭」和太平洋戰爭的後備基地。

但從台灣抗日運動的角度看，日本殖民時代的分期則有所不同。從 1895 年至 1915 年，台灣人民以各種形式對日本殖民統治進行武力反抗，其間大致可以分為三個階段，即 1895 年台灣保衛戰時期、1895 至 1902 年間由北部義勇軍起義延及中南部響應的遊擊戰時期、1902 年屏東林少貓事件至 1915 年西來庵事件所代表的零星抗日武裝起義時期。台灣人民在整個武力抵抗時期的犧牲總人數，至今仍眾說紛紜，但「日軍在台灣的殖民地征服戰爭戰死的人數，遠比甲午戰爭戰死的人為多。至於台灣同胞慘遭日本軍警屠殺的總人數，有學者據日方官書台灣憲兵史、台灣警察沿革志累積統計，總數約近 40 萬人」。[10] 這個數字遠超台灣史上（包括戰後）的族羣衝突受難總人數。1915 年以降，台灣人民的武力抵抗並未終結，如 1930 年霧社事件就是台灣少數民族抵抗日本殖民統治的里程碑，但伴隨日本殖民統治的鞏固，台灣漢人的抗日運動還是在西來庵事件之後由武力抵抗轉為文化抵抗。

面對日本的殖民同化政策，台灣的自治性社會運動和反抗日本帝國主義的革命鬥爭此起彼伏，蔣渭水（1891–1931）是這一時期文化抵抗運動的領導人和代表人物之一。蔣早年學醫並關注中國革命運動，曾致電國際聯盟指控日本妨礙中華民國統一。1921 年，他參與台灣議會設置請願運動，並在以林獻堂為代表的霧峯林家的資助下成立台灣文化協會，倡導民權啟蒙運動；1927 年，台灣文化協會左右分裂

10 許介鱗：《日本殖民統治讚美論總批判》，台北：文英堂出版社，2006，第 17 頁；王國璠：《台灣抗日史》，台北：台北市文獻委員會，1978，第 327 頁。又，陳紹馨在《台灣的人口變遷與社會變遷》一書中，根據日本當局編著的台灣死亡統計報告，以 1937 年為例，發現台灣人的死亡率超過旅台日人死亡率的二倍以上（台北：聯經出版事業公司，1979，第 36–38 頁）。值得注意的是，圍繞日據時期台灣人民的犧牲數字，伴隨「新台灣史」研究的興起，也出現了以「實證」方式遞減犧牲數字的現象。這裏尤其需要思考的不僅是數字本身，而是新的數據之爭隱含的傾向和立場。

後，蔣渭水成立了居於中派的台灣民眾黨。在蔣的左邊，是島內新興左翼奪得領導權的台灣文化協會；在蔣的右邊，則是與日本統治者妥協程度較高但仍追求台灣自治的林獻堂。1928 年台灣共產黨於上海成立之後，先後奪取了島內台灣農民組合以及台灣文化協會的領導權。蔣渭水也於 1928 年成立台灣工友總同盟，並在鬥爭中日漸激進、左傾。[11] 與蔣渭水並肩抗日的許多革命志士，如廖進平、楊元丁、黃賜等，後來均在「二二八」事件中遇害；他的三子同時也是中共地下黨員的蔣時欽遭國民黨當局通緝，流亡內地；與國民黨關係複雜的胞弟蔣渭川則被列入捕殺名單，女喪子傷。

藍博洲的所有作品均深深地植根於這一時代背景之中，通過複雜微妙的人物關係，串聯起台灣歷史的斷續脈絡。他的成名作《幌馬車之歌》從妻子蔣蘊瑜（本名蔣碧玉）及兄弟、同伴的視角展開基隆高中校長鍾浩東（1915–1950）的生命史。鍾具有雙重身份，一重身份是因反抗國民黨專制統治而被槍斃處決的中共黨員；另一重身份是蔣渭水的女婿、著名鄉土作家鍾理和的異母弟。鍾浩東年輕時不願效命於侵華日軍，為逃兵役而去日本求學，後於 1940 年携妻奔赴大陸參加抗日，在廣東惠陽被誤認為日本間諜而遭拘禁待決，幸得台灣抗日先賢丘逢甲之子、少將參議丘念台（1894–1967）的救助，並加入他領導的國民黨第四戰區的東區服務隊，協助審問日本俘虜，從事敵前敵後的政治工作。1945 年日本戰敗後，他們轉赴廣州，協助處理滯留廣州的台胞返鄉。這些台胞大多是被日本強征入伍的軍人和醫護人

11　一生依違在左右之間的蔣渭水，最終接納了第三國際的階級立場及其「資本主義第三時期」理論，因此把「第三期」以及「無產階級的勝利迫在眉睫」這類文字寫入遺言。但因「無產階級」一語過於敏感，故蔣渭水遺言在其逝世之後屢遭竄改，蔣渭水晚年左傾的真相長期遭到遮蔽。蔣渭水遺言的各種版本可參看周穎君（韓嘉玲）：〈哪一個是蔣渭水真正的遺囑〉，《海峽》（台北），第 3 期，1987，第 28–30 頁。

員。鍾浩東夫婦等用台語和日語向他們解釋台灣歷史的演變及回歸祖國後台胞均為中國國民的事實，安定其情緒。鍾浩東年輕時崇拜蔣介石，視之為抗日領袖，但思想上受「五四」影響，接觸社會主義學說，逐漸左傾，1946 年加入中國共產黨。「二二八」事件後，他堅持地下鬥爭，並印行地下刊物《光明報》，「宣傳國共內戰的局勢發展，進行反帝的階級教育」，於 1949 年 9 月初被捕，1950 年 10 月 14 日廣州解放週年那天犧牲。

鍾浩東也是《悲歌》中的一個人物。1946 年 5 月，正是張志忠批准了由台共黨人吳克泰擔任介紹人的鍾浩東入黨。相對於張志忠，鍾浩東只是這一複雜的共產黨人活動譜系中的一個相對邊緣的環節。作者所以慨歎張志忠、季澐的「墳墓竟然埋葬着一段不為人知的傳奇而悲壯的台灣近現代史」，是因為這兩位歷史上的失蹤者恰恰處於這個活動譜系的關鍵位置。在這個譜系中，我們可以找到翁澤生（1903–1939）、王萬得（1903–1985）、蔡孝乾（1908–1982）、侯朝宗（1905–1968）、秋山良照、李登輝、謝雪紅（1901–1970）等各色人物，他們經由不同道路參與過中國革命和共產主義運動，又在殘酷鬥爭的時代走上各不相同的人生道路；奮鬥、犧牲、堅守、疏離、投降和背叛是描述這一時代不同政治選擇的基本語彙。張志忠和他們的交往，以及各自的人生軌跡，共同折射出中國大陸和台灣的曲折、複雜的現代歷程。作者在書中已經對張志忠、季澐的生平事跡做了詳細描述，但為了說明這一點，我還是參照其他資料，摘其大者略做勾勒，以顯示這一歷史脈絡的廣闊與深厚。

張志忠，1910 年出生於日據下的台灣南部嘉義的一戶赤貧農民家庭，1924 年赴廈門集美學校就讀，參與了翁澤生等人建立的閩南學生聯合會，並擔任刊物主編。翁澤生，台北人，先後就讀於集美學校以及瞿秋白、任弼時等早期共產黨人任教的上海大學，1925 年參與「五卅運動」，同年加入中國共產黨，並於 1926 至 1927 年間在漳洲發展組織。1928 年 4 月 15 日，他參與創建了以台籍中共黨員為主體的台灣地區共產黨組織即「日本共產黨台灣民族支部」。1932 年擔任中華全國總工會黨團秘書長。1933 年 3 月在上海被捕並被移交給日本政府，送回台灣。他在獄中受盡酷刑，堅貞不屈，於 1939 年被折磨致死。

1926 年至 1927 年，張志忠參與了無政府主義組織台灣黑色青年聯盟的活動，成為該組織嘉義地方負責人，並因此被日本當局逮捕。黑色青年聯盟領導人是王萬得、蔡孝乾。王萬得，台北人，1922 年加入林獻堂、蔣渭水等領導的台灣文化協會，1927 年在大陸加入中國共產黨，次年轉籍至台灣共產黨，1931 年被選為台共常務委員兼書記長，同年被日本當局逮捕，入獄十二年。「二二八」事件後逃往大陸。蔡孝乾，台灣彰化人，與翁澤生一樣，1924 年在上海大學就讀，受到在該校任教的瞿秋白、任弼時等人的影響；1928 年參與組織台灣共產黨，並擔任重要職務。1932 年紅軍攻克漳州，經紅一軍團政治部主任羅榮桓的介紹，蔡孝乾與許多台灣人一同前往江西革命根據地，他也是台共成員中唯一參加過長征的人物。1938 年任八路軍總部野戰政治部部長兼敵工部部長；1945 年任中共台灣省工委書記，1946 年 7 月返台工作；1950 年初被捕後脫逃，第二次被捕後「自新」，引發著名的吳石、朱諶之案。

1932 年，張志忠由侯朝宗介紹加入中國革命互濟會（赤色救援國際的中國支部）；又經王燈財介紹加入中國共產主義青年團，同年入黨，並回台灣重建台共的黨組織。侯朝宗，嘉義人，1926 至 1927 年投身農民運動，為台灣農民組合領導核心，後潛赴大陸進入國民黨系統任職。抗戰爆發後，他改名劉啟光，在「重慶軍事委員會」總政治部從事專職宣傳工作，後因表現突出被提拔為第三戰區少將兼中央設計委員會委員。1945 年日本投降後，劉啟光出任台灣行政長官公署參議及包括今桃園、新竹、苗栗三縣的新竹縣長；1946 至 1947 年，他負責籌備華南商業銀行（由日據時期的株式會社華南銀行與台灣信託公司合併改組而來），並出任董事長，由此成為台灣金融界的頭面人物。《悲歌》開篇敘述柏楊尋訪劉啟光，其根據便是後來被證實是張志忠、季澐兒子的楊揚自殺時留下的含混不清的遺書。

也是在 1932 年，張志忠回台後因上海台灣反帝同盟「關係者」大檢舉的牽連而被捕關押，但未暴露黨員身份，得以在 1933 年用裝瘋的方式獲得假釋後脫逃。1939 年張志忠在延安抗大受訓後，赴劉伯承部（八路軍一二九師）冀南軍區敵工部，從事對敵宣傳，曾幫助秋山良照等日本戰俘學習進步理論。秋山良照，原日本第四十一師團士兵，在冀南堂邑地區的一次戰爭中受傷被俘。八路軍為其治傷，他還受到陳再道司令員、宋任窮政委的慰問。此後，他發起組織「覺醒聯盟冀南支部」（後改為「在華日人反戰同盟」冀南支部），並擔任書記。1942 年，秋山良照帶領反戰同盟成員參加了八路軍在冀南地區的反掃蕩鬥爭，表現英勇，得到劉伯承司令員的高度評價。

1946 年，張志忠秘密回台，並與謝雪紅、楊克煌、吳克泰等共產黨人建立了聯繫，指導其工作。經過對原有組織的合併和改組，台灣省工作委員會正式成立，張志忠任委員兼武工部長，領導海山、桃園、新竹等地區的工作。也就在這一年，張志忠批准由吳克泰介紹的李登輝加入共產黨。謝雪紅，台灣彰化人，制帽工人出身，1925 年在上海參加「五卅運動」並加入中國共產黨，同年底入莫斯科東方大學學習。1928 年，她在上海參與組建日本共產黨台灣民族支部，任中央候補委員。1945 年 10 月，謝雪紅在台中組織人民協會等組織，後遭陳儀政府強迫解散。「二二八」事件中，謝雪紅在台中號召人民起義，攻佔台中警局及公賣局台中分局，成立「人民政府」和「台中地區治安委員會作戰本部」，並親自擔任總指揮。在她的領導下，起義者攻佔軍營及彈藥庫，為嘉義、虎尾等地的起義軍供應彈藥，並於 3 月 6 日組建著名的「二七部隊」，即「台灣民主聯軍」。起義失敗後，謝於 1947 年 5 月經上海逃至香港，組建「台灣民主自治同盟」並任主席。

「二二八」爆發之後，張志忠與許分一起前往東石，接管拘留所，釋放犯人。他通過以黃文輝為核心的外圍組織，組織嘉南地區自發的武裝羣眾組織。嘉義民眾對警察武裝實行繳械，並佔領市政府。張志忠所領導的武裝力量，即「嘉南縱隊」，又稱「台灣自治聯軍」。1949 年 12 月 31 日，張志忠被捕，堅貞不屈。1954 年 3 月 12 日，「參謀總長」周至柔向「台灣省保安司令部」兼任司令俞鴻鈞發出執行張志忠死刑的命令；3 月 16 日下午 2 時 30 分，張志忠被綁赴刑場執行槍決，時年 45 歲。他的妻子季澐先於他在 1950 年 11 月被槍決。

《台共黨人的悲歌》延續了作者早期紀實性作品的文脈，在敍述上採用了文獻、口述與人物故事相互印證的形式，但與《幌馬車之歌》等作品相比，這是一部嚴格意義上的歷史著作，它所要處理的是「二二八」事件中共產黨人的活動及其歷史定位問題。不同於通常的歷史學著作，藍博洲將自己的調查過程也帶入敍述，用張志忠和季澐的鬥爭和犧牲經歷為線索，串聯起一系列重要的歷史事件和人物，讓「二二八」事件擺脫話語的扭曲，重返其歷史現場。作者顯然相信：這種謹慎的紀實文學敍述（但排斥虛構的）的形式，比通常的歷史學著作的形式，更能呈現發掘和偵測歷史真相的艱難過程。這確是一部被埋藏在地下的台灣現代史，其中貫穿着國際共產主義運動、中國革命和民族解放運動、殖民地民族民主運動等複雜線索。作者的詳細勾勒和考訂清楚地說明：若抽去了這些複雜的線索，台灣現代史便不能成立。

反殖民、反帝自治運動與分離主義論述的歷史演變

當代「台獨」的主體性論述一方面以殖民主義霸權格局為前提，另一方面又試圖為這一論述尋找「本土」資源。如前所述，「台獨」論述的歷史資源之一是從日本的「華夷變態」衍生而來的台灣現代化（相對於「落後的」中國大陸而言）論。[12] 用現代化論解釋台灣殖民史（包括「日據」時期和戰後美國主導的新殖民時期，現在則以更為精密的方式溯源至荷蘭的統治）的效果之一，便是掩蓋殖民地與宗主國在政治和經濟上的依附關係。殖民地的政治結構直接受控於宗主國，而在經濟上則按照宗主國的勞動分工將殖民地社會建構成為圍繞中心地區的邊緣區域，殖民地社會沒有主體性和獨立性可言。一方面用現代化論包裝殖民史，另一方面又將「日據」時期主張地方自治的民眾運動、1947年的「二二八」事件、「五〇年代白色恐怖」時期，乃至整個軍事戒嚴時期的抵抗運動解釋為「台獨」的歷史脈絡，這些論述的真正動機是越過殖民主義歷史而將這些反抗鬥爭嫁接到針對中國大陸的政治鬥爭之中。因此，如何理解「日據」時期台灣抵抗運動的自

12 「華夷變態」一語源自日本江戶時代儒學者林春勝、林信篤所編《華夷變態》（1732）一書。這本書收錄的是中日貿易的口述史料（「唐船風説書」）。在該書序文中，編者説滿清入關後，「四海之內，皆是胡服，中華文物蕩然無存」，「韃虜橫行中原，是華變於夷之態也」。「華夷變態」在直陳中國變為夷狄的同時，還指日本已經成為中華文化的代表，進而獲得了對於中國的文化優越性。

治主張、如何解釋「二二八」事件中共產黨人的活動及其綱領，不但對於打破國民黨和民進黨相輔相成的歷史敘述十分重要，而且也涉及如何評價台灣從日本殖民時代開始的、在戰後逐漸達到高潮的抵抗運動與中國革命的關係。

台灣的共產主義運動與中國革命和國際社會主義運動是甚麼關係，它是中國革命的一翼，還是台灣「獨立運動」的先聲？這個問題對於解釋「二二八」事件也是至關重要的。1947 年 2 月 27 日，因台北專賣局查緝員取締煙販而引發衝突，大批民眾於次日發動大規模請願示威，陳儀用司法手段解決問題的方式未能平息民眾鬱積已久的憤怒。當時國民黨駐台軍隊軍備不足，抗議羣眾衝擊軍械庫，獲得槍支武器彈藥，形成了武裝衝突的態勢。「二二八」事件並非共產黨人策動，而是源於當地民眾對國民黨惡政的自發反抗，但共產黨人因勢利導，展開有組織的武裝和政治活動。根據國民黨「國家安全局」印機密檔案《歷年辦理匪案彙編》第一輯「匪台灣省工作委員會叛亂案」所載，「二二八」事件當時僅有 70 餘名地下共產黨員，1948 年 6 月發展到約 400 人，到了 1950 年 8 月全面逮捕時，已經發展到 900 餘人。[13] 這一數字的變化清晰地顯示出正是「二二八」事件促成了許多青年的思想轉變。「二二八」事件的死難者多為下層民眾，而「五〇年代白色恐怖」受難人多為進步青年，大量無辜者特別是在台無親無故的外省人受難。[14] 兩者之間的區別恰恰顯示出針對國民黨惡政的反抗運動經歷了從自發到有組織的轉化。

---

13 李敖審定：《安全局機密文件：歷年辦理匪案彙編》上冊，台北：李敖出版社，1991，正文第 18 頁。

14 戒嚴時期的白色恐怖受難者約 14–15 萬人，其中 40% 是所謂外省人，而外省人在台灣總人口中僅佔 15%。參看陳明忠口述，李娜整理編輯：《無悔：陳明忠回憶錄》，台北：人間出版社，2014，第 262–263 頁。

在白色恐怖瀰漫的戒嚴時期，國民黨將「二二八」事件渲染為共產黨的陰謀和叛亂，而「解嚴」之後，民進黨及獨派則突出省籍矛盾，將其解釋成為「台灣人的悲情」，並由此上溯至 1895 年以降的各種自治和獨立主張。例如在解釋「『二二八』事件處理委員會」及其處分大綱中的「地方自治」條目時，他們有意識地突出了其中的自治和獨立主張，甚至在左翼中也曾引起對於這些政治活動的懷疑。那麼，究竟應該怎樣理解台灣現代史中的自治運動及其主張呢？

在「二二八」事件前及事件過程中，台灣歷史上有過幾次比較重要的獨立和自治運動。除了二十年代的議會設置請願運動以及同時期各種爭取自治的文化抵抗運動之外，還有三次值得注意的運動：第一次運動即 1895 年建立的「台灣民主國」。這一建國主張是由丘逢甲率民眾代表向巡撫唐景崧提出，並得到後者及台灣國防幫辦劉永福支持。1895 年 5 月 25 日「台灣民主國」建立，改年號為「永清」，以「藍地黃虎」為「國旗」，唐、丘分任正副「總統」。「台灣民主國」實際上存在了幾個月，其領導人因兵敗被迫先後內渡，但漢人武裝抗日運動卻堅持到 1915 年。「台灣民主國」是在《馬關條約》簽訂、清朝被迫割讓台灣後提出並建立的，根本談不上將台灣從中國獨立出去的問題。「台灣民主國」主事者們聲言：「今已無天可吁，無人可援，台民唯有自主，推擁賢者，權攝台政，事平之後，當再請命中朝，作何處理。」又說：「如各國仗義公斷，能以台灣歸還中國，台民亦願以台灣所有利益報之。」[15] 當時深感「為民劫迫，無計脫身，權宜留此」的唐景崧也在其電文中說：「台民自立，萬不得已，非此不足拒倭，免其向中國饒舌。且冀自立後或求外國保護，或求各國公評，但有一

15 參看王炳耀編，《中日戰輯選錄》，台北：台灣銀行，1969，第 67–71 頁。

線轉機，仍歸中國，斷不肯自居化外，換用旗式為開仗計。」[16]「台灣民主國」是抵抗日本殖民主義的政治旗幟，與所謂「台灣地位未定論」或「台灣歸屬問題應該由台灣人民自己來決定」等「台獨」主張毫無關係。[17]

第二個「台灣獨立運動」是 1928 至 1931 年間由台灣共產黨推動的。台灣先後有過兩個共產黨組織，一個是 1928 年在上海法租界成立的「老台共」，另一個則是日本投降後中共在台灣組建的省工作委員會。在第一個時期，台灣淪為日本殖民地，按第三國際的「一國一黨」原則，殖民地共產黨組織隸屬於殖民宗主國共產黨，故建黨初期的「台共」稱為「日本共產黨台灣民族支部」。由於當時日共甫遭「三一五」大檢舉，難以顧及台共的建黨工作，故實際上台共由中國共產黨領導，並委派化名「彭榮」的任弼時指導台共建黨會議。[18] 日本當局在 1931 年大肆逮捕台共黨員，台共組織被迫停止運作，但老台共成員謝雪紅、廖瑞發、楊克煌、蘇新、王萬得、林日高等以不同形式堅持鬥爭，終於在 1945 年台灣光復後的「二二八」事件中發揮了重要作用。

根據蘇新的回憶，老台共先後在 1928 年與 1931 年提出兩個綱領，都規定「台灣革命的性質是無產階級領導的反帝反封建的『民族民主革命』，目的是『打倒日本帝國主義、台灣獨立』」。[19] 兩個綱領在修辭上有些區別，如台共成立時的綱領「第一條：打倒總督專制政

16〈唐撫台來電並致各省（光緒二十一年五月初七日未刻到）〉，收錄於苑書義等主編：《張之洞全集》第八冊，石家莊：河北人民出版社，1998，第 6416 頁。

17 參看蘇新：〈關於「台獨」問題〉，《未歸的台共鬥魂：蘇新自傳與文集》，台北：時報文化出版企業股份有限公司，1993，第 261–262 頁。

18 郭傑、白安娜著，李隨安、陳進盛譯：《台灣共產主義運動與共產國際（1924–1932）研究・檔案》，台北：中研院台灣史研究所，2010，第 69 頁。

19 蘇新：〈關於「台獨」問題〉，《未歸的台共鬥魂：蘇新自傳與文集》，第 263 頁。

治，打倒日本帝國主義；第二條：台灣民族獨立萬歲！第三條：建立台灣共和國」；而 1931 年的新綱領「第一條：顛覆帝國主義統治，台灣獨立；第七條：建立工農民主獨裁的蘇維埃政權；第八條：國內民族一律平等」。相比於第一個綱領中「台灣民族獨立」的提法，第二個綱領中的「台灣獨立」少了「民族」二字。事實上，正如蘇新所解釋的，這兩個口號並無實質差別，因為第一個綱領中的「台灣民族獨立」的真意乃是將日本殖民者同島內被壓迫人民區別開來，其邏輯相當於第二個綱領所說的「國內各民族」，[20] 而不是指區別於中國的「台灣民族」。更重要的是：這是在日本殖民統治下「台灣革命運動最廣泛的統一戰線的最集中的政治口號」，所謂獨立即「脫離日本帝國主義的統治」。在第二個綱領中提出的建立「工農民主獨裁的蘇維埃政權」也在建制上與當時正在江西蘇區形成的「中國蘇維埃政府」相呼應。[21]

第三個被「台獨」敘述利用，也為一些左翼力量誤解的自然是「二二八」事件。「二二八」事件是當代「台獨」運動汲取情感資源、形塑認同政治的關鍵歷史事件，其中很值得注意的一個問題就是如何理解事件發生後組成的「二二八事件處理委員會」的活動，尤其是「處理大綱」中有關地方自治的條款。「二二八」事件爆發後，陳儀提議成立「處理委員會」，共產黨人在積極進行武裝鬥爭的同時，也介入了「處理委員會」的談判鬥爭。而這些共產黨人得以發揮作用的關鍵之一，就是剛在島內生根的中共台灣省工委。「處理委員會」包含左、

20 台灣共產黨 1928 年綱領把台灣地區的少數民族排除在「台灣民族」的形成譜系之外，直至 1930 年霧社事件前後的《政治大綱草案》(不晚於 1930 年 6 月)以及 1931 年綱領之間的一系列文件，台共才開始重視爭取少數民族的問題。以上文件分別收錄於台灣總督府警務局編，警察沿革志出版委員會譯：《台灣社會運動史》，「共產主義運動」，台北：創造出版社，1989，第 24–25、188–189 頁；郭傑、白安娜著，李隨安、陳進盛譯：《台灣共產主義運動與共產國際(1924–1932)研究・檔案》，第 349 頁。

21 蘇新：〈關於「台獨」問題〉，《未歸的台共鬥魂：蘇新自傳與文集》，第 265–266 頁。

中、右各派分子。在共產黨員的領導和支持下，王添燈、林日高等左派人士取得了具有臨時自治政權性質的處委會領導權，迫使官方代表退出。「王添燈、林日高是完全按照地下黨的方針、指示進行了鬥爭的。」[22]「處理大綱」第三十二條提出「地方自治」的條款，引起了不同的解釋。「二二八」事件的參與者、台共黨人蘇新在「二二八」事件後遭國民黨通緝，先逃亡上海，又於同年轉往香港，並與謝雪紅等人共同參與創立了「台灣民主自治同盟」，擔任《新台灣》叢刊主編。早在 1948 年，他便整理台灣革命運動和「二二八」事件史料，寫成《憤怒的台灣》一書。[23] 作為直接參與「處理委員會」籌劃的共產黨人，蘇新的解釋是有說服力的：「當時的地方自治運動是向國民黨統治者要求自治，是為了削弱國民黨的統治力量，擴大台灣人民的政治權利，而不是為了把台灣從祖國分裂出去。不能和今天的『台獨』相提並論。我們說，『二・二八』是『反蔣』，蔣幫說是『叛國』，『台獨』分子說是『反中國』，哪一個說法對，三十二條『處理大綱』是最好的註釋。」[24] 事實上，「二二八」事件爆發之後，延安《解放日報》旋即發表的〈台灣自治運動〉一文，也體現了中共當年的基本立場和策略：「處理委員會通過的三十二條綱領是好的。應當堅決為其實現而鬥爭。接收蔣政府財產，供作自治運動的經費，和建立民主的政務局，作為自治機關的初步，這些都是對的。除此以外，應該立即成立軍務局，把武裝的人民，組成台灣人民自治的武裝隊伍，把廣大的勞動人民武裝起來，並指揮這些武裝，為自衛和爭取自治而奮鬥。」[25]

---

22 蘇新：〈關於「二・二八事件處理委員會」〉，同上書，第 195 頁。

23 葉芸芸：〈蘇新與日據下的台灣共產主義運動〉，同上書，第 131 頁。

24 蘇新：〈關於「二・二八事件處理委員會」〉，同上書，第 196 頁。

25 〈台灣自治運動〉全文參看蘇新：《憤怒的台灣》，台北：時報文化出版企業股份有限公司，1994，第 156–161 頁。

但是，「二二八」事件發生在中國和亞洲地區的變局之中，不同勢力介入其中是不可避免的。2月26日，美國要求聯合國安理會批准其所提託管協定草案，並授予美國獨力管理包括琉球在內的前日本殖民地的權利。[26] 最初的託管構想來自《開羅宣言》，但台灣和澎湖列島明確列入歸還中國之列，即便其他被日本佔領的太平洋諸島其時也並未確定由誰託管。3月1日，台灣島內已有關於託管問題的報道，對於當地精英而言顯然會產生暗示作用。「二二八事件處理委員會」的構成十分複雜。3月3日下午，台北市處委會委派林宗賢、林傳克、呂伯雄、駱水源、李萬居赴美領事館，要求拍發電報；同日，領事館收到一封由141名代表、807人簽名的請願信，內容包括要求「聯合國接管台灣」「切斷與中國之政經關係」等訴求。[27] 台大八位學生也於同日向美國領事館請願支持。我們可以從美國方面的判斷來說明這些現象，並證明蘇新的解釋。美國於1946年春在台灣地區設立領事館。美國方面在戰爭結束前即想把台灣地區變成美國的海空軍基地，台灣地區光復後的所謂「台灣地位未定論」也是美國方面蓄意散播的。[28]

「二二八」事件爆發後，1947年3月6日，美國駐華大使司徒雷登在致國務卿的電文（四六八號）中引用了台灣領事館3月3日來電，其中說：「台灣人強烈希望作為中國國民，但相信如果當前政府採取軍事手段，或不能滿足從三月十日起要討論的政府改革之要求，他們將抗拒政府。他們將以不同程度抗拒所有由大陸上強加於台灣的

---

26 〈美正式要求安理會託管太平洋各島嶼〉，天津《大公報》1947年2月28日第三版。參看褚靜濤：〈美國與二二八事件〉，王建朗、欒景河主編：《近代中國、東亞與世界》，北京：社會科學文獻出版社，2008，第890頁。以下關於美國插手「二二八」事件的相關論述，均參看褚靜濤文及其引述資料，參見同上書第885–899頁。

27 1947年3月5日〈駐華大使司徒雷登致國務卿〉，參見 United States, Dept. of State. *The Foreign Relations of the United States (1947, China)*. Washington Government Printing Office, pp. 429–430.

28 參見褚靜濤：〈美國與二二八事件〉，王建朗、欒景河主編：《近代中國、東亞與世界》，第889–892頁。

非代表性權威政府。重大的經濟脫序將難免，負責任的各部門擔心繼續不穩定會引來共產主義。」事實上，並非因為台灣人要求脫離中國（電文中明確說「台灣人強烈希望作為中國國民」），而正是由於擔心長官公署的暴力手段會引發台灣民眾傾向於「共產主義」，領事館才建議：「在嚴肅考慮後，領事館認定唯一實際的解決辦法是美國自己立即介入，或代表聯合國介入，以阻止政府軍隊一旦在台北被放縱的屠殺之災難，而軍隊之獲放手行事，在三月三日看來是立即的可能。美國的聲望很高，而台灣人深切希望美國介入，他們相信在目前日本享有法律主權地位的情況下，向南京交涉及聯合國直接干預是合理之舉。如此，政府可能在大陸上情況困難之際，藉此機會解脫嚴重和持續的軍事負擔。中國可以確保在台灣回復到一個台灣人享有大幅權利的負責任之中國政府時，有中國參加的聯合國臨時政府會中止。台灣人假設聯合國的控制，還是以美國人為主。他們經常表明渴望民主的政治訓練，也期望最後台灣政府由台灣人自己組成，在中央政府代表台灣。非如此，在台灣發生內戰是最可能的替代局面。」[29]

美國方面確曾勸告蔣介石不要對台動兵，但目的並非民主，而是試圖從國民黨政府手中奪取對台控制權。這也可以從 3 月 7 日陳儀致蔣介石的電文中證實：「此次事件有美國人參與，反動分子時與美領事館往來，美領事已發表種種無理由的反對政府言論，反動分子目前最大詭計是使台灣兵力愈單薄愈好。職三次廣播對暴動事件從寬處置，對政治問題，省府切實容納本省人，縣市長可民選，多數人民均甚滿意。但反動分子又造謠言，謂台人既毀擊殺傷外省人很多，政府

29 〈駐中國大使司徒雷登致國務卿電（四六八號）〉，王景弘編譯：《第三隻眼睛看二二八 —— 美國外交檔案揭密》，台北：玉山社出版事業股份有限公司，2002，第 53–54 頁。

必不會如此寬大……至美國大使館方面，請其通知台灣領事，為顧及國際信譽，勿為台灣反動分子所惑。」[30] 國民黨當局對於美國的圖謀心知肚明，卻不敢公然抗拒，只能將人民起義歸結為共產黨的陰謀。3 月 18 日，蔣經國在致電蔣介石中說：「新美派（指親美派）——林茂生、廖文毅與副領事 Kerr，請美供給槍枝及 Money，美允 Money，Cal. Daw 來，Kerr 調有關。……獨立派——新華民主國 10/3 成立，總統、軍司令官未定，國旗已（陳松堅警務省長）。決定八日夜暴動，七日夜有二名學生被捕，搜出密件，有準備，國軍倘遲一日，不可收拾（亦幸天雨）。……奉主席命，來宣慰，除 C.P. 外，一概不追究，只是幼稚行為。」[31] 最後一句「除 C.P.（共產黨的英文簡稱。——引者註）外，一概不追究」可謂畫龍點睛。電文提及的廖文毅及其兄廖文奎後來在香港組建「台灣再解放聯盟」，實際上是美國中情局直接授意策劃的結果。司徒雷登曾向他們表示：「台灣獨立是一條漫長而艱辛的道路，但值得奮鬥。」[32]

將歷史文獻中反覆出現的修辭連綴為一脈相承的「台獨」主張不過是掩蓋或扭曲歷史的方式，根本問題在於這些自治運動、獨立主張發生在怎樣的歷史條件下，基於何種政治目的、針對哪一個政治秩序和國際關係。丘逢甲在《馬關條約》簽訂後提出的「台灣民主國」、蔣渭水等人在日據時代一度參與的文化自治運動、台灣共產黨為打倒日本帝國主義而提出的「台灣獨立」口號，以及「二二八」事件中提出的高度自治主張，是二十世紀中國歷史命運的有機部分，也是中國革命

30 〈陳儀呈蔣主席三月虞電（大溪檔案）〉，《二二八事件資料選輯（二）》，第 96–97 頁。

31 〈蔣經國電〉，林德龍編：《二二八官方機密史料》，台北：自立晚報社文化出版部，1991，第 157、159 頁。

32 轉引自褚靜濤〈美國與二二八事件〉一文，載王建朗、欒景河主編：《近代中國、東亞與世界》，第 898 頁。

及民族解放運動的獨特方面。二十世紀二十年代至四十年代成長起來的台灣共產主義者在「二二八」之後都認識到了這點。站在當時的歷史語境中，蘇新斷言：「台灣問題是整個中國問題的一部分，因此，台灣解放問題是絕不能與中國人民解放戰爭分開。必須站在中國革命的一邊，台灣才能解放。」「離開『中國革命』而另找台灣解放的道路是不可能的。」[33] 今天，台灣和中國大陸發生了深刻的社會轉變，重複舊的道路已經不再可能，但針對新的發展、探尋新的政治以克服「內戰冷戰雙重構造」，不正需要重新探索、思考以承續先賢的傳統嗎？

就共產主義運動而言，在第一次世界大戰後，運動遠遠地越出了歐洲工人運動的範圍。因此，第三國際建立伊始，民族和殖民地問題就成為共產主義運動必須面對的重大問題。1920 年 7 月 19 日至 8 月 7 日，第三國際第二次代表大會在彼得格勒召開，後移至莫斯科舉行。列寧在會前發表了〈共產主義運動中的「左派」幼稚病〉，並在會上做了〈關於國際形勢和共產國際基本任務的報告〉和〈民族和殖民地問題委員會的報告〉。在後一個報告中，列寧指出必須「把被壓迫民族的、附屬的、沒有平等權利的民族，同壓迫的、剝削的、享有充分權利的民族也明確地加以區分，來與資產階級民主的虛偽性相對立，這種虛偽性蒙蔽着金融資本和帝國主義的時代所特有的現象，即為數無幾的最富強的先進資本主義國家對世界絕大多數人實行殖民奴役和金融奴役」。[34] 提綱特別要求熟悉情況的人對包括中國–朝鮮–日本在內的各地經驗提出補充，並在第 11 條指出必須「使西歐共產主義無產階級與東方各殖民地和一般落後國家的農民革命運動之間

33 莊嘉農（蘇新）：〈談台灣解放問題〉，《光明報》（香港）第 2 卷第 12 期，1949 年 2 月 16 日，第 4–5 頁。

34 列寧：〈民族和殖民地問題提綱初稿〉（為共產國際第二次代表大會草擬），《列寧選集》第四卷，北京：人民出版社，1972，第 271 頁。

實現儘可能緊密的聯盟」；必須揭露「帝國主義列強打着建立政治上獨立的國家的樣子，來建立在經濟、財政和軍事方面都完全依賴於它們的國家」。[35]1935 年，第三國際第七次代表大會分析了法西斯上台的原因，提出建立在工人階級統一戰線基礎上的廣泛的人民陣線的主張，而在殖民地半殖民地國家，共產黨的首要任務便是建立廣泛的反帝民族統一戰線，爭取國家的獨立和解放，並對中國共產黨提出的抗日統一戰線主張給予充分肯定。大會通過的《關於共產國際執行委員會工作的決議》提出執委會的主要任務是制定國際工人運動的根本政治和策略方針，並根據日益複雜的各國形勢，提出應避免在各黨的內部組織問題上進行一般干預。也是在這個意義上，共產黨人的活動與其他爭取民族民主解放的運動有着高度的一致性。

在藍博洲的作品中，那些共產黨人的思想起點多半與反對日本帝國主義和爭取殖民地半殖民地民族解放密切相關。1949 年之後，兩岸分隔的局面與美國直接主導亞洲地區的冷戰格局有着直接的關係，在這一新的條件下，任何脫離對於冷戰格局和美國主導的區域秩序的分析而抽象討論主體性或獨立都不過是對地區和全球霸權格局的承認。亞洲地區的冷戰格局至今沒有終結，但從六十年代開始，兩極化的構造已在持續發生變動。1950 年，朝鮮戰爭爆發，中國與美國在朝鮮半島兵戎相見；1962 年，在持續多年的內部矛盾之後，中蘇論戰公開化，引發了全世界共產主義運動內部的大辯論。中國的獨立自主、自力更生的國內政策，支持第三世界民族解放的國際政策，正是冷戰的兩極化格局發生變化的樞紐之一；而在台灣地區，由於日本在「日美安保協定」框架下侵佔釣魚島，終於引發了以台灣的

35 同上書，第 275 頁。

海外留學生為主的「保釣運動」。這場運動不僅針對日本的殖民統治和對釣魚島的侵佔，而且鋒芒所向，直指美國主導的、以《美日安保條約》等冷戰協定為標誌的區域秩序。這是兩岸冷戰格局發生變動的開端。

在《幌馬車之歌》第二樂章，作者引用鍾理和的《原鄉人》中的一段話，突出了「原鄉人的血」的說法：

> 父親敍述中國時，那口吻就和一個人在敍述從前顯赫而沒落的舅舅家，帶了兩分嘲笑，三分尊敬，五分歎息。因而這裏就有不滿，有驕傲，有傷感。他們衷心願見舅舅家強盛，但現實的舅舅卻令他們傷心，我常常聽見他們歎息：「原鄉！原鄉！」
>
> 我不是愛國主義者，但是原鄉人的血必須流返原鄉，才會停止沸騰！二哥（鍾浩東）如此，我亦沒有例外。

「原鄉人的血必須流返原鄉，才會停止沸騰」是一個樸素的表述。在後現代主義的氛圍中，這一對於「原鄉」的說法很容易被簡化為以血緣、地緣為中心的民族論述。但人們忘記了鍾理和表述的複雜性：「我不是愛國主義者，但是原鄉人的血必須流返原鄉，才會停止沸騰！」為甚麼他在談論「原鄉」時又說「不是一個愛國主義者」？「鄉」是一個更為古老的、基本的範疇，對於「鄉」的情感與民族主義沒有必然的聯繫，卻可能轉化為新的政治。鍾浩東的生命史勾連起丘逢甲、蔣渭水、丘念台、共產黨人的鬥爭以及與之同輩的台灣志士，他們中沒有一個因「省籍」問題而陷入政治糾葛，且無一例外地投身於反抗日本殖民統治的鬥爭。如果要用簡略的語句描述二十世紀的這場悲壯的鬥爭，也許沒有甚麼比「國家要獨立、民族要解放、人民要革命」更能恰當地概括這一時代的精神了。這三句話用「要獨立」「要解放」「要革命」來表述國家、民族、人民，也顯示國家、民族和人民並不是靜態的結構，而是一個能動的政治進程。在這一進程中，每一個方面都以其他兩個方面為前提。或許，鍾理和的這個句子之所以能夠打動藍博洲和許多同道者，是因為他的樸素表述體現了這個時代的精神：張志忠、鍾浩東從抗日、反專制暴政，到最終走向左傾的道路，其實也正是這一歷史脈絡的延伸。

藍博洲引用魯迅紀念「左聯」五烈士的語句「為了忘卻的記念」作為結語的標題。時代發生了變化，紀念並不是為了重蹈革命之覆轍；但「為了忘卻的記念」同時表達了對於二十世紀上半葉發生的那場壯烈鬥爭的忠誠。在二十世紀的殘酷鬥爭中，忠誠與背叛始終是一個基本的政治倫理問題，張志忠、季澐、蔡孝乾、李登輝的各自道路也需要接受這個時代的政治倫理的審問。中國革命是殖民主義和帝國主義時代的產物，也是對一個日漸衰朽的社會進行改造的悲壯行動，對於革命的反思若抽去了這些前提，就只能轉化為對於革命對立物的辯護。在後革命的時代，對於這一歷史進程進行深刻的、批判性的反思是必要的，然而在中國大陸，這一反思已經蛻變為嘲諷和唾棄，媒體上飄蕩着省略了歷史重量的，遮掩那個時代的腥風血雨、衰朽腐敗和內外交困格局，因而也必然否定那個時代爭取解放的政治進程的「民國熱」。時至今日，我們不能不思考「台獨」擴張的多重歷史合力，否則便不能理解為甚麼一些原先並不認同「台獨」主張的社會運動逐漸完成了向「台獨」意識形態的轉向，許多本無明確政治主張的人物在新的潮流中、在各色旗幟下，一撥又一撥地成為弄潮兒。若從那場革命的視角看，背叛已經在各式裝扮中成為時代的精神。這是無情的顛倒。在一個變化了的環境中，如何理解忠誠與背叛？「為了忘卻的記念」提出的正是這一複雜而尖銳的問題。在藍博洲的筆下，張志忠、鍾浩東的生命史勾連起的並不只是共產黨人的活動，而且是從十九世紀末至二十世紀上半葉的台灣現代抵抗運動的歷史，其中丘逢甲、蔣渭水、楊逵、張志忠、謝雪紅等不同政治背景的人物與台灣普通大眾一道構成了歷史運動的譜系。「但我知道，即使不是我，將來總會有記起他們，再說他們的時候的。」[36]1933 年魯迅是這麼說的，如今藍博洲也是這樣想的。

忠誠總是表現為對過去的回歸，如「記起他們」「再說他們」，但每一次「記起」和「再說」必定包含了新的內容，正如鍾浩東、張志忠在不同階段，面對不同形勢而做出不同的政治抉擇一樣。忠誠不是盲目的信任，而是價值判斷的根源。在今天，台灣島內兩黨政治的常規化、此起彼伏的社會運動並沒有從根本上改變在「雙戰」條件下形成的霸權構造，但新的形勢對內戰以來國共兩黨主導對話的歷史格局形成了重大衝擊。伴隨着兩岸經濟關係和文化交往的深化，通過日常生活方式的互動、更為廣泛的對話，並形成共同奮鬥的目標，以超越內戰冷戰的遺產，是必然的選擇。這是新自由主義經濟體制面臨難以克服的危機的時刻，是十九世紀至二十世紀形成的政治制度深陷「代表性斷裂」危機的時刻，是作為熱戰與冷戰遺產的地緣政治格局發生微妙變化的時刻。這也正是「記起」「再說」二十世紀中國革命遺產的時刻。「記起」「再說」並非為了回到過去，而是為創造兩岸關係的新格局提供靈感與力量。對於那些以（被迫地）失去歷史為起點的一代人而言，「為了忘卻的記念」或許是為未來而重塑記憶的最後的契機罷。

36　魯迅：〈南腔北調集・為了忘卻的記念〉，《魯迅全集》第四卷，北京：人民文學出版社，2005，第 502 頁。

作者近三十年如一日地發掘這些被遺忘的精魂，不正是通過「為了忘卻的記念」而重新提出關於未來的願景嗎？

2014 年 6 月 22 日凌晨初稿，25 日凌晨修訂，28 日定稿

鳴謝：本文初稿完成後，得到幾位朋友的熱心批評和建議。丘士傑先生不但幫助核訂了文中涉及的一些史實，還熱心地為我影印了在京較難查找的一份文獻。在此對丘士傑先生和其他友人提供的幫助深表感謝。當然，文責自負。

第八章

當代中國歷史巨變中的「台灣問題」[1]

台灣政治紛繁變化，從政治領導人到社會運動，其興也勃，如風雲凝聚；其亡也忽，如水銀瀉地，看得多了，有時會失去敏感。2014年這場「太陽花運動」，看似與之前的運動前後相連，但又有所不同。年輕一代的姿態確實對上一代的思考產生了衝擊，一個新的時期似乎正在到來。但事實上，分析當代「台灣問題」不可能離開大陸自身的變化與發展；兩岸關係也不只是兩岸之間的關係，而且是兩岸各自內部關係重構並相互塑造的結果。對於台灣而言，大陸的每一次重大變化，均會在島內產生不同程度的政治後果 —— 反之亦然，雖然規模不同。但複雜的是，現在的「台灣問題」與兩岸關係問題又不能局限於台灣與兩岸：它要置於資本主義世界體系重心轉移過程中的「中心」與「邊緣」關係再調整、歐亞經濟中心東移帶來的陸地與海洋關係的複雜變遷之中來考察。

1 本文根據筆者於 2014 年 6 月底與台灣友人的談話記錄整理而成，刊發於《文化縱橫》2015 年第 1 期。筆者在發表前審訂並修改了文稿。

兩岸政治關係的危機與「統派」的式微

「反服貿運動」顯示出兩個重要問題：一是兩岸關係的平台，即國共兩黨關係，面臨嚴峻挑戰；二是台灣「統派」作為一個重要的政治力量已經式微了。這兩個轉變均非突發現象，也都與大陸「去政治化的政治」和「代表性斷裂」相關。我們可以從幾個方面來分析這個問題。

「中國」意義的變化

在冷戰的時候，毛澤東說：我們一定要解放台灣；蔣介石說：我們要反攻大陸。一邊是社會主義和民族解放，另一邊是三民主義和民族統一。「中國」作為一個激烈爭奪的政治範疇，在對立雙方都是明確的存在；在國際上也是這樣，左翼都支持大陸解放台灣，美國及其盟友都支持台灣地區，但在戰略上美國又用協防條約的形式限制台灣「反攻」大陸。朝鮮戰爭期間美國曾考慮讓台灣出兵，蔣介石也做了準備，但最終擔心此舉引發中國大陸解放台灣的反應而放棄了。兩岸雙方對「中國」的「正統」的爭奪非常清楚，美國卻一直是遏制兩岸「接近」（無論是武力形式，還是和談形式）的力量。現在情況不一樣了：中國大陸不再提「解放台灣」這個口號，台灣也不提「光復大陸」，由於台灣島內分離運動的發展，兩邊矛盾不再以爭奪「中國」為標誌。「中國」作為一個政治的範疇，已經退化成為一個地理的範疇了。台灣不爭了，它的口號已經從「中華民國到台灣」「中華民國在台灣」發展為「中華民國是台灣」，「中國」作為政治的空間、政治認同的根據都不需要爭奪了。從中國大陸的角度說，這個轉變是政治觀發生重大變化的結果。大而言之，這個問題可以溯源於社會主義實踐的危機，即試圖用社會主義運動來解決政治認同問題的努力遭遇了挫折。在這個問題上，如果社會主義運動繼續展開，即便兩岸仍然不能達成既定的政治統一，也不存在現在的台灣危機，兩岸問題至少會是另外一個以爭奪「中國」範疇為中心的問題。

從中國大陸內部來講，社會主義政治運動所寄託的是一個解放的理念，這個解放是通過階級、工人階級、工農聯盟、統一戰線、民族解放這一系列的政治構成來實現的。中國的所謂「代表性斷裂」，第一表現為工人階級政治的衰落，「工人國家」的衰落，即不存在十九至二十世紀意義上的社會主義國家了；第二是作為領導階級的工人階級的衰落和工農聯盟的徹底瓦解，即不存在這兩個範疇或是這兩個範疇徹底空洞化，以工人階級領導工農聯盟為基礎形成的廣泛統一戰線的人民範疇也就不存在了。在這個意義上展開的民族解放事業失去了它的基礎和效能。由於其隱含的階級範疇不復存在，少數民族作為一個被壓迫民族的概念，就轉化為了族羣、族裔的範疇，或以族裔性為中心的民族範疇，其認同政治只能圍繞族羣身份展開。從國際視野看，社會主義中國在國際領域的代表性表現在中國與第三世界的反對聯盟，與第三世界和第二世界的統一戰線，與第一世界的博弈關係；正是由於這一遺產，中國與亞非拉的關係 —— 尤其是與非洲國家和拉丁美洲國家 —— 在全球化條件下獲得了新的機遇，這是影響當代世界格局的大事。毫無疑問，這一關係正在經歷深刻的重構過程，以資本輸出、商品輸出和資源貿易為中心的跨國流動已經取代或部分地取代曾經的國際主義，成為中國與第三世界國家間關係的更為實質的部分。在今天，重提萬隆會議精神，或許是再恰當不過的時刻了 —— 重提不是為了重返二十世紀五十至六十年代，而是探索二十一世紀的國際主義的可能性和新的內涵及形式。

總之，所有這一切統統都改變了。換句話說，原來的政治實踐的所有層面，從階級聯盟，到人民、民族、國際，統統都轉變了——隨着政治實踐的轉變，與前述政治實踐相關的政治結構與政治範疇也都瓦解了。而所謂「解放台灣」，在原來的政治結構中是建立在以上這些政治範疇之上的。對於大陸而言，「台灣問題」當然是一個嚴重問題，但大部分人只是在主權問題上理解它，並沒有認識到這一問題是上述政治問題的衍生物。統一問題一旦被貶低為一個族裔性問題或者說一個族裔民族主義及其主權形式的問題，就喪失了其真正的嚴重性。台灣問題被包裹在一個日漸失去效能的舊的主權概念中，就會失去其政治內涵。

中國內部的「離心力」，很大程度上是與上述轉變相互關聯的。中國精英甚至部分大眾性的潮流，對於中國政治體制、對於社會主義體制的懷疑和拒絕，略有政治性的表達是「自由主義憲政」，在民族問題上則表現為具有離心傾向的族羣矛盾。台灣的「獨台」和「台獨」其實是「分離主義」，原因是離開二十世紀「國家要獨立、民族要解放、人民要革命」的三位一體的政治潮流，離開反帝反殖的歷史語境，所謂「獨立」這個範疇是無從界定的。「分離主義」的重心從「台獨」向「獨台」的轉化，即從政治分離向承認現狀轉化，也顯示「獨立」這個命題實際上並不具有實質意義。「台灣問題」是一個甚麼樣的問題呢？中國大陸喪失了從四十年代末期到五十年代開始的解放台灣的動力——那個動力是中國革命的持續進程的產物，這個過程不存在了，動力也就不存在了；台灣的狀況則是——除了少數人物之外，基本上不存在「統派」了。

「統派」的式微

「統派」、「台獨」或「獨台」等通俗說法包含了許多情感和意識形態內容，也預設了一定的價值判斷，我們應該做進一步的分析。但不用這些概念，換成分析性的範疇，恐怕人們會覺得過於陌生。我們姑且在描述的意義上這麼用。台灣「統派」的概念形成於與「獨派」的鬥爭之中，但其歷史地基卻廣闊深厚得多。從 1895 年淪為日本殖民地至 1945 年台灣光復，台灣進步力量對民族解放的探尋從未停息；冷戰時代，兩岸分治的局面同時帶動着兩岸對於統一的探索；後冷戰時代，這一探索從以武力解放 / 光復（不排斥和談）為主導向以和平統一（不排除武力統一）為主導轉變是一個重要的進展。因此，我們可以區分出「統派」的廣狹二義。狹義而言，所謂「統派」就是在台灣島內主張祖國統一的政治力量；就廣義而言，「統派」是二十世紀中國反對帝國主義和殖民主義統治、追求中華民族解放的大潮流的餘脈，其在島內政治格局中的力量雖弱，卻與兩岸及世界各地支持中國民族獨立與解放的人們聲氣相通。在這個意義上，「統派」雖然構成複雜，卻可以視為二十世紀世界民族民主運動的有機部分。我們不能像現在一些流行說法那樣，將「統派」的式微解釋為現有政治格局中某種派別的衰落，而應將其視為一種總體格局發生巨變的症候。也正由於此，如果「統派」在台灣政治光譜中消失，兩岸也就沒有能力在二十世紀中國的地基之上，創造源自兩岸社會內部的、趨向於統一或統合的互動過程。

台灣「統派」式微是一個長期過程，提出這一點並不是說如今沒有支持統一的人了，而是說這些人及其活動如同孤軍奮戰：先是從一種政治共識蛻變為一個政治派別；現在即使是作為一個政治派別，它在台灣政治格局中已經潰不成軍了。「台灣問題」的核心不在於它有沒有「獨派」即分離派，而在於既不存在「反共」的「統派」，也幾乎不存在支持共產黨的、作為政治有生力量的「統派」（沿着早期左派的脈絡堅持下來的少數力量如勞動黨等始終堅持祖國統一，但在台灣政治光譜中處於極為邊緣地位），佔據政治中心地位的是在統獨名義下格鬥的泛藍「獨台」派和泛綠「獨台」派。「統派」落潮其實也是一種標誌，它表示從二十世紀中國革命和民族解放運動中產生的民族意識逐漸失去了政治能量。唯一還可以勾連的是所謂「文化」。文化到底在甚麼意義上能夠上升為政治認同是完全未定的，這一點許多持分離立場的人早就這麼說了。如何將古代優秀傳統與為現代中國人的生存而奮鬥的文化結合起來，在中國大陸也有待探索和澄清，這一點對於兩岸之間言說文化的方式也產生了影響。

1992 年，民進黨還處在黨外運動向政黨運動的過渡期，他們在美國的台灣留學生中也算少數派。那年我初到哈佛，恰逢呂秀蓮來哈佛演講。台灣的留學生問她：你要「台獨」，那你算不算中國人？她回答說：「Ethnically, I'm Chinese, politically, I'm Taiwanese」，將族羣與政治區分開來說。她沒有提文化。今天，許多人談中華文化，與過去支持統一的人談中國文化不一樣。伴隨「統派」的式微和「獨台」的主流化，新的趨勢是在「獨台」的前提下談論中國文化。這其實很自然。由於台灣地區的歷史、地緣和文化傳統，不講中國文化，台灣地區的內部認同危機就沒辦法解決，因此在「獨台」框架或承認現狀框架下來承認中華文化的合法性，與統一——包括「文化統一」——沒有任何關係。有趣的是：當台灣地區「統派」式微之時，為了在「獨台」基礎上進行重新整合，「基本教義派」的「台獨」主張成為台灣社會內部經常被批判和指控的東西，以至於造成一種幻覺，似乎反對「台獨基本教義派」就等於「統派」。在知識領域裏，這種現象更甚，很少有人 —— 包括「獨派」知識分子 —— 願意把自己說成是「基本教義派」。這不過是「獨台」理念佔據中心地位的後果。在這種政治理念中，並不存在「統」的位置。

甚麼是「統」?「統一」還是「統合」，哲學上涉及一與多的關係，政治上則是統一與制度多樣性的關係。「一」內在地包含了「多」，「一」就是「多」在互動中形成的狀態，「一」因而也是一種關係狀態。所謂「多元一體」「一體多元」，或者，「跨體系社會」「跨社會體系」，都以不同的形式和內涵表達一與多的關係。無論在歷史上，還是現代中國，對於制度多樣性的實驗從未停止。但就兩岸關係而言，所謂「統派」，不管其內部差異有多大，均承認以一個中國為原則框架來解決兩岸問題，而由於「一」內在地呈現為「多」，對於「一」的言說必然包含了多重性，但這種「多」在態勢上不是趨向於「分」，這就是互動與和談的基礎。說「統派」式微了，並不是說兩岸缺乏民間的、歷史的、親緣和地緣的血肉聯繫，而只是說這些聯繫無法上升為推進這一進程的政治力量，也就失去了大眾政治的領導權。

或許有人會問：沒有「統派」又怎麼樣？我的回答是：「統派」的誕生是對「獨派」潮流的回應，其衰落只是社會潮流發生轉化的標誌而已；所謂「統派」式微並不代表其徹底消失，毋寧處於消長起伏的消與伏的歷史階段而已。在這個階段中，由於體現在日常生活世界中的歷史聯繫和情感聯繫被人為壓抑和政治扭曲，台灣島內難以形成真正的社會團結，裂隙和情感傷痕將長久存在；沒有「一」，所謂「多」將因缺乏共同平台而陷入孤立、疏離和持續隔絕的境地，兩岸關係也會因為缺少能夠相互溝通的橋樑，難以形成改變區域霸權構造的共同力量。由於地緣、歷史和現實的原因，台灣與大陸存在着難以分割的經濟、政治、文化聯繫，試圖脫離大陸解決其內外危機是不可能的。試圖將兩岸關係懸置起來談論台灣認同，台灣內部和區域內部的政治斷裂就是不可避免的。換句話說，「統派」的式微不僅是兩岸問題中必須面對的根本問題，而且是台灣內部政治危機的一個部分，也是亞洲區域改變冷戰和後冷戰格局的關鍵所在。中共用連戰、宋楚瑜這些國民黨二代作為代表，他們屬於逐漸退出歷史舞台的一代，但還綿延着內戰和冷戰時代的一部分印記（也就是「右統」的印記），加上改革時期他們在兩岸交流中的新角色，將他們作為聯絡對象是自然的，但把他們當作「統」的象徵，內容已經是空洞的，因為他們對美日的支配結構習以為常，對年輕一代也毫無影響。這個遊戲已經到了快結束的時候。兩岸關係和台灣內部關係都處於由於「統派」消失或者說「獨台」成為主流而產生的困局之中。

在台灣島內，比較明確意識到這一點的其實是辜振甫及其周邊人物——這裏不談他們複雜的歷史背景。我順便講個小故事，李登輝提出「兩國論」的 1999 年，我去參加辜公亮基金會為《嚴復合集》出版而組織的一個嚴復學術討論會。我那時在社科院工作，申請入台證手續複雜，邀請方來電話表示要去幫我疏通關係。放下電話後不到一小時，國台辦就給我打電話，要我直接去拿入台證。到了台灣，辜振甫秘書來機場接我，方才知道他們使用了直通電話。辜振甫的秘書在路上跟我說：辜先生這一代人的使命已經完成了，再也走不下去了。我問為甚麼。他說：導彈危機之後，辜振甫於 1998 年 10 月訪問上海和北京，10 月 15 日在上海新錦江飯店白玉蘭廳，汪、辜在一種「家庭式的氛圍」中會談，達成四點協議。談判其實是一個非常艱難的過程。汪道涵在歡迎宴會上就說：促進兩岸政治談判是現階段全面推進兩岸關係的關鍵。汪道涵和辜振甫單獨一桌，品茗而談，隨員位置相距較遠。午飯吃完了，形成了四點共識，緩解了那一次台海軍演之後的緊張局勢。但辜振甫回台後，台灣方面並未沿着四點共識的精神向前推進，反而不斷放話，設置政治談判的障礙。辜振甫的秘書說，那次四點協議之後，辜振甫自己說，從現在開始，我們能做的都做過了，到頭了，再也不可能了；要有新花樣，就要換人了。當然，李登輝之後的變化恐怕也超出他的預估。其實，從國民黨官方來看，國統綱領正式的完結是在 1996 年前後，李登輝已經在為「兩國論」出台做好鋪墊了；所謂「特殊的國與國的關係」也可以說是「獨台」的理論表述。在「獨台」—— 以承認現狀為特徵的分離派 —— 成為主流的氛圍中，你也可以說，現在的台灣政治仍然處於李登輝時代或李登輝時代的漫長陰影之下。

政治領域發生認同危機要更早，這確實跟中國大陸的變化關係很大。1989 年政治風波對台灣和香港地區乃至整個世界的衝擊是不能低估的。陳映真在九十年代初來大陸的時候，非常焦慮的一個問題是中共黨內的變化。從二十世紀的政治視野來看，如果大陸不再有社會主義理念，統一的政治基礎就動搖了，統一不僅僅是形式主權的問題，而且是民族解放的問題。1997 年，我去中研院參加學術會議，陳光興拉我去參加「台社」的活動，那是我第一次感受到我的「大陸身份」。那一次訪台期間，我也見到陳映真，看得出來他很孤獨，被「獨派」攻擊，被年輕一輩的左派疏離，甚至追隨者也在分崩離析。陳映真被孤立最初是因為 1989，那時他公開發表文章為大陸辯護；這件事情變成許多人攻擊他的一個藉口。他挺中國大陸不是基於一般中華主義立場，而是基於他從政治的角度對美國霸權、冷戰格局及中國的社會主義運動的歷史位置所做出的分析。大陸的一些政治人物關心統一，卻未必明白存在完全不同的對於統一的理解，他們的統一觀也是「去政治化的」。陳映真就說，他被邀請參加人民大會堂的宴會，與那些當年參與迫害他們的人同桌共飲，就像被拉郎配一樣。

時代發生了變化，固守冷戰時代的敵我定位已經不合時宜，統一戰線需要打破原有的階級邊界，團結各種能夠團結的力量，形成新的政治。但這個打破邊界的過程如果不是基於對矛盾及其轉化的分析，而是否定或遮蔽矛盾，就不可避免地陷入機會主義的陷阱。這個陷阱也就是接受「歷史終結論」，放棄對新的社會道路的探尋。真正讓陳映真感到孤獨的，是他到了大陸以後發現他跟所有見到的大陸作家完全不能交流了。阿城有一篇文章講到他們在愛荷華，他調侃中國革命的發言惹得陳映真大怒。不記得是哪一年了，反正是九十年代，王蒙等在青島開一個環境與文學的會，陳映真基於他對資本主義生產與環境關係的唯物主義解釋，對環境問題做了理論分析，結果遭到與會者的反對。張賢亮在會上說：寧夏最歡迎大家去「污染」（投資即有污染）了。從青島回到北京後，陳映真約我見面，感慨良久。作為左翼統派的代表，他的憤怒不僅產生於政治立場的隔膜——在這方面，反而是自以為脫離了「政治立場」的大陸作家或知識分子更加重視「政治立場」，也更習慣於黨同伐異。他的憤怒中包含了一種對政治地基變動的感覺。陳映真對歷史變遷的敏感遠非他的大陸同行能夠理解。他看到這個地基一天一天地被瓦解，帶着憂患之心反思自己經歷的時代，而他的大陸同行卻歡天喜地。

新的文化、新的政治、新的我們

考慮「台灣問題」，我們也可以將新疆問題置於視野中。抗戰期間，茅盾受杜重遠邀請去新疆，擔任新疆文化學會會長。當時去新疆的不是他一個人，而是一批人，陳潭秋、毛澤民等後來犧牲在那裏了。茅盾和趙丹屬於死裏逃生者。當年茅盾這些人把新文化運動的成果介紹到新疆，很多維吾爾精英非常認同，他們覺得這是一種值得追求的新文化。這對於新疆的中國認同有很大的作用。這裏說的「中國認同」是一個政治的概念，包含着政治的和日常生活範疇的價值，而不僅是族裔的或主權的概念。那時候新疆的精英不會覺得新文化是漢人的文化，而是一個新的、代表了真正進步的目標的文化，這也是維吾爾民族應該認同的文化。茅盾等人冒着生命危險做這件事情，對中華民族的現代形成過程也是一筆貢獻，可是沒多少人記得這些事，中國的知識領域、文化領域的人也沒有充分認識其意義。他們的貢獻，現在談得很少，一般的漢族知識分子根本就不知道他們在那兒做了甚麼。更不用說，幾乎沒有多少人知道那時候有哪些維吾爾精英分子也投身了這個運動。這不是一個漢人的運動，而是一個新文化運動。新疆喀什師範學院的古麗娜爾老師在討論中，曾把現在的新疆跟三十年代做了一個對比。現在許多當地年輕人正在向宗教——也包括比較保守的教派和教義——回歸，而精英階層——無論是漢族、維族或其他民族的精英階層——並不代表任何新的價值。的確，我們很難在當前的文化生態中看到一種能夠推動各族人民互助團結的文化運動，以及發自內心普遍認同並努力追求的文化價值。

茅盾等人做的工作就是創造文化政治。那麼，有沒有新的文化政治在海峽之間產生？這很重要。如果沒有文化政治，要不就是統，要不就是分——不是互相遏制，就是武力威脅。文化政治並不等同於文化統戰，統戰通常以既定的目標和理念為前提，力圖擴展其實踐範圍。文化政治的實質是構建理想，文化統戰只是實現這一理想的手段之一。文化政治關心的是內容、是終極價值，而文化統戰注重的是形式與戰略。兩者的關係是有機統一的，若只有統戰策略，而提不出新的政治目標和理念，就只能是汪洋中的無舵之舟。因此，文化政治是產生理念的過程，並通過踐行新的理念或更新舊的理念，修改舊的政治路徑，創造新的社會力量。因此，文化政治的目標不是創造作為一個政治派別的「統派」，而是創造一種局勢，這種局勢能夠喚起兩岸人民的共同連帶感，並由此帶動超越僵化的社會關係（藍 / 綠、外省人 / 本省人）的政治能量，形成新的社會力量。這種文化政治不是對既定的力量分野的確認，而是對這種分野本身的改造。在二十世紀，真正促成社會團結的力量是一個代表着普遍的解放進程的新的文化運動。維吾爾精英分子窮其畢生心力翻譯魯迅的著作，使得魯迅也成為維吾爾現代文化史上的豐碑，我們可以從這個事實中學到甚麼呢？如果魯迅的作品被定位為漢人的作品，魯迅的文化政治被定位為漢人的文化政治，就不成其為新政治，而蛻變成十九世紀的舊政治了。茅盾這些人在新疆的案例是很有意思的，如果他們只是代表漢人而不是代表一種進步的文化，我們怎麼能設想魯迅會成為幾代維吾爾知識分子心目中的文化英雄呢？討論文化政治的問題不僅是一個策略問題，而且是真誠地考慮中國各族人民的根本利益的問題。但是，這樣的一個政治怎麼產生出來？這是一個重要的但沒有清晰答案的問題。

二十世紀中國的文化政治不是孤立的過程，而是社會改造運動的一個有機部分，其中軍事鬥爭、政治制度的創新與土地改革就是這一社會改造運動的有機部分。我們不妨將台灣的情況與西藏、新疆、內蒙古等地區做個比較。國民政府對新疆持續推行中國化過程，包含着政治上對蘇聯的抵禦。清代以來，俄國介入是新疆問題的一部分。十月革命後，蘇聯對這個地區的文化和政治影響很大，並與中國革命的浪潮相互呼應。對此，楊增新時期有抵抗，盛世才時期有抵抗，四十年代國民黨政府時期有抵抗，他們的抵抗都訴諸中國化的策略。抗日戰爭時期，國民黨的主張是「中華民族是一個」，這在反抗帝國主義侵略方面是積極的、重要的主張，但在外部入侵問題解決之後，這個主張如果不與民族平等的新政治相結合，就可能被視為漢族中心論的主張。在反帝反侵略的語境中，在存在世界霸權的條件下，「中華民族是一個」的口號是政治性的，即內在於國家要獨立、民族要解放的政治潮流的；脫離了這一政治語境，若無新的政治介入，它也可能蛻變為去政治化的口號。

1949 年後，中國共產黨以民族平等為原則推行民族區域自治。西藏政治結構、宗教結構很清楚，而且解放西藏是由上而下，完全從外面進去。1950 年解放軍進藏，沒有觸動西藏社會的政治、經濟和宗教結構，毛澤東對達賴喇嘛、班禪喇嘛說是給他們「幫忙」，結果 1959 年爆發了危機。只是在平叛的過程中，農會才組織起來；事實上，只有讓普通農民或農奴通過土地改革加入新的社會進程，新中國的認同才能真正建立起來。從政治的角度說，中國大陸土地改革的暴力性程度高，這是二十世紀革命與反革命之間鬥爭的特點，但是它在創造政治能動性方面要成功得多，即通過翻身政治，創造出新的政治主體，政治認同跟隨着土改過程而轉變。創生新的政治主體並不一定需要暴力，但對暴力的反思卻不應遮蓋政治創生的歷史。可以肯定地說：在八十年代以前，由於土地改革，中共政權由上至下地推動了一個由下而上的運動，兩者匯合重構了西藏社會，奠定了共產黨統治的合法性。西藏土改過程中，有政策失誤，也有因幹部水平和作風所導致的嚴重問題，但在八十年代末期之前，這些問題並未動搖藏人對於新中國的政治認同。

為甚麼國民黨會被認為是外來政權？這是一個複雜的問題，因為除了山地部落之外，所謂台灣人也都是在不同時期移民台灣的大陸人。即便在台灣語境中，從大陸去並不等於就是外來的。高金素梅從本土族裔的角度譏諷排斥「外省人」的人也是「外省人」，算是點到了痛處。1945 年日本投降後，陳儀剛被任命為台灣行政長官時，並沒有人認為這是外來政權；1949 年陳誠接任省主席，國民黨退守台灣，也沒有被認為是外來政權。那時日本戰敗與回歸祖國還是敍述的主要框架。按照陳明忠的說法，「台獨」第一波，牽頭的是林獻堂這些人，甚麼原因呢？他們代表的是台灣地主的利益。林獻堂在「日據」時期的台灣自治運動中是偏右的，他們擔心土地改革會損害他們的利益。一般來說，台灣的土地改革今天被認為是比較成功的。相對於大陸的土地改革，台灣的土地贖買，暴力性很低，這是其好的一面，但贖買過程缺少台灣當地人民自主參與改革的能動性，也就缺少了從草根裏面產生出的政治主體性。台灣土改沒有自下而上的過程，也就沒有真正的政治動員，認同的根基是淺的。這是不是就是「台獨」萌芽的最初因素呢？我了解不夠，不能下結論。

經過內戰、民族戰爭和漫長的革命，中國的社會動員所達到的深度是過去從來沒有過的，也是王朝歷史上從沒發生過的。但這個進程沒有結束，認同危機也並未過去。以清朝為例，第一代遺民還在，反抗此起彼伏；第二代遺民已經入仕了，反抗逐漸消歇；到第三代，不但認同問題大致解決，周邊王朝也承認其作為中國王朝的合法地位了。也就是說，三代過後就是中國了。共產主義革命在創造新認同方面的成就確實驚人，但現在的狀況不容樂觀。在有些少數民族地區，70 歲以上的老一代人認同中國，對現狀擔憂；50 歲上下的中年一代人牢騷滿腹，大體上承認歷史，但要求改變現狀；第三代人，也就是 20–30 歲的一代，不但趨向於宗教認同，而且有些傾向於暴力。台灣的分離傾向上升為巨大的政治潮流其實也是在 1989–1991 年的全球巨變之後，情況不同，但氛圍是相互交叉的。

討論兩岸問題，離開新的政治論述是不可能的，僅僅靠着回到保守主義的文化政治也是不可能的。二十世紀提供了促進兩岸統一的最為深厚的政治傳統，一種超越兩黨政治的認同政治也恰恰是在兩黨帶動的政治鬥爭中形成的，但這個模式已經難以重複。有人換一種想法，認為只要認同共同祖先就可以，似乎認同只是尋找共同性，而不需要博弈和鬥爭，這如果不是天真，便是太簡單化了。中國政治保守派的誤區，就是以為只要還談中國文化就可以，但他們不了解政治上「統派」的消失的含義是甚麼。在「台灣問題」上，在統一問題上，今天最困難也最重要的挑戰就是如何重新讓「中國」變成一個政治範疇，而現在中國甚麼都有，但在如何回應「何為中國」這一內涵極為豐富和深邃的問題上卻常常流於淺薄。有人會說：地理、人口和主權，這還不夠嗎？中國已經是一個歷史文明，為甚麼還必須是一個政治範疇？我們看歐洲統一的進展與曲折，或許就可以找到一點啟發。十多年前，《讀書》雜誌就曾發表過哈貝馬斯和格林等人有關歐盟憲法問題的討論，除了究竟是憲法還是憲法草案或憲法協議等程序性問題之外，他們共同確認的是社會市場經濟、福利國家和民主等政治價值。這些政治價值不僅代表着歐洲的歷史傳統，而且也是針對新自由主義浪潮而產生的、立足於歐洲現代傳統的政治論述。在這些政治論述強而有力之時，歐洲統一的進程就比較順利，相反，伴隨歐洲國家亦步亦趨追隨美國，向新自由主義政策傾斜，不但社會民主體制面臨挑戰和危機，歐洲統一也面臨危機和分離的局面。我並不是說我們需要搬用歐洲的案例或價值，而是藉此說明：沒有有力的政治論述，內部搞不好，外部也搞不定。不知道誰是敵人，誰是朋友；不知道該去聯合誰、依賴誰、反對誰，最後就是不知道自己是誰，離心力的產生就是必然的。這一切就是政治危機的癥結。

新的文化政治需要創造新的「我們」。這個「我們」並不限於台灣的「統派」，而是在兩岸互動中產生的超越上述僵化邊界的新格局、新力量。兩岸的政治談判本身可以為深化交流提供機會和空間，但能夠促進這一政治談判的，恰恰是逐漸形成的新的社會態勢和社會力量。兩岸關係中還有一個明顯的不對稱，一邊轟轟烈烈，而另一邊卻如隔岸觀火，這不但造成了一種輿論上的不對稱，而且也阻止了兩岸之間的公共空間的形成，而這種公共空間是社會團結的基礎。兩岸關係和中國大陸問題是台灣社會的中心問題之一，無論了解多少，是否真實和全面，台灣對於大陸的意識帶有全民動員的特徵。相較之下，「台灣問題」，連同香港、西藏、新疆等區域性問題，在中國大陸的社會心態和媒體環境中，始終處於邊緣位置。如果說「台獨」「獨台」是政治動員的產物，那麼，大陸社會對於台灣的政治變遷卻缺乏敏感，更不要說政治動員了。在公共輿論中，台灣只是作為「台灣問題」而存在；只有「台灣問題」專家才去討論「台灣問題」。在中國歷史、中國文學和其他領域，除了港台專業的學者，似乎是無須討論「台灣問題」的。這不是認識論上的「獨台」是甚麼？知識壁壘早已產生了。因此，雖然大陸社會反對「台獨」，但在若干方面已經默認了「獨台」的構造 —— 我說的默認不是政治上的承認，而是基於知識和記憶的政治無意識。「統派」在台灣的式微與上述不對稱其實是相互呼應的。這種輿論上的不對稱意味着真正的政治交流的匱乏，勢必導致政治幻覺。

輿論上的不對稱反映着另一個更深刻的問題，這就是高度的政治動員與極度匱乏社會政治動員的對比。台灣有政治動員，香港有政治動員，新疆存在着潛在的政治動員，西藏也同樣孕育着某種政治動員，這些動員回應着不同的社會政治議題，但又常常與較為凝固的身份政治糾纏在一起。這是政治動員中的去政治化要素。因此，至少在分析的層面，我們需要對政治動員的不同要素進行分析，並動態地觀察，所謂一分為二，就是說明矛盾的構成及其轉化，而不是將族羣身份、宗教信仰、政治分立設定為凝固的尺度，並作為政治動員的籌碼。中國大陸的總體社會政治氛圍是以穩定為中心的，政治動員的狀態不同於這些區域。很難一般地去褒貶這些不同的狀態，我們可以說「去政治化的政治」以不同的形式支撐着這種不對稱：一種以族羣的、宗教的身份政治替換更為深刻的社會問題，另一種以取消政治辯論和社會動員換取穩定。

兩岸問題是整個中國問題的一部分，就像香港、西藏、新疆發生的問題一樣，並不只是所謂周邊問題。「台灣問題」不同於其他地區的問題，有自己的歷史脈絡，尤其是有完整的政治結構，但我們不能不追問：發生在大致相同的時期內的某種分離性的趨勢難道沒有相關性嗎？除了全球化和亞洲區域的變遷外，中國自身的變遷也是產生這些趨勢的動因。不久之前，內地遊客與香港居民的矛盾激發起那麼多的口水和情緒，從某個意義上說不是壞事，把內地和香港的毛病和矛盾都展示出來，而不只是將這些問題都遮蔽在「一國兩制」的套話之下，促進思考香港問題的癥結所在。然而，如果這樣的相互介入只是停留在口水戰的層面，政治熱情會逐漸消失。同樣，我們看有多少人真正關心中國的民族問題？如果不是出現幾次暴力恐怖事件，沒多少人關心新疆問題。相比之下，北京、上海或沿海地區，一點小事網上就吵成一片；但一談到新疆、西藏問題似乎就是新聞中報道的那些燒車、殺人或「暴恐」了。這個心態到底是怎麼來的？如果沒有對於這些危機的深刻分析，如果沒有對於這些衝突的嚴重性的充分認識，我們對「中國」就沒有真正的理解，也談不上重建作為政治範疇的「中國」。

冷戰格局的轉變與兩岸關係

討論作為政治範疇的「中國」及其演變不可能離開對二十世紀歷史尤其是社會主義歷史的重新估價。從社會主義運動來看，中國從六十年代開始到七十年代跟蘇聯的公開決裂以至於兵戎相見這段歷史，在世界社會主義運動裏面怎麼去估價，是個複雜的問題。一方面，從中國的角度正面地說，它為中國的自主性提供了一個政治前提；但從另外一方面講，中國跟蘇聯的關係如果不是以決裂的方式，而是以別樣的政治方式，在鬥爭中維護社會主義內部的團結，促進社會主義的改造和改革，那世界格局會是怎樣的？這個假設或許完全不成立，如果成立，後果也是完全不清楚的。如今研究西方福利國家的危機的學者，大多承認冷戰時期的東西競爭對於社會福利體制的完善起了正面作用，那麼假設一下這個問題，想像一下是否可能，也沒有甚麼不好。我所以說到這一點，是因為社會主義體系的變遷直接導致了中美關係的變化，而後者對台灣的影響太大了，所謂「獨台」是從這個時期開始的。國民黨政權的本土化，是從它尋找國際承認的失敗開始的。七十年代中美關係的變化，第一波震動是 1971 年聯合國大會通過「恢復中華人民共和國在聯合國的一切合法權利」法案，第二波震動是 1979 年中美正式建交。我最近寫的〈兩岸歷史中的失蹤者〉，對這個問題略有論述，在正文裏是從正面說，再加了一個註釋是從負面說，但處理的是同一件事情。正面說的意思是：如果沒有中美關係的變化，1987 年台灣地區戒嚴令的解除不會是以這樣的方式進行。台灣大部分知識分子覺得解嚴是他們奮鬥的結果，這一點我當然是承認的，但變局的局部動力，也是變局的產物。從負面說的意思是：中美關係的改變使得國民黨的政治合法性大幅度流失，沒有這一變化，很難想像國民黨會自動發生變化。國民黨政權非常依賴跟美國的關係，而聯合國的承認是台灣當局對內統治合法性的根源，「反攻」大陸的政治理據基本上就建立在此。隨着國際承認的合法性消失，國民黨不得不去尋找內部合法性，這就是它的大規模本土化的動力。在這個條件下，李登輝等國民黨內本土派在蔣經國時代崛起就是必然的了。蔣經國有他的開明之處，這個不必否認，但是，國民黨在鎮壓敵對分子方面的歷史如此昭彰，開明也是相對而言的吧；如果離開前面所說的政治條件，很難理解他的這些行動。國民黨體制的本土化不同於先前的「台獨」運動，蔣經國是反「台獨」的，改變國民黨統治台灣時期在後來者與先來者之間的不平等地位也是合理的，但改變不平等的社會關係的努力演變為本土化的潮流已經是新形勢的界標，後者為此後的「獨台」模式鋪設了前提，所謂「借殼上市」，就是借「中華民國」這一政治外殼形成所謂「特殊國與國關係」。

兩岸分裂不僅是國共內戰的延伸，也是美國全球霸權格局成形的後果。隨着中美關係改變，台灣地區在冷戰格局當中作為美國籌碼的意義不是不重要了，而是改變了，所以美國可以要求台灣當局更大程度地民主化，並在這個條件下控制台灣政權，而不需要像過去那樣，讓蔣介石政權的那種獨裁統治模式持續下去。亞洲地區的民主化，例如韓國、印尼等，都離不開這個冷戰格局的轉變來理解。台灣地區的留美學生在這個過程中獲得了在台灣島內政治中施展的角色是與美國及其對東亞政策的變化密切相關的——我這麼說並無貶低其作用的意思。這從內部瓦解了國民黨內反共的「統」的基礎。與此相對應，大陸的內部轉變，使得左派的「統」的基礎也逐漸地消失了。冷戰格局的改變為兩岸在各個層面相互交流提供了條件，經濟更是相互糾纏，文化層面的共同性也獲得了前所未有的承認，由傳統的「台獨」所代表的分離主義變得越來越不可能，但趨向於統一的政治基礎反而逐漸式微。在這個大潮中，表面看「台獨」運動波濤滾滾，但這只是現象。根本性的問題是，作為政治力量的「左統」和「右統」同時衰落了，「獨台」或各種「兩國論」的變體實際上上升為島內主要的意識形態和政治力量，它在越過藍綠的明確分野之際，卻將兩岸關係置於困境和危機之中。在這個意義上，即便藍綠關係發生了變化，台灣社會內部的裂痕卻難以消失。

「反服貿運動」與反 TPP

「反服貿運動」觸動了台灣的社會、經濟與政治的多重困境，產生了某種綜合效果。與當年紅衫軍反政府貪腐、白衫軍反「國家」暴力不同，這次黑衫軍以反經濟不公為旗幟，但最終又以佔領「立法院」的行動點題，其政治姿態頗有對二十多年來支配台灣社會變遷的政治平台本身進行總清算的態勢，影響將是長遠的。經濟衰退、貧富不均擴大、對大陸依賴加深是台灣社會共同認可的困境，而對政治平台的衝擊卻顯示了新生代對於政治框架本身的懷疑。放在全球社會運動的脈絡中，「太陽花運動」也有新意：突尼斯、埃及打的是反專制和民主的舊旗幟，佔領華爾街運動也只是對大資本金融統治進行象徵性的抵抗。它們都沒有公開地將對社會不公的抗議與對政黨政治和民主體制本身的質疑結合起來並訴諸政治行動。台灣年輕一代不僅對這些困境的體會更加真切，他們對政治的質疑也觸動了根本性問題。我同意這樣的判斷，即「反服貿運動」的主要矛頭是無能政府和貧富分化，至多也只是反大陸的某些資本。但在政治前景不明、缺乏明確的社會目標的條件下，學生運動觸發的政治動員極易（或已經）被二十多年來形成的慣性力量和政治勢力引至對「中國」的恐懼和怨恨之中。「佔領運動」表達了不滿，但由於提不出切合實際的政治目標，為舊政黨政治所填充、利用是不可避免的。在此起彼伏的議論中，我們不難發現其間的推論邏輯：台灣經濟之所以衰退是由於大陸的崛起、貧富不均是因為兩岸貿易得利的是大商人、對大陸的依賴是因為大陸企圖以經促政，「並吞」台灣。這樣的提問難道沒有掩蓋兩岸之間不平等的勞動分工，沒有遮蔽台灣地區經濟在這個不平等的勞動分工中從中國大陸大量的勞動者那裏獲得的超額利益麼？若要談論反對某些大陸資本，為甚麼不是討論勞動者的聯合，共同爭取一個更加公平的社會？

「太陽花運動」的平等訴求的確與對新自由主義的批判有關。在中國大陸，二十多年新自由主義思潮衝擊，其影響之廣泛和深刻，難以評估，大陸的對台政策雖曾一再聲稱政治談判的關鍵意義，但實際上越來越依賴於經濟邏輯，或者更準確地說，是讓利邏輯。由於台灣社會貧富分化日趨嚴重，這一讓利邏輯如同一柄雙刃劍，既支持了台灣經濟的發展，又與台灣內部的分化相互糾纏。在經濟衰退的條件下，大陸資本的流向、移民和遊客的擴張，一再成為怨恨對象。因此，「太陽花運動」觸發的台灣政治的新發展勢必對大陸的對台方略產生巨大衝擊。其實，台灣兩派政治勢力均認為正是由於不獨不統的狀況，台灣才在經濟上獲取最大利益；民進黨也才多少遏制其內部的「急獨」勢力，試圖與大陸發展經貿關係；台灣領導人並沒有意願與大陸統合，在處理兩岸關係方面，考慮的完全是台灣經濟發展的短期需要，而不是兩岸經貿關係發展對兩岸政治關係發展的促進作用。台灣島內沒有因為兩岸經貿和人員交流的擴大而產生對大陸的親近感，恰恰相反，台灣經濟地位的衰落正在促進台灣的「分離」傾向。馬英九努力推動兩岸服貿協定，不僅是想獲取大陸的經濟利益，而且是想藉此加入周邊區域經濟組織，如 RCEP 與 TPP，特別是後者，目的之一也是與美國在經濟上再次結盟。也正由於此，美國才會一反常態地公開出面支持馬英九的服貿政策，批評民進黨並通過其影響力制止學運的蔓延。

如果說「反服貿運動」對以經促政的邏輯產生了衝擊，那麼佔領「立法院」運動的政治寓意就更強了。就台灣政治而言，佔領「立法院」的行動並未擺脫藍綠格鬥的痕跡，毋寧是沿着民進黨「台獨」路線對於「中華民國」合法性的衝擊。但這一行動也提示了新的內容：第一，運動以反服貿、反黑箱運作相號召，而不是像過往民進黨主導的羣眾運動那樣以反國民黨相號召；第二，儘管黨派勢力在運動中若隱若現，但「太陽花運動」以學生為主體，而不是政黨衝鋒在前。至少可以說：這是台灣政黨（包括國民黨和民進黨）本身失去召喚力的症候。就兩岸關係而言，無論是對「立法院」的佔領，還是台灣政黨政治的轉型，都間接地質疑了主導兩岸關係的、一直被視為理所當然的政治平台。今天兩岸政治對話的所有平台都依賴政黨，是黨對黨的平台，無論是鬥爭，還是和談，都以這個平台為中心；若往上追溯，國共以政黨關係主導國內政治是從北伐開始的。但「反服貿運動」發展到佔領「立法院」，等同於對以政黨政治為中心的政治平台的否定。從二十世紀開始，以政黨為中心的政治進程是政治活動的核心內容，但到了這兒，好像很難走下去，至少光靠兩黨政治，甚至民進黨上來搞三黨政治大概都不行了。因此，佔領運動預示着必須重新洗牌才能形成一個新的政治過程。現在政治家和學者還很少認真討論這一點，他們沒有意識到這個事情最終走下去，按照舊的方式，將是無從着手的困局。你可以找宋楚瑜或者其他甚麼人來訪問一下，但這麼做，只是宣傳上可以說一說，添加這些政治人物在大陸和台灣政治中的砝碼而已，對於改變兩岸關係的基本格局是沒有用的。這些政黨領袖對年輕學生沒有任何召喚力，也缺乏任何政治想像力。

傳統政治平台的危機突顯了尋求新的平台以促進更為廣泛的交流的必要性。也是在這個意義上，過去三十年兩岸經濟、政治和文化關係的改變也提供了很多空間和潛力。批評單純的經濟邏輯並非否定兩岸通過經濟活動而形成日益廣泛和深刻的日常生活聯繫。從一個較長的視野看，台灣地區的黨外運動、「台獨」運動、新社會運動與黨派運動的關係都不單純。黨外運動的歷史比較複雜，走向「台獨」是比較靠後的事情。從「保釣運動」到黨外運動，黨外運動與「台獨」運動之間有交叉、有差異、有複雜組合。九十年代，台灣社會運動迅速向「台獨」方向走，是一個雙重重疊的結果——解嚴的歷史與全球冷戰終結的重疊。全球冷戰的終結，是以蘇東社會主義陣營的失敗為中心的；在中國大陸，是以「文革」的結束為某種標誌的。本來黨外運動和「保釣運動」裏面都有比較強烈的具有社會主義主張的力量，都有在資本主義範疇外來尋找台灣出路的想法。「中國」作為一個政治範疇是有吸引力的。因為反對國民黨專制，大家也知道國民黨是跟資本主義的體制完全連體的，所以本來存在着在此之外尋找可能性的政治力量。「保釣運動」並非針對統獨議題，但由於裏面存在親國民黨的勢力（如「反共愛國同盟」）及某些以台灣「獨立」相標榜的要素，追求祖國統一的主流也就被追認為「統派」了。其實，他們的「統」是和嚮往社會主義中國密切相關的，那是主流而非「統派」。但由於上述雙重重疊，原來在台灣內部針對國民黨的批判運動和尋找另類出路的努力，幾乎沒有空間了。九十年代以降，台灣的社區營造與國族主義動員有着不可避免的關係，但在新自由主義的浪潮中，這種重建社區的努力是與社會保護運動相互重疊的。事實上今天已經很難用「統」「獨」等概念去描述這些保護運動了。

在八十年代，陳映真這些人與黨外運動的關係是重疊的，他們屬於同一個民主運動的一部分。黨外運動本來存在着探討台灣社會的政治未來的多重可能性。但是到 1989 年之後，蘇東劇變，新自由主義潮流對中國的改革產生愈益深刻的影響；而在台灣地區，試圖在資本主義體制之外尋找另類出路的可能性徹底消失了。黨外運動逐漸地凝聚，原來比較複雜的、包含不同政治指向的民主力量逐漸被一種有些奇特的族裔民族主義浪潮所裹挾。從中國大陸來說，二十世紀到「文化大革命」結束就差不多結束了，八十年代對於中國大陸來說只不過是二十世紀的尾聲；從歐美的視角觀察，到 1989–1991 年，二十世紀伴隨着冷戰體制的轉型而結束了。換句話說，充滿潛力的二十世紀所能提供的直接政治方案，幾乎都不能解決兩岸問題。所以說，台灣「解嚴」與冷戰終結以一種獨特方式重疊 —— 所謂獨特方式就是社會主義遭遇挫折的方式 —— 使得台灣島內運動內部的政治分化被凝聚到新自由主義方向。經過李登輝、陳水扁時期，所謂「統」「獨」之爭其實已經是「獨台」和「台獨」之爭，民主的政治性在這一過程中被耗盡了。「台獨」「獨台」的政治基本上是「去政治化的政治」，即以既定霸權格局為前提，訴諸虛構的身份認同，將所謂台灣自主性的標題置於形式主權框架內，以不同的名義確認台灣在這一格局中的地位。兩者的爭論不涉及台灣的基本社會–政治體制的變革，不觸及當代世界不平等的關係 —— 不平等只是政黨角逐的砝碼。圍繞着族羣政治，

「台獨」和「獨台」以空洞的政治正確相互競爭或自我標榜，實際上，除了由兩岸經濟關係的變動而觸發的真實的妒恨、對「共產主義」或「極權主義」的虛擬的仇恨之外，這樣的競爭已經徹底空洞化；因其空洞化，又喚起人們用中產階級的平庸政治或右翼民粹主義的無力的激進姿態進行政治填充的熱情。這樣的民粹政治與大陸的「去政治化的政治」正好相互呼應。

在「反服貿運動」當中，「統派」為了維護統一的大目標，與許多中產階級一道，站在維護兩岸貿易的立場上。在運動中，也有一些力量處於不同的動力和立場，試圖用左翼的言辭將矛頭指向「新自由主義」。對於支持兩岸發展經貿關係的力量而言，這也提出了一個難以回答的問題。「統派」的本意是說：新自由主義有問題，應該批判，但兩岸溝通和互惠有益於台灣。這個論述不但對於年輕一代毫無吸引力，還使得原來有着充足的歷史資源的左翼統一力量的當代面目變得非常模糊，很難凝聚實質力量。那麼，到底應該如何估價中國在全球貿易和兩岸貿易中的角色呢？在西方輿論中，中國國有企業仍然被當作計劃經濟和國家壟斷的象徵加以鞭撻，但在全球範圍內，中國大陸的角色正好相反，毋寧更像是打破貿易壁壘、追求自由貿易的忠實信徒。中國的這種努力是全方位的，除了加入 WTO 和其他國際市場體制之外，中國以同樣的原則進入亞洲、非洲、拉丁美洲，也按照同一邏輯批評美國和歐洲的貿易保護。

如何解釋這一現象？我們需要從這一輪資本主義世界體系的重心轉移的獨特方式出發進行觀察。資本主義的體系擴張通常以貿易和生產規模的過度擴張引發的危機而告中斷，但這些中斷也會促成恢復生機的體系重組。用阿瑞基（Giovanni Arrighi）的話說，這個體系重組的基礎是強勢政府和企業的綜合體，而每一次重組的結果就是其軍事力量和財政力量比先前的綜合體更加強大。他敏銳地觀察到：與過去的經驗相比，新一輪金融擴張（這是對過度積累的典型反應）有其獨特之處，這就是「出現越來越強大的政府和企業的綜合體這一長期趨勢走進了死胡同。蘇聯解體後，世界性軍事力量更集中在美國和它最親密的盟國手裏，資本積累的世界性過程的中心卻從美國逐漸轉移到東亞地區。政治、軍事力量和經濟、金融力量的分家是史無前例的」。[2] 阿瑞基在九十年代上半葉所做的分析還主要基於日本和東亞四小龍的經濟奇跡，而不是中國的崛起，但他所預見的政治、軍事力量和經濟、金融力量的史無前例的分家正是東亞地區的新現實。這一分家導致了兩種秩序之間的博弈：一個是以美國為首的國家聯盟為基礎的、通過政治力量和軍事力量稱霸的全球性秩序，而另一個則是以東亞地區強勁的經濟力量和金融力量為基礎的全球性秩序，其中第二個秩序「比第一個較為平等」。[3] 由於政治、軍事中心與經濟、金融中心的分離，東亞尤其中國的崛起並不可能代替美國成為世界資本主義霸權，恰恰相反，其經濟擴張和軍事上的脆弱恰好與美國通過其政治、軍事霸權維持其舊秩序的努力相互矛盾和衝突。因此，東亞地區（包括東北亞和東南亞）存在着雙重的趨勢：一重趨勢是以 10+1 或 10+3 為中心的、以經濟和金融為中心的區域整合，另一重趨勢是以美國所謂「重返亞洲」為標誌的向某種冷戰格局回歸的趨勢，其經濟上的對應物則是以排除中國大陸為動機的、以美國及其冷戰時期的舊盟國為基礎的 TPP 計劃。中國通過貿易和金融推進區域整合的努力其實正是這一輪資本主義重組的雙重趨勢的必然產物。若不能對這一

2 傑奧瓦尼・阿瑞基著，姚乃強、嚴維明、韓振榮譯：《漫長的 20 世紀——金錢、權力與我們社會的根源》，南京：江蘇人民出版社，2001，第 1 頁。

3 同上書，第 2 頁。

雙重趨勢本身展開歷史的和政治的分析，而只是單向地批評兩岸關係中的經濟主義趨勢，就不可避免地落入盲視的陷阱。在兩岸關係中，真正的問題不在於是否應該發展經貿關係，而在於必須改變經貿關係中的「讓利邏輯」。說到底，「讓利邏輯」恰恰是以兩岸分隔為前提的。

如果美日同盟顯示出愈益清晰的向舊秩序的回歸態勢，兩岸關係勢必面臨巨大挑戰。「台灣問題」與美國的關係是顯而易見的，而與日本的關係卻易被忽略。往前追溯，「皇民化」是另外一個被調動的歷史資源。台灣的殖民跟東北的「偽滿洲國」很不同。「偽滿洲國」雖然是日本殖民地，但還是要建立一個新的「國家」和滿人政權，儘管是傀儡，但還要承認為一個「獨立國家」。「偽滿洲國」自身需要一個當地認同的再生的過程。這與台灣的「皇民化」過程有重要差別，用日本人的話說，它在台灣實行的是所謂「內地延長主義」，這裏所謂「內地」指日本本土，所謂「延長」是指將台灣作為日本本土的延伸。大東亞戰爭讓台灣成為它的「後備基地」，「皇民化」則是配合其殖民和戰爭政策的認同政治。

關於「台灣問題」與日本的關係，我再說個小故事。1999 年我去台灣那一次，辜振甫在他家裏設宴邀請余英時、日本慶應大學法學院的院長和我，《聯合報》的老總（忘記名字了）、聯經總編輯林載爵也在座。就在前一天晚上，李登輝發表「兩國論」，次日恰好是《嚴復合集》新書發佈會，辜振甫早上起來，上了轎車，秘書才跟他說了「兩國論」的事情。李登輝沒跟他打招呼。我到會場時見很多記者圍着他，郝柏村、林洋港等人都在前排坐着。辜的「兩國論」補台講話就是在新書發佈會現場講的。當天晚上，喝了不少酒，上好的花雕，他感慨萬千。辜振甫講他自己和家族的故事，講他所經歷的兩蔣（主要是老蔣）與日本打交道的歷史，以及李登輝的對日交往。他說李登輝的日語雖然可以，但書面語不行，對日的文告和通信都是他親自寫的。聊天中，他強調說：很多人都關注美國在兩岸關係中的角色，但很少有人了解台灣地區的政治跟日本之間更深的關係。《聯合報》的老總說，能不能給《聯合報》寫文章，他說現在不能寫，但是將來一切都退出了就會寫。他笑着說：標題都想好了，就是〈兩岸關係中的日本因素〉。

美國鼓勵日本解禁自衛權，默認其重新軍事化，實際上是以日美聯盟為軸心，向遏制中國的冷戰秩序回歸。如果日美在這個方面很明確，兩岸又無法形成政治對話，台灣地區下一步面臨的抉擇就是：加入以日美主導的軍事–經濟體系，還是以發展較為順利的兩岸經貿關係和日漸廣闊的兩岸人員交往為基礎，重建兩岸的政治關係？重造冷戰格局不符合人民的意願，不符合區域的利益，也不符合全球關係變化的總趨勢。更重要的是：中國已經不可能像過去那樣被封鎖。台灣地區加入以美日同盟為軸心的區域勢力，對中國大陸不好，對台灣地區也未見得好，一定也對中日兩國關係不好。「太陽花運動」橫空出世，打斷了服貿。這一事件本身就說明大陸方面在設想和簽署服貿協議時缺少對台灣社會狀況的總體評估，只是着眼於經濟。兩岸關係既然不可能是單純的經濟關係，推動服貿、貨貿又怎麼可能不去考慮更廣闊的問題？從政治談判到台灣加入 TPP 都應該是發展兩岸經貿關係需要考慮的議題。真正的問題是：兩岸政治關係的重啟究竟以何為基礎？在未來的時期裏，怎樣的力量，或者創造怎樣的政治勢能，才能推動兩岸的和平統一？

「太陽花運動」提出了真實的平等訴求，但它反兩岸服貿，卻不反霸；運動對程序民主表示了不滿，公開佔領「立法院」，但又沒有新的政治綱領。由於實際上支持加入 TPP，運動對於新自由主義的態度骨子裏很曖昧。有人說：佔領議會有甚麼不好？那就佔吧。也有很多人說：反服貿有盲目性，就算有道理，也應該連 TPP 一道反吧。若是他們一道反，我們就該支持他們。如果「太陽花運動」敢於將對新自由主義的批評擴展到對 TPP 的拒絕，敢於將佔領「立法院」的運動發展成為對於當代民主政治危機的反思，為甚麼不支持呢？但是，看似激進的「太陽花運動」並沒有走向這個方向，它的動員仍然依賴於「統」「獨」的議題。不過，「太陽花運動」佔領「立法院」是過去沒有的行動。這至少表示，1989 年後，特別是九十年代之後，台灣地區民主化的過程終結了，對於年輕一代而言，只有批判這個過程才算得上進步。「太陽花運動」比別的運動都直截了當，它用非法的形式清楚地向台灣地區的政黨政治——當然主要是國民黨的政治——指出：你們的民主程序純屬政治遊戲，誤盡蒼生。「太陽花運動」也確實打旗號說反對新自由主義，但重音落在服貿上，也就是落在中國大陸和兩岸關係上，而沒有落到綜合了新自由主義和傳統霸權結構的 TPP 上。如果「太陽花運動」將其反新自由主義的綱領落到 TPP 上去，那麼佔領運動就會變成另一種運動了。在今天，反思民主的危機是必要的，但如果批判民主與民粹主義的身份政治結合、與霸權性的區域體制結合，其政治的走向就讓人擔憂。

「太陽花運動」是繼 2009 年「野草莓」運動之後新生代直接參與政治的標誌性事件，預示着較長時間內台灣地區政治的脈絡。對新生代來講，核心的問題就是，如果台灣地區的新社會運動，包括這些學生運動，最終達到的結果就是加入美日為中心的霸權結構的話，那等同於自我取消其合理性。果真如此，他們雖然年輕，卻可能是過去時代的迴光返照，而非代表真正的未來。美國重返亞洲與日本解禁自衛權都是以創造區域性的新冷戰為指向的，也都是以經濟中心與軍事中心的分離趨勢為前提的。在這個意義上，台灣地區的新社會運動面臨一個政治抉擇：他們是要作為霸權的附庸造成一個新冷戰格局，還是重新思考「中國」、探討爭取台灣社會的自主和平等的鬥爭與大陸探尋新的社會道路的努力之間的重疊關係？新社會運動必須思考這一輪資本主義全球秩序重構的獨特性，也正是在這裏，隱藏着運動的未來。在兩岸關係中，這一反思集中於「中國」的政治–經濟內涵，但其實質恰恰是一種批判性的世界主義。

若要將這樣的全球視野納入對台灣的定位，就不得不重審「中國」的政治意義。重審「中國」的政治意義，對於兩岸交流來說，也是無法迴避的課題。重啟政治談判是這一政治過程的步驟之一。在高度不平等的全球化進程中，在政治、軍事中心與經濟、金融中心相互分離的條件下，全球秩序的混亂和矛盾將是無法避免的；在這一條件下，繼承和發展兩岸爭取自由和解放的偉大傳統，避免區域秩序向新冷戰回歸，突破新自由主義的發展路徑，創造一種基於全新的經濟、科技、政治和文化的新社會前景，是兩岸年輕一代的共同使命。這一對於政治–軍事霸權和新自由主義秩序的雙重突破，不正預示着一種不同以往的社會主義未來嗎？對「中國」的再敍述是不可能脫離這一進程的。

政治認同的至關重要性與兩種規則的衝突

談到區域整合，離不開內陸與海洋的關係，當然也離不開怎樣將兩岸關係置於內陸與海洋的關係中去解釋。日本的亞洲論其實是從歐洲的海洋論發展而來，現在的「台獨」論也是一脈相承。用海洋來貶低內陸是資本主義時代一個主要的特點。海洋和內陸的問題，確實需要一個世界史敍述才行，不能夠只講兩岸關係。台灣海洋貿易史的研究把台灣編織到海洋歷史的敍述裏面去，卻省略海洋歷史跟大陸歷史之間的關聯。這的確值得解釋，從中國大陸的歷史角度值得解釋，從世界史的角度也值得解釋。

大陸觸及這個問題的是張承志，但他沒有談論台灣問題。張承志講西班牙的伊斯蘭化和天主教的排斥性，將那個時代視為世界歷史的一個轉折點，背景是奧斯曼帝國的崛起和衰落。從蒙古高原到穆斯林世界，從中國內外到兩河流域，張承志建立起了一種不同於中國知識界主流的世界史譜系，這個譜系是在抵抗歐洲殖民主義的脈絡中展開的。奧斯曼帝國在十五、十六世紀的崛起是世界歷史的大事件，哥倫布探險、美洲發現和印度問題均與此有關，但這些事件大多被組織在歐洲中心的視野中。這一事件對於中國和內陸亞洲的影響如何？荷蘭人入侵台灣（1624–1662）也正是這一浪潮的一波，只是適逢明清易代之際，中原王朝無暇旁顧這一海疆邊陲，直到鄭成功於 1661–1662 年進攻台灣，建立第一個漢人政權。我在台南訪問了赤嵌樓，那個地方原是荷蘭人所建的「普羅民遮城」，也恰是鄭成功軍隊佔領台灣的第一個立腳點。佔領那裏有幾個主要的原因，其中一個是補給，當地有不少漢民可以提供補給；還有一個原因即那是一個可以控制西班牙航線的戰略要地。台灣地區跟東南亞是連在一起的，攻佔台南可以開闢連接東南亞和東亞地區的新路線。台灣地區在歐洲殖民史上的重要性是與因奧斯曼帝國崛起，沿大陸絲綢之路的東西貿易中斷相互關聯的。

奧斯曼帝國崛起對於中國的經濟和貿易的影響並不像對歐洲的影響那麼大。除了還有海上絲綢之路的貿易路線之外，中國大陸不但內部幅員遼闊，經濟互補性強，而且朝貢圈內的貿易關係也非常發達。

第二次鴉片戰爭時，馬克思批評英國議會欺騙人民，因為議會討論掩蓋了以恰克圖為樞紐的中俄貿易規模遠超英國用槍炮換來的沿海貿易額這一事實。我三次去伊斯坦布爾，最近的一次還去了以佛所。這個地區的歐亞互動之豐富是驚人的。奧斯曼王宮裏面有珍寶展，展品與大英皇宮相比也並不遜色。大陸很少元青花，元青花基本全集中到那裏，量和種類都很繁多。除了元青花之外，還有許多西域民族的物品。奧斯曼蘇丹搜羅了許多成套的瓷器，是做日常之用的，這些東西是市場上買的，不是贈品。換句話說，這不只是朝貢關係，而且是貿易關係。對於歐洲來說，奧斯曼帝國的崛起是促使所謂大航海時代到來的一個主要原因，因為絲綢之路中斷，原來的貿易路線不再通暢，逼迫着開闢了另外一個航線。但從奧斯曼帝國的角度，與東方之間通過絲綢之路而展開的貿易並沒有中斷。中國早在哥倫布之前就擁有了遠航的技術，卻沒有那麼大的動力去拓殖；鄭和下西洋，表明航海技術不成問題；清朝雖然是從北方來，繼承這個技術也不是大問題，關鍵的問題是他們沒有那麼強的動力。這是不是原因之一呢？我沒有研究過，姑且先提出來思考吧。

清朝對台灣地區的佔領是出於政治一統的要求，而不是貿易的要求，在經濟上也並不需要台灣提供多少東西。在鄭氏攻佔台灣之前，中原王朝沒有經略台灣的動力。但鄭氏在台灣建立政權之後，台灣對於大清政治一統來講就變得不可或缺了。甲午戰爭後，台灣的割讓是民族的恥辱，抗戰勝利後必須收回台灣，也是這個道理。1943 年開羅會議時，原本計劃討論「二戰」時期被日本佔領領土的歸屬問題，但為甚麼最終確定 1895 年即淪為殖民地的台灣地區必須回歸中國？台灣地區對於中國的政治統一而言是不可或缺的。清朝對台的治理，區分「生番」與民人，這應該是由經略西北和西南的經驗而來。十九世紀七十年代，台灣山地人與琉球漁民發生衝突，日本人乘隙而入，他們質問清朝政府為甚麼不處置當地人。總理衙門的回答是：「生番」不在大清律治內，結果給日本留下了進攻山地人並非進攻大清的藉口。其實，這種將「生番」與民人相互區分的做法，與清朝治理西北和西南的方式很相似。例如對於西南少數民族，清朝用土司制度進行治理，並不直接運用大清律。

十九世紀六十年代，美國第一次攻擊台灣地區；七十年代，日本第二次攻擊台灣地區，就是以新的模式來衝擊清朝的秩序觀。我寫關於琉球的文章時也說過，日本人第一次攻擊台灣地區用的是美國人的建議，不是日本人的獨創。美國人第一次進攻沒有得逞，美國駐廈門的總領事李仙得給日本的最重要的建議，就是把清朝經略邊疆時對番民關係的區分置於西方主權概念的框架下，重新確定內外關係。在清朝治下，以大清律和地方習慣法治理邊疆區域，形成了二元結構的統治模式，也可以稱之為法律多元主義，其內外觀與西方國際法及其以主權為中心的內外區分完全不同。日本攻擊台灣地區時的藉口是：既然當地「生番」不在大清律治內，那麼對於「生番」的攻擊就不是對大清的攻擊。在這個意義上，日本對台灣地區的進攻不僅是日本與清朝之間的衝突，也是兩種秩序觀之間的衝突。現代中國，無論哪個政權，都不得不沿用西方的統一規則來經略邊疆，傳統的秩序觀瓦解了。事實上，所有具有豐富帝國傳統的國家在沿用這種模式經略邊疆的時候都會出現問題。共產黨早期處理得好，是因為它由下至上地推動社會變遷，但是當這一過程終結、上下關係固化的時候，對這個體制的抵抗不可避免地要爆發出來。大陸民族問題的爆發跟「台灣問題」的情況不同，但是根源又有部分的一致性，這個根源都來自西方在十九世紀奠定的有關國家和國際關係的基本規則。我在寫《現代中國思想的興起》的過程中，尤其是在寫第二卷《帝國與國家》時，就在思考是否存在不同於這一規則的、更為靈活的制度安排？歷史地看，統一或統合是存在多重可能形式的；統一或統合是一與多的辯證，也必定是一個多重參與的過程。

回到前面的話題，伴隨經濟中心從歐美轉向亞洲，大陸與海洋的關係正在發生變化。1993 年，東起連雲港、西至鹿特丹的歐亞鐵路已經貫通，現在提出的「一帶一路」實際上包括了絲綢之路經濟帶、二十一世紀海上絲綢之路、中印中巴兩走廊、歐亞大陸橋等眾多範疇，大陸聯繫的重要性顯著提高了。如果說美日海上同盟是對冷戰格局的延伸，那麼，「一帶一路」卻是對歷史路徑的回歸。新的經濟計劃是對世界歷史路徑的重新修正，困難和挑戰都是顯然的，有人說新疆問題還沒有最終解決，怎麼去談「一帶一路」？但是，新疆問題或其他區域問題恐怕也正是在展開「一帶一路」的過程中才能解決。我們從「一帶一路」面臨的困境可以看出：世界經濟的重心向亞洲的偏移將帶來一系列政治、社會、文化、宗教、語言等方面的問題，而絕不只是經濟問題。反過來，資本主義經濟危機的核心就在於其經濟與政治、文化、習俗、宗教等的脫離，在於其經濟過程對社會關係的破壞和摧毀。因此，「一帶一路」必將是一個針對資本主義經濟模式進行改革的漫長過程，也必然是將歷史文明與未來的社會主義相互連接的進程。說歷史文明，是因為這一新計劃的四個關鍵概念，即路、帶、廊、橋，正是亞洲跨社會體系或歷史文明的紐帶；說這一計劃不可避免地具有社會主義色彩，是因為如果不能克服任由資本主義經濟邏輯主宰這一廣闊而複雜的網絡的局面，這一計劃必然遭致失敗和報復。「一帶一路」不是單一國家的計劃，不是一個以領土及其擴展為目標的帝國再造計劃，而是一個以「互聯互通」為中心概念的、以多重複合的參與為基本內容的動態過程。面對這一史無前例的世界實驗，任何缺乏深刻和長遠認識的經濟計劃、金融擴張和軍事冒險，都將產生適得其反的效果。現在談論「一帶一路」的人大多只涉及兩個中心問題，一個是解決國內生產過剩，一個是金融擴張，這兩個問題都是資本主義經濟體系反覆出現的問題。若只重複資本主義的老路，「一帶一路」不但不可能成功，還可能觸發巨大的風險和反彈。新疆問題是一個信號，2014 年的台灣也是一個信號。但無論如何，隨着經濟關係的變化，十七世紀之後台灣地區在全球和區域經濟中的特殊地位也不可避免地發生變化。中國大陸沿海經濟的發展和歐亞大陸關係的變化正在撬動全球性的歷史變遷，大陸與海洋的關係如果不是發生逆轉，也會產生巨變。

現在是全球性的政治危機的時代，跟 1989 年以後的情況非常不一樣。1989 年以後，社會主義遭遇挫折，「歷史終結」。然而，今天的現實是資本主義危機四伏，不僅邊緣區域如此，中心區域也一樣。1989 年後作為唯一政治合法性的那些東西，在今天無一例外，都處於深刻危機之中了。如果中國能夠順利地擺脫困境，重新思考政治實踐的問題，兩岸關係會不太一樣。我們需要在「歷史終結論」的範疇之外，共同探討新的道路。如果沿着這條道路嘗試開啟新的政治實踐，新的空間、新的可能性、新的力量就有可能湧現。這是全球性的政治危機，不是局部危機，所以探討中國政治的新形態，也有全局性的意義，不是個別的和局部的意義。

2012 年，我在台灣訪問牡丹社，沿着山道，一路摸爬進去。當年，像這樣的一個台灣部落社會，其內部組織已經很完善，要想從外部攻進去很難。原來大陸許多地方也是這樣的，經過土地改革和社會變遷，就像台灣社會一樣，現在已經很難找到「化外之地」了。但是，在交通如此便捷、流動如此廣泛的時代，統治者卻不知道地方性族羣內部在發生甚麼，這表明斷裂已經達到了一個非常深的程度。現在需要重新擬定方向，綱舉目張。這兒抹一塊，那兒抹一塊，沒用。還是要知道核心問題是甚麼，才可能明確方向，逐漸地使得這個局勢逆轉。比如說我在文中一再提到的「中國」作為一個政治範疇到底是甚麼意思？這是應該重新來討論的，如果沒有這種概念，沒有這樣的意識，這個探索還沒有展開，問題可能就終結了。現在需要說明新的方向，雖然不容易，但也有幾點是明確的：第一，這是在全球化的進程中思考出路，不可能脫離這個進程談論新道路；第二，這是在東亞地區談論這個問題，也就是說，不可避免地需要討論全球勞動分工和全球關係的發展和變動，尤其是政治、軍事中心與經濟、金融中心的分離趨勢及其後果；第三，這是一條超越冷戰格局、克服新自由主義的未來之路，一條突破近代以來形成的霸權體系及其新形式的解放之路，一條以深厚的歷史文明及其近代歷程為背景的、綜合當代各種先進經驗的繼承創新之路。至少在我看來，這也是一條不可避免地具有二十一世紀社會主義特徵的共同道路。

2015 年 1 月 15 日改定

第九章

南亞「毛主義運動」的幽靈

幽靈是一個神秘的、難以捉摸的東西，但馬克思用它描述正在生成的、現實的運動。幽靈無處不在，但同時也被「光明」所壓抑。在南亞，「毛澤東主義運動」就是這樣一個無處不在卻很少被言說的幽靈，它的力量時時突破媒體的封鎖，在一些邊角的消息中裸露令人不安的形象。在後革命的氛圍中，「毛主義者」是誰？

王靜的《印度共產黨（毛主義者）的理論與實踐研究》一書就是對這一問題的系統回答。作者深入歷史脈絡，縱觀世界變化，對印度和南亞持續不斷的、在「毛澤東主義」旗幟下展開的、現實的（而不是理念的）共產主義運動進行多面探究，將歷史探討、理論分析和對運動的戰略得失的評估融為一體。迄今為止，這是我在中文世界所見到的有關這一運動最為全面和深入的研究。這是一部十分難得的書。

金融化資本主義時代的「毛主義運動」

1989–1991 年蘇東社會主義體系的瓦解標誌着十九世紀以降逐漸形成的、以社會主義國家建立為標誌的二十世紀社會主義運動逐漸式微。在西方，這一轉折也被冠以「歷史的終結」的名號。與之相匹配或呼應的，則是「文明衝突論」的到來，後者將歷史變遷的範式從意識形態的對峙修訂為「文明」之間的衝突。這兩個判斷從不同的方面宣佈了二十世紀政治的終結——民族解放、國家與革命、土地改革、階級鬥爭等從此成為不合時宜的命題。伴隨這一「終結」的進程，資本的力量突破了主要由社會主義運動構成的屏障，進而對所有社會形式和政治形式進行重組和支配。在當前的金融化資本主義條件下，資本主義的最為突出的形態是突破一切政治形式的差異，實現其重構新型等級制的全球主義大業：對於二十一世紀的資本主義而言，一黨、多黨、議會政治，以及在冷戰時代尖銳對立的「社會主義體制」與「資本主義體制」，已經不再是難以調和的政治形式，它們全部可以被馴服為同質性資本主義的多樣化形態。在國際範圍內，伴隨冷戰的「終結」和國際主義政治的退潮，「三個世界」的範疇日漸失去其政治含義，人們更習慣於在南北關係的範疇內將不同世界之間的政治對立解釋為貧富差距。以「佔領華爾街」運動為標誌的反資本主義運動聲勢浩大，但力量微弱；由於「三個世界」之間的政治差異的蛻變，這些發源於中心地區的反抗運動在其他地區的衍生產品其政治面目並不一致，其中一些也在不知不覺間被引入舊的衝突結構之中。在「歷史終結」的氛圍中，這些反抗運動對於二十世紀激烈的政治鬥爭不屑一顧，在主流媒體的包圍和渲染中，一些擅長各種最為進步說辭的領袖人物經常淪為虛假的「反抗者」。他們的功能毋寧是為金融化資本主義掃清二十世紀殘留的最後障礙物。在這個意義上，這部著作可謂逆流而上，將焦點對準了與上述宣稱和運動截然相反的歷史實踐。

也在上述意義上，二十世紀九十年代以降「毛主義運動」在南美、西亞、東南亞和南亞的重新崛起，以及他們分別打出的「二十一世紀社會主義」等的旗幟，的確是一個「奇觀」。稱之為「奇觀」包含兩層意義：第一，1989–1991年的蘇東劇變以二十世紀共產主義運動的挫折為標誌，一些國家的共產黨或者瓦解、更名，或者蛻變為弱小的政治力量。在一些國家，由共產主義運動所催生的政治形態與資本的各種形態相處融洽，甚至成為資本主義自我更新、跨越難以克服的危機的主要動力和制度保障。南亞「毛主義運動」是對新自由主義全球化的直接回應，但與發達國家的反抗運動不同，「毛主義運動」毫不遲疑地宣佈他們與二十世紀革命運動（尤其是中國革命）的繼承關係；如同王靜所說，他們致力的是「解決第三世界的農民土地問題、民族解放問題、民主革命問題和經濟發展問題」。對於「毛主義運動」而言，不但種姓制度、土地關係、民族獨立等問題仍然構成鬥爭的中心問題，而且反帝反封建等二十世紀的基本命題依舊是有效的政治語彙。需要說明的是：在「毛主義」旗幟下的運動難以一概而論，秘魯、哥倫比亞、菲律賓、土耳其等地的運動與南亞的「毛主義運動」在理論形態、行動方式和社會基礎等各方面均存在重要的差異，很難等量齊觀。即便在南亞地區，尼泊爾的「毛主義政黨」相繼領導和推動的「持久人民戰爭」也區別於其他「毛主義運動」的規模和方式，的確構成其在特定階段的主要特徵之一。

第二，這些地區，尤其是南亞地區的「毛主義運動」所以構成了「奇觀」，也恰恰由於當代思想和學術集中於觀察全球化、中國崛起、金融危機及其應對策略等，即便是批判性的思想也相信二十世紀已經終結，不再存在以革命的方式戰勝資本主義的可能性。因此，從階級到民族，從獨立自主到國際主義，無不成為反思和解構的對象。我們在當代思想的脈絡中，幾乎找不到「毛主義運動」的痕跡。在西方，如果沒有阿蘭達蒂・羅伊（Arundhati Roy）的文章，「毛主義運動」幾乎就是恐怖主義的代名詞。「毛主義運動」之為「奇觀」，並非由於其罕見或規模弱小，而是因為我們已經習慣於在「歷史終結論」的視野中觀察我們置身的世界——即便對於許多明確拒絕「歷史終結論」的人而言也是如此。事實上，「毛主義運動」的規模、持久程度、鬥爭的激烈性，都遠在各種「佔領運動」之上，其政治創新及其成功與失敗均值得認真總結。「毛主義運動」與發生在中心地區和邊緣區域的各種「佔領運動」之間的差異顯示了當代全球化時代不同地區的經濟、政治和文化條件的高度不平衡，但這種不平衡不能簡單地置於時間性的關係中加以把握，而應在一種共時性的全球局勢中加以分析。正像二十世紀的革命運動一樣，「毛主義運動」經歷了和平抗爭、武裝鬥爭、與工農相結合的道路，通過實踐與理論辯論展開路線鬥爭，在分裂與整合的過程中形成政治團結。與工農相結合，意味着不同社會階層和階級之間在革命運動中的相互轉化，無論是出身底層的被壓迫者，還是出身上層的精英人物（「毛主義運動」的領導人多半是出身婆羅門但背叛本階級的反叛者），都在這一運動中經歷了陣痛與轉化。分裂、團結、再分裂、再團結，意味着這是一個結合實際進行自我轉化的痛苦過程，一個需要淬煉出新的政治主體性的過程。所有這一切都很難在當代各種以城市中產階級為核心的社會運動中找到對應物——這些運動通常短暫、碎裂，基於直觀的利益和主流的價值，由於缺乏重造主體的過程（一種通過自己反對自己進而形成新的自我的過程）而不可能形成持久的社會鬥爭。因此，真正的問題是：為甚麼「毛主義運動」從未像各種「佔領運動」一樣，成為媒體關注的話題，以致這些地區的生死鬥爭從未成為我們思考自己置身的世界的必要參照？為甚麼甚至對於留心和關注這場運動的人們而言，這些真實存在的運動也仍然讓我們有一種「奇觀」之感？

我對南亞「毛主義運動」的關注起源於我的一些印度朋友的經

歷。他們大多是一些著名的學者，在二十世紀六十至七十年代經歷過各自的「毛派」時期，但在我認識他們的時候，已經很少提及這段經歷了。2002 年，我第一次訪問印度，在班加羅爾開完會後，應老朋友帕瑟・查特吉（Partha Chatterjee）的邀請，去加爾各答社會科學研究所（Center for Studies in Social Sciences，簡稱 CSSS）訪問。CSSS 是著名的「庶民研究」（Subaltern Studies）的大本營，查特吉本人則是繼古哈（Ranajit Guha）之後這一學派第二代的代表人物。第一代的「庶民研究」集中探討印度農民運動，開創了一種不同於甘地主義的左翼思想脈絡，馬克思主義和毛澤東思想也是其主要思想資源；但伴隨着第二代的崛起，典型的問題已經是有關「庶民能否發聲」的反思，而不再是有關農民運動的研究和戰略性分析。新二代「庶民研究」與美國學院在九十年代興起的後殖民主義潮流桴鼓相應，以農民和原住民為主要成員的當代「毛主義運動」已經很難進入他們的研究視野。有一天，我正在 CSSS 的辦公室看書，一位長者邀請我去他的辦公室聊天，我們聊起了中國的共產主義運動與印度的關係。他從書櫃中取出一摞白皮小冊子，其開本和版式很接近於中國六七十年代發行的那些白皮書，但紙質更黃一些。他說這些都是他保存的六七十年代圍繞中蘇論戰而在印度共產黨（馬克思主義者）內部展開政治辯論的文獻。這場論戰也導致了印共（馬）的分裂和印共「毛派」的崛起。事實上，包括查特吉在內的一些庶民研究成員，年輕時就是帶有「毛派」色彩的知識分子，但經歷了二十世紀八十至九十年代的大轉變，在我訪問加爾各答的時期，絕大部分已經對自己的「毛派」思想進行了自我清算。我面對的這位長者顯然對於庶民研究的這一轉向有所批評，在一種落寞和懷舊的心境中，他慷慨地將這些小冊子全部送給了我。

帶着這些小冊子和在加爾各答期間形成的問題，我在德里的一次聚會中再度談及中國革命與印度的關係，將毛澤東與甘地作為亞洲回應現代性問題的兩條路徑加以對比。在交談中，我驚訝地發現許多印度朋友能夠流利地用英文背誦《毛主席語錄》中的段落。對於他們而言，這是藏在記憶深處卻又在瞬間被激發的政治激情。觸發這些記憶的，並不僅僅是我的演講，更重要的或許是發生在印度叢林中的鬥爭、西孟加拉邦因建設經濟特區而引起的農民保衛土地的鬥爭，以及印度政府對於這些農民和原住民運動的暴力鎮壓。那時我已經讀到過一些有關印度「毛主義運動」的報道，也自然地問及他們的看法。由於印度「毛主義運動」堅持武裝鬥爭的道路，自由主義者持批評態度是自然的，即便是批評政府暴力的左翼知識分子在如何定位這一運動的問題上，也大多欲言又止。正如我在其他地區所經驗的，在印度和我們自己的社會也一再驗證的：任何一個社會都有不方便的話題，只有極少數的人能夠成為「例外」。在二十世紀，革命運動常常伴隨着暴力鬥爭，但存在着將致力於改變基礎性社會關係的革命運動與暴力和恐怖行動加以區分的理論和實踐，而在當代的語境中，這一區分日漸模糊，以致人們很難對暴力現象進行政治分析。事實上，二十世紀革命運動在理論上對於單純的恐怖行動經常給予譴責和否定。

那次我在發展中國家研究中心（CSDS）發表演講，《微物之神》（*The God of Small Things*）的作者阿蘭達蒂・羅伊也在場，朋友們介紹說她曾寫過有關印度「毛主義運動」的近距離觀察，但我們沒有機會交談。不久之後，羅伊和我的另一位印度朋友、作家兼記者潘克傑・米西拉（Pankaj Mishra）來北京訪問，在萬聖書園的咖啡館裏，我們有過一次關於西孟加拉邦農民暴動和印度「毛主義運動」的長談。羅伊提到一些軍火庫的武器已經被農民掌握，對局勢十分憂慮。

在她看來，當代「毛主義運動」並非統一的、有理論指導的運動，毋寧是那些在新自由主義浪潮中受到傷害的農民和原住民的集聚，他們使得早已式微的「毛主義」成為聲勢浩大的旗幟。她沒有談到當代「毛主義運動」與二十世紀共產主義運動及其內部分裂之間的關係。那是我第一次對當代印度「毛主義運動」有一個概觀式的了解。

在中國媒體中，時不時也能看到一些簡短的、轉發自外媒的有關「毛派」襲擊警察哨所等的報道，卻很少提及印度政府調動軍隊對「毛派」遊擊隊進行大規模鎮壓，至少 6000 人被殺。2010 年，我重訪印度，那時已經讀到過兩篇羅伊所寫的關於「毛派」遊擊隊的文章，因此計劃在訪印期間隨她一起深入叢林，走訪那些反叛的、難以被知識分子的文字命名的原住民 / 農民 / 遊擊戰士。但就在臨行之前，她因捲入克什米爾問題的爭論遭致印度民族主義者的攻擊，探訪「毛主義者」的計劃不得不暫告中止。2012 年 2 月，我去德里參加國際社會學學院世界大會（IIS World Congress），約她見面討論「毛主義運動」問題。那次談話之後，羅伊送了一本她的有關「毛主義運動」的新書《與同志們同行》（*Walking with Comrades*, Penguin Books, 2011）給我。這本小書匯集了她歷年所寫關於「毛主義運動」的文章，以生動的筆觸，第一次將這些「同志們」及其鬥爭呈現在讀者面前——正是在她的敍述中，而不是在印度學院知識分子的著述中，「毛派」反叛者不再只是作為主流媒體、印度政府和美國中央情報局文件中的「恐怖分子」，而是作為有着自己的情感世界、思想傳統和現實關切的反抗者，進入了讀者的視角。羅伊對「毛主義運動」的關注與她對新自由主義的持久鬥爭有着密切的關係，從她第一次訪華所談的「毛主義運動」到她最終發表的這些文章，她自己對於「毛主義運動」的觀察也愈益具體和深入。在印度的語境中，她對這場運動的調查和報道需要極大的勇氣和激情才能完成。這本閃爍着思想光芒和文字魅力的著作常常讓我反思學院知識分子的貌似周全、實為迴避的「審慎」。

對話普拉昌達：人民民主是否可能？

在德里談話中，我提及了我在尼泊爾與「毛派」的交往。2008 年 4 月，尼泊爾舉行制憲會議選舉，尼共（毛）成為第一大議會黨團；同年 8 月，尼共（毛）主席普拉昌達當選總理，並成立了以尼共（毛）為首的聯合政府，尼共（聯合馬列）、馬德西人民權利論壇等取向極不相同的政黨成為聯合執政的政黨。那年的 11 月間，我應一家民間學術機構的邀請訪問尼泊爾，得以與尼泊爾各派政治人物見面、交談，並深入尼共（毛）控制的解放區考察。除了尼共（毛）和尼共（聯合馬列）的主要領導人尼帕爾、卡納爾等，我們也拜訪了偏右翼的大會黨的資深領袖、前首相柯伊拉臘，以及後來在逼迫普拉昌達下台中扮演核心角色的總統亞達夫。

在與羅伊的談話中，我們談及普拉昌達的下台和剛剛當選總理的巴特拉伊。我訪問尼泊爾時，巴特拉伊擔任財政部長，在他的辦公室，我們也有過交談。在「十年人民戰爭」中，巴特拉伊曾因其過度的親印立場而被革職，但議會道路時期又被重新起用。實際上，巴特拉伊與普拉昌達的路線分歧在我們訪問尼泊爾時就是討論的話題之一。他原是尼泊爾人民陣線（United People's Front）領導人之一，曾於 1994 年率領部分成員參加大選，但未能獲得任何席位。1996 年 2 月，巴特拉伊向謝爾・德烏帕提出有關「民族主義、民主與民生」的四十點要求，但其中關鍵的一條即廢除君主制、建立共和政體被首相辦公室拒絕，他轉而與普拉昌達結盟，共同宣佈發動「持久人民戰爭」。

羅伊告訴我，巴特拉伊的妻子是她早年的同窗好友。事實上，尼共（毛）的領導人大多在印度接受高等教育，巴特拉伊如此，普拉昌達也是如此，他們與印度知識分子和政治運動有着千絲萬縷的聯繫。正如王靜所說，「尼泊爾毛主義運動是在印度『納薩爾巴里運動』的影響下產生的。1971 年，受到印度『納薩爾巴里運動』的鼓舞，尼泊爾東部特萊平原地區的賈帕縣尼共青年黨員成立了尼泊爾共產黨柯西區域委員會（後改稱 ML，即尼泊爾全國革命委員會）。1971 年 5 月 16 日，這些青年激進派在賈帕縣的吉米爾噶邊村（Jymirgadi）發動武裝起義，起義遭到殘酷鎮壓，大批黨員犧牲。這是尼泊爾毛主義運動的前身」。[1] 或許可以略做補充的是：印度共產黨在二十世紀六十至七十年代有過兩次大分裂，即 1964 年圍繞對國大黨的態度而分裂為印度共產黨和印度共產黨（馬克思主義者），前者支持，後者反對。1969 年印度共產黨（馬克思主義者）再次發生分裂，形成了印共（馬）和印度共產黨（馬克思列寧主義者），後者就是領導「納薩爾巴里運動」的「毛主義者」。印共（馬）的分裂與中蘇論戰和社會主義國家間的衝突有明顯的聯繫。2008 年 11 月 6 日，在會見了普拉昌達之後，我們與尼泊爾人民解放軍原副總司令、新政府國防部長巴德爾在一家中餐館晚餐，他就坐在我的旁邊。巴德爾年輕時留學蘇聯，專業是農業技術，中蘇之間激烈而持久的論戰在留蘇學生中間引發了辯論與反思。就是在這場辯論中，巴德爾轉向了「毛主義」，成為「北京派」的一員。在「十年人民戰爭」中，這位農業專家成為人民解放軍的高級指揮員。

儘管當代「毛主義運動」的脈絡可以追溯至六十至七十年代甚至更早時期，但這一運動的再度崛起主要是九十年代的事，它既是二十

1 王靜：《印度共產黨（毛主義者）的理論與實踐研究》，北京：社會科學文獻出版社，2016，第 136 頁。

世紀未竟事業的延續，更是對南亞新自由主義浪潮的回應。當代尼共「毛派」的運動大致分為兩個時期，即以 1996 年起義為開端的「十年人民戰爭」階段和從 2006 年轉入參與多黨競爭的議會政治時期。2008 年 11 月 6 日上午，經過事前安排，我有機會隨同幾位朋友一道去拜訪普拉昌達，原定會見時間是半個小時。在他的官邸坐定後，我首先提問，一連講了四個問題，普拉昌達非常認真地對每一個問題做詳細解釋，結果那個上午的討論持續了三個小時。

我所提的第一個問題是關於人民民主與議會民主的關係。從二十世紀世界範圍內的社會主義運動來看，人民民主與議會民主是兩種性質不同的政治路徑，人民民主雖然也會採用統一戰線的鬥爭方略，但不會改變奪取政治、軍事和文化領導權的基本戰略。中國革命曾經提出過類似的問題，在中共與法共、意共的政治辯論中也一再觸及這個問題。就我所讀過的普拉昌達的政治論文來看，他的人民民主的理念與毛澤東在〈新民主主義論〉中所闡發的思想一脈相承，所謂「普拉昌達道路」是尼共（毛）在人民戰爭時期形成的，其基本宗旨是人民民主。但在 2006–2008 年間，也正是在普拉昌達領導下，尼共（毛）轉向了「融合理論」和多黨競爭的議會政治，不但引發了尼共（毛）的黨內分裂，而且也在南亞共產主義運動和毛主義政黨之間激起了尖銳的理論辯論。[2] 這或多或少有些接近於 1945 年國共和談期間曇花一現的有關「和平民主新階段」的討論。我問普拉昌達：基於二十世紀的政治經驗，人民民主與議會民主之間有着明顯的不可調和性，為甚麼他認為議會政治與人民民主是可以融合的？尼共（毛）的轉向是否意味着放棄了人民民主的宗旨？

---

2 同上。

普拉昌達的回答是從三個方面展開的。首先是人民戰爭的實際進程，尤其是加德滿都圍困戰的失利，這是轉向和談和議會政治的契機。他同時指出：人民解放軍當時已經佔據尼泊爾的大部分國土，尤其是鄉村地區，軍事上並非沒有奪取加德滿都的可能，但即便如此，依靠武裝鬥爭奪取政權依然十分困難，其根本原因是美國和印度不可能容忍尼共（毛）通過戰爭取得政權，勢必進行帝國主義干涉。他舉出了美國和印度在人民戰爭期間和加德滿都圍困戰時期對於政府軍的支持和直接干涉，這一嚴峻的國際局勢使得尼共（毛）難以重複農村包圍城市、最後奪取城市並取得全國政權的「中國道路」。其次是歷史條件的變化，即二十一世紀不同於二十世紀，這一時代的民主也具有了不同以往的意義。實際上，早在 2003 年，尼共（毛）中央全會通過了《全面發展 21 世紀民主》報告，提出「當所有黨派都在反帝反封建框架下，和平的多黨競爭是存在的」。[3] 對於尼共（毛）而言，多黨競爭的前提是「反帝國主義干涉和反封建的特定憲法框架」。[4] 這一轉向在南亞毛主義運動中勢必引起爭議，印共（毛）在與尼共（毛）辯論時說：「在兩黨雙邊會議中你們黨也曾說過，你們所談及的和平競爭是在後革命時期而不是在此之前出現的。但之後，你們在工人階級奪取政權之前多黨競爭是否可行的問題上開始採取規避和模糊的姿態。與七黨聯盟達成十二點共識之後，你們黨對此的態度又轉了 180 度的彎，你們宣稱，你們黨準備與其他買辦封建政黨競爭！你們渴望通過與這樣的政黨和平競爭發動甚麼樣的民主？這一切都超出了我們的理解範疇。」（《印共（毛）寫給尼聯共（毛）的公開信》，2009 年

3 Central Committee of CPI (Maoist), "Letters to the CPN (Maoist) from the CPI (Maoist)", *Revcom*, July 20, 2009, https://www.revcom.us/a/160/Letters.pdf.

4 Ibid.

7 月 20 日）[5] 普拉昌達在談話中沒有談及尚未公開化的來自印共（毛）的批評，但他顯然也在回應南亞共產主義運動內部的論戰。這也是他對這一問題的回答中的第三個方面，即人民通過選票選擇了我們，我們有權利去推進人民民主的宗旨和方針。換句話說，對他而言，議會民主和選舉只是在人民戰爭無法繼續推進的條件下實現人民民主的手段。但無論在當時，還是現在回頭來看，我對此都是懷疑的，歷史也在繼續證明兩者之間的難以調和。

我的第二個問題有關軍隊改革。尼共（毛）執政後，參與議會的其他七個黨派提出了軍隊國家化的議題，其要點是不同意人民解放軍與政府軍合併，而是先解散人民解放軍，至於個別戰士重新入伍也須按照相應條例進行。右翼的大會黨堅持這一觀點，尼共（聯合馬列）也反對毛派保留人民解放軍和革命根據地。在與柯伊拉臘的會談和尼共（聯合馬列）總書記尼帕爾的會談中，他們分別談到了這一點，而這也是在混亂的議會政治中左右聯手拖垮尼共（毛）執政局面的開端。尼共（毛）面對的問題與 1945 年國民黨針對中共軍隊和根據地提出的軍隊國家化的主張幾乎完全一樣。這也是在議會政治邏輯下必然產生的問題。我問普拉昌達：人民解放軍經過了「十年人民戰爭」，在廣闊的鄉村進行土地改革，動員和教育農民；人民戰爭並不僅僅是軍事鬥爭，而且也是「宣言書」；經過人民戰爭的人民解放軍也並不僅僅是一支軍隊，它是革命的「播種機」「宣傳隊」。如果說人民戰爭是一個政治進程，那麼人民解放軍就是這個進程的有生力量，沒有這個力量，革命政黨走向衰落幾乎是必然的。在接受了議會政治之後，如何面對來自議會各黨派關於取消解放區、解散人民解放軍的要求？

5 Ibid.

普拉昌達承認這是一個巨大的挑戰，但他否認會解散人民解放軍。2006 年停戰之後，在聯合國的監督之下，人民解放軍不但停止了軍事進攻，而且也將武器就地封存起來。尼共（毛）及其軍隊的一些領導人相信一旦發生戰爭，他們仍然可以取回武器，重走人民戰爭的道路，但事後看這也不過是幻想而已。（1945 年日本戰敗後的馬來亞共產黨放棄了武裝鬥爭，解散了人民軍隊，當他們試圖重新拿起武器時，局勢已經大為不同了。）從普拉昌達對制憲會議的期待及二十一世紀民主的理解來看，他並沒有重走武裝鬥爭道路的準備和決心。尼泊爾「毛派」所處的國內和國際條件已經不同於二十世紀民族解放運動的時代了。

在與他會見之後，由尼共（毛）中央的安排，我們前往人民解放軍第一師所在的山區根據地訪問。儘管放棄了武裝，人民解放軍仍然堅持軍事訓練，那些貧苦的農民、婦女和少數民族戰士的臉上洋溢着青春的熱情，態度莊嚴，紀律嚴明。我幾乎要相信人民解放軍不會解散的斷言了，但在回程的途中，我一再地提醒自己：這支軍隊可能不久將不復存在，而以這支軍隊為主力的社會解放進程也勢必遭遇巨大挫折。這一預感不久之後即被證實：在擔任總理的短暫時期，巴特拉伊迅速地解散了人民解放軍，退還人民戰爭期間「被侵佔」的土地。

我提的第三個問題是農民和土地問題。正如王靜反覆提醒我們的，南亞問題的核心是極端不平等的、對普通農民形成嚴酷壓制的土地制度和種姓制度，而印度和大多數南亞國家恰恰都沒有經歷真正的土地改革或土地革命，與這種經濟制度聯繫在一起的種姓制度也沒有受到真正的觸動。[6] 中國革命與南亞獨立運動的主要區別恐怕就在這

6　王靜：《印度共產黨（毛主義者）的理論與實踐研究》，第 43、47 頁。

裏，毛澤東思想與甘地主義作為兩種回應現代性挑戰的亞洲路徑之間的差異也在這裏。無論在印度鄉村還是尼泊爾鄉村，都可以看到許多寄居在地主土地上的無地農民，他們靠出賣勞動勉強生存。佔尼泊爾人口 65% 的貧苦農民僅有全部可耕地的 10% ，相反，僅佔人口 10% 的地主和富農佔有 65% 的耕地。貧富分化與種姓制度相互支撐，少數民族和婦女處於被壓迫地位。對於土地關係和種姓制度提出挑戰的，不是大會黨的改革，而是尼共（毛）所推動的「十年人民戰爭」。在根據地，尼共（毛）通過人民戰爭推進「耕者有其田」及免除農民債務的土地改革，許多世世代代沒有土地的農民分得了土地。在土地改革中，尼共（毛）還大力提高婦女和少數民族的地位，我在人民解放軍中看到許多女戰士、女指揮員和大批的少數民族戰士，他們來自底層，飽受種姓制度和土地制度的剝削和壓迫，而在人民軍隊中獲得了平等的地位。但是，在尼共（毛）加入議會，參與多黨競爭之後，如何處理「十年人民戰爭」中取得的土地改革成果，卻成為議會鬥爭的焦點之一。制憲會議是妥協的結果，憲法承認私有產權，而除尼共（毛）之外，其他各黨派均不承認尼共（毛）在人民戰爭中推進的土地改革及其成果，他們通過法律方式和政治壓力追究尼共（毛）成員在土地改革時期的暴力行為。因此，我向普拉昌達提出的問題是：在轉向議會政治之後，尼共（毛）如何處理其他各黨派提出的向地主退還土地的要求？尼共（毛）會不會因此失去自己的社會基礎？

普拉昌達顯然理解這一問題對於他所領導的革命運動的意義。他在談話中明確地拒絕大會黨、尼共（聯合馬列）關於退還土地的要求。在他的安排下，我們與恢復重建委員會的三位領導人見面討論，他們都是人民解放軍的副總司令或高級指揮員。按照他們的看法，土地改革的成果不但不能退還，而且還應該在尼泊爾全境推廣土地改革。但伴隨着政治路線的變化和人民解放軍的解散，土地改革的成果也不可能得到保障。這一點甚至不用等到尼共（毛）下台就已經很清楚了。

我提出的第四個問題是憲法與聯邦制問題。2006 年「十年人民戰爭」結束，2007 年 1 月，《臨時憲法》頒佈，臨時議會組建。臨時議會首先剝奪國王行政權力，確定由首相暫代國家元首職務，掌握行政。兩個月後，臨時議會通過《臨時憲法》第一修正案，規定通過制憲會議選舉在尼泊爾實行聯邦民主制。12 月通過的第三修正案宣佈尼泊爾為聯邦民主共和國，由制憲會議首次會議正式核准。如今的尼泊爾共劃分了東部、西部、中西部、中部、遠西部 5 個經濟發展區，下轄 14 個專區。2008 年毛派執政後，面臨如何組建聯邦的抉擇。尼泊爾經過民族識別，起初認定了 62 個民族，此後降低至 58 個。人民戰爭時期，許多深受壓迫的少數民族成員加入人民解放軍，尼共（毛）傾向於給予少數民族更多的自治權。與此同時，尼泊爾社會圍繞與印度接壤的馬德西地區的地位問題存在巨大爭議。印度獨立後，在與周邊國家的關係方面，繼承了英國殖民主義的一些做法，例如通過《印尼友好條約》，確認尼印邊界開放，致使大量印度人定居尼泊爾境內。馬德西地區就是印度裔和印度人聚居的地區，土地富饒。馬德西人民權利論壇是議會八大黨派之一，他們堅持要求馬德西地區作為整體加入聯邦。我向普拉昌達提出的第四個問題就是聯邦制是否適應尼泊爾的國情，如何實行聯邦制（以地區還是族羣為主要依據），各邦規模如何，馬德西地區的地位怎樣確定（作為整體，還是劃分為幾個不同的區域）？

普拉昌達說這是一個十分重要的問題，強調尼泊爾不是採取單一制，而是採取聯邦制，有歷史與現實的原因。他解釋了尼泊爾的民族狀況，尤其是少數民族在人民解放戰爭中的角色及地理區域的條件，最後集中地回答馬德西地區的問題。馬德西地區是尼泊爾最富饒的平原地區，集中了大量印度裔居民和印度人，由於開放邊界，印度的影響通過這一地區直接滲入整個國家。馬德西人民權利論壇堅持將馬德西地區作為一個整體加入聯邦，這對尼泊爾的獨立、完整和穩定都構成了潛在威脅。至少在當時，尼共（毛）希望探索其他方式處理馬德西地區的問題。事實上，這一問題直接涉及印度對尼泊爾的影響和滲透。毛派渴望得到中國的支持，以平衡印度的干涉，但在尼泊爾，這是一個極為敏感、隨時可能觸動印度神經的問題。或許就是因為這個原因，在後來外交學會舉辦的活動中，普拉昌達的助理特別安排了電視台對我做專訪，其中第一個問題就是：尼泊爾面臨霸權國家的干涉，中國是否支持尼泊爾的自主發展？

在會見結束時，普拉昌達意猶未盡，他說這些問題觸及了尼共（毛）所面臨的幾個關鍵性問題，並詫異地問道：你怎麼會對尼泊爾的問題如此熟悉？實際上，我對尼泊爾的了解十分有限，所提的問題全部基於我對中國革命中的一些類似環節的理解。我因此想到：從印度、尼泊爾和南美國家的社會鬥爭和轉型的視野回望二十世紀中國（尤其是中國革命）的歷史，也是一個有待開掘的課題。世界各地的「毛主義運動」在「毛主義」的旗幟下展開，但他們不可避免地面臨着中國的轉型和二十世紀社會主義運動的挫折所帶來的後果。在離開普拉昌達辦公室的時候，我已經預感到毛派執政的不明前景。但我同時相信，不管我們是否同意尼共（毛）的抉擇，他們對於時代變遷及其對運動的影響的感受是真實的，簡單地重複過去的道路的確沒有前途，問題是如何在變動的條件下，堅持基本價值，探索可行的戰略和戰術。例如，南亞「毛主義運動」中的「議會道路」和「武裝鬥爭道路」的辯論固然是二十世紀共產主義運動中的理論和政治路線辯論的延續，但當代資本主義及其霸權形態的力量也是催生這一辯論不可忽略的外部條件。因此，需要探索在新的歷史條件下的（亦即屬於二十一世紀的）、能夠維護絕大多數人的利益的政治形式。這一探索不僅對於尼泊爾或南亞地區，而且對處於普遍政治危機的當代世界都具有重要的意義。

「低烈度戰爭」條件下的政治探索

王靜在書中詳細地介紹了印度擴張主義和各國統治階級對於「毛主義運動」的殘酷鎮壓。1986 年 7 月，由 20 多名專家組成的美國軍事智囊團在巴拿馬秘密研究的「低烈度戰爭」理論及其實施，「在日後剿滅第三世界國家『遊擊戰』和『持久人民戰爭』中發揮重大作用，並且在施行的過程中不斷得到完善，該戰略大體具有如下幾個特徵：一是軍事、社會、政治、經濟和心理手段綜合併用的全面戰爭、長期戰爭和消耗戰爭；二是『信息心理戰』是戰略的關鍵，目標旨在『控制人民的思想』；三是進行經濟上的封鎖，切斷革命運動的經濟來源和戰爭供給；四是『情報』是重要的戰略武器；五是針對革命運動領導人發動『斬首行動』，迫使革命運動陷入羣龍無首和四分五裂的混亂之中」。[7] 就思想控制而言，這場「低烈度戰爭」並未局限於南美或南亞，毋寧說是一場遍及全球的思想改造運動，其中對於媒體和輿論的控制就是重要的一環。在這方面，王靜所提及的「壟斷資產階級的信息技術挑戰」更加深了這場「低烈度戰爭」的嚴峻性：「在俄國革命和中國革命過程中，壟斷資產階級和無產階級及勞動人民之間的技術差

7　同上書，第 180 頁。

距都得到一定程度的解決，通過各種方式，無產階級和勞動人民的武裝力量所擁有的軍事技術實力，在戰爭過程中可以和敵對階級產生一定程度的均衡。在二十一世紀的今天，兩大階級間的技術鴻溝更加擴大了。信息技術的特徵是投資規模巨大、集成化程度高，尤其是需要一個龐大的技術階層支撐。例如，在『綠色狩獵行動』中，印度政府在美國的幫助下可以利用信息技術優勢對印共(毛)領導層的通信信號進行監控並採取斬首行動。在整個信息產業和整個互聯網核心技術都被美國控制的背景下，連中國和俄羅斯這樣的大國都面臨着美國的網絡戰爭和信息戰爭的不對稱威脅。南亞各國的『毛主義』政黨要想擺脫當前的不利局面，困難程度是很大的。」[8] 換言之，席捲當代世界的信息技術革命的浪潮，並未改變壓迫和剝奪的基礎結構，對於無法佔據技術革新前沿的邊緣區域而言，霸權國家和統治階級進行技術操控的能力反而因此更加嚴密了。

如果說全球資本主義的發展和統治階級的「低烈度戰爭」構成了「毛主義運動」的外部挑戰，那麼，能否形成一個成熟的領導力量則構成了「毛主義運動」的內部挑戰。從十九世紀共產主義運動誕生開始，理論鬥爭、路線鬥爭和政治分裂就始終是這一運動的主要特徵之一。中國革命同樣如此。在二十世紀，許多革命領袖和革命政黨也正是經過理論鬥爭和路線鬥爭逐漸走向成熟。革命運動的內部分裂常常是與外部條件的惡化相互呼應的，中國革命中發生的內部清洗和分裂就是如此，造成了許多難以挽回的悲劇。南亞「毛主義運動」本身就是中蘇論戰或者說社會主義陣營內部分化的產物，其積極的方面是理論鬥爭和路線分歧促進了政治的發展，其消極的方面就是理論鬥爭和

8　同上書，第181頁。

路線分歧的持久化形成了一波又一波政治分裂。整合與分裂由此成為「毛主義運動」的一個伴生現象：尼共（毛）是一系列政治分離的產物，它本身也不斷經受分離與整合。該黨是由尼共（Mashal）的幾個不同派別整合而成，而尼共（Mashal）則是從尼共（Masal）分離出來的。1989 年普拉昌達擔任尼共（Mashal）總書記後，該黨又分離出三個派別。1991 年，以尼共（Mashal-CC）為核心，聯合其他三個「毛派」政治團體，建立了以馬列主義毛澤東思想為指導、實行新民主主義革命的尼共（團結中心）。1992 年，在以大罷工為主軸的城市羣眾運動失敗後，在普拉昌達領導下，尼共（團結中心）決定轉向鄉村，推進以農村包圍城市為基本戰略的人民戰爭，也因此與尼共（聯合馬列）形成了不同道路之間的長久的政治競爭。

尼共（聯合馬列）成立於 1991 年，與成立於 1995 年的尼共（毛）各有淵源，兩者都是各自母黨一系列分化的產物。這一左翼黨派之間的分歧同時伴隨着尼共（團結中心）內部圍繞「非暴力不合作」的和平道路與「人民戰爭」的暴力鬥爭而展開的兩條路線的鬥爭，結果是和平主義的派別（「四大」派）被清除出黨。在經過一段時期的準備之後，從 1996 年開始，人民戰爭終於展開。

真正的政治整合必須建立在經過實踐檢驗的對於現實的理論分析之上，這種理論分析為成熟的戰略戰術提供支持。在中國革命中，最為經典的例子便是〈論持久戰〉、〈矛盾論〉和〈新民主主義論〉等一系列論著的發表和以毛澤東為核心的領導集體的誕生。尼共（毛）在「十年人民戰爭」中有過激烈的理論辯論和政治鬥爭，最終形成了以普拉昌達為核心的領導集體，政黨–軍隊–羣眾構成了一個有機的政治力量，但在走向議會政治的過程中，理論鬥爭和路線鬥爭伴隨着政治失敗的到來，政治整合不但未能有效形成，而且每一步政治變遷都伴隨新的政治分裂。尼共（毛）是一個經過人民戰爭和土地革命的政黨，其成熟程度是南亞和南美其他「毛主義運動」很難企及的。尼共（毛）的政治挫折或多或少應該歸咎於缺乏一個真正具有戰略眼光的政治領袖或領導集體。

在訪問尼泊爾的數月之後，我赴委內瑞拉參加會議，也因此有機會深入鄉村做些調查。在旅途中，我不由得對這兩個由左翼執政的國家及其政治運動進行對比：尼共（毛）擁有十年人民戰爭的經驗和相對成熟的政黨，這是查韋斯所沒有的。他的政黨只是為了適應選舉而匆忙組織的機器，其中混雜着各種各樣的人物，也包括前政府中為保留其官位而加入新政黨的投機家；但相對於他的政黨，查韋斯卻是一個有理論視野和戰略戰術的政治家和魅力領袖，他通過與民眾的直接互動越過官僚政黨的藩籬，力圖在石油國有化和土地改革方面維持其政治的激進性。查韋斯的政治的脆弱性源於其政黨及其文化領導權的脆弱，而政黨及其文化領導權的脆弱直接產生了對於魅力領袖的過度依賴——這種依賴並非產生於領袖個人對於權力的追逐，而是源自一種維持其社會改革方案的激進性質的政治需求。在經濟精英壟斷石油工業和土地資源、文化精英控制大部分媒體和大學、未經徹底改造的軍隊仍然潛伏軍事政變的力量、霸權國家對其國家進行操控和顛覆的條件下，查韋斯不得不通過與羣眾的持續不斷地直接互動來動員羣眾、鞭策自己的政黨和政府、威懾各種反對力量。與之相比，進入議會鬥爭時期的尼共（毛）是經過「十年人民戰爭」鍛煉的政治組織，擁有在人民戰爭和土地改革中形成的雄厚的民眾基礎、幹部隊伍、組織結構和軍事力量，但在全球資本主義條件下，這一較為成熟的政黨缺乏中國革命曾經擁有的外緣政治力量，也未能湧現富有遠見、立場堅定、戰術靈活的領袖人物，進而發展出成熟的關於當代世界和尼泊爾現實的理論和戰略。在議會政治的框架下，激進政黨逐漸失去了羣眾基礎，其領導人無力通過與民眾的互動重構人民政治，從而必然導致政治鬥爭的失敗。

尼泊爾和委內瑞拉的歷史條件不同，前者地處南亞，深受印度教影響，種姓制度和地主土地制度限制着整個國家的發展；後者地處南美，深受殖民地經濟及其遺產的制約，石油產業控制在買辦階級的手中，地主莊園擁有大部分土地，種植業單調地集中在咖啡生產上，幾乎沒有真正的農業。這是兩個在地緣政治條件和文化歷史傳統上截然不同的國家，它們在同一時期產生了形式不同又遙相呼應的激進政治運動。這兩場激進政治運動的真正動力其實是相似的，即在全球資本主義條件下，擺脫殖民的和後殖民的支配邏輯，通過羣眾動員、土地改革、工業國有化和公平的市場活動，尋求弱小國家的自主發展。我在這裏不能展開對於這兩個左翼政府的政治–經濟綱領的比較，只是從一種比較視野，觀察成熟的政治領導權的形成條件。透過尼泊爾與委內瑞拉的不同經驗，我似乎從領袖、政黨、人民的三者關係中看到了二十世紀六十至七十年代中國政治危機的某些症候。

王靜在〈21 世紀南亞毛主義運動：現實圖景、理論焦點及未來挑戰〉一文的末尾，出乎預料地提及：「中國『一帶一路』倡議要在南亞得到順利實施，必須在戰略框架設計中考慮如何使南亞底層貧困人口的直接政治和經濟利益代表——即包括南亞毛主義政黨在內的共產主義政黨成為這一戰略的動力而不是阻力。」[9] 中國與亞非拉的關係面臨多重挑戰，首先是美國在不同區域對中國進行遏制並試圖在亞洲地區重構冷戰的框架，其次是在美歐鼓動下漸成氣候的有關「中國新

9　王靜：《印度共產黨（毛主義者）的理論與實踐研究》，第 182 頁。

殖民主義」的輿論氛圍，三是中國的發展路徑與西方發展路徑的某些重疊所喚起的歷史記憶。在亞洲、非洲和拉丁美洲，中國革命的歷史遺產不但是珍貴的記憶，而且也是中國在展開新的進程時需要參照的政治價值。這些政治價值不但對於當代實踐具有參考意義，而且對反思二十世紀中國革命中的悲劇也具有關鍵的意義——對於革命的思考和批判需要一種內在於革命的視野。「一帶一路」的成功實施需要一種能夠將不同區域的底層貧困人口及其政治運動置於思考內部的理論視野和戰略，但這樣一種國際戰略的前提是重新調整和確定國內發展模式。中國明確地拒絕歐美殖民主義的路徑，也只有走一條不同於歷史資本主義的道路才能獲得各國人民的普遍認同和支持，也只有獲得各國人民的普遍認同和支持，才能擺脫霸權國家的政治、軍事和經濟遏制，為突破以重構等級制為使命的金融化資本主義的宿命做出積極的貢獻。這是全球和平的必要條件之一。

2015 年 12 月 8 日星期二

第十章

回望 1968：重構綿延

短暫的事件，還是漫長的綿延？

1968 年巴黎的故事與中國的「文革」互動、重疊，但自從「文革」結束，中國始終是「1968」紀念中一個沉默的存在。1998 年，2008 年，當全世界都在討論「1968」的時候，中國知識界陷入了集體性的尷尬。但 2018 年終於發生了變化：在年輕編輯、記者和知識分子的共同努力之下，「澎湃新聞」設立了一個紀念專欄，發表了一系列有關「1968」的文章，其視野的廣闊和思考的深入遠遠超過了以往的討論。參與這場討論的作者和編輯，都是在七十年代或八十年代出生的一代。他們與「1968」並沒有直接的經驗性聯繫，但字裏行間卻像是「1968」的精神傳人：通過重構歷史語境，反思運動的力量和局限，他們試圖在「1968」與當代中國之間重建聯繫。

作為一個時間標記，「1968」既是對於全球六十年代的象徵性表述，也是長期以來以巴黎紅五月為焦點的記憶方式的展開。但這是以記憶的方式展開的遺忘進程，用王璞的話說，「他們高喊毛派、無政府主義或反帝國主義口號，現在他們卻告訴大家，五月的真正內容只有『個人』、個性解放，是年輕一代對傳統的挑戰，是法國從傳統資本主義向後現代消費社會的轉型，是文化調整，是消費和享樂自由，是一次不可避免的社會調整和文化變革，是街壘之內（！）大和解、大交流的節日。……工人抗爭的綿延沒有了，第三世界主義沒有了，思想論戰沒有了……從革命主體到社會學代際，從政治鬥爭到倫理衝突，這一改寫歷史的戲碼只剩下一個主角：青年學生 / 個體 / 消費者；只剩下一個後台導演 —— 資本。『個人自由』的主題，一言以蔽之 —— 去政治化」。[1] 殷之光從 1967 年「六日戰爭」前後阿拉伯世界的視角，重新探討「長 1968」。在這一獨特視角下，以美國反越戰示威、黑人民權運動，以及包括「五月風暴」在內的一系列歐洲學生運動為中心事件的「全球 1968」，依然是「從歐洲中心的角度出發，將歐洲各國的學生運動視為『社會組織與政治行動的新形式』，並採用激進甚至暴力的方式對抗各類『權威』。通過這個脈絡展現出來的 1968 年具有幾個關鍵的特點。一方面，它被視為一場超越國家、超越意識形態陣營的『全球』性運動。另一方面，其政治結果卻被局限在西方民主政治敘事內部，成為『社會的覺醒』（awakening of society）與『國家的危機』（crisis of the state）的標誌。也正是在這樣的邏輯下，歐洲 1968 年學生運動所代表的左翼社會主義政治訴求的失敗，開啟了『自由主義』與『民主政治』的復興。而美國反越戰及黑人民權運動則成為以個人解放和身份政治為中心的平權運動（affirmative action）的開始。在這個脈絡裏，1968 年被作為一場『震撼了世界』的左翼『人本

1 王璞：〈五月之後：法國 68 的綿延與遺忘〉，澎湃「思想市場」，2018 年 6 月 16 日，https://www.thepaper.cn/newsDetail_forward_2199088。

主義』（humanism）運動融入了西方主流的歷史與政治敘事中」。[2]

為了重建關於六十年代的記憶，將民族解放運動、「文化大革命」和 1968 之前和之後的反對種族歧視的鬥爭和工人運動納入視野，就必須把「短促的五月」轉換為「漫長的 1968」。2018 年中國青年知識分子對於「1968」的回望有一個鮮明的特徵，即與長期以來有關「1968」的經典記憶保持距離。「澎湃新聞」的專欄編者按開宗明義，明確表示專欄的目標是打撈被那些如今已經被馴服的經典記憶所遮蔽的「最沉重的部分」:「時隔 50 年，冷戰後的今天，提起 1968 ，人們想起的，是法國的五月風暴、『激進哲學』、新浪潮電影、搖滾樂、嬉皮士。……『68』一代的反叛，似乎僅僅讓抗爭成為了景觀，最終幫助了資本主義大獲全勝。而 1968 年最沉重的部分，也通過記憶實現了遺忘。毋寧說，50 年之後，人們樂於沉浸在同質化的對激情、反叛、解放的浪漫懷舊裏，而不願意沾染上那個時代的血腥氣，不願碰觸屬於不同地區全然異質的掙扎。那些異質的掙扎所勾連出的世界圖景，正是全球的 1968 。」[3]

因此，不是五月的巴黎，而是格瓦拉的犧牲，馬丁・路德・金的遇刺，越戰，巴勒斯坦民族解放運動，美國的民權運動，法國、德國、意大利的學生／工人運動，日本的學生和市民運動，波蘭、南斯拉夫、捷克斯洛伐克的「民主社會主義」，阿拉伯視角下的「長1968」，中國對於上述運動和事件的積極回應，以及帶有暴力革命傾向的意大利紅色旅，墨西哥光輝運動等，構成了「全球 1968」的複雜

2　殷之光：〈不可治理者的全球秩序：阿拉伯視角下的長六十年代〉，澎湃「思想市場」，2018 年 7 月 17 日，https://www.thepaper.cn/newsDetail_forward_2210843。

3　澎湃「思想市場」，「一九六八」專欄編者按，2018 年 6 月 16 日，https://www.thepaper.cn/newsDetail_forward_2199088。

光譜。或許，我們也應該將萬隆會議、中蘇論戰、中國台灣地區的「保釣運動」，一併納入其中。探尋這些帶着血腥氣息的記憶，不是為了重複其策略，而是為了分析「1968」最終解體的原因，以及被遮蔽在「1968」激進而浪漫的反抗景觀背後的「全然異質的掙扎」。

伴隨討論重心從 1968 年的經典記憶向不同方向偏移，我認為有三個值得注意的方面：第一，不是短暫的紅五月，而是學生與工人運動和激進組織之間的互動和疏離，成為觀察的焦點；第二，不是無定向的學生運動及其對東西兩大陣營的同時拒絕，而是這場運動與第三世界廣泛存在的反抗帝國主義的鬥爭和不同形態的共產主義運動之間的聯繫，構成了「1968」的歷史光譜；第三，在歐洲的運動中回蕩着中國「文化大革命」的旋律，暗示着兩者之間的聯繫，但總體而言，「文革」依舊是一個沉默的、難以正面處理的遺產。因此，當年輕的作者們聲稱「『五月』沒有成為遺產，它仍然表徵着當下社會」[4] 的時候，那個沒有成為遺產的「五月」是否也包含「文革」在內，依舊是一個尚未開始回答的問題。如果「文革」內在於「五月」，那麼，它在甚麼意義上「沒有成為遺產」呢？如果不在，我們又如何理解「文革」與「五月」之間的關係呢？

「匯合」的政治：「無中心」的「1968」與階級、政黨、國家

讓我從第一個問題，即「1968」與工人運動的關係，以及由這一關係而產生的理論問題開始：如何理解「1968」與階級、組織、政黨

4 趙文：〈「五月」沒有成為遺產，它仍表徵着當下社會〉，澎湃「思想市場」，2018 年 6 月 30 日，https://www.thepaper.cn/newsDetail_forward_2158816。

等範疇的關係。「1968」有許多命名，人們注意到，「圖海納（Alain Touraine）和克羅齊埃（Michel Crozier）認為它是一種『新類型的社會衝突』和『制度危機的產物』，而莫蘭（Edgar Morin）則傾向於將之理解為『代際反抗（弑父）』，布爾迪厄則把這場複雜的運動解釋為一種結構場，西方社會的整體危機在這個結構性事件場中發生『調諧共振』」，更不用說雷蒙・阿隆從保守立場提出的這場運動不過是「假裝的革命」或「對假裝的假裝」了。[5] 年輕的評論者重複了有關這場沒有中心點的、神奇的革命的敍述，但關注的焦點不是「無中心」，而是如何形成各種之間的，尤其是學生運動與工人階級和其他社會運動之間的「匯合」。

從「無中心」的解構性敍述轉向對異質反抗的「匯合」的分析，這一重心轉移事實上也是對「68」一代的自我敍述和自我反思的偏離。作為「1968」的參與者，安德森（Perry Anderson）「考察了德國、法國和意大利的馬克思主義在 1918–1968 年的發展，並且感慨西方馬克思主義『切斷了它本該具有的、與爭取革命社會主義的羣眾運動的紐帶』」。他的論述立足於二十世紀歐洲、俄國和亞洲革命的傳統檢討「1968」的激進運動，但由於反思是建立在自身經驗的基礎上，反而忽略了「1968」大潮中的青年所忽略甚至貶低的社會抵抗。王行坤針對安德森的判斷，通過對於意大利的「漫長的 1968」的歷史梳理，「從意大利六十年代以來的革命馬克思主義的發展」着眼，立刻發現爭取羣眾運動的革命紐帶是「1968」的重要的被忽略方面。他所說的「革命的馬克思主義」主要指「獨立於意大利共產黨和社會黨、議會外的革命左派運動，如成立於 1968 年的列寧–毛主義的『工人先鋒隊』

---

5 同上。

（Avanguardia Operaia），成立於 1969 年且都同情毛主義的『工人力量』（Potere Operaio）、『繼續鬥爭』（Lotta Continua）以及同年被意共開除的『宣言派』（Il manifesto）。其中尤其以代表工人主義（operaismo）的『工人力量』組織影響最為深遠」。[6]

這四個革命馬克思主義團體與 1968 年的學生－工人運動有着緊密關聯。如果將他們視為「西歐最大的新左派團體」，那麼通常描述中的新左派形象也勢必發生轉變。新左派在知識領域的力量部分地建立在其與黨、國的疏離，但「毛主義」雖然批判了蘇聯以及日益教條化的西歐共產黨，卻不能說徹底摒棄了建立真正激進的黨和社會主義國家的路線。在「後 68」氛圍中，激進思潮轉向了對於階級和政黨的批判和解構，但「漫長的 1968」同時包含了對於階級政治和有組織的羣眾抵抗的積極探求。學生運動並不像事後妥協的參與者所說的那樣「無辜」，它們「為這些革命團體以及後來的『恐怖主義』團體儲備了力量，如後來『工人力量』組織的創始人佛朗哥・皮帕爾諾（Franco Piperno）、奧雷斯特・斯卡爾佐內（Oreste Scalzone）以及『紅色旅』（Brigate Rosse）的創始人雷納托・庫喬（Renato Curcio），他們成為意大利漫長的 1968 年舞台上的重要角色」。[7]

同樣的情況遍佈歐美。趙文指出：「美國從二十世紀六十年代初，大學生運動就已經大規模、有組織地發展起來，以『爭取民主學生社團』的《休倫港宣言》為標誌，經過 1964 年加州大學伯克利分校的學生抗議運動，全美學生運動組織的實質性社會抵抗一直持續到七十年代。實際上，法國『68 年』運動的高潮是由學生運動點燃的工

6　王行坤：〈意大利漫長的 1968 年：拒絕工作、自我削減與暴力〉，澎湃「思想市場」，2018 年 7 月 1 日，https://www.thepaper.cn/newsDetail_forward_2230779。

7　同上。

人運動，68 年也只有在法國形成了法國工人運動史上最大的罷工，發生了第二次世界大戰以來世界上最發達地區的普遍『暴動』，從而也造成了真正意義上的『五月風暴』—— 這次總罷工首次突破了傳統工業生產的中心地區，擴展到了通信和文化工業領域，擴展到了社會再生產的全部領域之中，並實質性地形成了『工人自治』的實踐的理論。」[8]

對於「匯合」的探討聚焦於如下幾個方面：學生運動只有與工人運動相結合，才能產生真正的影響；學生只有在脫離其「學生身份」時才能產生真正的革命；儘管法共、意共已經成為保守的建制力量，但階級和組織仍然構成革命運動和廣泛羣眾運動的必要前提。在這個意義上，中國青年知識分子對於「1968」的回顧也分享着安德森關於「1968」的自我批評。他們對於「1968」的解讀更接近於馬克思主義傳統和中國革命的經驗，而不是後現代主義的脈絡；他們對於「1968」所提出的問題，事實上也正是當代中國社會尤其是新一代知識分子所面臨的問題。

二十世紀九十年代以來，一面是經濟起飛，工業化和城市化大規模擴張，持續的社會分化、矛盾和衝突為高速增長所掩蓋；另一面是新自由主義意識形態滲透所有領域。製造業的擴張同時也是工人階級規模的擴張，中國新工人的規模在 2.6 億左右。在〈兩種新窮人及其未來 —— 階級政治的衰落、再形成與新窮人的尊嚴政治〉一文中，我曾經區分過兩種新窮人：一種「新窮人」擁有較高的文化、教育和技術水平，他們對於世界的想像與消費社會的運動密切相關；而另一種「新窮人」則是世界上規模最為龐大的、以農民工為主體的新工人階

8　趙文：〈「五月」沒有成為遺產，它仍表徵着當下社會〉，澎湃「思想市場」，2018 年 6 月 30 日。

級，兩者都處於市場社會的邊緣地帶，卻無力形成新的「匯合」。一方面，新產業工人的身份地位能否產生或是否需要產生類似於十九至二十世紀工人階級的政治自覺，至今也仍然是一個爭論中的問題。另一方面，「新窮人」羣體在微博和微信中發泄着不滿，卻未能展開全新的政治想像；他們在消費不足中幻滅，又不斷地再生產着與消費社會相互匹配的行動邏輯。因此，自九十年代以降，儘管兩種「新窮人」的規模持續上升，但兩者之間的直接聯繫極為稀薄，這一情況直到晚近才局部地發生變化。

也正是在這一背景下，紀念「1968」的側重點從單純的學生運動和青年運動，轉向了「匯合」與有組織抵抗。一個值得思考的問題是：「匯合」或許在理論上印證了「諸眾」概念取代「階級」概念的合理性，但在探尋「匯合」途徑的過程中「重返階級」和組織問題，卻說明階級概念有其他概念無法取代的獨特政治功能和組織功能。二十世紀的中國革命從來不是單純的階級運動，而是一個以農民為主體的大眾性革命運動，但階級概念以及在這一概念基礎上建立起來的政治組織，構成了革命的地基。我們該如何分析階級概念的這種超越其描述性內涵的政治能量？為甚麼那些更為準確地描述了運動的異質的身份構成的概念卻難以提供「爭取革命社會主義的羣眾運動的紐帶」的任務？

1968 的空間維度：「出走」、「帶回」與「輸出」

除了在時間的軸線上將「短促的五月」轉化為「漫長的 1968」以探討「匯合」的邏輯和失敗的進程之外，2018 年對於「1968」的回望也在空間的維度上重提第三世界及其反對帝國主義的鬥爭。如果前一個維度的中心詞是「匯合」，那麼後一個維度的中心詞則是「出走」與「帶回」。儘管越來越多的人將「1968」放置在「全球六十年代」的框架中分析和回顧，但大部分回憶、召喚和反思始終以巴黎和歐美、學生和知識分子為中心。然而，「1968」的意義恰恰在其世界性：中國大陸的「文化大革命」、亞非拉的民族解放運動，以及中國台灣地區以「保釣運動」為起點的六十年代、香港和澳門地區反對殖民主義的學生運動和社會運動。劉燁重新勾勒美國黑人運動的發展，指出美國國內反種族主義的黑人運動在其初期並不具備類似於歐洲左翼意識形態的反對資本主義、殖民主義和帝國主義的國際主義特徵，但「1968」的「匯合」提供了美國黑人運動的「出走」與「帶回」，並最終與全球六十年代相互縫合。並不意外，「出走」與「帶回」的主角不是被主流「無害化」的民權運動領袖馬丁・路德・金，而是有着穆斯林和黑人雙重身份的、難以被主流社會「無害化」的馬爾科姆・X。1964 年，馬爾科姆對中東和北非的朝覲之旅將第三世界反對帝國主義的鬥爭帶入了美國黑人運動，他不僅與非洲反殖民領袖之間有了直接接觸，而且也開始關注《日美安保條約》、越南戰爭與美國在亞洲的霸權問題，並對中國革命及其路線給予極高的認同。

「出走」與「帶回」是從美國與歐洲的運動着眼的，如果轉換視角，將描述直接轉向他們出走的地區和帶回精神資源的策源地，那麼，與之相應的，就是「輸出」。誰在輸出？1963 年，在接待了另一位出走的黑人領袖羅伯特・威廉姆斯（Robert Williams）之後，毛澤東在《人民日報》發表聲明，呼吁「全世界白色、黑色、黃色、棕色等各色人種中的工人、農民、革命的知識分子、開明的資產階級分子和其他開明人士聯合起來，反對美國帝國主義的種族歧視，支持美國黑人反對種族歧視的鬥爭。民族鬥爭，說到底，是一個階級鬥爭問題……」[9] 馬爾科姆開啟的這一從美國之外審視美國霸權的經驗使他區別於此前的美國民權運動，產生了作為美國的敵人的紅色中國與美國黑人運動和學生運動之間的直接互動，最終匯入反帝革命運動的浪潮。讓自由主義主流難以「消化」這位黑人領袖及其代表的路線（如此後的黑豹黨）的，不僅是其對暴力鬥爭合理性的辯護，而且更是這種在冷戰時代與反對美國霸權的國際革命運動結盟的政治姿態。對於帝國主義體制而言，「出走」、「帶回」與「輸出」之間的互動是最為危險的。就「出走」、「帶回」與「輸出」之間的互動伴隨「漫長的六十年代」的消解而式微而言，六十年代的解體顯然與兩個宏觀前提有關：第一，社會主義和民族解放運動趨於式微正是六十年代終結的基本前提；第二，上述互動的終止意味着二十世紀國際主義最終不敵民族主義和帝國政治，「政治」再度退回帝國霸權和國家主權範疇。

反越戰運動同樣具有將美國置於全球霸權體系中、自覺將這一霸權作為世界人民的因而也是自身運動的外部敵人的意義。如同列寧在第一次世界大戰期間號召內部革命、逼迫自己的國家以失敗者的姿態退出戰爭，反越戰運動則是將「戰爭」帶回美國，將帝國主義戰爭的敵我關係改變為運動與霸權的敵對關係。正是這種對於敵我關係的重建為美國激進運動與中國等社會主義國家產生了互動與聯盟：美國大學生接踵而至訪問北京，激進的知識分子在巴黎和談中幫助越共，激進的反戰組織與毛澤東思想聲氣相通。學生爭取民主社會組織（Student for a Democratic Society, SDS）、隸屬於該組織的武裝團體地

9　毛澤東：〈呼吁世界人民聯合起來反對美國帝國主義的種族歧視、支持美國黑人反對種族歧視的鬥爭的聲明〉，《人民日報》，1963 年 8 月 9 日頭版。

下氣象員（weather underground, WU）、1966 年持馬列毛主義的進步勞工黨（Progressive Labor Party），以及通過運動的分化組合產生的致力於暴力革命的派系，就是偏離於主流敘述的政治組織。就短期目標而言，六十年代運動並未失敗：越戰不但是美國霸權的軍事失敗，也是這一霸權的政治和道德失敗。運動的激進化及其與美國帝國主義為敵的姿態預伏了激進運動最終被無情鎮壓、拆解、分化並最終邊緣化的命運，但他們的力量至今讓人無法遺忘。或許，與美國內部的反思相比，從他們「抵達」的地方回望其命運，別有一番滋味。

除了「出走」、「帶回」與「輸出」，需要強調的是第三世界的政治實踐自身的歷史脈絡和鬥爭的內生根源。這些鬥爭與其他地區的鬥爭存在着相互震盪和激發，但「可能並不需要通過西方知識精英的『發現』來獲得其歷史與政治主體性。將視野擴展到更廣闊的歷史時段與地理空間，我們便能發現，令福柯感到無比震驚的突尼斯學生遊行更應當被放在一個第三世界漫長的反帝反殖民鬥爭脈絡中去理解」。[10] 以 1968 年 3 月突尼斯爆發的學生罷課運動和此後礦工參與其中的更為廣泛的社會抗議為例，其根源就包含了多個歷史脈絡，如突尼斯左翼學生組織社會主義研究與實踐小組（Le Groupe d'études et d'action socialiste en Tunisie）、突尼斯社會主義憲政自由黨（Parti socialiste destourien）、托洛斯基主義者基爾伯特・納徹（Gilbert Naccache）、突尼斯共產黨，以及阿拉伯民族主義運動等。「1967 年抗議活動的發起人本・熱奈特則是一名宰圖納大學（Al-Zaytuna）的學生。在布爾吉巴時期，宰圖納大清真寺及其下屬宰圖納大學則被認為是突尼斯伊斯蘭原教旨主義的大本營。這些思潮看似互不相關，但是在中東地區的

10 殷之光：〈不可治理者的全球秩序：阿拉伯視角下的長六十年代〉，澎湃「思想市場」，2018 年 7 月 17 日。

語境中，反帝與反殖民的共同政治訴求則成為連接這些思潮，並確立它們『泛左翼』色彩的關鍵動力。因此，與其將這場運動看作是全球學生『激進運動』的一部分，不如將其放在一個更廣泛與漫長的第三世界反帝反殖民運動的線索中理解更為合適。」[11] 從全球範圍內激進的反帝運動的視角觀察，中國與第三世界民族解放運動之間的密切關係和相互支持需要置於整個二十世紀的脈絡而不只是全球六十年代的框架下給予解釋。

對於中國青年知識分子而言，在「1968」五十週年之際，重新突顯第三世界的反帝運動與歐美學生運動的關係包含了多重含義：首先，打撈「1968」與第三世界運動和暴力革命之間的複雜聯繫，也是重新理解二十世紀中國革命及其國際聯繫的一個方式。「1968」不是一個遠在天邊的事件，而是一個與中國自身息息相關的進程。朝鮮戰爭、萬隆會議、越南戰爭、巴勒斯坦問題以及以援建坦贊鐵路為標誌的第三世界路線、中國在第三世界國家支持下重返聯合國，構成了一條理解人民共和國歷史的重要脈絡，而在「後冷戰」的氛圍中，這一脈絡逐漸湮滅不彰。早在 2015 年，有關萬隆會議的紀念已經開始突破以往的冷漠，第三世界國際主義問題再度進入公共視野，「1968」不再是歐洲的孤立事件，而是中國身在其中卻被屏蔽了的故事。

第二，「1968」的斷裂、失敗與綿延提出了一系列至今需要追問的問題，如同劉燁在他的文章中所說：「1968 是個眼花繚亂的頂點，也是個分水嶺。」「1968 及以前，運動的參與者只需要有相對寬鬆模糊的認同便能結成同盟，時局尚不要求人們做出清晰的路線選擇和政治決斷。」然而，「1968」之後，「對無處不在的反抗者而言，他們需

11 同上。

要回答是否要建立更嚴密的組織，往更艱巨的方向走去？是否應當將戲劇性的衝突轉化為看似瑣碎卻根本的對民眾的動員和團結？是否能剋制絕對自由的幻覺而尋求個人與集體關係的辨證統一？」[12] 這些問題並沒有隨着後「1968」的不同選擇而獲得清晰的答案，反而以新的方式對當代青年及其運動再度展開。

第三，伴隨着中國經濟的高速增長和世界性經濟危機的持久化，中國正在新的動力之下，以「一帶一路」等方式和截然不同於二十世紀六十至七十年代的姿態，重新進入非洲、拉丁美洲和亞洲鄰國。在西方世界有關中國「新殖民主義」「新帝國主義」的指控和批評聲中，在非洲國家對中國新角色的歡迎與批評雜陳、期待與憂慮並舉的表述中，如何理解中國的國際角色，如何重建第三世界國際主義的話語，如何分析民族解放運動之後第三世界國家的境遇、挑戰與現狀，勢必成為中國新一代人面臨的重要問題。中國在非洲的角色不但取決於中國怎麼做，也取決於如何評估民族解放運動的成就與失敗，如何探討中國在這些地區的角色與歐洲和美國殖民主義、帝國主義的區別，以及在全球化資本主義體系內中國的新角色。儘管年輕的評論者並沒有在回望「1968」的時刻直接回答這些問題，但他們重建第三世界國際主義及其在二十世紀歷史中的位置的努力，不僅與此相關，而且也勢必影響新一代人對於中國的歷史角色與青年運動的取向的理解。因此，在可以預見的將來，中國青年的思考與行動也必定包含「出走」、「帶回」與「匯合」的交互關係，但其內涵與「1968」十分不同。

12 劉燁：〈六十年代的遲到者：黑人運動，美國的出走與帶回〉，澎湃「思想市場」，2018 年 6 月 23 日，https://www.thepaper.cn/newsDetail_forward_2201715。

為甚麼西方世界、亞非拉地區，以及部分蘇東地區的訴求各不相同、歷史脈絡相異的運動能夠在這個歷史時刻發生互動和交匯？為甚麼在中國大陸的「文革」、台灣地區的「保釣運動」、香港和澳門地區針對殖民主義的造反運動之間能夠產生呼應和聯繫？它最基本的條件是甚麼？青年們超越自己的民族身份和國家身份，站在帝國主義的對立面，去跟自己的國家作鬥爭，從而將不同地區關聯在一起的一個歷史時代，產生了真正進步性的政治。如果沒有帝國主義的歷史，很難設想這些事件相互呼應、相互關聯的邏輯。

然而，促成如此不同的運動相互關聯還存在着另一個基本條件，那就是十月革命之後，尤其是「二戰」後形成的社會主義國家體系的存在。首先，沒有蘇聯、東歐體系和中國的存在，戰後第三世界民族解放運動和新型國際主義的興起都是難以解釋的。其次，在社會主義陣營內部，在各國共產黨之間，從五十年代起，就已經出現了路線分歧和劇烈的理論論戰。波蘭事件、匈牙利事件以及布拉格之春就是政黨分歧發展為國家衝突的標誌性事件。南斯拉夫與蘇聯之間、中國與蘇聯之間、中國與南斯拉夫之間、中國與西歐共產黨之間、歐洲各國共產黨之間，以及各國共產黨內部，都發生了路線分歧和思想爭論。因此，在「1968」達到高潮的運動事實上不得不回答如何理解社會主義國家、社會主義體制乃至十月革命的傳統等問題，不得不在中國與蘇聯的路線分歧中做出選擇，不得不回應社會主義國家或共產黨內部的理論分野。在 1968 年運動中成長的新左翼就是以左右開弓的正確方式登上舞台的：右邊反對資本主義和帝國主義，左邊批判蘇聯和本國的共產黨。但伴隨着蘇聯和東歐社會主義的解體，作為一場思想運動的新左翼也隨之衰落，知識分子和青年文化逐漸陷入長久的無力感與隨之而來的憂鬱之中。換句話說，在「1968」之後，新左翼（包括自由主義左翼）的力量既源自其對社會主義體制和共產黨建制力量的批判，同時又依賴這一力量的結構性存在。在我看來，這正是促使新一代重新打撈「1968」「最沉重的部分」的動機之一。

中國的六十年代與全球「1968」

這就涉及文章開頭部分提及的第三個方面，即在回顧「1968」時不時被提出卻始終未能正面出場的「文革」。「文革」是「漫長的1968」的內在部分，但又是極為獨特的、至今難以給予全面回答的部分。在回望「1968」時，評論者談論最多的是巴黎的學生與「文革」宣傳尤其毛澤東思想之間的互動、紅色中國對於美國黑人運動和學生運動的支持、中蘇論戰與學生運動對於法共和意共的批判，以及中國在第三世界國際主義方面所做的貢獻，等等。在國際方面，從1965年6月至1973年1月越美巴黎協定簽署，中國高炮、工程、鐵道、掃雷、後勤等部隊，總計32萬餘人，進入越南北方，執行防空、作戰、築路、構築國防工程、掃雷及後勤保障等任務。同樣是在1965年，中國開始坦贊鐵路的勘探工作，從1970年10月至1976年7月，中國與坦桑尼亞和贊比亞合作，完成了長達1860.5公里的鐵路。無論是抗美援越，還是坦贊鐵路，中國正是作為一個共產黨領導的社會主義國家才有可能完成這些任務，任何其他組織都不可能達成這些目標。蘇聯對於第三世界民族解放運動的支持，包括五十年代對於中國工業化的大規模援助，不能因為其支配和內部專斷而被全面遺忘。回望「1968」，我們怎麼可能只是抽象地讚揚國際主義、否定政黨和國家，而對第三世界國際主義得以形成的政治前提忽略不計？我們又怎麼可能只是通過對後殖民狀況的研究，將問題聚焦於對主權和國家進行抽象否定，而對第三世界民族解放運動最為重要的成就——民族獨立——及其在當代的作用視而不見？的確，霸權、干涉和帝國主義支配依然在延續，但正是由於民族解放運動的成就，任何外部力量通過建立傀儡政府壟斷第三世界國家自然資源、肆意改變人口結構的時代一去不復返了。

「1968」在實踐上和理論上正確地暴露了社會主義體制在發展過程中遭遇的挫折。這一點也正是歐洲和美國的運動與「文革」相互呼應的起點。這一時代的中國幾乎對所有可能的選擇做出了嘗試：不但有對帝國主義和資本主義的批判和抵抗，也有對於蘇聯的批判和抵抗；不僅有學生的造反運動和建立各種組織的經驗，也有對於共產黨領導下的新型官僚制的否定；不但有「文鬥」，也有「武鬥」。然而，這些嘗試一一歸於失敗，又由於運動過程中的暴力要素，對於這場運動的持久反撥為此後數十年的去政治化進程提供了理由。事實上，對「文革」的否定並不僅僅是1976–1979年之後的進程，而且也潛伏於「文革」內部。在部分地區羣眾武鬥持續、社會秩序混亂的條件下，「文革」領導者一度試圖將階級而不是政黨置於直接領導一切的位置，但由於羣眾運動的力量正在衰落，這一激進理念甚至沒有進入實踐過程就偃旗息鼓了。當歐洲的「1968」方興未艾之時，中國的「造反運動」已經向成立以羣眾組織負責人、當地駐軍負責人和黨政機關的領導幹部「三結合」為中心的革命委員會過渡，在這一機構中起「核心作用和骨幹作用」的領導幹部和起「重大作用」的軍代表，不是通常所說的「造反派」。幾乎與此同時，為了解決城市就業和人口增長過快的問題，在「走與工農相結合」的道路的旗幟下，大規模上山下鄉運動在全國展開。所有這一切也表明：當全球性「1968」形成之時，始於1966年的中國「造反運動」正在走向一個轉折點。因此，針對歐洲和美國的「1968」所提出的那些問題，也需要轉換角度再度轉向中國自身的變化，尤其是「文革」的式微。

在歐洲和美國，將「文革」作為「1968」的內在的甚至是關鍵性的要素的學者和知識分子為數甚少，但「文革」失敗內在於他們對「1968」的反思。對於激進的「大民主」或羣眾運動的否定只是其中最為主流的態度之一，更為深入的思考涉及階級、政黨、國家等概念及其表徵的運動的局限性。「文革」結束之後，基於對於階級鬥爭的擴大化、羣眾運動的暴力化、革命政黨的官僚化、社會主義國家框架下的主權國家形式等的懷疑、反思和批判，激進的歐洲左翼逐漸在理論層面展開了一系列的替換活動：用諸眾（multitude）替換階級、用政治組織替換政黨、用平等政治替換鬥爭哲學、用文化多元主義和承認（認同）的政治替換解放運動、用全球南方替換第三世界、用共產主義假設替換作為實踐進程的社會主義國家或工人國家、用世界主義替換民族解放的國際主義……然而，全球化資本主義幾乎吸納了一切精微的批判和實踐，並將其轉化為自我更新的動力，而上述理論替換也未能改變左翼在西方現實進程中的無力狀態，激進的理論姿態與憂鬱和孤獨相互連帶，更遑論這些探索在第三世界淪為少數學院知識分子的遊戲的命運了。

或許正是基於這一理論狀況，2018 年中國對於「1968」的回望試圖超越巴黎造反的景觀，重新打撈那些最沉重的、帶着血腥氣息的斷簡殘篇，用以重構完整的歷史圖景。在這一回望中，「文革」只是作為「1968」的參照而存在，尚無人全面或正面地將其置於「1968」歷史圖譜的中心位置，檢討這一通往未來的失敗的預言。如果說打撈行動是針對有關「1968」的反思之反思，那麼，以沉默的形式出現的「文革」及其多重政治實驗的失敗，對於「1968」之回望而言，仍然是一個難題。打撈的工作尚未完成，但新一代人在廣闊而異質的關係中重新呈現歷史圖景的努力正在為續寫「1968」的故事提供多重線索。如同蔣洪生在他的演講中向大家展示的法國五月風暴期間的大眾工作坊（Atelier Populaire，一譯人民工作坊）藝術運動的一幅廣告畫所言：「1968 年 5 月，持久鬥爭的開始。」[13] 而真正迫切的問題是：新的持久鬥爭從哪裏開始？

2018 年 9 月 23 日夜，哥廷根

13　蔣洪生：〈讓想像力奪權 —— 法國 1968 年社會運動中的大眾藝術工作坊〉，這是作者於 2018 年 5 月 25 日晚 7 點，在魯迅美術學院老師麴英佐組建的 Artworking 微信羣內舉辦的〈法國五月風暴中的「大眾工作坊」藝術運動〉的線上講座分享會的發言。http://jiliuwang.net/archives/73963。

第十一章

亞洲想像的政治：帝國、國家及其超越

「新亞洲想像」的背景條件

新自由主義的全球化概念與「反恐怖」戰爭中重新出現的「新帝國」概念接踵而至：前者以新自由主義的市場主義原則——與私有產權相關的法律體系、國家退出經濟領域、跨國化的生產、貿易和金融體制，等等——對各種不同的社會傳統加以徹底改造，後者則以這一新自由主義全球化過程所引發的暴力、危機和社會解體為由重構軍事和政治的「新帝國」。這兩個表面看來有所區別的概念將軍事聯盟、經濟合作組織、國際性的政治機構連接在一起，構築了一個囊括政治、經濟、文化和軍事等各個層面的總體性秩序。我們可以稱之為「新自由主義的帝國或帝國主義」。

在〈歐洲是否需要一部憲法——只有作為一個政治共同體，歐洲大陸才能捍衛面臨重重危險的文化生活方式〉一文中，哈貝馬斯以捍衛歐洲的社會模式和現代性成就為由，論證了將各民族國家組織成為一個統一的政治共同體的必要性。圍繞着保護福利與安全、民主和自由的歐洲生活方式，哈貝馬斯提出了建立「後民族民主」的歐洲的三個主要任務，即形成一個歐洲公民社會、建立歐洲範圍內的政治公共領域、創造一種所有歐盟公民都能參與的政治文化，並通過全民公決制定統一的憲法，「把當初民主國家和民族相互促進的循環邏輯再次運用到自己身上」。[1] 按照這三個主要任務形成的歐洲宛如一個超級國家或帝國，一方面，它的內部包容着各具特色的和某種自主性的社會，但另一方面，它又擁有行使政府職能的統一的常設機構、統一的議會和法律，並得到歷史地形成的公民政治文化和社會體制的支持和保障。

與歐洲統一進程及其危機相對應的，是亞洲地區的雙重過程：一種是以美國為中心的新型權力網絡的集中與擴散過程，例如在阿富汗戰爭中，亞洲各國出於各自的經濟和政治利益積極參與以美國為中心的戰爭同盟；另一種則是在 1997 年金融風暴之後強化了的亞洲區域合作的步伐：2001 年 6 月，中國、俄羅斯、哈薩克斯坦、塔吉克斯坦、吉爾吉斯斯坦以及稍後參加的烏茲別克斯坦等幾個中亞國家成立了「上海合作組織」(「上海六國」)；2001 年 11 月，中國與東盟十國達成協議，決定在十年內簽署自由貿易協議。這個計劃迅速地從「十加一」擴展到「十加三」(東盟加中、日、韓)，又從「十加三」擴展到「十加六」(東盟加中、日、韓、印度、澳洲、新西蘭)。日本的一家媒體發表評論說：「如果亞洲的地區統一加速，……日本和中國的距離感將在地區統一進程中自然趨於消除，最終以把美國排除在外的首個東亞地區的協商場合 ——『東盟＋日中韓首腦會議』為基礎，日中有可能實現『亞洲版的法德和解』。」[2] 由於中國、日本及東盟國家對地區進程的看法並不完全一致，這一區域計劃的擴展(現在已經

1 哈貝馬斯著，曹衛東譯：〈歐洲是否需要一部憲法 —— 只有作為一個政治共同體，歐洲大陸才能捍衛面臨重重危險的文化生活方式〉，《讀書》2002 年第 5 期，第 83–90 頁。

2 西協文昭：〈從中國的二十一世紀戰略看日美中俄關係〉，《世界週報》2002 年 2 月 12 日一期。

從「十加三」發展到「十加六」，即將印度、澳洲和新西蘭也包括在內）顯示的與其說是亞洲理念的擴散，毋寧說是這一地區各民族國家的權力動力學的產物。

亞洲的區域整合進程包含了許多複雜的、相互矛盾的特點。一方面，它以區域或者亞洲的名義提出一種超民族、超國家的利益訴求，另一方面，它又把民族國家納入一個更大的、具有自我保護功能的共同體內；一方面，這一區域主義包含着通過建構區域自主性以抗拒全球霸權的意向，另一方面，它本身又是「新帝國」主導下的全球市場關係的產物。從歷史的角度看，有關「亞洲」的討論並不是全新的現象，在近代民族主義浪潮中，我們曾經遭遇過兩種截然相反的亞洲論述，即以日本的「大陸政策」為基軸而發展出來的殖民主義的亞洲構想和以民族解放運動和社會主義運動為中心的亞洲社會革命，前者在東 / 西二元論的框架中構築亞洲或東洋概念，後者在國際主義的視野內討論民族問題。因此，對亞洲問題的討論無法迴避對於近代殖民主義和民族運動的重新檢討。

亞洲與東洋：衍生性的命題

從歷史的角度看，亞洲不是一個亞洲的觀念，而是一個歐洲的觀念。1948 年，竹內好在一篇題為〈何謂近代？〉的文章中說：「理解東洋，使東洋得以實現的是存在於歐洲的歐洲式的要素。東洋之為東洋，藉助的是歐洲的脈絡。」[3] 這個看法也可以幫助我們解釋福澤諭

3　竹內好著，孫歌編，李冬木、趙京華、孫歌譯：《近代的超克》，北京：生活・讀書・新知三聯書店，2005，第 188 頁。

吉以一種否定的方式——所謂「脫亞」的方式——對亞洲的界定。關於發表於 1885 年 3 月 16 日《時事新報》上的〈脫亞論〉在福澤諭吉思想的發展上到底居於甚麼地位，學者們有不同的見解。但在我看來，真正重要的問題是：為甚麼從這篇文章發展而來的「脫亞入歐」（雖然福澤本人從未使用「入歐」一語）的口號最終成為日本近代思想中反覆出現的主題。在「脫亞論」的框架內，亞洲概念包含了兩個層面的內容：第一，亞洲是一個文化上高度同質化的地域概念，即儒教主義的亞洲；第二，「脫儒教主義」的政治含義即擺脫以中國為中心的帝國關係，以「自由」、「人權」、「國權」、「文明」和「獨立精神」為取向將日本轉化為一個歐洲式的民族–國家。在「國家」這一新的政治形式及其權力體系不斷擴張的背景下，「亞洲」作為一個與民族主義的現代化構想相對立的文化和政治模式遭到根本的否定。[4] 按照竹內好所謂「東洋之為東洋，藉助的是歐洲的脈絡」的邏輯，福澤通過「脫亞」這一命題表述的亞洲本質——如儒教主義及其體制——其實是內在於歐洲的脈絡的。如果「使東洋得以實現的是存在於歐洲的歐洲式的要素」，那麼，「東洋」的誕生必然產生於東洋的自我否定。在這個意義上，福澤諭吉的「脫亞」命題與竹內好的命題事實上都是從十九世紀歐洲的「世界歷史」觀中衍生而來的。

正如歐洲的自我意識需要對於「外部」的知識一樣，「脫亞」是通過將日本與亞洲加以區分以形成自我意識的方式。從這個角度說，「脫亞」這一近代日本特殊論的命題實際上是近代歐洲的歷史意識的衍生物，或者說：日本特殊主義無非是歐洲普遍主義的衍生物。用雅斯貝爾斯的話說：「脫離亞洲是一個普遍的歷史過程，不是歐洲對亞

4　參見丸山真男著，區建英譯：《日本近代思想家福澤諭吉》，北京：世界知識出版社，1997，第 9–11 頁。

洲的特殊姿態。這發生在亞洲內部本身。它是人類的道路和真實歷史的道路。」[5] 他進一步闡述道：

希臘文化好像是亞洲的邊緣現象。歐洲尚未成熟就脱離了其亞洲母親。問題產生了：這一決裂是從哪一步、在何時何地發生的？這可能是歐洲將在亞洲再一次迷失嗎？亞洲的深處缺乏意識嗎？它的水平降低就等於缺乏意識嗎？

假如西方從亞洲母體中走出來，它的出現看上去就是一次釋放人性潛力的大膽行動。這種行動帶來了兩種危險：首先，歐洲可能喪失其精神基礎；其次，西方一旦獲得意識，它不斷有可能再陷回亞洲的危險。

然而，如果陷回亞洲的危險要在今天實現，那麼這種危險就將在要改造和毀滅亞洲的新工業技術條件下實現；西方的自由、關於個人的思想、大量的西方範疇和西方清醒的意識將被丟棄。亞洲的永恆特點將取代它們並保存下去：有存在的專制形式，有宿命論精神的安定，沒有歷史和決心。亞洲將是影響全體的持久的世界，它比歐洲更古老，並且包含了歐洲。凡是產生於亞洲又必定陷回亞洲的樣式是暫時的。

……

亞洲變成了一個神話式的原則。當我們把它當作歷史現實來客觀地分析時，它土崩瓦解了。我們一定不能先驗地把對立的歐洲當作實體。於是歐亞就成為一個可怕的幽靈。只有當它們充當某些在歷史上是具體的、在思想上是清楚的東西的縮影時，只有

5　雅斯貝爾斯著，魏楚雄、俞新天譯：《歷史的起源與目標》，北京：華夏出版社，1989，第 83 頁。

不把它們當作對整體的知覺時，它們才經常是一種決定性的神話語言，才是一種代表真理的密碼。不過，歐亞是與西方歷史整體同在的密碼。[6]

如果「脫亞」不是日本特殊論的前提，而是一個歐洲普遍進程的特殊步驟，那麼，這個「普遍進程」是在怎樣的「歐洲脈絡」上展開的呢？

在十八和十九世紀，歐洲的啟蒙運動和殖民擴張為一種新的知識體系的發展提供了條件：與各種自然科學一道，歷史語言學、種族理論、近代地理學、政治經濟學、國家學說、法哲學、宗教學、歷史學等蓬勃發展，從各個方面構築了新的世界圖景。歐洲概念與亞洲概念都是這一知識建構過程的產物。在孟德斯鳩、亞當・斯密、黑格爾、馬克思等歐洲作者的著作中，[7] 構成這個歐洲的亞洲概念的核心部分的是如下特徵：與歐洲近代國家或君主國家形成對照的多民族帝國，與歐洲近代法律和政治體制構成對立的政治專制主義，與歐洲的城邦和貿易生活完全不同的遊牧和農耕的生產方式，等等。由於歐洲民族–國家和資本主義市場體系的擴張被視為世界歷史的高級階段和目的，從而亞洲及其上述特徵則被視為世界歷史的低級階段。在這一語境中，亞洲不僅是一個地理範疇，而且也是一種文明的形式，它代表着一種與歐洲民族–國家相對立的政治形式，一種與歐洲資本主義相

---

6 同上書，第 82–83 頁。

7 這裏需要對馬克思的論述做一點特殊的說明。在《政治經濟學批判》的序言中，他曾把西歐的歷史經驗說成是「人類……社會經濟形態演進的幾個時代」，但是這個序言自 1859 出版後在馬克思生前沒有再版過，其他地方他也從來沒有提過這一後來著名的規律。1877 年，一位俄國學者根據「馬克思主義理論」提出：為了擺脫俄國封建社會，俄國需要建立資本主義制度。馬克思說：在他的著作中，他「只不過想描述西歐的資本主義經濟制度從封建主義內部出來的途徑」，絕不能「把我關於西歐資本主義起源的歷史概述徹底變成一般發展道路的歷史哲學論，一切民族，不管他們所處的歷史環境如何，都注定要走這個道路」，「這樣做，會給我過多的光榮，同時也會給我過多的侮辱」。《馬克思恩格斯全集》第十九卷，北京：人民出版社，1963，第 129–130 頁。

對立的社會形態，一種從無歷史狀況向歷史狀態的過渡形式。在十九世紀和二十世紀的大部分時間裏，亞洲話語內在於歐洲現代性的普遍主義敘述，並為殖民者和革命者制定他們的截然相反的歷史藍圖提供了相近的敘述框架，這個框架的三個中心主題和關鍵概念是帝國、民族–國家和資本主義（市場經濟）。從十九世紀至今，幾乎所有的亞洲話語都與這三個中心主題和關鍵概念發生着這樣的或那樣的聯繫。

在十九世紀歐洲的歷史、哲學、法律、國家和宗教論述中，亞洲被表述為世界各民族的「中心」和歷史發展的「起點」，而在「脫亞論」的框架內，中國的「儒教主義」被視為歷史的源頭。這個關於「源頭」或「起點」的看法產生於一種聯繫與擺脫的雙重需求。我們不妨以歐洲歷史語言學對歐洲語言與梵語的聯繫的發現為例，看一看像黑格爾這樣的政治經濟學家是如何將這一語言學發現與十九世紀歐洲的種族學說和國家學說聯繫起來，描述「作為歷史起點的亞洲」的含義：

> 近二十餘年以來，關於梵語以及歐羅巴語和梵語的聯繫的發現，真是歷史上一個大發現，好像發現了一個新世界一樣。特別是日耳曼和印度民族的聯繫，已經昭示出來一種看法，一種在這類材料中能夠獲得很大限度的確實性的看法。就是在今天，我們仍然知道還有若干民族沒有形成一個社會，更談不上形成一個國家，然而它們早就如此存在了。……在方才所說的如此遠隔的各民族，而它們的語言卻又有聯繫，在我們的面前就有了一個結果，所謂亞細亞是一個中心點，各民族都從那裏散佈出去，而那些原來關聯的東西，卻經過了如此不同的發展，都是無可爭辯的事實……[8]

8　黑格爾著，王造時譯：《歷史哲學》，上海：上海書店出版社，1999，第 62–63 頁。

據此，亞洲所以構成了「起點」有兩個條件：第一，亞洲與歐洲是相互關聯的同一歷史進程的有機部分，否則就不存在所謂起點和終點的問題；第二，亞洲與歐洲處於這一歷史發展的截然不同的階段，而構成這一階段判斷的根據的主要是「國家」，即亞洲所以處於「起點」或缺乏歷史的時期是因為它還不是國家，還沒有構成歷史的主體。在這個意義上，當亞洲地區從傳統型帝國轉變為「國家」、從農業或遊牧轉變為工業或商業、從村社組織轉變為城市及其市民社會的時候，亞洲也就不是亞洲了。

由於黑格爾有關市民社會和市場、貿易的論述源自蘇格蘭學派的政治經濟學，從而他的專制主義的亞洲概念與特定的經濟制度之間是存在着呼應關係的。如果我們把黑格爾歷史哲學中的那個以東方、希臘、羅馬、日耳曼作為不同階段的敍述與亞當・斯密從經濟史角度對人類歷史發展的四個階段——狩獵、遊牧、農耕和商業——所做的歸納加以對比，也不難發現黑格爾的以政治形態為中心的歷史階段描述與斯密以生產形態為中心的歷史階段描述有着內在的聯繫。斯密把農耕社會向商業社會的發展看成歐洲封建社會向現代市場社會的過渡，從而以一種歷史敍述的形式將現代、商業時代與歐洲社會等概念內在地聯繫起來。斯密提供的市場運動模式是一個抽象的過程：美洲的發現、殖民主義和階級分化都被描述為關於無窮盡的市場擴張、勞動分工、工藝進步、稅收和財富的上升的經濟學描述，一種有關世界市場的循環運動的論述就在這一形式主義的敍述方式中建立起來了。在這一敍述方式中，市場模式既是歷史發展的結果，也是歷史的內在規律；殖民主義和社會分化的具體的空間關係在這裏被轉化為生產、流通、消費的時間過程。在《國富論》中，斯密對狩獵、遊牧、農耕、商業四個歷史階段的區分同時配合着對不同地域和民族狀況的界定。例如，在談論「最低級最粗野的狩獵民族」時，斯密提及了「現今北美土人」；在論述「比較進步的遊牧民族的社會狀態時」，他舉出了韃靼人和阿拉伯人；在談論「比較更進步的農業社會」時，他又提及了古希臘和羅馬人（稍前的章節中還提及了中國的農業）。至於商業的社會則是斯密稱之為「文明國家」的歐洲。[9] 在黑格爾的視野中，所有這些問題都被納入有關國家的政治視野之中，因為狩獵民族之所以被認為是「最低級最粗野的」民族，是因為狩獵和採集的人羣規模較小，無法產生構成國家的那種勞動的政治分工，用蓋爾納的話說，「對於他們來說，國家的問題，建立穩定的、專門負責維持秩序的機構的問題，實際上並不存在」。[10] 正由於此，黑格爾在敘述他的「世界歷史」時斷然地將北美（狩獵和採集是其生活方式的特徵）排除在外，而將東方置於歷史的起點。如果說斯密將歷史劃分為不同的經濟的或生產的形態，那麼，黑格爾則以地域、文明和國家結構命名不同的歷史形態，但他們都把生產形態或政治形態與具體的空間（如亞洲、美洲、非洲、歐洲等）聯繫起來，並將它們組織在一種時間性的階段論的關係之中。

孟德斯鳩、黑格爾、馬克思，以及福澤諭吉等近代日本思想家的亞洲概念或中國概念產生於一種文明類型的對比描述。為了將亞洲建構成為這樣一種與歐洲文明相區別的特殊的文明，就必須省略其內在的發展和變化，甚至中國歷史中北方民族和南方民族的歷史衝突——亦即歐洲作者們所謂韃靼對中國的征服和中國對韃靼的征服——也不被視為歷史形式的演變。用孟德斯鳩的話說：「中國並不

---

9 亞當・斯密著，郭大力、王亞南譯：《國民財富的性質和原因的研究》下卷，北京：商務印書館，1974，第 254–284 頁。

10 厄內斯特・蓋爾納著，韓紅譯：《民族與民族主義》，第 6 頁。

因為被征服而喪失它的法律。在那裏，習慣、風俗、法律和宗教就是一個東西。」[11] 在這一「文化主義」的視野內，亞洲沒有歷史，不存在產生現代性的歷史條件和動力 —— 這個現代性的核心是「國家」及其法的體系、城邦的和貿易的生活方式，以及以民族國家為單位的經濟和軍事競爭機制。安德森在評論歐洲思想對「亞細亞生產方式」及其「專制主義」的界定時說：「『專制主義』概念的明確出現從一開始就是一種站在外面對『東方』的評價。人們發現了真正的希臘世界本身（這是一個不尋常的說法）的古典古代，一個主要的經典說法就是亞里士多德的著名論斷：『野蠻人比希臘人更有奴性，亞洲人比歐洲人更有奴性；因此，他們毫無反抗地忍受專制統治。……由於它們遵循成法而世代相傳，所以很穩定。』」[12] 近代歐洲對於亞洲國家結構的觀察產生於歐洲國家與土耳其勢力的長期歷史衝突。馬基雅維利在《君主論》中首次把奧斯曼國家作為歐洲君主國的對立物，將土耳其的君主官僚制作為與所有歐洲國家分道揚鑣的制度，而另一位被視為歐洲主權概念的最早闡釋者的博丹則在歐洲的「國王主權」（royal sovereignty）與奧斯曼的「主子主權」（lordly power）之間建立對比。[13] 在十九世紀歐洲殖民主義的擴張之中，這一對比關係最終被轉化為歐洲民族國家與亞洲帝國的對比關係，以致我們今天已經很難理解被視為亞洲國家特色的「專制主義」實際上是從歐洲人對奧斯曼帝國文化的歸納中衍生出來的。[14] 在這一典型的西歐視野內，近代性的資本主義是西歐獨特的社會體制的產物，從而資本主義的發展與以封建國家為歷史前提的

11 孟德斯鳩著，張雁深譯：《論法的精神》上冊，北京：商務印書館，1997，第 314 頁。

12 Perry Anderson, *Lineages of the Absolutist State*, London: NLB, 1974, p. 463.

13 Ibid., p. 397.

14 Ibid., p. 463.

民族–國家體制之間存在必然的或自然的聯繫。在這一歷史觀的影響下，帝國體制（奧斯曼、中國、莫卧兒、俄羅斯等幅員遼闊的多民族帝國）被視為東方專制主義的政治形式，它們無法產生出資本主義發展所需要的政治結構。[15] 正是這一從帝國描述中產生出來的專制主義概念提供了後人在政治範疇中對亞洲與歐洲進行對比的可能性（專制主義的亞洲與民主的歐洲的對比），也提供了福澤諭吉及其後繼者在「脫亞論」的框架中對儒教主義中國與日本進行對比的理論前提。在近代歐洲思想中，亞洲概念始終與疆域遼闊、民族複雜的帝國體制密切相關，而這一體制的對立面是希臘共和制、歐洲君主國家 —— 在十九世紀的民族主義浪潮中，共和制或封建君主國家都是作為民族–國家的前身而存在的，也是作為區別於任何其他地區的政治形式而存在的。換言之，正是在從封建國家向民族國家過渡的西歐語境中，專制主義概念才如此緊密地與廣大帝國的概念聯繫起來，從而「國家」這一與帝國相對立的範疇獲得了它的價值上的和歷史上的優越性。為了建構近代歐洲國家的自我理解，孟德斯鳩等歐洲思想家斷然地否定一些傳教士關於中國的政治、法律、風俗和文化的較為肯定的描述（這些描述曾經為歐洲啟蒙運動的中國描述 —— 尤其是伏爾泰、萊布尼茨等對中國的肯定性描述 —— 提供過根據），進而以「專制」和「帝國」概念囊括整個中國的政治文化。按照孟德斯鳩以來的經典描述，帝國的主要特徵是：最高統治者以軍事權力為依託壟斷所有的財產分配權，從而消滅了可以制衡君主權力的貴族體制，遏制了分立的民族–國家的產生。[16] 如果我們把這一歐洲思想中的族羣混雜、地

15 Ibid., pp. 400, 412.

16 孟德斯鳩：《論法的精神》上冊，第 126–129 頁。

域廣大的專制帝國概念放置在近代日本的自我認識中加以觀察，不是可以很清楚地看到那種在種族單一的、從封建制向近代國家轉變的日本與族羣複雜、陷入儒教主義的帝國體制而無以自拔的中國之間構成的對比，以及《脫亞論》所謂「謝絕亞細亞之惡友」這一命題的根據嗎？

近代日本的「東洋」概念實際上也奠基於這種歐洲式的「文化主義」之上，用丸山真男的話說：「它反映了明治以後的日本迅速 westernization 的過程，因為從（江戶中期形成的『國學的』）國家主義與明治以後的 westernization 合流而產生的文化、政治路線與亞洲各國明顯不同。」[17] 在解釋近代日本的「國家理性觀念」的形成時，丸山真男強調指出：近代歐洲的主權國家是在以羅馬帝國為象徵的基督教世界共同體崩潰中誕生的，從而其國際社會是包括所有獨立國家在內的集合體，而「日本則相反，它是被強行編入這種國際社會時才開始向近代民族國家發展的」。[18] 正由於此，近代日本的「國家平等觀念」是在與「攘夷論」和中國儒教的那種「夷夏之辨」的等級主義的鬥爭中展開的。按照這一歐洲國際法的形式平等原則與儒教主義的「攘夷論」之間的對立，近代日本的擴張主義就可以被解釋為缺乏歐洲式的「國家理性」的結果或儒教「夷夏觀」的產物。丸山真男評論說：在福澤諭吉那裏，「內在的解放與對外的獨立是同一個問題。在這個邏輯裏，個人主義與國家主義、國家主義與國際主義取得了出色的平衡，這的確是幸福的一瞬間。然而，近代日本所處的國際狀況不久便以打

17 丸山真男：《日本政治思想史》，東京：東京大學出版會，1998，第 8 頁。

18 丸山真男：〈近代日本思想史中的國家理性問題〉，載丸山真男著，區建英譯：《日本近代思想家福澤諭吉》，北京：世界知識出版社，1997，第 146 頁。

碎平衡的冷酷事實回敬福澤了」。[19]「攘夷論」為近代國家的擴張與排外鋪平了道路，但如果僅僅如此，那麼，日本近代的悲劇就是「西化不徹底」或「現代化不徹底」的悲劇，而不是日本「現代性」自身的悲劇了。

在後來發表的一篇解釋「國家理性」概念的文章中，丸山真男說：「『國家理性』的概念越過了絕對主權的階段，延伸到了近代各主權國家並存的時代。這些近代主權國家，根據國際法的各種原則，締結外交關係，通過條約、同盟、戰爭等各種手段，來追求各自的國家利益。這樣的『國際社會』（International Community）幾乎在十七世紀的歐洲就已經形成，一般被稱為『西歐國家體系』（The Western State System）。在那裏，具有主權國家平等的原則和實力均衡（balance of powers）這兩根基本支柱，『國家理性』是在兩根支柱下展開的。」[20]但是，1874 年日本對中國台灣的入侵、1894 年日本對朝鮮的入侵都曾訴諸歐洲「萬國公法」及其形式平等的主權概念，我們應該將這些行動放置在「國家理性的墮落」的框架中給予解釋，還是放置在追求或形成這一歐洲「國家理性」的過程中進行分析？以擺脫中華帝國的朝貢體制或夷夏等級關係的方式展開的所謂平等的主權概念與帝國主義行動之間並沒有真正的對立，從而與其將這一問題放置在傳統與現代、夷夏論與國際平等的二元對立之下加以解釋，毋寧從日本近代的民族主義、殖民主義和亞洲論的衍生性方面進行說明，即把近代日本的擴張主義放置在近代「歐洲的脈絡」內部予以檢討。

19 同上書，第 157 頁。

20 丸山真男：〈補註：關於《近代日本思想史中的國家理性問題》的追記〉，同上書，第 160 頁。

按照法國大革命創造的經典的民族主義範式，個人作為一個權利單位——公民或國民——是以民族–國家為基本前提的，沒有這個政治共同體，沒有民族一致性的前提，個人作為一個法律主體就不可能成立。然而，正如歐洲的作者們一再追問的：「一個自由的歐洲是否將要取代君主制的歐洲了呢？為保衛大革命成果而進行的反對各國君主的戰爭很快就變成了解放的使命，變成吞併，變成了對別國的自然邊界的征服。」「大革命與帝國都曾試圖以自由的名義激起各民族反對他們的國王，但它們的擴張主義最終卻促使各國人民集合起來，站在聯合起來共同反對法國的他們傳統的君主一方。」[21] 在這裏，關鍵的問題是：資產階級民族–國家及其以個人為單位的公民觀念一方面是擺脫貴族制度和古代帝國的等級關係的政治途徑，另一方面則是資本主義（特別是國內市場的形成、海外市場的擴展和私人產權制度）擴張的最好的政治形式——這一擴張從未局限於民族–國家的疆域內部。因此，即便實現了福澤諭吉所期待的「權力」體系，也未必能夠保障這個「體系」不具有擴張和侵略的性質。在這個意義上，「脫亞論」與「侵亞」的現實之間並不存在真正的矛盾，它們也都可以從衍生這一命題的「歐洲的脈絡」中找到根據。[22] 指出這一點，並不是否定近代日本的帝國擴張路線與「尊王攘夷」的政治傳統的歷史聯繫，而是說明這一政治傳統的作用是在一種新的歷史條件和關係之下產生的，從而對於這一政治傳統的反思也應該成為重新思考這一新的歷史條件和關係的有機部分。

---

21 皮埃爾・熱爾貝（Pierre Gerbet）著，丁一凡、程小林、沈雁南譯，艾順章校：《歐洲統一的歷史與現實》（*La construction de l'Europe*, Imprimerie Nationale-Paris, 1983），北京：中國社會科學出版社，1989，第 12、13 頁。

22 在這個意義上，丸山真男的下述問題在甚麼意義上成立的確是一個問題：「假如『脫亞入歐』真能象徵日本近代的根本動向，那麼，作為『大日本帝國精神支柱的』國家神道（用大眾化的稱呼，叫日本的『國體』）從明治時出現的全國性的組織化，到伴隨第二次世界大戰日本的失敗和盟軍的命令而被迫走向解體的歷史，難道能用『脫亞入歐』一詞來表現嗎？」《日本近代思想家福澤諭吉》，第 9 頁。

民粹主義與「亞洲」的雙重性

在福澤諭吉發表他的《脫亞論》二十六年之後，中國辛亥革命爆發了。在中華民國臨時政府成立之後不久，俄國革命的領袖列寧連續發表了〈中國的民主主義和民粹主義〉(1912)、〈亞洲的覺醒〉和〈落後的歐洲和先進的亞洲〉(1913)等文，歡呼「中國的政治生活沸騰起來了，社會運動和民主主義高潮正在洶湧澎湃地發展」，[23] 詛咒「技術十分發達、文化豐富、憲法完備的文明先進的歐洲」正在資產階級的領導下「支持一切落後的、垂死的、中世紀的東西」。[24] 列寧的判斷是他的帝國主義和無產階級革命理論的一個組成部分，按照他的觀點，隨着資本主義進入帝國主義階段，世界各地的被壓迫民族的社會鬥爭就被組織到世界無產階級革命的範疇之中了。這一將歐洲革命與亞洲革命相互聯繫起來進行觀察的方式可以追溯到馬克思 1853 年為《紐約每日論壇報》撰寫的文章〈中國革命與歐洲革命〉。列寧與福澤諭吉的相反的結論建立在一個基本的共識之上，即亞洲的近代乃是歐洲近代的產物；無論亞洲的地位和命運如何，它的近代意義只是在與先進的歐洲的關係中呈現出來的。列寧把俄國看作一個亞洲國家，但這一定位不是從地理學的角度，而是從資本主義發展的程度方面、從俄國歷史發展的進程方面來加以界定的。在〈中國的民主主義和民粹主義〉一文中，他說：「俄國在許多方面無疑是一個亞洲國家，而且是一個最野蠻、最中世紀式、最落後可恥的亞洲國家。」[25] 儘管列寧對中國革命抱有熱烈的同情態度，但當問題從亞洲革命轉向俄國社會的

23 列寧：〈亞洲的覺醒〉，《列寧選集》第二卷，北京：人民出版社，1973，第 447 頁。

24 列寧：〈落後的歐洲和先進的亞洲〉，同上書，第 449 頁。

25 列寧：〈中國的民主主義和民粹主義〉，同上書，第 423 頁。

內部變革時，他的立場是「西歐派」。十九至二十世紀的俄國知識分子將俄國精神視為東方與西方、亞洲和歐洲兩股力量的格鬥和碰撞。在上述引文中，亞洲是和野蠻、中世紀、落後等概念聯繫在一起的範疇，然而恰恰由於這一點，俄國革命本身帶有深刻的亞洲性質（即這一革命針對着俄國這一「亞洲國家」所特有的「野蠻的」、「中世紀的」和「落後可恥的」社會關係）而同時具有全球性的意義。

亞洲在世界歷史修辭中的這種特殊地位決定了社會主義者對於亞洲近代革命的任務和方向的理解。在閱讀了孫文的〈中國革命的意義〉一文後，列寧對這位中國革命者提出的超越資本主義的民主主義和社會主義綱領進行了批評，他指出孫文的綱領是空想的和民粹主義的。在他看來，「亞洲這個還能從事歷史上進步事業的資產階級的主要代表或主要社會支柱是農民」，因而它必須先完成歐洲資產階級的革命任務，而後才談得上社會主義問題。他嫻熟地運用歷史辯證法，一方面斷言孫中山的土地革命綱領是一個「反革命」的綱領，因為它背離或超越了歷史的階段，另一方面又指出由於中國社會的「亞洲」性質，這個「反革命的綱領」恰恰完成了資本主義的任務：「歷史的諷刺在於：民粹主義為了『反對』農業中的『資本主義』，竟然實行能夠使農業中的資本主義得到最迅速發展的土地綱領。」[26]

列寧對中國革命的認識產生於他對1861年俄國改革尤其是1905年革命失敗所做的長期思考。1861年，在與英、法進行的，以爭奪巴爾幹地區和黑海控制權為目的的克里米亞戰爭失敗後，亞歷山大二世推行了廢除奴隸制改革。如果以最為簡略的方式勾勒這場改革的特點的話，那麼，我們不能忽略如下兩點：第一，這場改革不是源自俄

26 同上書，第428–429頁。

國社會內部，而是產生於外部壓力；第二，1861 年 2 月 19 日頒佈的《解放法令》是在充分保證地主利益的前提下進行的，俄國農民為了這個由上至下的俄國工業化過程承擔了沉重的代價。列寧斷言 1861 年產生了 1905 年，其原因即在此。[27] 從 1861 年改革到 1905 年革命，土地集中的現象並未產生出資本主義的農業經濟，而是導致了公社農民要求沒收地主土地並將它們重新歸還給他們的強烈要求。[28] 正是在這樣的背景之下，列寧對 1905 年革命的總結和思考與如何解決俄國土地問題密切地聯繫在一起。1907 年，列寧撰寫了〈社會民主黨在 1905–1907 年俄國第一次革命中的土地綱領〉一文，[29] 以俄國土地問題為中心，提出了農業資本主義的兩種模式即「普魯士道路」和「美國道路」，所謂「普魯士道路」即通過國家與地主階級的聯合，以暴力方式剝奪農民，摧毀村社及其土地佔有制，最終將農奴主–地主經濟改造為容克–資產階級經濟。而「美國式道路」則是「可能有利於農民羣眾而不是有利於一小撮地主」的土地方案，「就是土地國有化，廢除土地私有制，將全部土地轉歸國家所有，就是要完全擺脫農村中的農奴制度，正是這種經濟上的必要性使俄國農民羣眾成了土地國有化的擁護者」。通過對俄國土地改革和 1905 年革命為甚麼會失敗的總結，

27 1889 年官方的統計資料顯示，一個普通農民家庭的各種賦稅佔了純收入的 70%，一個俄國農民交納的「賦稅」超過了他的貨幣純收入的一倍，「農奴制代役制也未必有這麼高」，而破產農民即使想放棄份地還必須交納額外費用來「倒贖」份地。列寧：〈19 世紀末俄國的土地問題〉，《列寧全集》第十七卷，第 84–85 頁。

28 關於俄國農業改革問題的討論，參見呂新雨〈農業資本主義與民族國家的現代化道路〉（《視界》第十三輯，石家莊：河北教育出版社，2004，第 143–215 頁）。該文對列寧所謂「美國道路」和「普魯士道路」做了透徹的分析，這裏的相關討論援用了她的研究。在修改本文時，呂新雨教授提供了一些資料，在此特致謝忱。

29 〈社會民主黨在 1905–1907 年俄國第一次革命中的土地綱領〉寫於 1907 年 11–12 月，1908 年在彼得堡付印，但沒有問世，被沙皇檢查機關沒收並毀掉，只剩下一冊，而且沒有結尾部分。1917 年 9 月由「生活和知識出版社」重版，單行本刊印，列寧補上結尾部分。但 1908 年夏，根據波蘭社會民主黨人的請求，曾以作者身份為波蘭《評論》雜誌寫了本書的簡要介紹。參見《列寧傳》上冊，蘇共中央馬克思列寧主義研究院集體編寫，北京：生活・讀書・新知三聯書店，1960，第 204 頁。

列寧得出的基本結論是：在俄國社會條件下，「土地國有化不僅是徹底消滅農業中的中世紀制度的唯一方式，而且是在資本主義制度下可能有的最好的土地制度」。[30]

列寧認為，俄國民粹派的土地綱領勢必引導俄國重新回到村社份地化的小農經濟制度，而這種經濟制度無法提供資本主義發展的動力；他贊同「美國道路」，一是因為只有通過土地的國有化，擺脫中世紀的土地關係，才能提供發展農業資本主義的可能性；二是因為俄國存在着大量的未開墾土地，從而存在着走「美國道路」而不是其他歐洲國家道路的條件。發展資本主義的農業必然包含了對舊有社會關係的強制性改造，「在英國，這種改造是通過革命的方式、暴力的方式來進行的，但是這種暴力有利於地主，暴力手段的對象是農民羣眾」;「在美國，這種改造是通過對南部各州奴隸主農莊施行暴力的方式來進行的。在那裏，暴力是用來對付農奴主–地主的。他們的土地被分掉了，封建的大地產變成資產階級的小地產。對於美國許多『空閒』土地來說，為新生產方式（即為資本主義）創造新的土地關係這一使命，是由『美國土地平分運動』，由四十年代的抗租運動（Anti-Rent Bewegung），由宅地法等來完成的」。[31]「民粹主義者以為否定土地私有制就是否定資本主義。這是不對的。對土地私有制的否定表達了最徹底地發展資本主義的要求。」[32] 正是從這一視野出發，列寧看到了孫文的革命綱領中所具有的真正的革命潛能，他驚歎這位完全不了解俄國的「先進的中國民主主義者」簡直像一個俄國人那樣發表議

30 列寧：〈社會民主黨在 1905–1907 年俄國第一次革命中的土地綱領〉，《列寧全集》第十六卷，第 389–391、392、393 頁。

31 同上書，第 240、242 頁。

32 同上書，第 278 頁。

論，提出的是「純粹俄國的問題」:「土地國有能夠消滅絕對地租，只保留級差地租。按照馬克思的學說，土地國有就是：儘量鏟除農業中的中世紀壟斷和中世紀關係，使土地買賣有最大的自由，使農業有最大的可能適應市場。」[33] 與此相對照，「我國的庸俗馬克思主義者在批評『土地平分』『土地社會化』『平等的土地權』的時候，卻局限於推翻這種學說，從而暴露了他們蠢笨的學理主義觀點，他們不能透過僵死的民粹主義理論看到活生生的農民革命的現實」。通過把孫文的革命綱領放置在俄國特定的歷史背景中考察，列寧得出了「俄國革命只有作為農民土地革命才能獲得勝利，而土地革命不實現國有化是不能全部完成其歷史使命的」[34] 這一結論。如果說「美國道路」區別於「普魯士道路」和「英國道路」的特徵是它的國有化方案，那麼，「中國道路」卻代表着一個自下而上的「農民土地革命」。

俄國的改革是在克里米亞戰爭、1905 年日俄戰爭和第一次世界大戰的背景下展開的，列寧對於俄國改革道路的思考因此也不能不與歐洲帝國主義所創造的國際關係聯繫在一起。如果俄國的土地問題必須通過「國有化」的方式來解決，那麼，怎樣的「國家」才能擔當這個改革的重任？列寧說:「民族國家是資本主義的通例和『常態』，而民族複雜的國家是一種落後狀態或者是例外情形。……這當然不是說，這種國家在資產階級關係基礎上能夠排除民族剝削和民族壓迫。這只是說，馬克思主義者不能忽視那些產生建立民族國家取向的強大的經濟因素。這就是說，從歷史的和經濟的觀點看來，馬克思主義者的綱領上所談的『民族自決』，除了政治自決，即國家獨立、建立民族國家

33 列寧:〈中國的民主主義和民粹主義〉,《列寧選集》第二卷，第 427–428 頁。

34 同上書，第 247 頁。

以外，不能有甚麼別的意義。」因此，當列寧談論「亞洲的覺醒」的時候，他關心的不是社會主義問題，而是如何才能為資本主義的發展創造政治前提的問題，亦即民族自決的問題。在這裏，有兩點值得注意：第一，「民族–國家」與「民族狀況複雜的國家」（亦即「帝國」）構成了對比，前者是資本主義的「常態」，而後者則構成了民族–國家的對立面。第二，民族自決是「政治自決」，在俄國和中國的條件下，以一種社會主義的方式形成發展資本主義經濟的政治條件 —— 亦即政治民族或民族–國家的政治結構 —— 是「政治自決」的必然形式。「資本主義使亞洲覺醒過來了，在那裏到處都激起了民族運動，這些運動的趨勢就是要在亞洲建立民族國家，也只有這樣的國家才能保證資本主義的發展有最好的條件。」[35] 在「亞洲」的特定條件下，只有通過農民土地革命的方式和社會主義的建國運動才能為資本主義的發展創造前提，因此，必須拒絕一切與解放農民、均分土地相對立的改革方案。

沒有任何必要誇大第一次中國革命對於俄國革命的影響。事實上，我們不能確定兩者之間的任何直接的影響關係，相反，我們能夠確定的是產生於歐洲戰爭的直接背景之下的 1917 年的十月革命對中國革命產生了深刻的和明確的影響。列寧對於辛亥革命的重視是在他對於國家問題、社會主義運動和人民民主專政的長期的思考脈絡中展開的。[36] 但是，人們很少注意如下兩個事實：第一，十月革命發生在

35　對列寧來說，亞洲問題是和民族國家密切聯繫在一起的。他說，在亞洲「只有日本這個獨立的民族國家才造成了能夠最充分發展商品生產，能夠最自由、廣泛、迅速地發展資本主義的條件。這個國家是資產階級國家，因此它自己已在壓迫其他民族和奴役殖民地了」。列寧：〈論民族自決權〉，同上書，第 511–512 頁。

36　早在 1905 年，列寧已經將「新火星派」的「革命公社」理念與「無產階級和農民的革命民主專政」相區別，他將前者斥為「革命的空話」，而將後者與「臨時革命政府」這一「不可避免地要執行（哪怕只是臨時地、『局部地、暫時地』執行）一切國家事務」的、絕不能誤稱為「公社」的政治形式聯繫在一起。「臨時革命政府」意味着列寧正在思考一種新型的國家形式。參見列寧：〈社會民主黨在民主革命中的兩種策略〉，《列寧選集》第一卷，第 572 頁。

辛亥革命之後，由此開創的一國建設社會主義的方式在很大程度上可以視為對亞洲革命（中國的辛亥革命）的回應。從社會主義運動史的角度說，中國的第一次現代革命也標誌着如下事實，即在亞洲社會的條件下，反對資本主義與民族國家的歐洲社會主義運動開始向民族自決運動的方向轉變。列寧關於民族自決權的理論（1914）、關於帝國主義時代落後國家的革命的意義的解釋，都產生於 1911 年辛亥革命之後，並與他對中國革命的分析有着理論的聯繫。第二，俄國革命對歐洲產生了巨大的震動和持久的影響，它可以視為將俄國與歐洲分割開來的歷史事件。列寧的革命的判斷與斯密、黑格爾對於亞洲的描述沒有根本的差別：他們都把資本主義的歷史表述為從古老東方向現代歐洲轉變的歷史進程，從農耕、狩獵向商業和工業的生產方式轉變的必然發展。但在列寧這裏，這一世界歷史框架開始包含雙重的意義：一方面，世界資本主義和由它所激發的 1905 年的俄國革命是喚醒亞洲 —— 這個長期完全停滯的、沒有歷史的國度 —— 的基本動力，[37] 另一方面，中國革命代表了世界歷史中最為先進的力量，從而為社會主義者標出了突破帝國主義世界體系的明確出口。俄國知識分子和革命者中間曾經長期存在着斯拉夫派與西歐派的持久論戰，[38] 列寧作為「西歐派」的一員通過對於「先進的亞洲」與「落後的歐洲」的辯證對比，構造了一種「脫歐（帝國主義的歐洲）入亞（落後地區的革命先進性）」的新型邏輯（從尋求發展資本主義的現代化的角度看，這個「脫歐入亞」路線也仍然內在於「脫亞」的邏輯）。也正是在這個邏輯之下，中

---

37 列寧：〈亞洲的覺醒〉，《列寧選集》第二卷，第 447 、 448 頁。

38 俄國知識分子的歐洲觀和亞洲觀顯然受到西歐近代政治發展和啟蒙運動的歷史觀的影響。在列寧的使用中，亞洲這一與專制主義概念密切相關的概念是從近代歐洲的歷史觀和政治觀中發展而來的。關於斯拉夫主義與西歐主義的論戰，參見尼・別爾嘉耶夫著，雷永生、丘守娟譯：《俄羅斯思想》第一、二章，北京：生活・讀書・新知三聯書店，1995 ，第 1–31 、 32–70 頁。

國革命提供了一種將民族解放運動與社會主義方式相結合的獨特道路——這一獨特道路為一種新型的革命主體的出現提供了前提，我在這裏指的是以中國農民為主體的工農聯盟。

社會革命視野中的「大亞洲主義」

列寧的上述論斷為我們理解中國近代民族主義與亞洲問題的關係提供了基本的線索。值得注意的是：近代日本的亞細亞主義最初曾以「興亞」「振亞」為方向，但很快就與擴張主義的「大陸政策」和帝國主義的「大東亞」構想糾纏在一起。在這一陰影之下，中國、朝鮮或其他亞洲國家的知識分子和革命者不可能對產生於近代日本的形形色色的「亞細亞主義」表示任何的興趣。

中國革命者章太炎、李大釗、孫文等人有關亞洲問題的幾篇有限的文章都是在與日本發生關聯的語境中產生的。對於他們來說，亞洲的問題是和中國革命、社會運動和民族自決直接相關的。1901 年底，在日本東邦協會的機關刊物《東邦協會會報》上，孫文發表〈支那保全分割合論〉。針對日本正在流行的「支那保全論」和「支那分割論」，他明確提出「從國勢上講沒有保全的理由，從民情上講沒有分割的必要」——「沒有保全的理由」，是因為從革命政治的角度說，清朝國家政治與人民相互割裂；「沒有分割的必要」，是因為從革命政治的角度說，革命本身的目標之一正是實行民族自決。[39]1924 年，在他最後一次訪問神戶之際，孫文再次應邀發表了有關亞洲問題的演講，這就是

39　王屏：《近代日本的亞細亞主義》，北京：商務印書館，2004，第 65–67 頁。

著名的〈大亞洲主義〉。[40] 在演講中，他含混地區分了兩種亞洲：一個「沒有一個完全獨立的國家」的、作為「最古文化的發祥地」的亞洲與一個即將復興的亞洲。如果說前一個亞洲概念與列寧所說的民族複雜的國家狀況具有內在的聯繫，那麼，亞洲復興的起點或復興的亞洲又是甚麼呢？孫文說，這個起點就是日本 —— 日本在三十年前廢除了一些不平等條約，成為亞洲第一個獨立的國家。換言之，這個起點與其說是日本，不如說是民族–國家。孫文為日俄戰爭的爆發和日本的勝利而歡呼：「日本人戰勝俄國人，是亞洲民族在最近幾百年中頭一次戰勝歐洲人，……亞洲全部的民族便驚天喜地，發生一個極大的希望。」這是甚麼希望？答案是：「亞洲全部民族便想打破歐洲，便發生獨立的運動。……便生出亞洲民族獨立的大希望。」[41] 在這裏，孫中山提及了一個微妙的概念，這就是「全部的亞洲民族」—— 一個不單是最古文化的發祥地的亞洲，而且也是一個包含了各個獨立民族–國家的亞洲；不單是儒教文化圈的東亞，而且是多元文化的亞洲。「亞洲民族」的整體性建立在主權國家的獨立性的基礎之上。「全部的亞洲民族」是民族獨立運動的產物，但不是對於歐洲民族–國家的拙劣模仿。孫文堅持認為：亞洲具有自己的文化和原理 —— 所謂區別於歐洲民族–國家的「霸道的文化」的「王道的文化」。他的演講題為「大亞洲主義」，部分地是由於他將亞洲的概念與「王道」的概念結合起來。如果把他的演講與帝國主義的亞洲觀加以對比的話，那麼，他的亞洲概念雖然保存了與「王道」「仁義道德」等儒教概念的聯繫，但並不是一個以同質性的文化為核心的亞洲，而是一個由平等的民族國家組成的亞洲。

---

40 1924 年 11 月 28 日，孫中山出席神戶商業會議所等五團體舉行的歡迎會，並作此演説，因此，此次演説又稱〈對神戶商業會議所等團體的演説〉。參見《孫中山全集》第十一卷，第 401–409 頁。

41 同上書，第 402–403 頁。

按照這個亞洲概念，亞洲的內在統一性不是儒教或者任何單一的文化，而是一種政治文化，一種能夠包容不同的宗教、信仰、民族和社會的政治文化。在這一政治文化範疇內，他提及了中國、日本，談到了印度、波斯、阿富汗、阿拉伯、土耳其、不丹和尼泊爾，以及中華帝國的朝貢關係。文化的異質性是這一亞洲概念的主要特點之一，而民族範疇為亞洲概念內含的異質性提供了載體。在孫文的語境中，文化異質性提供了民族–國家的內部統一和拒絕外來干涉的歷史根據。[42]

孫文在演講中談到了中國的朝貢模式，但這絕不是為了確認中國對於周邊的霸權或中心地位，而是為了論證「王道」的必要性。在「大亞洲主義」的語境中，作為一種規範性的論述，孫文的「王道」概念是與殖民主義的「霸道」邏輯相對立的。孫中山相信朝貢模式中包含了對文化、民族和宗教的多元性的相互承認，從而現代國家可以從中發現一些超越帝國主義政治的文化資源。他談及尼泊爾對中國的朝貢，不是為了重溫大中華之舊夢，而是確信在這一關係中包含着相互承認和相互尊重的平等關係。孫中山支持東南亞各國的民族解放和獨立運動，他的亞洲觀與民族獨立的理念在這些地區產生了深遠的影響。[43]孫文期待的是把帝國文化中的多元主義與民族–國家的新型關係結合起來，從而抵制帝國主義的殖民政策和現代民族–國家的高度的文化同質化傾向。他為我們勾畫的亞洲圖景是：東邊是日本，西邊是土耳

---

42 孫中山説：「『統一』是中國全體國民的希望。」「為甚麼中國不能統一？其中的原動力，完全是由於外國人呢！這個原故，就是因為中國和外國有了不平等的條約，每個外國人在中國總是利用那些條約來享特別權利。近來西洋人在中國，不只利用不平等的條約來享特別權利，並且在那些特權之外妄用條約、濫用條約。……」參見〈在神戶與日本新聞記者的談話〉，同上書，第373–374頁。

43 例如，他積極參與了1898至1900年的菲律賓革命，兩次向菲律賓革命者輸送軍火，並深信菲律賓革命也促進着中國革命的成功。印度尼西亞和其他東南亞國家的民族革命運動事實上受到了孫中山的民族主義思想和中國革命的影響，儘管他們大多強調這一思想和革命的民族主義性質，而多少忽略其社會主義的特點。

其，內部則包含了以印度教、佛教、伊斯蘭教、儒教和其他文化為主體的民族–國家。「我們要講大亞洲主義，恢復亞洲民族的地位，只用仁義道德做基礎，聯合各部的民族，亞洲全部民族便很有勢力。」[44]這個「王道的文化」是「為被壓迫的民族來打不平的」「反叛霸道的文化，是求一切民眾和平等解放的文化」。[45]孫文清晰地看到了民族主義與種族觀念的關係，也看到了民族主義的反抗邏輯包含着導向它的另一面的邏輯，即壓迫和強權的邏輯。因此，他在訴諸種族觀念為民族獨立提供合法性的同時，提出了「大亞洲主義」的命題。「大亞洲主義」或「泛亞洲主義」命題是日本近代的「大東亞主義」的反論，它以一種文化多元主義的面貌對於高度同質化的「東洋」概念提出了批判。[46]正由於此，「大亞洲主義」是一種通過民族自決來超越帝國主義的構想，也是一種超越種族、文化、宗教和信仰的單一性的多元民族主義。

「大亞洲主義」與社會主義的國際主義的密切聯繫正是建立在這一邏輯之上的，孫文一方面用種族觀念定義亞洲，另一方面又通過將俄國的解放運動視為「大亞洲主義」的同盟來超越種族的分界。他說：

> 現在歐洲有一個新國家，這個國家是歐洲全部白人所排斥的，歐洲人都視他為毒蛇猛獸，不是人類，不敢和他相接近，我們亞洲也有許多人都是這一樣的眼光。這個國家是誰呢？就是俄國。俄國現在要和歐洲的白人分家，他為甚麼要這樣做呢？就是因為他主張王道，不主張霸道；他要講仁義道德，不願講公理強權；他極力主持公道，不贊成用少數壓迫多數。像這個情形，俄

44 孫中山：〈對神戶商業會議所等團體的演說〉，《孫中山全集》第十一卷，第408–409頁。

45 同上書，第409頁。

46 同上。

國最近的新文化便極合我們東方的舊文化，所以他便要來和東方攜手，要和西方分家。[47]

在這裏，黃種、白種不是絕對的尺度，十月革命之後的社會主義「新文化」才是真正的尺度——「大亞洲主義」就是一種與此相互呼應的被壓迫民族的「民眾解放的運動」。如果我們把孫文的文本與 1919 年李大釗發表於《國民》雜誌上的〈大亞細亞主義與新亞細亞主義〉和〈再論新亞細亞主義〉相互參照，那麼，他們以俄國十月革命為槓桿、以日本對華「二十一條」為背景所展開的以民族自決和國際主義為內核的亞洲觀是一脈相承的。李大釗認為日本的「大亞細亞主義」是以亞洲門羅主義的方式展開的「大日本主義」，其實質「不是和平主義，而是侵略主義；不是民族自決主義，而是吞併弱小民族的帝國主義；不是亞細亞的民主主義，而是日本的軍國主義；不是適應世界組織的組織，乃是破壞世界組織的組織」。[48] 他的「新亞細亞主義」包含了兩個要點：「一個是在日本的大亞細亞主義沒有破壞之前，我們亞洲的弱小民族應該聯合起來共同破壞這個大亞細亞主義；另一個是在日本的大亞細亞主義既經破毀以後，亞洲全體民眾聯合起來加入世界的組織——加入世界的組織那時可以成立。」[49] 他們重視的不是國家間的聯合，而是「全體民眾」的聯合，從而區域或世界的組織必須是一種以社會革命和社會運動為前提的「民眾的大聯合」。[50]

---

47 同上書，第 409 頁。

48 李大釗：〈大亞細亞主義與新亞細亞主義〉，《國民》雜誌第 1 卷第 2 號，1919 年 2 月 1 日。

49 李大釗：〈再論新亞細亞主義〉，《國民》雜誌第 2 卷第 1 號，1919 年 11 月 1 日。

50 在這個意義上，孫文的「大亞洲主義」或李大釗的「新亞洲主義」與 1923 年康德霍夫–卡利吉在《泛歐》一書中提出的以民族國家主權為前提的「泛歐」命題和更早時期已經形成的泛美組織也許有着某種呼應的關係，即這種區域構想不是一個保護性的區域組織，而是世界性的組織之下的地區組織。皮埃爾・熱爾貝：《歐洲統一的歷史與現實》，第 28–29 頁。

列寧、孫文、李大釗對於「亞洲」的理解是和他們對於中國革命的任務和方向的理解密切相關的。就列寧的亞洲觀而言，我們可以清晰地看出黑格爾的世界歷史觀對於亞洲的特殊規定（一個中世紀的、野蠻的、沒有歷史的亞洲）與革命的邏輯的綜合。這個黑格爾 + 革命的亞洲概念不僅包含了古代（封建）、中世紀（資本主義）、現代（無產階級革命或社會主義）的歷史發展範式，而且突出了「亞洲」（尤其是俄國和中國）在世界資本主義和帝國主義時代的獨特位置，強調了在以農民經濟為主體的社會發展資本主義的獨特道路。國家的問題是在雙重的意義上被論證的，即一方面在帝國主義的國際秩序中尋求民族自決，另一方面必須讓國家及其暴力朝着有利於農民和資本主義發展的方向展開。這兩個方面共同構造了一種看待亞洲社會特性的革命視野，在這個視野裏，構成亞洲之為亞洲的不是從儒學或某種文明類型中抽繹出來的文化本質，而是亞洲國家在世界資本主義體系中的特殊位置——這個特殊位置不是產生於對世界資本主義的結構性的敍述，而是產生於有關亞洲社會內部的階級構成和歷史傳統的動態分析。

正因為如此，社會革命的視野與近代歷史中出現的各種文明論的、文化主義的和國家主義的「亞洲」敍述有着極大的差異，它的焦點集中於對不同的社會力量及其相互關係的研究。社會革命的推動者追問的問題是：以土地關係為中心，農民、士紳階級、新興資產階級、軍閥和城市工人之間是怎樣的關係？正如毛澤東在〈湖南農民運動考察報告〉和〈中國社會各階級的分析〉等論文中所展示的那樣，這種有關階級構成的分析不是結構性的，而是政治性的，是從社會革命和社會運動的視野出發的。這些革命運動的參與者並不是一般地追問特定社會羣體的財產佔有比例，而是力圖說明這些不同的羣體對於社會革命和社會運動的態度和潛在的力量。因此，與其將這樣的「階級分析」理解為階級分析，不如說成是一種在階級分析構架下的動態的政治分析——政治分析的特點是重視主體的能動性，忽略了這一點也就不能理解為甚麼在近代中國的階級變動中上層家庭的分子有可能成為革命運動的骨幹力量；也不能理解為甚麼帝國主義國家的知識分子有可能成為被壓迫民族的堅定朋友和同志——對於能動的主體而言，國際主義與其說產生於對於民族認同的拒絕或遺忘，毋寧說產生於一種將自身民族的解放與其他民族的解放關聯起來的政治意識或政治自覺。如果將這種社會革命的政治視野引入對於「亞洲」的分析之中，那種關於「亞洲」或「東洋」的總體性規定或靜態描述也必然不再有效，因為「政治分析」的視野要求的是對國際關係和不同社會的內部關係的動態分析，即從社會革命的角度追問：在這個歷史運動中，誰是我們的敵人、誰是我們的朋友？——這個敵友問題既包含在國內關係之中，也包含在國際關係之中。

按照馬基雅維利的古老說法，「政治」與一種能動的主體性或主體的能動性相關。政治的視野既需要將認知者的主體置於這一視野內部，又需要從這個視野中分辨出不同的能動的主體，進而尋找敵友，判斷社會的運動方向。「政治視野」永遠是一種「內部的」視野，一種將自身放置在敵友關係的動態變化之中的視野，一種能夠把對亞洲、中國、日本、俄羅斯的認識與思想者或革命者的政治行動密切關聯起來的視野。這一視野的最為有力之處，就在於它能夠超越國家主義和民族–國家之間的國際關係的框架，從不同的社會中分解出不同的政治力量；在這個視野之下，對立或聯合的問題不是建立在國家關係或民族關係的固定框架內，而是建立在對於各自社會的內部力量及其可能的動態關係之中。為了說明這種政治視野或政治分析的特點，我們不妨將之與丸山真男在討論福澤諭吉時所使用的「國家理性」（也許也應該包括這一概念的對立面，即「國家非理性」）這一概念加以對比。按照丸山真男的看法，福澤諭吉在思想史上的貢獻之一是闡發了適應時代需要的「國家理性」，從這種「國家理性」的角度看，日本現代史上的那些排外或擴張主義均可視為缺乏或者背叛這一「國家理性」的結果。換言之，在福澤諭吉那裏，最大的政治莫過於建立真正的「國家理性」。卡爾・施米特在他的那部如今常常為人引用的著作《政治的概念》的開頭說：「國家的概念以政治的概念為前提。」「無論如何，『政治的』一般而言是與『國家的』相互並列，或者至少是與國家之間存在着某種關係。」但是，「國家等於政治」的公式並不能代表政治的永恆形態，「恰恰在國家與社會相互滲透之時，國家＝政治這個共識就變得謬誤百出，充滿欺騙性」。他提出這一點的目的是為了說明「在民主化組織體制下必定出現這種情況」。[51] 我在這裏對國家與政治作出區分的目的，並不是為了解釋民主化組織體制的特點，而是為了理解俄國和中國的革命時代中的政治實踐。在社會革命的語境中，「政治」存在於不同能動的主體之間，存在於階級、階層、政黨的自覺意志的較量之中——這些力量力圖影響、支配、塑造或者控制國家的權力，但國家並沒有絕對的能量將「政治」包裹在它的「結構–功能」的運轉之中。從這個角度來看，所謂「國家＝政治」的公式（亦即能動的主體已經轉化為國家權力學的「結構–功能」要素的狀態）並不能被描述為一種常態，它毋寧是一個（政治領域自身的）去政治化過程的產物。

與「國家理性」的分析視野不同，社會革命時代的「政治認識」不是在一種規範性的意義上談論政治主體（如國家）的行動方式，而是從「能動的政治主體及其相互運動」的視野展開歷史運動的實態和方

51 施米特著，劉宗坤譯：《政治的概念》，上海：上海人民出版社，2003，第128–130頁。

向。這種方法要求認識者將自身轉化為一個「能動的主體」，即將自身或自身所代表的利益關係置於政治分析的棋局之中，進而產生出政治性的召喚。列寧在孫文的中國革命綱領中看到了中國革命與「純粹的俄國問題」之間的聯繫，他進而提出了民族自決的綱領，展開了革命力量必須依靠誰、反對誰、建立怎樣的國家才能在「亞洲」發展資本主義的思考。社會主義與國家的結合這一政治選擇正是這一政治分析的產物。與之相類似，宮崎滔天、北一輝等日本知識分子基於中國的自立與解放是亞洲解放以致人類解放的必要步驟的認識，以不同的方式或者參與到中國革命的實踐之中，或者對中國社會的運動進行直接觀察，並展現出相當深刻的政治分析和政治行動能力。在辛亥革命之後，「北一輝看到的是日本的外交路線中極其悲慘的英國追隨主義」。他對日本的「支那保全論」的分析是真正政治性的：日本如果介入六國借款團，「學歐洲各國之經濟瓜分」，不就是「於保全的名義下，扮演走狗，行瓜分之實」嗎？如果要真正落實「保全主義」，就必須促成中國的自立和民族的覺醒，而要達到這一目的，就必須與亡國亡種的軍閥劃清界限，進而與中國的「革命派新興階級」實行聯合。那種在「保全支那」的名義下向軍閥借款的方式毋寧證明了日本的國家政治與財閥的擴張要求之間的聯繫。[52] 北一輝支持並參與孫文的革命，但對於孫文接受日本財閥的借款並過多依賴外援的做法提出了尖銳批評，認為他分不清「戰爭與革命」的區別。[53] 在他這裏，「解放亞洲」的理想（亦即他的「大亞細亞主義」）與「中國革命」「改造日本」的問題產生了極為密切的、無法分割的關係，在這一政治性的視野之中，

52 野村浩一：《近代日本的中國認識》，第 32–37 頁。

53 王屏：《近代日本的亞細亞主義》，第 174–175 頁。

不但「亞洲」這一概念的抽象性徹底地消退了，而且中國和日本都不再是一個整體性的、不可分析的概念。

我們還可以舉出其他的例證：1919 年 6 月，吉野作造在《中央公論》發表〈切勿謾罵北京學生團之行動〉一文，他透過曹汝霖、章宗祥的「親日派」形象與學生運動的「排日之聲」的表面現象，得出了「欲於支那根絕排日之不祥事，其策不在援助曹章諸君以購民間之不平，而在於我國自身先知軍閥財閥之對支政策」[54] 的結論——在我看來，這個視野是「政治的視野」；抗日戰爭爆發的第二年，南京政府被迫遷往重慶，尾崎秀實從這一事件中看到了共產黨影響的深入和浙江財閥之影響力的衰落，進而得出了「此加速了支那近代歷史賦予的民族解放的要求，民族解放運動已經作為國民政府的指導和國民政府勢力所難以控制的力量開始發展起來了」，[55]「支那的『赤化』，是由支那特殊的複雜性及其特殊的內容決定的，我想不一定就非要將它考慮成是與蘇聯同類型的東西」[56]——在我看來，這個解釋是「政治性的解釋」；盧溝橋事變之後，橘樸檢討自己的中國認識時說：「目光只注視在作為客體的中國方面，努力地科學地把握其諸條件，而對至關重要的主體的諸條件卻考慮得太淺了。這是怎麼回事，在這樣的條件下能夠設定這一關係嗎？我不得不重新出發」[57]——在我看來，這種重新找回「主體的諸條件」以認識中國的方式也是一種「政治性的認識方式」。

---

54 參見野村浩一：《近代日本的中國認識》，第 68–69 頁。

55 尾崎秀實：〈蔣政權的衰退與新政權的前途〉，《尾崎秀實著作集》第二卷，勁草書房版，第 323 頁。參見《近代日本的中國認識》，第 176 頁。

56 尾崎秀實：〈從國際關係看支那〉，《尾崎秀實著作集》第一卷，第 197 頁。參見《近代日本的中國認識》，第 184 頁。

57 田中武夫：〈朴庵先生與《滿洲評論》的歷史〉，《楠》（橘樸研究會機關雜誌）1977 年 1 月第 9 號，第 45–46 頁。參見《近代日本的中國認識》，第 206 頁。

從思想史的角度說，上述人物的中國認識或亞洲觀最終以不同的方式、在不同的程度上偏離了最初的航向，根本的原因在於：面對強有力的國家政治，他們無法把上述分析方式貫徹到底，亦即在「國家」面前，作為政治視野的核心的「能動的主體性」消失了——這一思想者和行動者的悲劇讓我想到一位歐洲歷史學家的論斷的重量：如果要為十九世紀以降的世界歷史確定一個最為中心的主題，這個主題就是民族國家。在閱讀野村浩一教授關於宮崎滔天的思想與行動的研究時，我注意到他的分析是從「宮崎的雙重悔恨」開始的：「1．自己為甚麼作為日本人而沒有作為中國人參加這場革命呢？……2．在將全身心奉獻給『支那革命』以前，為甚麼沒有致力於『日本的改善』呢？」他接着對此發表了極具洞見的分析：「身處中國革命之中，『是日本人』，還『是中國人』，兩者之間的問題，還有，『改造日本』與中國革命之間的問題，這包含在滔天悔恨中的兩大問題，可以說受到了明治以來至大正年間的政治形勢很深的影響。對於全力傾注於中國革命的滔天來說，因兩國之間的關係而給他帶來的『被撕裂』般的悲劇心理，正是他產生這種悔恨的最基本的要因。」[58] 在引用了晚年滔天對於天皇和日本國體的讚譽之詞之後，野村評論說：「滔天作為一個明治時代的人，他也終於沒有能夠逃脫天皇制國家這一咒語的束縛。」[59] 比滔天走得遠得多的是北一輝，他一方面將日本國內的革命性改造作為解放亞洲的前提，另一方面又聲稱：「支那、印度七億同胞實際上如果沒有我們的維護與扶持是無法獨立的……當歐美革命論的權威們都站在這種膚淺的哲學立場上，不能領會『劍的福音』時，高瞻遠矚

58 野村浩一：《近代日本的中國認識》，第115–117頁。
59 同上書，第165頁。

的亞細亞文明中的希臘，率先構築了自身的精神。……忌諱武裝國家之人，其智見宛如幼童。」[60] 在這裏，北一輝沒有將他關於「改造日本」的政治思考貫穿到帝國主義時代的中日關係之中，卻不加分析地將日本作為亞洲的武力解放者。正如他在 1903 年將日俄戰爭視為「黃白人種的決戰」一樣，[61] 國家和人種等概念阻斷了他對自己社會的政治分析，以致今天的人們能夠輕易地發現他的「理想中的日本作為『無產者』『革命國家』的形象與現實中的日本『殖民主義者一員』的形象出入甚大」。[62] 當三十年代後期的尾崎秀實在日本對亞洲入侵的背景下鼓吹「東亞協同體」論的時候，或者，當橘樸在「九一八」事變後將他對中國社會機體的分析置入他對「偽滿洲國」的「分權性自治國家」的設想之中時，我們從他們的分析方式中看到的是「國家等於政治」的公式，看到的是與他們曾經長期堅持的那種政治分析方式的背離 —— 政治分析在「日本帝國」的門口以不同的方式停止了。從社會革命的視野來看，這正是「政治的國家化」—— 在這個時刻或瞬間，思想者與他們曾經作為改造對象的「日本帝國」的陰影重疊在一起了。

在孫文和列寧的構想中，民族自決的命題是民族主義與社會主義的綜合，即它一方面要求建立作為發展資本主義的先決條件的民族國家，另一方面強調這個建國過程同時是以社會革命的形式改造傳統帝國關係的過程。社會主義者認為弱小民族的自決要求總是包含着一定程度的民主要求，從而他們對於民族獨立運動的支持總是與對民主力量的支持相關的。在這個國際主義與民族自決的綜合思考中，其實並沒有給「亞洲」這樣的範疇留下多少空間 —— 亞洲僅僅是資本主義體

60 《北一輝著作集》第二卷，みすず書房，第 292 頁。

61 《北一輝著作集》第三卷，第 78–96 頁。

62 王屏：《近代日本的亞細亞主義》，第 171 頁。

系中的一個邊緣區域，一個通過民族革命才能加入到世界資本主義體系，因而也加入到反對世界資本主義體系的鬥爭中的地理區域。如果要討論社會主義思想與大亞細亞主義的關聯，那麼，在近代語境中，它們均與不同形式的民族主義有着歷史的關聯。社會主義的民族自決權思想建立在歐洲近代思想中的那種「帝國–國家」二元論中，而那些在「大亞細亞主義」的口號下推動建立「偽滿洲國」或其他形式的「殖民主義的自治政府」的努力也同樣如此，他們以主權、獨立、自治的概念將日本帝國主義的侵略政策包括在進步論的頭飾之下。上文涉及的日本知識分子對中國革命抱有真誠同情，對中國社會運動具有深刻洞察，但為甚麼連北一輝這樣具有深刻洞見的人也最終皈依了曾經加以批判的國家體制甚至倒向帝國主義侵略政策呢？我在這裏無法進行詳盡的探討，但下述兩個要素也許可能提供某些解釋的可能性：第一，現代日本並不存在社會革命的條件，從而這些敏銳的知識分子無法將他們通過中國革命的觀察而獲得的政治視野貫徹到日本社會內部；第二，在缺乏上述社會條件的背景下，社會主義思想無法形成超越近代民族主義和國家主義的動力。

伴隨着中國革命和亞洲民族解放浪潮的終結，那種社會革命和社會運動的政治視野，那種能夠將俄國、中國、日本和其他亞洲國家的社會運動關聯起來的政治分析方式也終於式微了。七十年代末期以降，隨着六十年代社會運動的衰落和民族解放運動的告一段落，我們處於一個「去政治化」的時期——一個國家機制逐漸將能動的主體性或主體的能動性納入「國家理性」和全球市場的軌道之中的過程。當「亞洲」問題再次成為許多知識分子關注的問題之時，我們幾乎找不到二十世紀的那些革命者們所擅長的、通過將自身融入革命歷史而獲得的那種將不同社會關聯在一起的政治分析方式。在這個時代裏，有關亞洲問題的討論與區域性市場、以反恐為中心的區域同盟以及金融安全等為紐帶的區域主義產生了密切的聯繫。

現代歷史敘述中的亞洲：海洋與大陸、國家與網絡

當代知識界有關「亞洲」的討論是在新自由主義全球化的條件下產生的。我在文章開頭提及了兩種「帝國」話語：第一種是以美國為中心的，以諸如世界銀行、WTO、IMF等全球性組織為機制的全球性帝國話語。塞巴斯蒂安・馬拉比（Sebastian Mallaby）說：這個全球性帝國的產生「並不直接等於帝國主義的復活，卻可以彌補帝國時代以後遺留下來的安全漏洞，就像在第一次世界大戰後，奧斯曼帝國結束時實施的國際聯盟委任託管體制」。[63] 第二種則是以歐洲聯盟為模型的、力圖抗拒全球性帝國的單極支配的區域性帝國話語。英國首相布萊爾的外交政策顧問羅伯特・庫伯（Robert Cooper）將這一帝國構想稱為「合作性帝國」。在他的分類中，「後現代國家」的兩個典型類型是作為「合作帝國」的歐盟和作為「自願的全球經濟帝國主義」的國際貨幣基金組織和世界銀行，這兩個組織都由一整套法律和法規協調運作，而不像傳統帝國那樣依賴於一個中心化的權力。庫伯的「合作帝國」構想以及「鄰國帝國主義」（the imperialism of neighbours）概念是在巴爾幹戰爭和阿富汗戰爭的陰影中提出的，它把「人道主義干預」的概念與一種新型帝國主義的概念結合起來，從而使得「人道主義」合乎邏輯地成為「帝國」的理論前提。歐盟是這一新型帝國的典範。[64]

63 See Sebastian Mallaby, "Reluctant Imperialist", *Foreign Affairs*, March-April 2002.

64 Robert Cooper, "Why we still need empires", *The Observer*, Sunday April 7, 2002; "The new liberal imperialism", *The Observer*, Sunday April 7, 2002.

在殖民主義和帝國主義戰爭的背景條件下，亞洲知識分子在一種東方 / 西方或東洋 / 西洋的二元論中解釋歷史，從而近代亞洲論帶有強烈的文化主義色彩，不可避免地趨向於從一種文化同質性的角度去理解和建構「亞洲」或「東洋」的認同。然而，以這種方式形成的亞洲論述不但在實踐上難以令人信服，而且即使能夠成立，我們真的願意建立庫伯說的那種可以在人道主義名義下實行干預的「合作帝國」及其「鄰國帝國主義」嗎？在政治、經濟和文化如此複雜多樣的亞洲社會如何形成一種「連帶機制」，進而提供一種既不同於近代民族主義的國家模型，又不同於上述兩種「帝國」模型的區域關係？在經歷了極為殘酷的殖民主義歷史和波瀾壯闊的民族解放運動之後，我們能否探索出一種能夠避免帝國主義模式的既非國家式的又非帝國式的彈性機制？

讓我們從對不同的「東亞世界」歷史敘述出發展開思考。把「東亞世界」建構為一個相對自足的「文化圈」是近代日本思想的創造，但如何勾畫這一「東亞世界」卻存在着不同的方式。西嶋定生將「東亞世界」描述為一個自我完成的文化圈：從地理上說，「東亞世界」以中國為中心，包括其周邊的朝鮮、日本、越南以及蒙古高原與西藏高原中間的河西走廊地區東部諸地域；從文化上說，構成這個「東亞世界」特徵的因素包括：漢字文化、儒教、律令制、佛教四項。[65] 將地域與文化相互結合的目的是構築東亞的有機整體性，但這個「亞洲有機論」又是如何產生的呢？在前田直典看來，日本學者的傳統看法並沒有把日本包括在東亞世界內部：

65 西嶋定生：〈東亞世界的形成〉，《日本學者研究中國史論著選譯》（二），北京：中華書局，1993，第 89 頁。

一般以為，在近代之前，世界各地的歷史尚未有共同性時，中國是一個世界，印度又是一個世界。從文化史的角度來看，中國的世界可以視為一個包括滿洲、朝鮮、安南等在內的東亞世界，這也是過去大家的看法。把日本放進這個世界中雖然多少有些猶疑，但我們亦曾考慮過這個可能性。不過，這只是文化史上的問題。究竟朝鮮、滿洲等社會的內部發展和中國有沒有關聯性抑或平行性，我們近乎一無所知，日本更不必說。在歐洲的世界中，例如我們知道英國社會的發達與歐洲大陸有平行性，彼此相關。但在東亞方面，特別在日本和中國之間，是否有類似情況，除近代史的領域外，至今不僅仍未解釋清楚，甚至可以說近乎未成為問題。一向的想法是，日本從古代至中世、近世的發展，在社會基礎構造上與大陸全然隔離。[66]

這種將日本從亞洲範疇中疏離出去的做法密切地聯繫着日本開港前獨特的歷史處境，以及此後產生的日本特殊論。聯繫與區別、脫亞與入亞，構成了近代日本的民族主義知識中既相矛盾又相配合的亞洲論述的悖論式的特徵。

構築「東亞世界」的有機性或自足性的最為深遠的動力始終來自民族主義的、工業主義的和資本主義的「西方」。作為近代亞洲民族主義知識的一個有機部分，人們渴望在「東亞文明圈」的表述背後看到的並不僅僅是文化的特殊性，而且是與這一文化特殊性相互匹配的民族主義的、工業主義的和資本主義的「內在的」和「普遍的」動力。因此，在東亞尋找現代性的努力一方面打破了黑格爾主義的「世界歷

66 前田直典：〈古代東亞的終結〉，《日本學者研究中國史論著選譯》（一），第 135 頁。

史」的秩序，另一方面又重構了黑格爾主義的「世界秩序」的內在標準：民族主義、資本主義（工業、貿易等）和國家學說構成了「東亞」歷史敘述的「元歷史」（meta-history）。京都學派的代表人物宮崎市定對「東洋」概念做出了新的界定：一方面，他不再像傳統學者那樣把「東亞世界」視為「中國世界」的一部分，而是將中國及其歷史放置於「東洋史」的範疇內部；另一方面，他通過分析隋唐五代時期交通和貿易的變化，斷言「宋代社會可以看到顯著的資本主義傾向，呈現了與中世社會的明顯差異」，從而形成了一套與西洋現代性相平行的東洋現代性敘事。[67] 宮崎市定通過「交通」把不同區域的歷史連接在一起，並從這一視野出發闡釋「宋代資本主義」、「東洋的近世」以及「國民主義」（民族主義）。在「東洋近世的國民主義」一節中，他分析了秦漢、隋唐直至宋元明清時代的民族關係，認為北宋和南宋時期的中原與南北區域不僅出現了「國民主義的躍動」和超越朝貢關係的民族關係（如遼宋之間的戰爭與「兩國之間的和平國交」，宋金戰爭），而且也出現了諸如大越國（安南）、大理國（撣族）等「名目上是中國的朝貢國」，事實上卻是「獨立不羈的民族國家」—— 儘管這一過程為元代所終止，卻在其後激發了明代的「以漢人為中心的國民主義」。在這個意義上，亞洲民族主義的發展與西洋史是相平行的。[68] 宮崎市定大膽地使用了各種歐洲範疇，他對唐宋之際、特別是對宋代的觀察是在「資本主義」和民族–國家的視野中組織起來的。這一為東亞尋

67 宮崎市定：〈東洋的近世〉，同上書，第 168、170 頁。

68 在同一個歷史脈絡中，清王朝的興起也被看作滿人國民主義躍動的結果。參見宮崎市定：〈東洋的近世〉，同上書，第 211–213 頁。宮崎的觀點在當代學者的研究中也有呼應，例如何偉亞（James Hevia）在西方帝國主義和殖民研究的影響之下，避免了現代性與傳統這一通常的劃分，轉而提倡把英國與大清帝國自 1793 年以來的衝突視為兩個擴張着的帝國之間的衝突，每一個帝國都有其自身的策略和關注，而且每一個都以迥然不同的方式建構着他們自己的主權。參見何偉亞著，宋偉傑譯：〈從朝貢體制到殖民研究〉，《讀書》1998 年第 8 期，第 65 頁。

找自身歷史的努力不可避免地帶有目的論的特徵。我們可以從這一「東洋的近世」與民族國家論述的內在聯繫中看到歐洲的亞洲論述所包含的「帝國–國家」的二元論。[69]

從這個角度看，濱下武志關於亞洲朝貢體系的研究既是對「脫亞論」的批判，也是對特殊論的反駁。他在經濟史領域重新建立了一個以朝貢體系為紐帶、以中國為中心的東亞世界體系，並以此確認了亞洲內部——包括日本與中國之間——的「連帶關係」。儘管濱下武志同樣重視東亞內部的現代動力，但與宮崎市定勾勒的歐洲式的「國民主義」（民族主義）的「東洋的近世」完全不同，他以朝貢體系為網絡構築了亞洲的內在整體性。[70] 濱下武志及其代表的學派提供了三個主要的前提：第一，亞洲不僅在文化上而且在經濟和政治關係上構成了一個整體；第二，這個整體是以中華文明為中心的、以超國家的朝貢網絡為紐帶的；第三，與這一朝貢網絡相匹配的是與歐洲「國家」關係不同的「中心–周邊」及其相應的「朝貢–冊封」關係。如果說宮崎市定的「東洋的近世」以「國民主義」為中心，那麼，濱下武志的敍述卻挑戰了這種「國家」與現代性之間的必然聯繫，進而以朝貢網絡為紐帶，構築了一種有關世界和區域歷史的另類敍事。在他看來，亞洲地區的朝貢網絡沒有被西方資本主義的近代擴張徹底擊毀，「作為一個世界體系的亞洲」即使在近代也仍然存在。濱下武志的論述是富於啟發性的，他不但發現了連接亞洲世界的一條內在紐帶，並以此為線索勾勒當代世界的圖景，而且也從周邊的視野揭示了中國正史中的大陸中心論和王朝正統主義。對於那些拒絕承認日本與亞洲的歷史聯繫

69 按照這一邏輯，我們如何理解元帝國在溝通歐亞大陸過程中所起的作用，如何解釋對於現代中國的疆域、制度和人口作出了基本規定的大清帝國與「現代」的關係？在這方面，他的解釋是缺乏說服力的。

70 濱下武志著，朱蔭貴、歐陽菲譯：《近代中國的國際契機——朝貢貿易體系與近代亞洲經濟圈》。

的特殊論者來說，這是一個有力的批評；對於習慣於從中國內部視野來看待中國的中國學者來說，這一論述提供了一個從周邊觀察中國的歷史視野；對於總是持帝國–國家、朝貢–貿易的二元論的學者來說，這一以朝貢網絡（帝國體系）為中心尋找東亞現代性的努力構成了對於歐洲中心論的顛覆。

東亞整體性這一「事實」是以「東亞」這一範疇為前提建立起來的預設或建構，而濱下的論述側重於朝貢關係中的貿易方面，尤其是與東亞內部關係相互重疊的海洋貿易關係。我在這裏試圖以濱下武志的論述為基礎展開論述，並對他的論述進行補充、平衡和擴展。首先，「朝貢體系」不是一個自足的和完整的結構，而是由參與這一朝貢歷史實踐的主體之間的互動關係的產物，從而是一個不斷流動的、多元權力中心相互生成的過程，任何一種新的力量參與到這一實踐之中都會改變其內部的權力關係。濱下武志將朝貢關係中的宗屬關係區分為六種類型：一、土司、土官的朝貢；二、羈縻關係下的朝貢；三、關係最近的朝貢國；四、兩重關係的朝貢國；五、位於外緣部位的朝貢國；六、可以看成朝貢國，實際上卻屬於互市國之一類等。[71] 但這一完備的敘述過於依賴穩定的「中心–周邊」的框架和結構分類，難以完整地揭示朝貢實踐的不斷變化的歷史內涵。宮崎市定曾從經濟史的觀點對中國歷史做出如下區分：古代至中世是內陸地區中心的時代，宋至近世轉變為運河地帶中心的時代，晚清以降則是海岸中心的時代，而後者顯然是在歐洲影響下發生的新事態。[72] 如果中國內部的中心–邊緣關係是不斷滑動的關係，那麼，朝貢體系同樣如此，例如，宋朝

71 同上書，第 35–36 頁。

72 宮崎市定：〈東洋的近世〉，《日本學者研究中國史論著選譯》（一），第 168、170 頁。

在戰爭條件下與北方民族形成的朝貢關係完全不能按照濱下的公式描述為「中心–周邊」的關係，清朝與俄國自十七世紀以降形成的朝貢關係也不能被描述為「中心–周邊」關係。

現代資本主義世界的重要特點之一就是「中心–邊緣」關係的不斷滑動。如果將以中國為中心的「中心–周邊」構架作為解釋十九世紀以降發生在亞洲內部的權力關係的前提就更難令人信服。正如濱下武志在他稍早時期的論文〈資本主義殖民地體制的形成與亞洲——十九世紀五十年代英國銀行資本對華滲入的過程〉中指出的那樣，資本主義列強向亞洲特別是向中國金融滲透的深化，是與美國、澳洲的黃金發現所導致的國際金融市場的擴大過程密切相關的。從金融的角度觀察，中國近代經濟史可以被看作中國經濟被編織在以倫敦為中心的整個世界一元化國際結算構造之中的過程。在這個意義上，亞洲的「近代」是在經濟上逐漸被包容進以歐洲為中心的世界近代歷史的過程，其特徵就是金融性統治–從屬的關係。[73] 如果將「周邊–中心」的框架延伸到十九、二十世紀，並用以描述亞洲內部的權力關係，勢必掩蓋某些傳統的「周邊」範疇在新的世界體系中所居於的實際的中心地位。例如，如果把日本的「脫亞」和近代化（包括對中國台灣地區的第一次入侵和甲午戰爭）放置在「擺脫朝貢國地位」的框架（亦即「中心–周邊」框架）中解釋，不可能說明鴉片戰爭以降這個「中心–周邊」關係實際上已經發生了巨大的變化。「中心–周邊」、中華帝國—朝貢國（日本）的二元論實際上複製了歐洲近代思想中的「帝國–國家二元論」——如同丸山真男的描述一樣，歐洲「國家理性」「一方面是在與

73 濱下武志：〈資本主義殖民地體制的形成與亞洲——十九世紀五十年代英國銀行資本對華滲入的過程〉，《日本中青年學者論中國史・宋元明清卷》，第 612–650 頁。

神聖羅馬帝國、羅馬教皇那種超國家的上級權威對抗，另一方面是在與封建領主、自治城市、地方教會等中世紀的社會勢力的自理權要求相對抗中形成的」。[74]「中心–周邊」框架無法描述日本在近代亞洲扮演的歷史角色，無法解釋為甚麼恰恰是「周邊」(日本、韓國、香港地區、台灣地區、新加坡等)先後成為十九、二十世紀的亞洲資本主義的中心或亞中心區域，而中國大陸、印度和中亞等傳統的「中心區域」卻長期淪為「邊緣」或殖民地。

濱下武志的創造性研究也為一種以網絡而不是國家為中心的區域研究提供了可能，但也正是在這個網絡視野的擴展中，那種過於穩定的朝貢貿易或中心–邊緣架構本身也面臨了新的挑戰。正如濱下本人注意到的，在十九世紀初期，中國的海外私人貿易網絡成功地將官方的朝貢體系轉化為私人貿易體系，這是長期歷史互動的結果。許寶強在他的博士論文中說：「當歐洲人在十六世紀初來到東亞的時候曾試圖與官方的朝貢體系聯繫起來促進貿易的發展，但他們發現他們日漸依賴於廣大的中國海外貿易網絡，因而有意識地鼓勵這種網絡的發展。特別是在十九世紀初期以降，以中國為中心的官方朝貢體系僅僅是一個從未真正實現的有關控制的官方幻想，因為中國面對着帝國主義列強不斷增長的霸權和侵略。因此，在很大程度上，不是官方朝貢體系，而是私人的中國海外貿易網絡把東亞地區整合到內在相關的歷史體系之中。」[75] 按照他的論述，不是朝貢貿易，而是私人海外貿易(包括走私活動)，構築了連接東亞和東南亞的貿易網絡的更為重要的紐帶。在十九世紀歐洲殖民主義的條件下，東南亞的市場發展與其說

74 丸山真男：〈關於《近代日本思想史中的國家理性問題》的追記〉，《日本近代思想家福澤諭吉》，第160頁。

75 以上所引是許寶強博士論文中的話，該書尚未出版。感謝許寶強先生寄賜他的手稿供我參考。

是朝貢貿易的結果，毋寧說是打破朝貢體制的結果，走私、武裝販運和歐洲國家的貿易壟斷構成了十八至十九世紀東南亞貿易形式的重要特點。[76] 在這裏，網絡的歷史演變也正是「中心–邊緣」的權力關係發生變異的產物。

其次，在由朝貢網絡結構起來的「海洋東亞」的圖景中，亞洲內陸的歷史聯繫及其變化明顯地被置於從屬和邊緣的地位。如果我們把西嶋定生對於「東亞世界」的描述與這一以朝貢網絡結構而成的東亞世界做一個比較的話，後者的範圍主要集中在歐亞大陸東部地域沿海、半島及島嶼，包括東北亞與東南亞，大致與當代日本學術界關注的「海洋亞洲」的範疇相吻合。濱下是在與歐洲中心的對抗之中形成自己的亞洲論述的，他的描述集中在貿易、白銀流通等方面，描述的重心是中國與東亞和東南亞的歷史聯繫，亦即主要通過海洋聯繫形成的貿易交往，從而這一敘述與歐洲資本主義論述中的經濟主義邏輯和海洋理論框架有着呼應關係。在他後來的論述中，海洋理論作為一種近代性的理論越來越居於觀察亞洲問題的中心地位，因為這一理論處理的是一種與近代條約體系完全一致的政治經濟關係。儘管濱下以朝貢體系作為結構性的框架，但他明確地指出這一世界體系的基本規則必須修改，其基本的方向是建立以海洋為中心的、不同於西方貿易體系的新東亞體系。日本作為最早以平等貿易的條約體制向朝貢貿易體系挑戰的海洋國家居於時代賦予的特殊地位。也正由於此，這一「具有自己的內在整體性的歷史世界」以東亞和東南亞為中心，突出了文化、距離、海洋、政治結構在形成區域關係尤其是貿易關係時的重要

76 中國與東南亞地區之間的聯繫的這種非官方性質，特別是通過走私、貿易和遷徙而形成的東南亞華人羣體及其與中國的特殊的聯繫方式，提供了晚清中國革命的海外基礎和當代中國與海外華人經濟的特殊的聯繫方式。換言之，中國與東南亞的這種非官方聯繫為近代中國革命提供了一種特殊的亞洲動力。

性；但這一整體性的亞洲觀對於在朝貢體系中長期居於支配地位的大陸關係（中原與中亞、西亞、南亞和俄羅斯的關係）缺乏深入的描述，對於海洋貿易圈的形成與大陸內部的動力的關係涉及甚少，對於早已滲透在亞洲內部的「西方」的顯著存在未能提供更為清晰的勾勒。事實上，所謂「海洋時代」形成於歐洲工業革命、海洋軍事技術的長足發展和歐洲民族–國家體系形成的條件之下，通過殖民主義和不平等貿易，「海洋時代」貶低大陸的歷史聯繫和社會關係，使之從屬於海洋霸權和由海洋通道連接的經濟關係。

從中國歷史的視野來看，西北、東北和中原的關係是中國社會體制、人口結構和生產方式發生變化的更為根本的動力，即使在所謂「海洋時代」，內陸關係也具有至關重要的作用。在〈隋唐制度淵源略論稿〉中，陳寅恪對隋唐制度的論述及於（北）魏、（北）齊，梁、陳和（西）魏、周等三大淵源，並指出隋唐「文物制度流傳廣播，北逾大漠，南暨交趾，東至日本，西極中亞，而迄鮮通論其淵源流變之專書，則吾國史學之缺憾也」。[77] 他的〈唐代政治史述論稿〉〈論唐代之蕃將與府兵〉等研究論述了隋唐以來的中國制度、人口和文化已經是歐亞大陸的多重文化淵源和制度淵源的產物。拉鐵摩爾在《中國的亞洲內陸邊疆》一書中曾以長城為「中心」描述出一個超越政治和民族疆域的「亞洲大陸」，為我們理解歷史中的中心與邊緣關係提供了極為不同的視野。按照他的「中心」概念，遊牧和農耕兩大社會實體在長城沿線形成了持久的互動和相互影響，並將這種影響反射或滲透到各自的社會生活方式之中。[78] 這個作為「互為邊疆」的「長城中心說」糾

77 陳寅恪：〈隋唐制度淵源略論稿〉，《陳寅恪史學論文選集》，第 515 頁。

78 Owen Lattimore, *Inner Asian Frontiers of China*, New York: America Geographical Society, 1940.

正了中國歷史敍事中的那種以農耕為中心的片面敍述，進而與黃河中心的中國敍述，以及宋代以後的運河–江南中心的中國敍述形成了鮮明對照。歷史敍述的中心轉移除了與各時代的中心地位的移動有關，而且也還與觀察歷史變化的視野尤其是觀察歷史變化的動力的視野相關。在拉鐵摩爾的視野中，只是在歐洲殖民主義和工業化的壓力之下，中國歷史內部由北向南的運動路線才轉向由南向北的運動路線，以致他用「前西方」與「後西方」的概念來描述亞洲大陸內部關係的轉化。

在討論亞洲大陸的內部運動時，「前西方」與「後西方」的區分也是過於簡化的。隨着滿洲入主中原，中原地區的人口、經濟、貿易和其他文化關係的大規模北遷即構成了重要的現象。在十七、十八世紀，這一由南往北的運動主要來源於清朝帝國內部的運動，而與西方沒有多大的關係。1857 年，馬克思在討論中國對海洋霸權國家的態度時觀察到一個現象，即當西方國家用武力來擴展對華貿易的時候，俄國沒有花費多少就獲得了比任何一個參戰國更多的好處，原因是俄國沒有同中國進行海上貿易，卻獨享以恰克圖為中心的內陸貿易，僅 1852 年買賣貨物的總價值就達到了一千五百萬美元，由於貨物價格低廉，這一總價值所代表的實物貿易量是極為可觀的。由於這種內陸貿易的增長，恰克圖從一個普通要塞和集市地點發展成為一個相當大的城市和邊區首府，並與九百英里之外的北京建立了直接的、定期的郵政交通。[79] 馬克思在〈中國和英國的條約〉和〈新的對華戰爭〉、恩格斯在〈俄國在遠東的成功〉等文中，不止一次提到中英、中法在沿

79 這是馬克思於 1857 年 3 月 18 日左右為《紐約每日論壇報》第 4981 號所寫的社論〈俄國的對華貿易〉中的內容，參見《馬克思恩格斯選集》第二卷，北京：人民出版社，1974，第 9–11 頁。

海的衝突如何為俄國在內陸獲得黑龍江流域的大塊土地和利益創造了條件，預言俄國作為亞洲頭等強國的崛起將「在這個大陸上壓倒英國」，[80] 批評英國媒體和內閣會議在公佈中英條約內容時掩蓋俄國在中國、阿富汗和中亞其他地區取得的更大的利益。如果我們把 1905 年日俄戰爭對日本現代化進程的影響、二十世紀中國與蘇聯的結盟與破裂放置在大陸與海洋關係的辯證法之中加以理解，那麼，歐亞大陸的互動對於東亞地區的近代影響顯然是極其巨大的歷史存在。

以朝貢體系為中心的亞洲論集中在「經濟關係方面」（尤其是以海洋為紐帶的貿易網絡），對於戰爭、革命和其他事件並未做出相應分析。孫文曾將華僑視為「中國革命之母」，從一個側面說明了海外網絡（尤其日本、東南亞各國）對於近代中國革命的影響，而這個海外網絡與朝貢路線之間存在着重疊性的關係。在戊戌變法失敗之後，日本不僅成為流亡的改革者和第一代中國革命者往返逗留之地，而且也成為中國近代啟蒙知識分子的搖籃；正是在這個時代，一批日本知識分子成為中國革命和改革運動的直接參與者；越南、馬來亞、菲律賓、緬甸等東南亞國家以及檀香山等地的華人華僑及其社團不但為中國的改良和革命提供了物質資源，也為這個地區的民族主義思潮注入了特殊的活力，從而形成了一個跨越國家邊界的社會運動網絡。隨着辛亥革命的爆發，這個以海外周邊地區為基地的革命運動在中國大陸扎下了根，進而為此後獲得發展的政治革命、土地革命和軍事鬥爭提供了最初的動力。這是沿海周邊網絡與內陸地區的互動在革命過程中的顯現。

80 這是恩格斯於 1858 年 11 月 18 日為《紐約每日論壇報》第 5484 號撰寫的社論〈俄國在遠東的成功〉中的句子，參見同上書，第 40 頁。

與此相應，大陸與海洋的聯繫與區別也在一定程度上影響了亞洲戰爭的特點。在〈遊擊隊理論——「政治的概念」附識（1963）〉中，卡爾・施米特將「非正規地作戰」的「遊擊隊」置於政治思考的中心，進而將「遊擊隊」視為與「國家以及軍隊的這種正規性質」相區別的「非正規力量」。「以往歐洲國際法的古典戰爭法中，根本沒有現代意義上的遊擊隊的位置。遊擊隊要麼是一支輕裝備、特別機動靈活但屬正規的部隊，要麼乾脆作為可惡的罪犯被排除在法之外。」「遊擊隊員不僅與海盜、也與科薩爾（Korsar）根本不可同日而語，正如陸地與海洋作為人類勞動和各民族間武力衝突的不同自然空間不可同日而語。陸地與海洋不僅發展出不同的作戰手段和不同類型的戰場，也形成了不同的戰爭、敵人和俘獲的概念。只要我們星球上還可能存在着反殖民主義戰爭，遊擊隊員就仍將是以陸戰為特點的積極鬥士。通過比較典型的海洋法形象和對空間方面的討論，遊擊隊員依託鄉土的品格會更加鮮明。」[81] 鴉片戰爭以降，中國面臨的外來壓力從內陸轉向了沿海，傳統的戰爭形式由此發生了變化。在 1894 年的中日甲午戰爭中，日本海軍徹底摧毀了清朝的北洋海軍，控制了東亞地區的制海權；但從 1931 年入侵中國東北、1937 年華北戰爭爆發至中國的全面抗戰形成，強大的日本軍隊卻無法征服貧窮的和軍事上落後的中國。戰爭結果當然與複雜的政治、經濟、軍事和國際關係的諸條件有着密切的關係，很難從單一的角度加以分析；但日本在正面戰場上取得的軍事勝利卻無法保障戰爭的最終勝利是和這一戰爭的特殊形態相關的：這個特殊形態就是正規作戰與遊擊戰、國家間戰爭與「人民戰爭」相互交織。與正規軍隊作戰相互配合的是具有靈活性、非正

81　施米特著，劉宗坤譯：《政治的概念》，第 352、356、364 頁。

規性和依託土地的品格的遊擊戰爭，後者與人民的普遍動員、高度的政治自覺的形成和清晰的敵我關係的界定密切地聯繫在一起。在這個族羣複雜、地域廣闊、以農民為主要人口的內陸地區，中國革命者將戰爭動員與革命動員綜合起來，以獨特的戰爭形式打破了歐洲國際法所確定的正規戰爭（國家間戰爭）概念，並為戰後中國內部的政治和軍事形勢奠定了完全不同於戰前的基礎。中國革命是在中國內陸的山脈、河流、叢林、平原之上展開的，通過土地革命的深入，現代中國的政治力量——尤其是中國的革命政黨——將幾代農民和他們的後代轉化為革命和戰爭的主體，從而創造了「人民戰爭」的新格局。通過戰爭的洗禮和革命的動員，那個在歐洲視野中始終是落後、保守之象徵的農業社會終於能夠轉化為能動的政治力量——革命建國、工業計劃、城市發展和新型城鄉關係的塑造均與這一新的政治主體的出現有着密切的關係。站在這個角度上重新理解毛澤東關於抗日戰爭時期遊擊戰爭的戰略和戰術的討論，關於持久戰和中國農民與農村在戰爭中的角色問題的理論，以及他的新民主主義論，也許能夠獲得對於中國革命和戰爭的新理解。

從上述各個角度看，如何理解亞洲大陸與海洋時代的關係，如何理解亞洲的內在整體性與亞洲地區的文化多樣性和歷史聯繫的多樣性，仍然是一個有待進一步研究的課題。單純的海洋論視野無法解釋當代中國正在發生的沿海地區與內地（尤其是西北）的深刻分化，以及沿海經濟對於內陸經濟的支配性，也無法解釋以土地革命為中心的現代中國革命（以及俄國革命）的動力，以及二十世紀抗日戰爭的特殊形態。更為重要的是：朝貢關係不是單純的經濟關係，它包含了不同文化和信仰的社會羣體之間的禮儀和政治關係；在漫長的歷史演變中，由朝貢、貿易和移民造成的網絡還為革命、戰爭和其他社會交往提供了各種要素。在這個意義上，進一步闡釋朝貢關係的多重內涵，並從這一多重性中發現其與現代資本主義相互重疊或相互衝突的部分，構成了一個值得進一步探索的課題。

第三，朝貢體系的論述是在與歐洲民族–國家及其條約體系的對比關係中建立起來的，它所克服的是早期論述中那種以民族–國家作為近代性動力的唯一條件的看法。然而，朝貢體系與條約體系的二元論仍然是一種帝國–國家二元論的衍生形式。早在十七世紀，清朝就已經以條約的形式在某些區域（如清俄邊境）劃定明確的邊界、常設巡邊軍隊、設定關稅和貿易機制、對行政管轄範圍內的居民行使主權，並與歐洲國家建立朝貢 / 條約關係，而在現代社會理論中，所有這些要素都被視為民族–國家的特點。在這個意義上，清朝既是一個民族狀況複雜的帝國，也是一個國家制度極為發達的政治實體，它發達的朝貢網絡同時也包含了條約關係。如果將國家與帝國、條約與朝貢放置在簡單的對立關係中來理解清代社會，就會忽略這一歷史中帝國建設與國家建設相互重疊的過程，從而也無法理解近代中國民族主義的基本特點。正是由於朝貢體系與國家體系具有某種複合關係，從而朝貢關係並不能單純地被描述為一種等級化的中心–邊緣關係。[82] 在這裏，真正關鍵的問題不是承認還是否認東亞或中國是國家中心的還是朝貢體系的，而在於重新澄清不同的政治體的概念、不同的政治體的類型、不同的國家概念，而不至讓國家概念完全被近代歐洲資本

---

82 例如，俄國與清朝建立了朝貢關係，但在一定程度上，它們從未將自己放置在低於對方的等級性關係之中。如果它們之間存在朝貢關係的話，那麼，它們實際上互相視對方為朝貢國。朝貢的禮儀實踐本身是多重力量相互作用的產物，等級性的禮儀體系之中包含了不同形式、不同程度的對等原則，以及在不同角度進行多重解釋的可能性。這在有關中亞與中國關係的研究中已經有所涉及，相關論述可參閱 Fletcher, Joseph F., *Studies on Chinese and Islamic Inner Asia*, Aldershot, Hampshire: Variorum, 1995.

主義和民族國家的歷史所籠罩。朝貢體系與網絡類型的研究主要以經濟和貿易為中心，它所致力的是一種另類的資本主義形態的研究，但朝貢體制涉及禮儀、政治、文化、內外關係和經濟等內容，體現了一種獨特的政治文化，這是不應被忽略的。

如果朝貢體系是一種與近代歐洲主權國家不同的國家類型及其政治文化的產物，那麼，我們就需要將問題放置在不同的國家類型、不同的朝貢性質的比較關係之中重新解釋朝貢與國家的關係問題。中國歷史中的朝貢關係與條約關係並不是截然對立的範疇，例如，當清朝與歐洲國家展開跨越邊界的貿易、政治和軍事關係時，朝貢關係本身也正是國家關係的一種形式。俄國、葡萄牙、西班牙、荷蘭、英國等國家與清朝的關係既被稱為朝貢關係，但也是實質上的外交關係或條約關係。濱下武志在劃分朝貢類型時曾經指出過最接近於後來所謂外交關係和對外貿易關係的「互市類型」，而在朝貢圈內部又有所謂朝貢–回賜的關係，這一關係或者是等價的，或者是回賜超過朝貢的價值，從而朝貢關係具有經濟貿易往來與禮儀往來的雙重性質。在這一情況下，禮儀形式上的不平等與實質上的對等關係、朝貢關係的禮儀性質和朝貢貿易的實質內容相互重疊。如果朝貢關係與國家關係的重疊構成了朝貢實踐的一個內在的特點，我們是否也應該從另一個角度來看待歐洲國家的內外關係，即不是將條約體系視為一種結構性的形式，而是看作各種力量和形式歷史地相互作用的產物？例如，我們可以追問：十九世紀英國與印度、北美之間的貿易關係是朝貢關係還是條約關係？二十世紀（尤其是冷戰時代和後冷戰時代）的美國（以及蘇聯）與那些分佈在亞洲、歐洲和非洲的「同盟國」或「戰略夥伴」之間是主權國家間關係還是朝貢關係？在鴉片戰爭時代，魏源即已認識到：中國與英國在貿易方面的主要差別不是朝貢體制與條約體制的差別，而是如下事實：中國並不依賴朝貢物品來支撐自身的經濟，從而也沒有一種內在的動力將帝國的軍事和政治關係與對外貿易直接關聯起來；而英國本土的經濟廣泛地依賴它與北美、印度或其他殖民地區的貿易關係和朝貢品，從而英國經濟內部存在着將國家體制與貿易關係直接連接起來的動力。如果說中國華商的海外貿易是一種「沒有帝國的貿易」的話，那麼，英國商人從事的則是一種有組織的、兵商結合的、在國家保護下的貿易。[83] 西方列強為了逼迫中國簽訂不平等條約而不得不承認中國是一個形式平等的合法主體，從而將歐洲基督教國家間或所謂「文明國家間」的國際法的主權概念運用於歐洲之外。如果按照「朝貢–條約」的規範性（或形式平等的主權概念）構架解釋清朝與日本在朝鮮半島的衝突和甲午戰爭，勢必遮蓋十九世紀發生在亞洲區域的權力關係的重大轉變，進而用一種普遍主義的「理性」為歐洲國際法的擴張主義提供掩飾。因此，在朝貢與條約、帝國與國家的二元論前提之上，通過反轉二者的關係來反擊上述歐洲中心論的觀點，很可能簡化了亞洲內部的歷史關係的複雜性。從這一視野出發，如何界定亞洲的「中心–周邊」機制與歐洲的「國家」機制之間既重疊又區別的關係成為一個值得認真思考的問題。

亞洲的「近代」問題最終必須處理亞洲與歐洲殖民主義和近代資本主義的關係。早在二十世紀四十年代，宮崎市定就開始從廣泛的交通關係中探討「宋朝資本主義的產生」，並深信「宋代以後近世史的發展，現在已經到了以東洋近世史的發展去探討西洋近世史的時

83 Wang Gungwu, "Merchants without Empire: the Hokkien Sojourning Communities", in James Tracy, ed., *The Rise of Merchant Empires: Long Distance Trade in the Early Modern World 1350–1750*, Cambridge: Cambridge University Press, 1990, pp. 400–421.

候」。[84] 他的「東洋的近世」的論述與日本帝國主義的「大東亞思想」的重疊並沒有掩蓋這一論述中包含的洞見。在一種世界史的構架內，運河的開鑿、都市的遷徙、香料和茶葉等商品在連接歐亞貿易網絡上的功能、蒙古帝國擴張所帶動的歐亞藝術和文化的交流等不僅改變了中國和亞洲社會的內部關係，而且也將歐洲和亞洲從大陸和海洋兩個方向上內在地關聯起來。[85] 如果構成「亞洲的近代」的那些政治、經濟和文化特徵從十至十一世紀即已開始，那麼，這兩個世界的歷史發展究竟是平行的，還是相關聯的呢？弗蘭克（Andre Gunder Frank）回答說：亞洲和歐洲從十三或十四世紀以來就已經深刻地聯繫在一起，從而我們在理解現代的發生時，必須從一個具有內在關聯的世界體系的預設出發。[86] 交通的意義不是將兩個世界僵硬地捆在一起，而是如兩個用皮帶連接在一起的齒輪，一邊轉動，另一邊也會同時轉動。因此，一個合乎邏輯的結論是：

> 如果只有歐洲的歷史，歐洲的工業革命不能發生。因為這不單是機械的問題，而是社會整體結構的問題。工業革命發生的背後，需要小資產階級的興隆，亦必須有從東洋貿易中得到的資本積累。要機器運轉，不能單靠動力，還必須有棉花作為原料，更需販賣製品的市場，而提供原料和市場的實際是東洋。沒有和東

---

84 宮崎市定：〈東洋的近世〉，《日本學者研究中國史論著選譯》（一），第 240 頁。

85 同上書，第 163、166 頁。

86 弗蘭克指出：1400 年以降，歐洲資本主義在世界經濟和人口中逐漸興起，這一過程與 1800 年前後東方的衰落恰好一致。歐洲國家利用他們從美洲殖民地獲得的白銀買通了進入正在擴張中的亞洲市場的大門。對於歐洲來説，這個世界經濟中的亞洲市場的商業與制度機制是非常特殊而有效的。正是在亞洲進入衰敗期的時候，西方國家通過世界經濟中的進出口機制成為新興的工業經濟。在這個意義上，歐洲近代資本主義既是歐洲社會內部生產關係變動的結果，也是在與亞洲的關係中誕生的。Andre Gunder Frank, *ReORIENT: Global Economy in the Asian Age*, Berkeley: University of California Press, 1998.

洋的交通，工業革命大概不會發生罷。[87]

宮崎市定的研究主要集中在中國史的範疇內部，他對亞洲與歐洲的交往關係的論述是單薄的；弗蘭克的研究是經濟主義和貿易主義的，幾乎沒有對歐洲社會內部的歷史動力及其與資本主義產生的關係做出令人信服的解說。在他們的海洋中心論的結構性敘述中，戰爭、突發事件和其他歷史因素也不得不退居次要地位。但這些敘述從不同的角度提供了重新敘述「世界歷史」的可能性。

在這一互動的歷史敘述中，「亞洲」觀念的有效性反而削弱了，因為它既不是一個自足的實體，也不是一組自足的關係；它既不是一個線性發展的世界歷史的起點，也不是一個線性發展的世界歷史的終點。毋寧說，這樣一個既非起點也非終點、既非自足的主體也非從屬的客體的「亞洲」構成了重構「世界歷史」的契機。如果需要修正「亞洲」觀念的錯誤的話，那麼，我們還必須重新檢討「歐洲」觀念。套用列寧的語言來說，先進的歐洲到底是從哪裏產生出來的呢？落後的亞洲又是怎樣的歷史關係的結果呢？社會內部的歷史關係是重要的，但在長久的歷史之中，不斷伸展的區域互動關係對於一個社會內部的轉變的作用又該如何估價呢？如果亞洲論述始終以一個自明的歐洲概念為背景，而不是深入到歐洲歷史發展內部重新理解歐洲概念得以建構的動力，那麼，亞洲論述就無法擺脫它的含混性。

87 宮崎市定：〈東洋的近世〉，《日本學者研究中國史論著選譯》（一），第236–238頁。

一個「世界歷史」問題：亞洲、帝國與民族國家

上述敘述與其說證明了亞洲的自主性，毋寧說證明了亞洲概念的曖昧性和矛盾性：這一概念是殖民主義的，也是反殖民主義的；是保守的，也是革命的；是民族主義的，也是國際主義的；是歐洲的，也反過來塑造了歐洲的自我理解；是和民族–國家問題密切相關的，也是與帝國視野相互重疊的；是一個相對於歐洲的文明概念，也是一個建立在地緣政治關係中的地理範疇。我認為，在探討亞洲的政治、經濟和文化的自主性的過程中，必須正視這一概念的生成歷史中所包含的衍生性、曖昧性、矛盾性——它們是具體的歷史關係的產物，從而只有在具體的歷史關係之中才能得到超越或克服。

首先，亞洲概念的提出始終與「現代」問題或資本主義問題密切相關，而這一「現代」問題的核心是民族–國家與市場關係的發展。這一概念中的民族主義和超民族主義的張力是與資本主義市場對於國家和跨國關係的雙重依賴密切相關的。由於討論圍繞着民族–國家和資本主義等問題展開，從而亞洲社會豐富的歷史關係、制度形式、風俗習慣、文化構成都被組織在有關「現代性」的敘述之中，那些與這一「現代性」敘述缺乏聯繫的價值、制度和禮儀則被壓抑到邊緣的部分。正是在這個意義上，如何在挑戰歐洲中心主義的歷史敘述的同時，重新發掘那些被壓抑的歷史遺產——價值、制度、禮儀和經濟關係，等等，構成了重新思考歐洲「世界歷史」的重要環節。

其次，迄今為止，民族–國家仍然是熱衷於促進亞洲內部的區域聯繫的主要動力，其主要表現如下：一、區域關係是國家關係的延伸：無論是馬來西亞極力推動的亞洲論壇，還是韓國努力促進的東亞網絡，以及東南亞聯盟、上海六國等區域性組織，都是以發展經濟交

往或國家安全為軸心形成的國家關係。二、亞洲區域的主權建構過程始終沒有完成：朝鮮半島、台灣海峽的對峙局面、戰後日本的不完全性主權國家形式，都表明十九世紀啟動的民族主義進程仍然是支配東亞地區權力關係的重要方面。三、由於新的亞洲論述以形成針對全球一體化過程所造成的單極支配和動盪的保護性的和建設性的區域網絡為取向，國家問題仍然居於亞洲問題的中心地位。亞洲想像常常訴諸一種含混的亞洲認同，但是，如果我們追問這一構想的制度和規則的前提，那麼，民族–國家這一試圖被超越的政治結構就會突顯出來。因此，如何在當代條件下處理民族解放運動的遺產（尊重主權、平等互信等）和區域的傳統關係，仍然是一個需要認真考慮的問題。

第三，與上述兩個問題密切相關，民族–國家在亞洲想像中的支配性產生於近代歐洲所創造的基於帝國與民族–國家相互對立的二元論。這一二元論的歷史含義是：民族–國家是唯一的現代政治形式和發展資本主義的首要前提。然而，這一二元論既簡化了被歸納在「帝國」範疇內的政治和經濟關係的多樣性，也簡化了各民族–國家內部關係的多樣性。現代東亞想像以國家間關係為主要基礎，很少涉及亞洲區域複雜的民族、區域和被覆蓋在「帝國」範疇內的交往形式，如超國家的朝貢網絡、移民網絡等。在民族–國家成為一種主導性的政治架構的條件下，亞洲傳統的各種交往、共存的經驗和制度形式是否能夠提供超越民族–國家體制所帶來的內外困境的可能性？

第四，亞洲作為一個範疇的總體性是在與歐洲的對比關係中建立起來的，它的內部包含了各種異質的文化、宗教和其他社會因素。從歷史傳統和現實的制度差異看，亞洲並不存在建立歐盟式的超級國家的條件。佛教、猶太教、基督教、印度教、伊斯蘭教、錫克教、道教、祆教和儒教等全部起源於我們稱之為亞洲的這塊佔世界陸地五分之

三、人口一半以上的大陸，任何以單一性的文化來概括亞洲的方式都難以自圓其說。儒教主義的亞洲觀甚至無法概括中國的文化構成，即使將亞洲概念收縮為東亞概念也無法迴避東亞內部的文化多元性問題。新的亞洲想像必須把文化/政治的多元性與有關區域的政治/經濟構架關聯起來。文化的高度異質性並不表示亞洲內部無法形成一定的區域構架，它毋寧提醒我們：這樣的一種構架必須具有高度的靈活性和多樣性。因此，亞洲想像的兩個可能方向是：一，汲取亞洲內部文化共存的制度經驗，在民族–國家範圍內和在亞洲區域內部發展出能夠讓不同文化、宗教和民族平等相處的新型模式；二，以區域性的聯繫為紐帶，形成多層次的、開放性的社會組織和網絡，以協調經濟發展、化解利益衝突、弱化民族–國家體制的危險性。

第五，亞洲與歐洲、非洲和美洲之間的宗教、貿易、文化、軍事和政治關係有着長遠的、難以分割的歷史聯繫，以民族–國家的內外模式描述亞洲或者將亞洲設想為一個放大的民族–國家同樣是不適當的。亞洲概念從來就不是一種自我規定，而是這一區域與其他區域互動的結果；對歐洲中心主義的批判不是對於亞洲中心主義的確認，而是破除那種自我中心的、排他主義的和擴張主義的支配邏輯。在這個意義上，洞悉「新帝國」內部的混亂和多樣性，打破自明的歐洲概念，不僅是重構亞洲概念和歐洲概念的前提之一，而且也是突破「新帝國邏輯」的必由之路。

第六，如果說對於亞洲的文化潛力的挖掘是對西方中心主義的批判，那麼，亞洲概念的重構也是對於分割亞洲的殖民力量、干涉力量和支配力量的抗拒。亞洲想像所蘊含的共同感部分地來自殖民主義、冷戰時代和全球秩序中的共同的從屬地位，來自亞洲社會的民族自決運動、社會主義運動和解殖民運動。離開上述歷史條件和歷史運動也就無法理解亞洲的現代含義，無法理解當代亞洲的分裂狀態和戰爭危機的根源。人們把柏林牆的倒塌和蘇聯、東歐社會主義陣營的瓦解視為「冷戰」的結束，但在亞洲地區，「冷戰」的格局在很大程度上保存着，並在新的歷史條件下發展出新的衍生形式。然而，當代有關亞洲問題的討論不是由國家推動，就是由精英發起，亞洲地區的各種社會運動 —— 工人運動、學生運動、農民運動、婦女運動，等等 —— 對此漠不關心。這與二十世紀洶湧澎湃的亞洲民族解放浪潮形成了鮮明的對比。如果說二十世紀的民族解放運動和社會主義運動已經終結，那麼它們的碎片仍然應該是激發新的亞洲想像的重要源泉。

在文章的結尾，讓我再次重申前面已經表達過的意思：亞洲問題不僅是亞洲的問題，而且是「世界歷史」的問題。對「亞洲歷史」的再思考既是對十九世紀歐洲「世界歷史」的重構，也是突破二十一世紀「新帝國」秩序及其邏輯的嘗試。

1998 年初稿於北京

1999 年修改於西雅圖

2006 年初春改定於東京

參考文獻

一、中文研究文獻

邊眾：〈試論高句麗歷史研究的幾個問題〉，《光明日報》2003 年 6 月 24 日。

曹中屏、張璉瑰等編著：《當代韓國史（1945–2000）》，南開大學出版社，2005。

陳明忠口述，李娜整理編輯：《無悔：陳明忠回憶錄》，人間出版社，2014。

陳渠珍：《艽野塵夢》，西藏人民出版社，1999。

陳紹馨：《台灣的人口變遷與社會變遷》，聯經出版事業公司，1979。

陳寅恪：〈隋唐制度淵源略論稿〉，《陳寅恪史學論文選集》，上海古籍出版社，1992。

陳映真：〈台灣史瑣論〉，《歷史月刊》（台北）1996 年 10 月號。

陳映真：〈一個「新史觀」的破綻〉，《海峽評論》第 82 期，1997 年 10 月號。

陳映真：〈在白色恐怖歷史的證人席上發言——序王歡先生《烈火的青春》〉，載王歡：《烈火的青春：五〇年代白色恐怖證言》，人間出版社，1999。

鄧銳齡、陳慶英、張雲、祝啟源：《元以來西藏地方與中央政府關係研究》，中國藏學出版社，2005。

董小川：《美俄關係史研究（1648–1917）》，東北師範大學出版社，1999。

費孝通：〈關於我國的民族識別問題〉，《中國社會科學》1980 年第 1 期。

費孝通：《民族研究文集》，民族出版社，1988。

費孝通等：《中華民族多元一體格局》，中央民族學院出版社，1989。

馮明珠：《近代中英西藏交涉與川藏邊情——從廓爾喀之役到華盛頓會議》，台北故宮博物院印行，1996。

傅斯年：〈夷夏東西說〉，《傅斯年全集》第三卷，湖南教育出版社，2003。

傅瑩：〈朝核問題的歷史演進與前景展望〉，《中國新聞週刊》2017 年 5 月 1 日，http://www.chinanews.com/gj/2017/05-01/8213207.shtml。

高鴻志：《英國與中國邊疆危機：1637–1912》，黑龍江教育出版社，1998。

公盟法律研究中心：《藏區 3.14 事件社會、經濟成因調查》（方坤、黃莉、李響執筆），打印稿，英文譯文：http://blog.foolsmountain.com/2009/06/02/an-investigative-reportinto-the-social-and-economic-causes-of-the-314-incident-in-tibetan-areas/2/。

顧頡剛：〈編中國歷史之中心問題〉，載顧洪編：《顧頡剛學術文化隨筆》，中國青年出版社，1998。

何龍羣：《中國共產黨民族政策史論》，人民出版社，2005。

紀坡民：：〈「夾擊中的奮鬥」——毛澤東出兵援朝的艱難決策〉，《香港傳真》NO.HK2011-30，2011 年 5 月 26 日。

蔣洪生：〈讓想像力奪權——法國 1968 年社會運動中的大眾藝術工作坊〉，2018 年 5 月，http://jiliuwang.net/archives/73963。

蔣中正：《中國之命運》，重慶正中書局，1943 年 3 月。

解曉東：〈岩倉使節團及其對日本現代化的意義〉，《渤海大學學報》（哲學社會科學版）第 28 卷第 2 期，2006 年 3 月。

金東吉：〈中國人民解放軍中的朝鮮師回朝鮮問題新探〉，《歷史研究》2006 年第 6 期。

軍事科學院軍事歷史研究所：《抗美援朝戰爭史》（修訂版）上卷，軍事科學出版社，2011。

藍博洲：《幌馬車之歌》，台北時報文化出版企業股份有限公司，1991。

藍博洲：《台共黨人的悲歌》，台灣人民出版社，2012。

李濟：《中國民族的形成》，江蘇教育出版社，2005。

李漫：《元代傳播考》，北京大學出版社，2013。

李紹明：〈藏彝走廊研究中的幾個問題〉，《中華文化論壇》2005 年第 4 期。

李紹明：〈費孝通論藏彝走廊〉，《西南民族學院學報》第 27 卷第 1 期，2006 年 1 月。

李燕芬：〈美國的中東鐵路政策評析（1895–1922）〉，東北師範大學碩士論文，2007。

李曄、王仲春：〈美國的西藏政策與「西藏問題」的由來〉，《美國研究》1999 年第 2 期。

李則芬：《元史新講》第一卷，台北中華書局，1978。

李治安：《行省制度研究》，南開大學出版社，2000。

林書揚：〈五〇年代政治案件殉難者春季追悼大會聲明（1995 年 4 月 2 日）〉，《林書揚文集》第二卷，台北人間出版社，2010。

劉燁：〈六十年代的遲到者：黑人運動，美國的出走與帶回〉，澎湃「思想市場」「一九六八」專欄文章，2018 年 6 月 23 日，https://www.thepaper.cn/newsDetail_forward_2201715。

劉自強：〈論 20 世紀初期美國對日政策的演變〉，《貴州師範大學學報》（社會科學版）2004 年第 3 期。

羅開雲等：《中國少數民族革命史》，中國社會科學出版社，2003。

呂新雨：〈農業資本主義與民族國家的現代化道路〉，《視界》第十三輯，河北教育出版社，2004。

馬戎：〈經濟發展中的貧富差距問題——區域差異、職業差異和族羣差異〉，《北京大學學報》（哲學社會科學版）2009 年第 1 期。

馬戎：〈理解民族關係的新思路——少數族羣問題的「去政治化」〉，《北京大學學報》（哲學社會科學版）2004 年第 6 期。

馬戎、旦增倫珠：〈拉薩市流動人口調查報告〉，《西北民族研究》2006 年第 4 期。

毛澤東：〈關心羣眾生活，注意工作方法〉，《毛澤東選集》第一卷，人民出版社，1991。

毛澤東：〈中國革命戰爭的戰略問題〉，《毛澤東選集》第一卷。

毛澤東：〈井岡山的鬥爭〉，《毛澤東選集》第一卷。

毛澤東：〈中國的紅色政權為甚麼能夠存在？〉，《毛澤東選集》第一卷。

毛澤東：〈論持久戰〉，《毛澤東選集》第二卷，人民出版社，1991。

毛澤東：〈抗日戰爭勝利後的時局和我們的方針〉，《毛澤東選集》第四卷，人民出版社，1991。

毛澤東：〈和美國記者安娜·路易斯·斯特朗的談話〉，《毛澤東選集》第四卷。

毛澤東：〈駁斥艾奇遜的無恥造謠〉，《毛澤東文集》第六卷，人民出版社，1999。

毛澤東：〈不要四面出擊〉，《毛澤東文集》第六卷。

毛澤東：〈朝鮮戰局和我們的方針〉，《毛澤東文集》第六卷。

毛澤東：〈堅決站在抗美援朝保家衞國的愛國立場上〉，《毛澤東文集》第六卷。

毛澤東：〈在全國政協一屆二次會議上的講話〉，《毛澤東文集》第六卷。

毛澤東：〈在全國政協一屆三次會議上的講話〉，《毛澤東文集》第六卷。

毛澤東：〈中國人民志願軍應當和必須入朝參戰〉，《毛澤東文集》第六卷。

毛澤東：〈中國人民志願軍入朝作戰的方針和部署〉，《毛澤東文集》第六卷。

毛澤東：〈在穩當可靠的基礎上爭取一切可能的勝利〉，《毛澤東文集》第六卷。

毛澤東：〈組成中國人民志願軍的命令〉，《毛澤東文集》第六卷。

毛澤東：〈在成都會議上的講話〉，《毛澤東文集》第七卷，人民出版社，1999。

毛澤東：〈呼吁世界人民聯合起來反對美國帝國主義的種族歧視、支持美國黑人反對種族歧視的鬥爭的聲明〉，《人民日報》1963 年 8 月 8 日頭版。

平措汪傑：〈寫給胡錦濤的信〉，參見 http://www.washeng.net/。

瞿同祖：〈中國法律之儒家化〉，《瞿同祖法學論著集》，中國政法大學出版社，1998。

饒宗頤：《中國史學上之正統論 —— 中國史學觀念探討之一》，遠東出版社，1996。

沈志華：《冷戰在亞洲：朝鮮戰爭與中國出兵朝鮮》，九州出版社，2013。

沈志華：《毛澤東、斯大林與朝鮮戰爭》，廣東人民出版社，2003。

沈志華：〈難以作出的抉擇〉，《一個大國的崛起與崩潰》（下），社會科學文獻出版社，2009。

石碩：《西藏文明東向發展史》，四川人民出版社，1994。

石源華、蔣建忠編：《韓國獨立運動與中國關係編年史（1919–1949）》下卷，社會科學文獻出版社，2012。

蘇新：《未歸的台共鬥魂：蘇新自傳與文集》，台北時報文化出版企業股份有限公司，1993。

蘇新：《憤怒的台灣》，台北時報文化出版企業股份有限公司，1994。

蘇新：〈談台灣解放問題〉，《光明報》（香港）第 2 卷第 12 期，1949 年 2 月 16 日。

陶涵著，林添貴譯：《台灣現代化的推手：蔣經國傳》，台北時報文化出版企業股份有限公司，2000。

陶文釗，〈日美在中國東北的爭奪（1905–1910）〉，《世界歷史》1996 年第 1 期。

陶彥林、李秀蓮：〈20 世紀初美國對中國東三省鐵路的覬覦〉，《黑河學刊》2001 年第 5 期。

王國斌：〈兩種類型的民族，甚麼類型的政體？〉，載卜正民、施恩德編，陳城等譯：《民族的構建 —— 亞洲精英及其民族身份認同》，吉林出版集團有限責任公司，2008。

汪暉：〈兩種新窮人及其未來 —— 階級政治的衰落、再形成與新窮人的尊嚴政治〉，《開放時代》2014 年第 6 期。

汪暉：《去政治化的政治：短 20 世紀的終結與 90 年代》，生活・讀書・新知三聯書店，2008。

汪暉：〈《文化與公共性》導言〉，《文化與公共性》，生活・讀書・新知三聯書店，1998。

汪暉：《現代中國思想的興起》上卷第一部〈導論〉、上卷第二部〈帝國與國家〉，生活・讀書・新知三聯書店，2004。

王建朗：〈從蔣介石日記看抗戰後期的中英美關係〉，《民國檔案》2008 年第 4 期。

王銘銘：《超社會體系：文明與中國》，生活・讀書・新知三聯書店，2015。
王屏：《近代日本的亞細亞主義》，商務印書館，2004。
王璞：〈五月之後：法國 68 的綿延與遺忘〉，澎湃「思想市場」「一九六八」專欄文章，2018 年 6 月 16 日，https://www.thepaper.cn/newsDetail_forward_2199088。
王行坤：〈意大利漫長的 1968 年：拒絕工作、自我削減與暴力〉，澎湃「思想市場」「一九六八」專欄文章，2018 年 7 月 1 日，https://www.thepaper.cn/newsDetail_forward_2230779。
溫鐵軍：《八次危機：中國的真實經驗 1949–2009》，東方出版社，2013。
吳豐培、曾國慶：《清朝駐藏大臣制度的建立與沿革》，中國藏學出版社，1989。
習近平：〈中國高度重視中朝友好合作關係〉，《人民日報》海外版第一版，2018 年 6 月 20 日。
夏格巴・旺秋德丹：《西藏史》（*Bod kyi srid don rgyal rabs : an advanced political history of Tibet*）第二卷，噶倫堡，1976。
肖歡容：《地區主義：理論的歷史演進》，北京廣播學院出版社，2003。
許介鱗：《日本殖民統治讚美論總批判》，台北文英堂出版社，2006。
徐明旭：《陰謀與虔誠：西藏騷亂的來龍去脈》第八章，該書在「多維新聞網站」連載。
牙含章：《達賴喇嘛傳》，人民出版社，1984。
殷之光：〈不可治理者的全球秩序：阿拉伯視角下的長六十年代〉，澎湃「思想市場」「一九六八」專欄文章，2018 年 7 月 17 日，https://www.thepaper.cn/newsDetail_forward_2210843。
曾維益：〈白馬藏族及其研究綜述〉，載石碩主編：《藏彝走廊：歷史與文化》，四川人民出版社，2005。
張文木：《全球視野中的中國國家安全戰略》（中卷・下），山東人民出版社，2010。
趙文：〈「五月」沒有成為遺產，它仍表徵着當下社會〉，澎湃「思想市場」「一九六八」專欄文章，2018 年 6 月 30 日，https://www.thepaper.cn/newsDetail_forward_2158816。
周恩來：〈關於我國民族政策的幾個問題〉，《周恩來選集》下卷，人民出版社，1984。
周恩來：〈民族區域自治有利於民族團結和共同進步〉，《周恩來統一戰線文選》，檔案出版社，1984。
中共中央文獻研究室編寫：《周恩來傳》（三），中央文獻出版社，1998。
周穎君（韓嘉玲）：〈哪一個是蔣渭水真正的遺囑〉，《海峽》（台北）1987 年第 3 期。

二、外文文獻（含中文譯著）

白樂晴：〈使超克分斷體制運動成為一種日常生活實踐〉，載羅小茗編《製造「國民」》第一輯，上海書店出版社，2011。

板谷敏彥：《日露戦争、資金調達の戦い —— 高橋是清と歐米バンカーたち》，新潮社，2012。

北一輝：《北一輝著作集》第二卷，みすず書房，1967。

濱下武志著，朱蔭貴、歐陽菲譯：《近代中國的國際契機 —— 朝貢貿易體系與近代亞洲經濟圈》，中國社會科學出版社，1999。

濱下武志：〈資本主義殖民地體制的形成與亞洲 —— 十九世紀五十年代英國銀行資本對華滲入的過程〉，《日本中青年學者論中國史・宋元明清卷》，上海古籍出版社，1995。

大久保利謙：《岩倉使節的研究》，宗高書房，1976。

宮崎市定：〈東洋的近世〉，《日本學者研究中國史論著選譯》（一），中華書局，1992。

宮崎市定：〈宋元時代的法制和審判機構〉，《日本學者研究中國史論著選譯》（八），中華書局，1992。

和田春樹著，易愛華、張劍譯，張婧校訂：《日俄戰爭：起源與開戰》上卷，生活・讀書・新知三聯書店，2018。

姜萬吉著，陳文壽、金英姬、金學賢譯：《韓國現代史》，社會科學文獻出版社，1997。

金九著，宣德五、張明惠譯：《白凡逸志》，重慶出版社，2006。

井上琢智：〈添田壽一と日清・日露戦争 —— *Economic Journal* 宛公開書簡等に見る外債募集と黃禍論〉，《甲南會計研究》2015 年第 9 期。

久米邦武：《美歐回覽實記》第三卷，岩波書店，1981。

鈴木英隆：〈朝鮮海域に出撃した日本特別掃海隊：その光と影〉，載日本防衛省防衛研究所 2013 年編：《朝鮮戦争と日本》，http://www.nids.go.jp/publication/mh_tokushu/pdf/mh004.pdf，2013 年 10 月 28 日訪問網站。

柳鏞泰：《近代中國的民族認識和內面化了的帝國性》（打印稿）。

前田直典：〈古代東亞的終結〉，《日本學者研究中國史論著選譯》（一），中華書局，1993。

桑原騭藏：〈歷史上所見的南北中國〉，《日本學者研究中國史論著選譯》（一），中華書局，1993。

丸山真男著，區建英譯：《日本近代思想家福澤諭吉》，世界知識出版社，1997。

丸山真男：《日本政治思想史》，東京大學出版會，1998。

西嶋定生：〈東亞世界的形成〉，《日本學者研究中國史論著選譯》(二)，中華書局，1993。

西協文昭：〈從中國的二十一世紀戰略看日美中俄關係〉，《世界週報》一期，2002年2月12日。

信夫清三郎編，天津社會科學院日本問題研究所譯：《日本外交史》上卷，商務印書館，1980。

煙山專太郎：《征韓論實相》，楚南拾遺社，1909年譯印。

野村浩一著，張學鋒譯：《近代日本的中國認識》，中央編譯出版社，1999。

植松正：〈元初法制論考——重點考察與金製的關係〉，《日本中青年學者論中國史・宋元明清卷》，上海古籍出版社，1995。

竹內好著，孫歌編，李冬木、趙京華、孫歌譯：《近代的超克》，生活・讀書・新知三聯書店，2005。

本尼迪克特・安德森(Anderson, Benedict)著，吳睿人譯：《想像的共同體》，上海人民出版社，2003。

Anderson, Perry. *Lineages of the Absolutist State*. London: NLB, 1974.

傑奧瓦尼・阿瑞基(Arrighi, Giovanni)著，姚乃強、嚴維明、韓振榮譯：《漫長的20世紀——金錢、權力與我們社會的根源》，江蘇人民出版社，2001。

Auer, James E. *The Postwar Rearmament of Japanese Maritime Forces, 1945–71*. New York: Praeger Publishers, 1973.

柏爾(Bell, Charles)著，宮廷璋譯：《西藏之過去與現在》，商務印書館，1930。

本雅明(Benjamin, Walter)著，漢娜・阿倫特編，張旭東、王斑譯：〈歷史哲學論綱〉，《啟迪：本雅明文選》，生活・讀書・新知三聯書店，2012。

別爾嘉耶夫(Berdyaev, Nicolas)著，雷永生、丘守娟譯：《俄羅斯思想》，生活・讀書・新知三聯書店，1995。

Bloch, Ernst. "Nonsynchronism and the Obligation to Its Dialectics". trans. Mark Ritter, *New German Critique* 11 (1977) : 22–38.

Braisted, William R. "The United States and the American Development Company". *The Far Eastern Quarterly*, Vol. 11, No. 2 (1952): 147–165.

布羅代爾(Braudel, Fernand)著，唐家龍、曾培耿等譯，吳模信校：《菲利普二世時代的地中海和地中海世界》，商務印書館，1996。

Cantori, L. J. and S. L. Spiegel. *The International Politics of Regions: A Comprehensive*

Approach. Englewood Cliffs: Prentice-Hall, 1970.

Central Committee of CPI (Maoist), "Letters to the CPN (Maoist) from the CPI (Maoist)". *Revcom*, July 20, 2009, https://www.revcom.us/a/160/Letters.pdf.

Cooper, Robert. "Why we still need empires". *The Observer*, Sunday April 7, 2002.

Cooper, Robert. "The new liberal imperialism". *The Observer*, Sunday April 7, 2002.

Cross, Robin. "The Nazi Expedition". http://www.channel4.com/history/microsites/H/history/n-s/nazimyths.html.

Cumings, Bruce. "China's Intervention in the Korean War and the Matrix of Decision in American Foreign Policy". a paper for the conference "China and the Cold War" in Bologna, Italy, September 16–18, 2007.

Cumings, Bruce. *The Origins of the Korean War* (2 vols). Princeton University Press, 1981/1990.

Cumings, Bruce. *The Korean War: A History*. Modern Library Chronicles, 2010.

羅伯特・達萊克（Dallek, Robert）著，陳啟迪等譯：《羅斯福與美國對外政策》，商務印書館，1984。

Dodin, Thierry and Heinz Räther. *Imaging Tibet: Realities, Projections, and Fantasies*. Boston: Wisdom Pub, 2001.

Desideri, Ippolito. *Opere Tibetane di Ippolito Desideri S. J.* (4 vols) ed. by Giseppe Toscano. S. X. Rome: ISMEO, 1981–1989.

Desideri, Ippolito. Letters, the "Relation" (or "Detailed Accout of Tibet, My Joumeys, and the Mission Founded There") and other Italian works of Desideri, in Luciano Petech, *I Missionari Italiani nel Tibet e nel Nepal*. Rome: Libreria dello Stato, 1954–57.

艾森斯塔德（Eisenstadt, S. N.）著，沈原、張旅平譯：《帝國的政治體制》，江西人民出版社，1992。

Engelhardt, Isrun. *Tibet in 1938–1939: Photographs from the Ernst Schafer Expedition to Tibet*. Chicago: Serindia Publications, 2007.

Fletcher, Joseph F. *Studies on Chinese and Islamic Inner Asia*. Aldershot, Hampshire: Variorum, 1995.

Frank, Andre Gunder. *ReORIENT: Global Economy in the Asian Age*. Berkeley: University of California Press, 1998.

厄內斯特・蓋爾納（Gellner, Ernest）著，韓紅譯：《民族與民族主義》，中央編譯出版社，2002。

皮埃爾・熱爾貝（Gerbet, Pierre）著，丁一凡、程小林、沈雁南譯，艾順章校：《歐洲統一的歷史與現實》，中國社會科學出版社，1989。
戈爾斯坦（Goldstein, Melvyn C.）著，杜永彬譯：《喇嘛王國的覆滅》，中國藏學出版社，2005。
Goodrick-Clarke, Nicholas, ed. *Helena Blavasky*. Western Esoteric Masters Series. North Atlantic Books, Berkeley 2006.
Grunfeld, Tom. "Tibet: Myth and Realities". *New China* 1 (3) (1975): 17—20.
哈貝馬斯（Habermas, Jürgen）著，曹衛東譯：〈歐洲是否需要一部憲法——只有作為一個政治共同體，歐洲大陸才能捍衛面臨重重危險的文化生活方式〉，《讀書》2002 年第 5 期。
Halliday, Fred. "Tibet, Palestine and the politics of failure". in *Open Democracy*, see http://www.opendemocracy.net
哈若圖寧（Harootunian, Harry）：〈對可比較性與空間—時間問題的一些思考〉，《歷史的記憶與日常：資本主義與東亞批判研究——哈若圖寧選集》（*A Selection of Harry Harootunian's Essays*），新竹交通大學出版社，2017。
黑格爾（Hegel, Georg Wilhelm Friedrich）著，楊祖陶譯：《精神哲學》，《哲學科學百科全書綱要》第三部分，人民出版社，2006。
黑格爾著，王造時譯：《歷史哲學》，上海書店出版社，1999。
Hegel, Georg Wilhelm Friedrich. *Enzyklopädie der philosophischen Wissenschaften im Grundriss, Werke*. Redaktion Eva Moldenhauer und Karl Markus Michel. Frankfurt a. M.：Suhrkamp, 1979.
Herder, Johann Gottfried. *Ideen zur Philosophie der Geschichte der Menschheit*. Bd. 1 und 2. Herausgegeben von Heinz Stolpe, 1965.
何偉亞（Hevia, James）著，宋偉傑譯：〈從朝貢體制到殖民研究〉，《讀書》1998 年第 8 期。
Hillman, Ben. "Money Can't Buy Tibetans'Love". *Far Eastern Economic Review*, April 2008.
霍布斯鮑姆（Hobsbawm, Eric）著，李金梅譯：《民族與民族主義》，上海人民出版社，2000。
"Interview with Ngapoi Ngawang Jigme" . *South China Morning Post*, April 4, 1998.
雅斯貝爾斯（Jaspers, Karl）著，魏楚雄、俞新天譯：《歷史的起源與目標》，華夏出版社，1989。
Jenner, W. J. F. *The Tyranny of History: The Roots of China's Crisis*. London: The Penguin Press, 1992.

康德（Kant, Immanuel）著，何兆武譯：〈永久和平論〉，《歷史理性批判文集》，商務印書館，1991。

康德著，李秋零主編並翻譯：〈論人的不同種族〉，《康德著作全集》第二卷，中國人民大學出版社，2004。

康德著，李秋零主編並翻譯：〈關於美感和崇高感的考察〉，《康德著作全集》第二卷，前批判時期著作 II（1757–1777），中國人民大學出版社，2004。

Kant, Immanuel. "Beobachtungen ber das Gefhl des Schnen und Erhabenen" (1764), *in Akademie-Ausgabe, Bd. II, Vorkritische Schriften II. 1757–1777*. 1905, 2. Aufl. 1912, Nachdruck 1969.

赫魯曉夫（Khrushchev, Nikita Sergeyevich）著，張岱雲、王長榮、陸宗榮、潘緒年、關可光等譯：《赫魯曉夫回憶錄》，東方出版社，1997。

Kirkpatrick, W. *An Account of the Kingdom of Nepaul, Being the Substance of Observations Made during A Mission to that Country in the Year 1793*. London, 1811.

Koselleck, Reinhard. *The Practice of Conceptual History: Timing History, Spacing Concepts*. trans. Todd Samuel Presner et al. Stanford, CA.: Stanford University Press, 2002.

Koselleck, Reinhard. *Futures Past: On the Semantics of Historical Time*. trans. Keith Tribe. New York: Columbia University Press, 2004.

Lamb, Alastair. *British India and Tibet, 1766–1910*. London & New York, 1986.

Langlois, John D., Jr. "Law, Statecraft, and The Spring and Autumn Annals in Yuan Political Thought". in Hok-lam Chan and Wm. Theodore de Bary eds. *Yüan Thought: Chinese Thought and Religion Under the Mongols*. New York: Columbia University Press, 1982.

拉鐵摩爾（Lattimore, Owen）著，唐曉峯譯：《中國的亞洲內陸邊疆》，江蘇人民出版社，2005。

Lattimore, Owen. *Inner Asian Frontiers of China*. New York: American Geographical Society, 1940.

Lattimore, Owen. *Asia in a New World Order*. New York: Foreign Policy Association, Incorporated, 1942.

列寧（Lenin, Vladimir）：〈社會民主黨在民主革命中的兩種策略〉，《列寧選集》第一卷，人民出版社，1972。

列寧：〈論民族自決權〉，《列寧選集》第二卷。

列寧：〈落後的歐洲和先進的亞洲〉，《列寧選集》第二卷。

列寧：〈亞洲的覺醒〉，《列寧選集》第二卷。

列寧：〈中國的民主主義和民粹主義〉，《列寧選集》第二卷。

列寧：〈民族和殖民地問題提綱初稿〉(為共產國際第二次代表大會草擬)，《列寧選集》第四卷，人民出版社，1972。

列寧：〈社會民主黨在 1905–1907 年俄國第一次革命中的土地綱領〉，《列寧全集》第十六卷，人民出版社，1988。

列寧：〈19 世紀末俄國的土地問題〉，《列寧全集》第十七卷，人民出版社，1988。

《列寧傳》上冊，蘇共中央馬克思列寧主義研究院集體編寫，生活・讀書・新知三聯書店，1960。

Lin Hsiao-ting, "War or Stratagem? Reassessing China's Military Advance Towards Tibet, 1942–1943". *The China Quarterly*, 2006, pp. 446–462.

Lopez, Donald Jr. *Prisoners of Shangri-La: Tibetan Buddhism and the West*. Chicago: University of Chicago Press, 1999.

Mallaby, Sebastian. "Reluctant Imperialist". *Foreign Affairs*. March-April 2002.

Markham, Clements R., ed. *Narratives of the Mission of George Bogle to Tibet and of the Journey of Thomas Manning to Lhasa*. New Delhi, 1971.

馬塞爾・莫斯(Mauss, Marcel)、愛彌爾・涂爾幹(Durkheim, Emile)、亨利・于貝爾(Hubert, Henri)著，蒙養山人譯：《論技術、技藝與文明》，世界圖書出版公司，2010。

McGranahan, Carole. "Tibet's Cold War: The CIA and the Chushi Gangdrug Resistance, 1956–1974". *Journal of Cold War Studies*, Vol. 8, No. 3, Summer 2006, pp. 102–130.

孟德斯鳩(Baron de Montesquieu)著，張雁深譯：《論法的精神》上冊，商務印書館，1997。

Paige, Glenn D. *The Korean Decision, June 24–30, 1950*. New York: Free Press, 1968.

Pauwels, Louis and Jacques Bergier. *The Morning of the Magicians*. May Flower Books, 1972.

Prados, John. *Presidents' Secret Wars: CIA and Pentagon Covert Operations Since World War II*. New York: William Marrow and Company, Inc., 1986.

Pye, Lucian W. *The Spirit of Chinese Politics*. Cambridge, MA: Harvard University Press, 1992.

薩義德(Said, Edward)著，王宇根譯：《東方學》，生活・讀書・新知三聯書店，1999。

Sautman, Barry, ed. *Cultural Genocide and Asian State Peripheries*. Gordonsville, VA, USA, Palgrave Macmillan, 2006.

Schafer, Ernst. *Festival of the White Gauze Scarves: A Research Expedition through Tibet to Lhasa, the holy city of the god realm*. 1950.

Schell, Orvile. *Virtual Tibet: Searching for Shangri-La from the Himalayas to Hollywood*. New York: Metropolitan Books, 2000.

施米特（Schmitt, Carl）著，劉毅、張陳果譯：《大地的法》，上海人民出版社，2017。

施米特著，劉宗坤譯：《政治的概念》，上海人民出版社，2003。

施米特、科耶夫著，羅衛平譯：〈科耶夫與施米特的書信往來〉，載劉小楓選編，魏朝勇等譯：《施米特與政治的現代性》，華東師範大學出版社，2007。

施堅雅（Skinner, G. William）主編：《中華帝國晚期的城市》，中華書局，2000。

斯密（Smith, Adam）著，郭大力、王亞南譯：《國民財富的性質和原因的研究》下卷，商務印書館，1974。

Spanier, John W. *The Truman-MacArthur Controversy and the Korean War*. Cambridge, Mass.: Belknap Press, 1959.

Spielvogel, Jackson & David Redles (1986). “Hitler’s Racial Ideology: Content and Occult Sources”. *Simon Wiesenthal Center Annual*, 3, 227–246.

Ranciere, Jacques. “The Concept of Anachronism and the Historian’s Truth”. trans. Noel Fitzpatrick and Tim Stott. *InPrint,* Vol. 3, No. 1 (2015): 46.

讓–弗朗索瓦・勒維爾（Revel, Jean-Francois）、馬蒂厄・里卡爾（Matthieu Ricard）著，陸元昶譯：《和尚與哲學家》，江蘇人民出版社，2005。

Taylor, Charles. *A Secular Age*. Cambridge: Harvard University Press, 2007.

Taylor, Charles, et al. *Multiculturalism*. Princeton, New Jersey: Princeton University Press, 1994.

米歇爾・泰勒（Taylor, Michael）著，耿升譯：《發現西藏》，中國藏學出版社，2006。

郭傑、白安娜（Tertitski, Konstantin M. and Anna Belogurova）著，李隨安、陳進盛譯：《台灣共產主義運動與共產國際（1924–1932）研究・檔案》，中研院台灣史研究所，2010。

Utz, Curtis A. “Assault from the Sea: The Amphibious Landing at Inchon”. in Edward J. Marolda, ed. *The U.S. Navy in the Korean War*. Annapolis, MD.: Naval Institute Press, 2007.

邁克爾・沃爾澤（Walzer, Michael）著，任輝獻譯：《正義與非正義戰爭：通過歷史實例的道德論證》，江蘇人民出版社，2008。

Wang Gungwu. "Merchants without Empire: the Hokkien Sojourning Communities". in James Tracy, ed. *The Rise of Merchant Empires: Long Distance Trade in the Early Modern World 1350–1750*. Cambridge: Cambridge University Press, 1990.

Wittfogel, Karl A. & Feng Chia-Sheng. *History of Chinese society: Liao (907–1125)*. Lancaster: Lancaster Press, 1949.

榮赫鵬（Younghusband, Francis）著，孫熙初譯：《英國侵略西藏史》，西藏社會科學院資料情報研究所編印，1983。

三、史料類

CHIANG KAI-SHEK, An Inventory of His Diaries in the Hoover Institution Archives, 43–10, November, 1943.

United States Department of State. "Memoranda by the Chinese Government (Cairo, November 24, 1943)" . *Foreign relations of the United States diplomatic papers (FRUS): The Conferences at Cairo and Tehran, 1943*. Washington, D.C.: Government Printing Office, 1943.

United States Department of State. "Paper Prepared in the Department of State: Korea". *FRUS, 1945. The Far East: China*, pp. 882–883.

United States Department of State. "The acting Secretary of State to the Charge in India (Merrell)" . *FRUS, 1947. The Far East: China*, p. 549.

United States Department of State. "The Charge in India (Merrell) to the Secretary of State". *FRUS, 1947. The Far East: China*, pp. 589–592.

United States Department of State. "Memorandum of Conversation, by the Secretary of State". *FRUS, 1948. The Far East: China*, pp. 775–776.

United States Department of State. "The Secretary of State to the Leader of the Tibetan Trade Mission (Shakabpa)" . *FRUS, 1948. The Far East: China*, pp. 779–780.

United States Department of State. "Memorandum of Conversation, by the Assistant Chief of the Division of Chinese Affairs (Freeman)" . *FRUS, 1948. The Far East: China*, pp. 782–783.

United States Department of State. "Memorandum by the Director of the Central Intelligence Agency (Smith) to the President". *FRUS, 1950. Korea*, pp. 1025–1026.

United States Department of State. "The Commander in Chief, Far East (MacArther) to the Department of the Army". *FRUS, 1950. Korea*, pp. 1630–1633.

United States Department of State. "The Ambassador in China (Stuart) to the Secretary of State". *FRUS, 1947. The Far East: China*, pp. 429–430.

貝瓊：《鐵崖先生傳》，《清江貝先生文集》卷二，四部叢刊本。

傖父：〈靜的文明與動的文明〉，《東方雜誌》第 13 卷第 10 號，1916 年 10 月。

龔自珍：〈五經大義終始問答〉，《龔定庵全集類編》，中國書店，1991。

龔自珍：〈西域置行省議〉，《龔定庵全集類編》，中國書店，1991。

龔自珍：〈御試安邊綏遠疏〉，《龔定庵全集類編》，中國書店，1991。

顧炎武：《亭林文集》卷四〈答李子德書〉，《顧亭林詩文集》，中華書局，1983。

胡祗遹：〈論定法〉，《紫山大全集》卷二二，文淵閣四庫全書本。

黃淮、楊士奇編，《歷代名臣奏議》第四冊，上海古籍出版社，1989。

康有為：〈公民自治篇〉，《康南海官制議》卷八，上海廣智書局，1905。

李大釗：〈大亞細亞主義與新亞細亞主義〉，《國民》雜誌，第 1 卷第 2 號，1919 年 2 月。

李大釗：〈再論新亞細亞主義〉，《國民》雜誌，第 2 卷第 1 號，1919 年 11 月。

魯迅：〈南腔北調集・為了忘卻的記念〉，《魯迅全集》第四卷，人民文學出版社，2005。

宋濂等撰，《元史》，中華書局，1976。

孫文：〈臨時大總統宣言書〉（1912 年 1 月 1 日），《孫中山全集》第二卷，中華書局，1982。

孫文：〈對神戶商業會議所等團體的演說〉，《孫中山全集》第十一卷，中華書局，1986。

孫文：〈中華民國臨時約法〉，《孫中山全集》第二卷。

陶宗儀：《輟耕錄》卷三，商務印書館，1937。

王惲：〈請論定德運狀〉，《秋澗集》卷八五，文淵閣四庫全書本。

吳澄：〈春秋序錄〉，《宋元學案》卷九二〈草廬學案〉，《黃宗羲全集》第六冊，浙江古籍出版社，1992。

吳澄：〈春秋諸國統紀序〉〈皇極經世續書序〉，載《吳文正公集》。

吳澄：〈易象春秋說〉，《宋元學案》卷九二〈草廬學案〉，《黃宗羲全集》第六冊。

吳萊：〈改元論〉，《淵穎吳先生文集》卷五，文淵閣四庫全書本。

謝（修）端：《辨遼宋金正統》，蘇天爵編《元文類》卷四五。

楊奐：〈正統八例總序〉，載蘇天爵編《元文類》卷三二，商務印書館，1936。

雍正：〈駁封建論〉，《清世宗實錄》卷八三，雍正七年七月。

余一：〈民族主義論〉，《浙江潮》第 1 期，1903 年。
《中共西藏黨史大事記（1949–1966）》，中共西藏自治區黨史資料徵集委員會編，西藏人民出版社，1990。
《安全局機密文件：歷年辦理匪案彙編》上冊，李敖審定，台北李敖出版社，1991。
《朝鮮戰爭：俄國檔案館的解密文件》（上冊），沈志華編，中研院近代史研究所，2003。
《第一次國內革命戰爭時期的農民運動（中國現代革命史資料叢刊）》，人民出版社，1953。
《二二八官方機密史料》，林德龍編，台北自立晚報社文化出版部，1991。
《二二八事件資料選輯（二）》，中研院近代史研究所，1992。
《六十年來中國與日本》第一卷，王芸生編著，生活・讀書・新知三聯書店，2005。
《台灣社會運動史》，台灣總督府警務局編，警察沿革志出版委員會譯，台北創造出版社，1989。
〈唐撫台來電並致各省（光緒二十一年五月初七日未刻到）〉，載苑書義等主編：《張之洞全集》第八冊，河北人民出版社，1998。
《王明言論選輯》，余子道等編選，人民出版社，1982。
《西藏地方歷史資料選輯》，北京大學歷史系等編著，生活・讀書・新知三聯書店，1963。
《西藏文史資料選輯》第七輯，西藏自治區政協文史資料研究委員會編，1985。
《中共中央文件選集》第七冊（1931），中央檔案館編，中共中央黨校出版社，1983。
《中華民國外交史料彙編》（十二），（台灣）「國立編譯館」主編，渤海堂文化公司印行，1996。
《中國海關與緬藏問題：帝國主義與中國海關資料叢編之二》，中國近代經濟史資料叢刊編輯委員會編，中華書局，1983。
《中美關係資料彙編》第二輯上冊，世界知識出版社，1960。
《中日戰輯選錄》，王炳耀編，台北台灣銀行，1969。
《中外舊約章彙編》第一冊，王鐵崖編，生活・讀書・新知三聯書店，1982。
「中英藏事會議」，《青年雜誌》第 1 卷第 4 號，1915 年 12 月。
〈駐中國大使司徒雷登致國務卿電（四六八號）〉，載王景弘編譯：《第三隻眼睛看二二八 —— 美國外交檔案揭密》，台北玉山社出版事業股份有限公司，2002。

人名索引

K

L

M

篇目說明

緒　論　〈跨體系社會與區域作為方法〉，曾收錄於汪暉：《東西之間的「西藏問題」（外二篇）》，生活・讀書・新知三聯書店，2011 年。

第一章　〈琉球與區域秩序的兩次巨變〉，曾收錄於汪暉：《東西之間的「西藏問題」（外二篇）》，生活・讀書・新知三聯書店，2011 年。

第二章　〈兩洋之間的文明：「西域」的近代位置〉，首次發表於《經濟導刊》2015 年第 8–9 期。

第三章　〈東西之間的「西藏問題」：東方主義、民族區域自治與尊嚴政治〉，以〈東方主義、民族區域自治與尊嚴政治〉為題首次發表於《天涯》2008 年第 4 期。後經增補與修訂，收錄於汪暉、王中忱主編：《區域》（第一輯），清華大學出版社，2011 年；《東西之間的「西藏問題」（外二篇）》，生活・讀書・新知三聯書店，2011 年。

第四章　〈高句麗、蒙元史與跨體系社會的歷史敘事〉，根據筆者 2004 年 10 月在韓國《黃海評論》雜誌組織的有關高句麗問題座談會上的發言整理而成，同時綜合了筆者在《現代中國思想的興起》第五章中採用的有關材料及為李漫《元代傳播考》（北京大學出版社，2013）所撰序言的部分內容。

第五章　〈從人民戰爭到國際聯盟戰爭：抗美援朝的歷史地位〉，以〈二十世紀中國歷史視野下的抗美援朝戰爭〉為題首次發表於《文化縱橫》2013 年第 6 期，並收錄於汪暉、王中忱主編：《區域》2014 年第一輯，總第三輯，社會科學文獻出版社，2014 年。

第六章　〈作為東北亞和平契機的朝鮮半島和平進程〉，首次發表於《文化縱橫》2018 年第 5 期。

第七章　〈兩岸歷史中的失蹤者〉，原為藍博洲《台共黨人的悲歌》一書序言，中信出版社，2014 年；並發表於《文學評論》2014 年第 5 期。

第八章　〈當代中國歷史巨變中的「台灣問題」〉，首次發表於《文化縱橫》2015 年第 1 期。

第九章　〈南亞「毛主義運動」的幽靈〉，原為王靜《印度共產黨（毛主義者）的理論與實踐研究》（社科文獻出版社，2016）序言，並以〈「毛主義運動」的幽靈〉為題發表於《馬克思主義研究》2016 年第 4 期。

第十章　〈回望 1968：重構綿延〉，在本書首次刊發。

第十一章　〈亞洲想像的政治：帝國、國家及其超越〉，曾以〈亞洲想像的譜系〉為題收錄於《現代中國思想的興起》，生活・讀書・新知三聯書店，2004 年；後經改定，收錄於汪暉：《去政治化的政治：短 20 世紀的終結與 90 年代》，生活・讀書・新知三聯書店，2008 年。